西西里杰拉登陆战、华沙装甲战、"约翰斯顿"号在萨马岛

战争事典之 热兵器时代⑥

WAR STORY

指文董旻杰工作室 著

台海出版社

图书在版编目（CIP）数据

战争事典之热兵器时代 . 6, 西西里杰拉登陆战、华
沙装甲战、"约翰斯顿"号在萨马岛 / 指文董旻杰工作
室著 . -- 北京：台海出版社，2019.3
　　ISBN 978-7-5168-2253-1

　　Ⅰ . ①战… Ⅱ . ①指… Ⅲ . ①军事史 – 史料 – 世界 –
现代 Ⅳ . ① E195

中国版本图书馆 CIP 数据核字 (2019) 第 033743 号

战争事典之热兵器时代 6：
西西里杰拉登陆战、华沙装甲战、"约翰斯顿"号在萨马岛

著　　者：指文董旻杰工作室

责任编辑：俞滟荣　　　　　　　策划制作：指文文化
视觉设计：周　杰　　　　　　　责任印制：蔡　旭

出版发行：台海出版社
地　　址：北京市东城区景山东街 20 号　　　邮政编码：100009
电　　话：010 – 64041652（发行，邮购）
传　　真：010 – 84045799（总编室）
网　　址：www.taimeng.org.cn/thcbs/default.htm
E – mail：thcbs@126.com

经　　销：全国各地新华书店
印　　刷：重庆长虹印务有限公司
本书如有破损、缺页、装订错误，请与本社联系调换

开　　本：787mm×1092mm　　　　　　1/16
字　　数：413 千　　　　　　　　　　印　张：24
版　　次：2019 年 4 月第 1 版　　　　印　次：2019 年 4 月第 1 次印刷
书　　号：978-7-5168-2253-1

定　　价：99.80 元

出版寄语

人类战争舞台上，金戈刀兵之声业已响彻千年。工业革命犹如一支魔法指挥棒，演绎出巨炮轰鸣、硝烟肆虐的壮丽合唱。"热兵器时代"丛书将为读者谱写战争史上这一段最为辉煌绚烂的乐章。

——蒙创波，"点兵堂"军事公众号主编，著有《长空闪电——P38 战机全传》等

人类历史就是一部厚重的战争史，战争贯穿着整个人类的发展历程。而热兵器战争在整个战争史中的地位举足轻重，其惨烈程度、吞噬生命的体量也远胜于以往任何时代，只有了解它的可怕，才能让处于和平时代的我们更加敬畏战争，珍惜来之不易的和平。指文新推出的"热兵器时代"丛书正是从这个角度来剖析近现代战争，而这套丛书由国内军事刊物界前辈、素以严谨著称的董旻杰老师执牛耳，让文章的质量和深度得到了保障，想必也会给读者们带来一场视觉上的饕餮盛宴。

——张向明，著有《基辅 1941：史上最大的合围战》

恭贺"热兵器时代"丛书首本付梓，预祝这套丛书在军事出版界开创一番与众不同的天地，带给军迷一份别具风味的精神食粮。

——谭飞程，著有《赣北兵燹：南昌会战》《鏖兵江汉：武汉会战》等

战争是人类历史发展中重要的一环，在千百年的发展中形成了独特的艺术。微观上看，战争是残酷血腥的生死厮杀；宏观上看，战争又是宏大辉煌的国力博弈。我们可以避免战争的发生，但不可能忽略战争的存在。以史为镜可以知兴替，好友董旻杰是战争史研究方面的专家，他的"热兵器时代"丛书正是以此为理念，向读者再现战争艺术的魅力。

——高智，著有《长空鹰隼：二战德国 Bf 109 战斗机战史》等

战争，从未改变。值此"热兵器时代"丛书付印，在热兵器时代跌宕起伏的华丽篇章和战争秘辛，董老师将为读者们娓娓道来，实为军事爱好者的一大幸事。

——丁雷，著有《天火焚魔：美军对日战略轰炸全史 (1942—1945)》等

目 录
—— CONTENTS ——

前 言

—————— PREFACE ——————

当德国对波兰的入侵点燃了第二次世界大战的战火时，德国民众的情绪是被动、焦虑、震惊的。国家领导层与大部分民众之间似乎存在着一道深刻的隔阂——人民并不想要战争，而且绝对不想要世界大战。但是，德国人为什么会"愚蠢地跟着希特勒步入战争，对自己被拖进深渊无动于衷"？在《魏玛共和国末期的军国主义与和平主义》一篇中，我们将会回顾魏玛共和国的垂暮之年。我们将会着重审视各政党、教会和其他重要利益团体的领导者和代言人，在魏玛共和国的最后年月里就"战争与和平"这一系列问题到底选择了怎样的态度和立场。更确切地说，到底哪些拥有政治诉求的团体在原则上准备支持或考虑使用军事武力作为外交手段，又有哪些团体表示反对，或是提倡与邻国相互理解的和平政策？如果我们能够发现好战意识早在1933年前便普遍存在，就将有助于我们更好地了解二战爆发前那段时期的德国，也或许能在一定程度上解释1939年的9月，德国国内是如何从和平抗议突然转变成叫嚣战争的。

第二次世界大战期间技术飞速突进，战斗机如果不保持升级，会在一两年间就彻底过时。而即使继续升级，也未见得能够跟上时代进步，为此必须提前设计新一代战斗机。因此，美国格鲁曼公司设计出了F8F"熊猫"，并在后来的战争中成为最著名的美国战斗机之一。《格鲁曼最后的活塞战斗机：F8F"熊猫"》对F8F"熊猫"，这个风靡一时的活塞战斗机进行了全面的介绍：设计方案、诞生过程、型号区别、生产情况、使用情况以及参与各类比赛的情况。

《钢车铁甲战华沙：1944年华沙城下的装甲战》一篇，介绍了二战东线战场上最复杂的战役之一华沙之战。1944年的7—10月，苏军和德军一直就华沙普拉加区的控制权展开激烈争夺，战争过程非常漫长，非常残酷。从白俄罗斯第1方面军以第2坦克集团军为主力突击普拉加，到德军装甲部队在华沙城下发起反击，此间经历了华沙起义，再到苏军恢复进击普拉加，虽然在士兵数量、坦克和空中实力等方面均占优势，但白俄罗斯第1方面军的数个集团军在此期间所取得的进展与其战斗损失是不呈正比例的。相对来说，德国军队在华沙城下的抵抗展现了较高的战地技巧，几位指挥官通过频繁调动规模较小但机动性较强的精锐部队，化解了几处战线上不断出现的危机。造成这种局面的原因也和苏军在战略层面上的作战决心有关，从一开始，一鼓作气解放波兰首都就不是进入波兰境内苏军部队的首要任务，甚至也不是远期目标，就某种意义而言，卢布林的重要性从一开始就超越了华沙。

1944年，随着远程护航战斗机的普及和战略轰炸机部队的扩建，对德国本土及占领区的战略轰炸行动日益频繁，与之形成鲜明对比的是德国空军战斗机部队的应对乏力。有鉴于交战双方综合实力的巨大差距，德国空军加紧了新式武器装备研发、生产，以及相关作战单位的人员训练和部队组建工作。1944年年初，战斗机部队总监阿道夫·加兰德将军下达了组建Me 163作战单位的指示，同年3月，第一支Me 163作战中队成立。经过多次扩建与改编，1944年11月正式成立了JG 400

联队。这支联队最令人瞩目之处莫过于装备着世界上唯一一型参加过实战的火箭动力飞机,不同于那些还在试飞阶段就迎来战争结束,或是仅仅浮于纸面的"绝密武器",Me 163 展现出的是一幅更加真实鲜活的画卷。一架惊世骇俗的飞机,一种迥然于时代的设计理念,如何在触舻千里的轰炸机群中找到自己的位置,我们或许可以从 JG 400 的作战里程中寻觅一二。敬请一览多角度记述了 Me 163 发展过程的《天河流星:Me 163 火箭战斗机技战史》一文。

1944 年 10 月 25 日清晨,在萨马岛以东 60 海里的海面上,海军史上惊心动魄的萨马海战打响了。美国海军 TU77.4.3 编队奋起反抗,而"约翰斯顿"号的正是其最为重要的组成部分之一。"约翰斯顿"号在和数量、火力和装甲均占据绝对优势的敌舰队作战时,表现出大大超越职责要求的勇敢和不惧死的精神,将敌人的火力从武备、装甲皆薄弱的航母上吸引开,有效保护了它们,又在敌人的炮火跨射下,发动了鱼雷攻击,全员以不屈的精神和出色的职业技术水准,在千钧一发的关键节点,击退了敌人。"约翰斯顿"号萨马海战中的英勇无畏和战斗精神,受到了美国海军的高度评价,给予了全体舰员最高规格的荣誉,同时获得了美国政府和菲律宾政府颁发的最高集体荣誉"总统集体嘉奖"。《我自横刀向天啸:美国驱逐舰"约翰斯顿"号萨马岛纪事》完整地记录了这一堪比灾难大片式剧情的美国驱逐舰"约翰斯顿"号在萨马岛的海上惊魂记。

2019 年 1 月

魏玛共和国末期的军国主义与和平主义

翻译
杜嘉鑫

作者
沃尔弗拉姆·韦特

问题所在：
魏玛共和国与第二次世界大战中的军国主义

如果说德国人民在 1914 年 8 月是满怀着民族主义热忱步入战争的，那么他们在 1939 年 9 月却并没有展现出太多的沙文主义激情。在德国入侵波兰当天，一位外国观察者描述称，德国大众普遍所持的是一种漠不关心的态度。当时正在访问德国的士瓦本大区长官卡尔·瓦尔如此形容他的感受：“一路上没有任何东西能让我回想起一九一四，没有激情、没有喜悦、没有欢呼。所到之处说不上阴郁，但总有一种让人不安的寂静。全德国人民似乎是被某种恐惧所麻痹，既不能庆祝，也无法表示不满。”另一位观察者在不久后也同样指出了这次的人们看起来充满了焦虑。他谈道：“民众的呆板顺从在恐怖统治下被调教成了盲目的机械性忠诚，同时他们也被极端宣传所蛊惑并刺激。”大部分的德国民众在战争爆发时依旧“忠诚，但并不情愿”。

这些观察者所描绘的画面也得到了官方舆论评估机构的证实。这些官方机构称，公众普遍平静而镇定，但郁郁不乐且漠不关心。在 1939 年 9 月 1 日，星期五，当希特勒从新总理府驾车前往克罗歌剧院向国会汇报他的所作所为时，沿途所聚集的柏林市民并不多，对他的欢迎也略冷淡。

9 月 3 日英法对德宣战的消息传出后，民众震惊了。据说，原本寄希望于西方中立的希特勒本人都对此十分惊愕。当波兰在几周内被粉碎后，10 月 6 日希特勒在国会①上讲话时提出了议和，只不过他开出的条件中要求西方列强承认德国对波兰的占领。这次“和平”讲话，以及英法联军在地面上的无动作，被德国人民看作相互关联的同一现象，街头巷尾的人们便以此佐证他们的期望，认为战火很快就会熄灭。虽然官方多次否认，大众媒体也依旧煽动好战情绪，但是和平即将恢复的传言却始终未断。

因此，当德国对波兰的入侵点燃了第二次世界大战的战火时，德国民众的情绪却是被动、焦虑、震惊、不安的。国家社会主义领导层与大部分民众之间似乎存在着一道深刻的隔阂——人民并不想要战争，而且绝对不想要世界大战。但是，德国

---

① 为保持翻译准确统一，以下将原文中专有名词 Reichstag 译为“国会”，普通名词 parliament 则译为“议会”。

人民作为一个整体的表现却只是满足了政府的期望：在并不情愿的忠诚下，他们服从了。

这种行为该如何解释？德国人为什么会"愚蠢地跟着希特勒步入战争，对自己被拖进深渊无动于衷"？当政府的政策意味着无论任何人在战争中的角色是主动还是被动，都要面临可能的物理上的灭绝，上百万人到底是怎样坦然将其接受的？更何况，这些人大多都对1914—1918年的恐怖惨剧记忆深刻。这一切难道是因为德国人在暗中支持国家社会主义政权吗？或者说他们持有异见，但在看似全能的政权面前却无法用语言或行动对抗？莫非关于领导与服从的理念早已在德国人心中根深蒂固，使其衰退成了一个"无意志的群体"？还是说战争已被视为某种命运而被大众接受，同时被认为是在民族自我主义所主宰的世界里不可避免的类自然现象？在这之上，德国人民是否又暗藏有某些政治愿望和期许，比如边境修改、殖民地扩张，或者德国在欧洲和世界舞台上的复兴，使得他们会为此不惜再一次走进战争？

我们若想对第二次世界大战的起因和前提做出任何有意义的判断，没人会否认以上这些问题都必须得到回答。但提问题可比回答问题要容易得多，而目前的研究成果并不允许我们小视任何一个问题的重要性。

若要对第二次世界大战的起因进行充分的解析，需要考虑的情况和事件到底有哪些？对于这个问题，不同的历史学家给出了完全不同的答案。不过，至少在一点上，学者们还是可以达成足够的共识：只顾分析战争爆发前的一小段短暂时期（即1939年）是绝对会漏掉重要线索的。因此，我们绝不能忽视在意识形态和外交政策、军事和经济事宜以及其他方面的多重连续性。

在此关联性上至关重要的几种意识形态中，特别关注自然要留给国家社会主义对战争和武力的哲学，其理论自1933年来便成了德国人民物质和心理再军事化（Wiederwehrhaftmachung）的根基。虽如此，仅仅对国家社会主义的战争思想进行分析并不能充分回答我们的首要问题，即德国人对战争——或者说得更笼统一点，使用武力作为政治工具——到底持何种态度。我们需要知道公众整体对此的看法，以及政治诉求者（politically articulate）对此的看法；在缺乏同时期民意调查参考的情况下，我们的研究必须从拥有政治诉求的精英阶层开始。德国在1933至1939年期间实施了高强度的思想灌输，这是毋庸置疑的；但这种政治手段若想完全奏效，则必须建立在已存在的心理习惯和传统上。

第二次世界大战的意识形态背景必须用更长远的历史眼光来审视。在下文中，我们将会回顾魏玛共和国的垂暮之年。虽在 1933 年后，德国的民意表达受到了极大的限制，以至最终只剩下政府的官方声音，但在前希特勒时期，各种政治团体和社会组织都还享受着发表和言论上的自由。众所周知，民众也在共和国危机时期（1923—1933 年）最为积极地使用了这一自由。在很多观察者的印象中，德国当时是各种最为迥异甚至最为古怪的政治思想与意识形态的固定战场。如今，要想一一分析这些思想并将其以基本倾向分类可并非易事，为如此多面的政治意见提供一张完整的全图则几乎是不可能的；我们不得不从政治重要性的角度来甄选最为主要的观点。

在此调查中，我们将会着重审视各政党、教会和其他重要利益团体的领导者和代言人，其中包括学生领袖。我们的目标是寻找政治领袖们在魏玛共和国的最后年月里就"战争与和平"这一系列问题到底选择了怎样的态度和立场。更确切地说，到底哪些拥有政治诉求的团体在原则上准备支持或考虑使用军事武力作为外交手段，又有哪些团体表示反对，或是提倡与邻国相互理解的和平政策？

如果我们能够发现某种明确的军事或好战意识早在 1933 年前便普遍存在，甚至盖过当时的反民主情绪，那这就有助于我们更好地了解二战爆发前的那段时期。这便可以部分解释在 1939 年 9 月，国家社会主义的宣传机器是如何从和平抗议突然转变成叫嚣战争的。如果大部分德国国民或其政治代言人早在前期就已经开始考虑战争而不是和平，追随军国主义而不是和平主义，那么国家社会主义者只需使用他们的游说手段来征服那小部分支持通过和平手段解决冲突的少数派便可达成其目标了，即在心理上训练全国人民准备战争。

这里需要特别关注一下所谓的"好战"或"军事"精神（Wehrgedanke）。这种精神在魏玛时期被各种右翼团体所阐扬，以至于在共和国的最后几年里，中间派甚至部分左翼政党都不得不对其敬而远之。这一口号在不同版本的诠释下到底带有怎样的含义？其目的是粉碎所谓的"凡尔赛锁链"吗？它到底是一种侵略性的好战意识形态，还是仅仅是一种带有部分理性基础的国防理论？

这里需要说明的是，《凡尔赛和约》给德国摆出以下两种选择：它可以采取与第一次世界大战战胜国相互理解的和平政策，如此做并不排除在未来修正和约条款的可能性，但的确意味着其必须放弃追求军事力量的主动政策；或者，本着传统的德国民族主义，它可以通过躲避凡尔赛的种种限制来尝试恢复其军事和政治实力。

鉴于魏玛共和国在军事上的无力，那些主张"唤醒战斗精神"（Wehrwillen）并攻击遵守和约政策的人们所表达的意愿是：从长远来看，在合适的时间，他们所培养的战斗精神最终会带来真正的重新武装，德国的外交政策也不必再为了友善关系而做出种种让步。无论如何，"国防"这一模糊概念的众多支持者往往并不相信和平的相互理解，而只是在追求某种形式的强权政治，其宣传的目的则是为这种态度招揽更多的追随者。但凡涉及国家和国防事宜，他们的理念基本都反映着以外交政策与德国复兴为首位的传统思想。

第二次世界大战刚刚结束，历史学家弗雷德里克·迈内克便以类似的措辞表达了另外的观点："魏玛多数派始终坚信着通过与战胜国微薄但持久不断地妥协，他们可以耐心地、缓慢地、一步一步地摆脱，或至少放松，凡尔赛和约的种种桎梏。若想逐渐摆脱和约限制，这在当时是政治上唯一可行的方法。任何其他手段迟早都会带来战争威胁，而任何战争则会再次带来——正如之后所发生的那样——德国的灾难。"

为了避免以下研究在范围和基础上的任何误解，我们有必要再次明确表明，个别领袖对于战争与武力使用的意见和态度并不能用来证明相关政党、组织、教会和其他团体对国家社会主义政权的支持或反对程度。我们对其意识形态主要考虑的是涉及政治尤其是外交政策中武力使用的部分。因此我们的主题并不同于那些以民主与独裁的对立为重点的研究，后者通常并不关心，或者很少关心好战意识作为德国战争政策的前提条件所扮演的角色。考虑到这点，1933 年前个别非国家社会主义团体与国家社会主义的关系问题就变成了其与国家社会主义战争和武力思想的关系问题，而 1933 年后则是其与国家社会主义政权在通过宣传和其他手段于大后方备战方面上合作积极性的问题。

我们以"军国主义"这一较笼统的标题来归纳那些主张由军队主政，并对社会各方面进行军事化管理的意识形态。"军国主义"的确并不只是一种单纯的意识形态——它在经济、社会秩序、武装、内政和其他领域上也都意味着不同的东西；但考虑到其在第一次世界大战后的形态和特征，以及战争间期德国就其的争论，我们的课题还是只限制在意识形态问题以及平民的思想态度上，军国主义其他的重要方面则被忽略掉了。魏玛时期的军国主义意识形态推崇一套特别的价值观和态度观，赞扬并学习所谓的"战士"品质。关于魏玛时期激进政治组织的意识形态，这方面的一位专家曾经说过：

"'战士'一词本身就带有褒义。它所形容的是一个国家中'更优秀'或'更积极'的成员，同时他们也是涉政者的楷模。作为一名士兵便意味着服从、服务、牺牲——在正确的释义下，这些都是任何社会团体所不可或缺的品德。但这同时也意味着在政治方面的一种特别态度、意识形态的'主心骨'、发令与遵命的二元思考习惯、领导原则、等级制度、军事化服从以及政务纪律。"

魏玛时期所盛行的军国主义价值观，除了以上这些观念，还强调了战争的自然性与必要性。未来战争作为国家政策工具是军国主义价值观不可分割的一部分。

相比"军国主义"，"和平主义"一词——同样在魏玛德国的实际历史背景下——所涵盖的则是所有反对军事侵略及其准备活动的意识形态。这一派的支持者提倡废除武力，与其他国家和平互解，与1918年的战胜国达成妥协，并和平地修改凡尔赛和约。尽管和平主义的温和派与激进派之间存在着种种其他分歧，关于以上几点所有人都还是一致的。魏玛时期出现过许多不同形式的和平主义，无一不期望和平，但许多都采取了过于激进的极端理想主义立场，以至于无法实现任何实际的和平政策；这便是魏玛时期部分和平主义运动的一大弱点。在下文中，我们这个和平主义的大标题也将包括"魏玛联盟"各政党的政策，只要它们还没有放弃和平理解的基本原则。这一版本的和平主义与坚持拥有武装部队并不冲突。

我们将主要关注魏玛共和国最后几年里的军国主义意识形态，因为其与第二次世界大战的责任问题起码有着间接的关联。显然，德国的国家社会主义政府挑起了这场战争，作为掌握着最初主动权的战争发动方政府，毫无争议地要对战争的爆发和最开始的军事行动所负责。但是，国家社会主义者并不是唯一支持通过战争扶植德国力量的人，德国国内的很多其他团体和政党也都如此认为。德皇时期的种族主义（völkisch）、反犹太主义、威权主义和军国主义传统在1920年的大部分民众当中依旧与民族主义一样普遍。纳粹搭乘着这股情感的汹涌浪潮，利用其来实现他们的目的。

在国家社会主义政权的眼中，魏玛时期对众多德国人影响深远的种种和平主义势头是他们在物质、心理再军事化和战争准备之路上的绊脚石。要想清除这块绊脚石，最为主要的手段便是政治宣传。我们在下文中将会看到，考虑到工人阶级和中间偏左资产阶级不同的和平主义情感，为战争进行的心理动员是通过多种不同方式进行的。1939年9月德国人民的情绪与1914年8月相比之所以如此不同，恐怕还是因为受到遗留下来的和平主义意识形态影响的结果。如今回首，下文所描述的国家社会主义政权的国内和社会政策似乎也是与其备战政策齐步同行的。

作为这段初步介绍的总结，我们有必要说明：在此背景下，军国主义和和平主义这两种意识形态、国家社会主义宣传和其政权的内政政策并不会被分成不同的主题来研究。正相反，我们的目的是要一起分析这三个方面，以探索它们到底在何种程度上应被看作是德国战争政策的起因和前提。

国家社会主义的暴力意识形态与希特勒的战争计划

武力的使用在德国法西斯主义的意识形态和政治实践中所扮演的角色可谓是至关重要的，以至于在1945年德国战败后，"法西斯"与"暴力"这两个概念在日常用语中基本上成了同义词——考虑到国家社会主义战争和种族政策的悲哀结果，恐怕也没人对此有意见。在德国发起的第二次世界大战中，参战各国共有2700万士兵命丧疆场，另还有2500万平民死于非命，其中超过500万人是纳粹种族政策的受害者。

如果只关注第二次世界大战与其后果，则无法完全了解法西斯主义与暴力两者间的关系。"武力"必须被作为一个统称词来涵盖国家社会主义非和平政策的种种表象。此政策的历史发展过程可被分为四个阶段：一，强力宣传某种武力意识形态；二，通过恐怖主义手段动员大众实现武力征服；三，在内政方面通过对武力的恐怖使用而建立独裁，并将全社会军事化以准备战争；四，通过扩张战争将暴力延伸到外国领土。

如果我们将"暴力"的定义延伸为不只是对人身体和精神进行伤害的直接力量，而同样包括对政治自由的压迫，以及违法、不公和剥削的行为，那德国式的法西斯主义便是其最好的例证。

对战争和冲突的赞美、对武力的恐怖使用、诉诸战争以解决问题，这些是法西斯主义在欧洲国家——尤其是德国和意大利——最为明显的几个特征。除此之外还有对权力的极权控制、独裁原则、对领袖的宣传崇拜，对恐怖主义准军事团体的使用等等。尽管意大利法西斯主义、德国国家社会主义和其他法西斯运动之间存在着许多不同，我们还是可以辨别出相似的基本规律，将其归于一个单独的类别，并通称其为"法西斯主义"。20世纪60年代出现并引发争论的、带有误导性的"左翼法西斯"一词告诉我们，当法西斯主义的某一种元素，比如暴力，被单独孤立出来以偏概全时，其定义的明确性很容易就丧失了。

关于法西斯主义的学术和政治讨论还远未结束。一些极权主义的自由理论对"法西斯"一词的使用表示出些许抗议：这个词太过笼统，含糊大过明晰，不适于科学讨论。在政治上，法西斯主义有时又被称作是带有辩论性质的"苏联措辞"，在一定程度上"弱化"了极权独裁的概念。

然而，法西斯主义这一概念早在1933年前便被自由主义者、社会民主主义者、天主教徒和其他非共产党人所使用，且其含义恰恰与苏联马克思理论对其的定义相反。由此可见，使用这一概念的人并非只是在单纯地模仿"苏联措辞"。更重要的是，对法西斯一词的异议或多或少地支持着一个可能具有严重政治影响的错误观点：国家社会主义法西斯——作为国家社会主义——是社会主义的一种。这一误解可能使人忽略纳粹曾给社会民主主义者、共产主义者和工会主义者扣上"马克思主义"的帽子，并对其残酷打击和迫害的事实。

本文研究的课题，即魏玛共和国时期的军国主义倾向，以下的几个问题是我们需要关注的：一，我们先要分析关于武力的国家社会主义意识形态，尤其是其党魁阿道夫·希特勒对此的哲学；二，我们需要观察元首本人的外交政策理念是如何建立在这种意识形态之上的；三，我们会调查希特勒的好战意图在1933年前的德国到底是众所周知，还是被大众所忽略。由此我们则会引出更深层次的问题：希特勒的武力意识形态究竟是国家社会主义的独特产物呢，还是在魏玛时期的其他政治团体中早已经普遍？

希特勒对在政治中使用武力的态度主要不是基于实用考虑或者纯理性的计算，而是一种特别的"哲学"，即形而上学与生物学的诡异结合体，它将冲突，尤其是战争，看作是个人和国家若不想遭到毁灭便无法轻视的自然法则。"人想活着便必须战斗。在这个视永久斗争为生存法则的世界上，不想战斗的人就没有生存的权力。"在《我的奋斗》中，希特勒还说道："这个世界上的永恒生命之法便是——也永远会是——为了生存的无休止的斗争。"

希特勒在《我的奋斗》第一卷中反复提及的(无疑是受达尔文启发的)"生存斗争"（Lebenskampf）的中心思想并不一定就指战争，但从一开始便包含了战争的概念。希特勒一直将战争视为"实现政治目的一种显而易见的手段。目的本身也许会变，但手段永远是不言而喻的。"在他"第二本书"（写于1928年但直到他死后才出版）

中名为"生存斗争中的战争与和平"这一章节里，他提出了世界历史中"永久斗争"的概念：

"历史本身就是一个民族为生存而斗争的过程的演示。我之所以在这里专门使用'生存斗争'一词，是因为那每日为面包的奋斗，无论是在和平还是战争时期，实际上都是一场与数以千计的阻挠的永恒战斗，正如生命本身便是一场与死亡的永恒斗争。关于这些斗争究竟为何存在，人类并不比世上的其他生物了解得更多。只有生命才有自我保护的欲望。"

"最有力的两大生命本性"是饥与爱。"自保和延续是所有行为背后的原动力"这一"法则"对个人和群体同样适用。但"满足所有的可能是有限的，那么合乎逻辑的结果便是所有形式的斗争。"而生存空间是尤其有限的，于是"为生存而斗争的动力"便油然而生了。

这些最终造就了一种独特的观念：政治"实际上是一个民族对其生存斗争的执行"。其本质并非是好战或和平，但必须"始终选择其斗争的武器以保证生命这一世界上最高意义能够延续"。在这种观念下，和平与战争这两个概念之间的差别便"无关紧要"了，因为"政治角斗的赌注始终是生命本身"。所以，希特勒认为真正伟大的立法者和政治家的使命从来不是"有限的备战"，而是"对一个民族无限的、内部的、全面的训练"。如此，战争便被展现成了一种正常的状态、一种固定的现象，与和平的唯一区别在于武力的使用程度不同。除此之外，希特勒还在1927年为企业家所写的一本名为《复兴之路》（Der Weg zum Wiederaufstieg）的小册子中阐述了他对无限强制征服的看法，他公然宣布政治的最高任务便是"确保自然帝国主义的自然满足"。

至于在魏玛时期的意识形态争论中举足轻重的各种和平主义，在希特勒眼里只是非自然的"人道主义胡言乱语"，违反了为生命永久斗争的自然法则，根本不配被称作政策。和平主义是"恶毒"的，其支持者则是"英雄种族美德的敌人和对手"，企图说服人民不用"为他们的商品市场的战斗和流血而准备着"。希特勒将和平主义修饰成不仅仅是英雄主义理想的敌人，而同样是资本主义竞争的敌人，于是他便造出一个稻草人来吓唬那些对他独揽大权至关重要的企业家。在1932年1月对工商业家的讲话中，他再次谈到商业竞争是他的战斗原理在经济上的应用；他又一次将和平主义与反资本主义挂钩，同时宣布他"在德国对马克思主义绝对斩草除根的决定"。

与谈及和平主义时一样，希特勒从一开始便以仇视和轻蔑的口吻来评论人道主义。根据《我的奋斗》，自我保护本能的"熊熊烈火"会"像三月的阳光一样，将意味着糊涂的胆怯与虚荣的所谓人道主义彻底融化。人类通过永久的斗争成就伟大，而在永久的和平中他的伟大只会衰落"。对这位国家社会主义领袖而言，人类的人性是"他的弱点的唯一侍从，同时也是他的生存的最残酷的毁灭者"——人性并不是任何美德，而是一个负面特征。因此，斯巴达人抛弃病弱孩童的传统"比我们如今固执地保存病态样品的疯狂、凄惨行为要人道上千倍"。

"强者为尊"暗含着在希特勒思想中占据中心位置的另一条社会达尔文主义原则。弱肉强食，这一"大自然的贵族原理"是关乎民族生存的"钢铁必然法律"；所以，一个更高级或者说更优等的民族迟早有一天会征服世界。

据希特勒所说，内政与外交政策的共同目的就是通过好战手段扩大权力，或为其做准备。"锻造宝剑是一个国家政府必须通过内政政策来完成的工作。确保这些武器得以铸造，并招揽盟友（Waffengenossen）则是外交政策的职责。"无论何时，问题都在于"对武力的使用"，即暴力政策。

1918 年 11 月 13 日，在早期的一次录音演讲中，希特勒便表达了他的信念：德国的不幸"必须由德国的钢铁打破"。

希特勒相信武力的创造性，从他在第一次世界大战后初次参政以来这便一直是他思想中的一大特征。在这点上，他与同时期的奥斯瓦尔德·施彭格勒、卡尔·施米特、乔治·索雷尔、墨索里尼等人并没有太大区别，都将暴力作为英雄主义来崇拜，并将世界划分成朋友和敌人。在当时，"战争是一种正当的武力使用"这种思想在德国内外的确很是普遍。尽管有第一次世界大战的经历，那个时代的大多数人依旧还认为国与国之间的纠纷理所应当须由武力解决。

关于武力在历史中所扮演的角色，希特勒对此的看法早在 1928 年他确立下外交政策之前就形成了。从时间和逻辑顺序上讲，外交事宜上具体目标、行动的制定和实施排在抽象的武力意识形态之后。而后者不受时间和空间的限制，顾名思义，从未以一套实用的政治理论——比如战争因为实现正义与和平所以有理——自居。这种意识形态在本质上更像是一种永久的宣战，甚至被认为拥有某种神秘价值。看起来我们有必要提醒下这一事实，因为每当学习"希特勒的最终目的"——大德意志国（Großdeutsches Reich）、殖民主义、征服世界——和国家社会主义战争政策背后的个别方针时，抑或通过追踪历史事件来推断元首的某个具体决定时，我们很容易就忘记了这点：理性计算和基于目的一致性的论据仅仅是问题的一面。

为了评判最终导致希特勒被任命为首相的种种原因，以及当时人们对他重新武装和战争政策的评价，我们需要询问：希特勒的武力意识形态和他关于战争的具体思想在1933年前是否广为人知。据说在最初，无论敌友都对《我的奋斗》打了差评，称其无法阅读，此书还一度成为"世界文学中被读得最少的畅销书"。然而，到1933年1月，希特勒的论战著作已发行287000本，我们可以猜测这些书大多还是被自愿买走的，不像后期被强制发送出去。虽然并非每一位购买者都真的读过《我的奋斗》，但其内容是肯定被大众所知的。诚然，在1933年前很多忠实的纳粹信徒都没有完整读过这本书。

布伦瑞克的前社会民主党市长柏梅并不相信他的许多党员都对此书的内容很熟悉。不过，我们通过前国会议长保罗·勒贝（社民党）得知那里的社民党成员收到许多关于《我的奋斗》的报告，所以我们不能说他们对此毫不知情。的确，早在1930年，国会中的社民党就十分准确地预测到国家社会主义可能带来的结果。十分惊奇的是，无论是共产党还是社会民主党，又或者是中央党和自由主义的民主党，都没有想过利用大规模的宣传运动来揭发希特勒的战争思想，从而打击国家社会主义党。

再研究一下当时的新闻界，结果十分相似。总的来说，政治作家并没有太注意《我的奋斗》。只有特奥多尔·霍伊斯在一本1932年出版的介绍希特勒的书中，谈及了他在外交上的基本思想，尤其是向东方的领土扩张政策。在其他许多关于国家社会主义的文章中，希特勒的战争思想要么被直接忽视，要么只是寥寥几笔略过。

奥地利、瑞士、法国、意大利、英国、美国甚至波兰的政治家和新闻工作者在1933年前同样没有理睬希特勒的书，至少没有严肃地理睬过。唯一的例外是苏联——斯大林和外交人民委员李维诺夫在1933年前就通读过俄译版的《我的奋斗》，因此他们知道希特勒德国对苏联是一个威胁。

为什么希特勒在《我的奋斗》中所阐述的种种观点没能得到及时的关注？当时的许多人将愿意归于这部书的长度、杂乱啰唆的内容、浮夸乏味的文风和冗长芜杂的论述。然而，这些批评背后所显现的却是知识上的傲慢。这种傲慢最终导致国家社会主义意识形态在其萌芽期不仅被作为伪哲学所忽略，而且根本就没有被严肃对待，更不要提被认真反驳了。除此之外，希特勒主要是一位演讲家而不是政治作家，他的宣传辞章与他 1925 年的论战宣言相比要收敛许多。在外交方面他尤其如此，1930 年 9 月纳粹选举获胜后，他的种种外交政策都暂时从公众视野里消失了。

不仅如此，保守派们始终认为政治宣传与实际行使政府权力是两码事。人们用同样的陈词滥调安慰自己说，希特勒无非是叫得凶，但咬不了人。

在 1933—1939 年间，国家社会主义的宣传在海外新闻中屡屡暗示希特勒要撤回《我的奋斗》并出修订版。然而事实远非如此，希特勒其实下令大规模印刷，并制定了在 1943 年达到 984 万本的指标。由此显而易见，任何人若真想了解希特勒的立场和计划完全不是难事。最起码，他野心勃勃的好战扩张计划并非不为人知——这些计划包含着"目的明确的规划和未来设计"，无论如何人们也不应简单地将这本书的观点作为谬论并忽视。

"民族反对派"的军国主义

魏玛时期的"民族反对派"并非宪法意义上的议会反对党，而是由议会内外政党、准军事武装和老兵组织、极端政治团体、俱乐部和文学社团组成的联盟。这些人虽然不尽相同，但都支持推翻深受他们痛恨的魏玛"体制"，并主张建立威权主义民族政权。简而言之，这些民族主义者不仅反对共和党派，而且反对整个魏玛政府和民主机制。

这种意义上的"民族反对派"在魏玛时期始终存在，尽管这一概念最早是在1929 年由胡根贝格提出的。当时正值右翼反共和派势力的第一次共同行动——在德国战争赔款问题上反对杨格计划的公投，参与者有德国国家人民党（国民党）、钢盔前线士兵联盟（钢盔团，老兵组织）、国家农业联盟（Reichslandbund）和国家社会主义德国工人党（国社党，即纳粹党）。1931 年，一个名为"哈尔茨堡阵线"的松散民族反对派组织成立，这个右翼政治联盟的成员包括国民党、国社党、钢盔团、国家农业联盟、泛德意志协会（Alldeutscher Verband），以及各大地主、重工企业和魏玛国家防卫军的主要发言人和代表。除此之外，"哈尔茨堡阵线"在各种爱国（völkisch）、农业和小商业组织，大学内外的多数学者组织、学生社团和知识分子之间也不乏支持者。从此时开始，国社党便逐渐占据了右翼反共和派的领导位置。

钢盔团

由退伍老兵组成的钢盔前线士兵联盟（简称"钢盔团"）是政坛右翼规模最大、影响最深的准军事组织。钢盔团成立于 1918 年 12 月 25 日，它与旨在维护军事传统的其他老兵组织不同，在德国从帝制到共和的革命转换过程中，钢盔团开始具有明显的政治倾向。自 20 世纪 20 年代中期，钢盔团坐拥约四五十万成员，均是退伍的前线士兵。其中有些出身贵族，有些来自中产阶级或中下层阶级：他们的政治观念保守并具有民族主义倾向。许多外国政府都将这个身穿制服大搞阅兵的组织看作为时刻准备进行复仇战争的准军事武装和战时后备力量。魏玛政府的国家防卫军同样将钢盔团视作一个可能的后备兵源，并试图利用其狂热的军国主义立场来平衡左翼的和平主义倾向。

钢盔团的创始人弗朗茨·泽尔特是一位工厂主和前军官，直到 1927 年他都是德国人民党的党员，不过他却反对施特雷泽曼。他的副手、前职业军人和参谋军官提奥多·杜斯特贝格最初倾向于从右翼激进派分裂出来的德国民族自由党（民自党），后来又成了国民党的重要成员。1928 年，钢盔团拥有 51 名国民党议会议员和 9 名人民党议员——对一个准军事团体来说，如此规模十分可观。1928 年后，钢盔团愈来愈向国民党靠拢，自 1930 年秋则开始接受国家社会主义的影响。尽管钢盔团的领导人与反共和派或温和派右翼政党之间存在种种联系，钢盔团依然坚持称其意识形态为无党派，一个高于政党派别的民族统一符号。这实际上只意味着其成员不隶属任何特别的右翼政党。钢盔团真正的意识形态根植于德皇时代的威权传统和第一次世界大战战壕中的共同经历。

钢盔团的反共和性质自 20 世纪 20 年代初便愈加明显，其部分成员还支持了希特勒在 1923 年 11 月发动的啤酒馆政变。政变失败后，他们依旧视自己为魏玛民主"体制"的积极反对者以及"民族独裁"威权国家的拥护者。"第三帝国"的说法此时便已经出现，与希特勒的版本并不相同，但后者与议会共和的理念相比显然更接近钢盔团的思想。

因为希特勒禁止他的党员同时加入两个组织，所以钢盔团和国社党的关系直到很晚才正式规范化。随着"哈尔茨堡阵线"在 1931 年成立，二者终于为摧毁共和而联手。此后，钢盔团便成了希特勒独裁统治的一大先行者——钢盔团在一定程度上是自愿的，一定程度上却是不得已而为之。泽尔特于 1933 年成为希特勒内阁的劳工部长，并在此职位上一直坐到 1945 年。

国社党和钢盔团之所以结盟，是因为它们在反对民主、自由主义和社会主义的问题上同仇敌忾，并同样信奉军国主义。但这就意味着它们共同策划了未来的战争吗？钢盔团的成员是否考虑过使用武力来复兴德国呢？这些前线士兵真的愿意回到前线吗？他们挂在嘴边的"前线精神"（Frontgeist）和"前线士兵理想"（Frontsoldatenidee）这些口号究竟又是什么意思？

这些思想不一定就意味着任何涉及新战争的明确外交方针，它们其实主要反映了钢盔团的非理性。其培训机构的负责人爱德华·施塔勒特在1928年说这种前线意识形态是"神秘而不可描述的，它像战争的经历一样难以被定义"。当谈及"德国人民在旧时前线精神下的复兴"时，杜斯特贝格给出的解释也同样玄幻缥缈。钢盔团圈子内经常议论的中心主题"战争"被程式化为一种超乎想象的概念，一张培育人类生命最终辉煌的温床。对战争的这种赞美主要归功于涉及"士兵民族主义"的一系列文学团体，我们会在随后的章节中对其做出评价。

前线意识形态或者战争意识形态，并没有给出适用于和平时期的任何社会模式，因此在政治上没有太大意义。可以这么说，钢盔团的目标是将战壕情结带入和平状态，依托军事制度（如：领导能力原则，由前线士兵中的精锐负责指挥）组织起一个"前线国家"。如此理念使施特雷泽曼在1928年9月评价称钢盔团想必会演变成"某种法西斯政党"。钢盔团不止一次险些被魏玛政府取缔，却都在关键时刻被兴登堡出手救下，自相矛盾的是，共和国的总统居然是这个反共和组织的荣誉成员。

不过，前线意识形态不仅仅是玄虚的形而上学。除去别的不谈，它坚决反对《凡尔赛和约》中的军事条款。在钢盔团1927年5月于柏林召开的第八次大会上，一份对132000名成员的公报宣称道：

"钢盔团坚决抵制一切通过放弃军事主权和战争精神（Wehrrecht und Wehrwillen）来瓦解德国人民荣誉感的软弱和怯懦行为。钢盔团宣布不承认凡尔赛勒令和其后续条款所导致的事态。它要求各国承认有益于德国人民的民族国家，恢复德国军事主权，并废除通过勒索使德国被逼承认的战争责任。"

泽尔特一口回绝了战争责任的概念，并坚称战争最多只能被看作"自然灾害"，这便是典型的钢盔团非理性哲学。讨论德国战争责任是无意义的，因为"德意志的本质和本性早已决定德国永远不可能是侵略者"。同样，对"国防事务正当主权"的要求也不是建立在对魏玛时期德国国家安全局势的理性分析基础上，而是由"我国因地处欧洲中心自古便备受威胁"和"世纪以来亚细亚蛮族侵犯"等笼统言论所支撑。

钢盔团举行过数次激进的示威活动，很多时候距离波兰边境仅仅几英里，有关"生存空间"的侵略性口号时常能被听到。1928 年 10 月，泽尔特宣称"对东方的解放政策"是"注定的使命"——"不仅要保住属于德国的土地，还要收复从我们手中被掳走的，并征服新的土地，创造更多的生存空间。"在钢盔团中央莱茵支部 1927 年 10 月的一次领导会议上，杜斯特贝格对德国政府放弃向东侵略战争政策深表痛惜。在 1930 年西里西亚前线士兵的集会上，他宣布德国必须通过武力获得自由。他认为德国通过相互理解并服从条约的和平政策来收复失地纯粹是痴心妄想。泽尔特在 1932 年要求"收回我国殖民地和海外领土，为拥挤和痛苦的人民（unser Volk in Not und unser Volk ohne Raum）提供迫切需要的生存空间，这至关重要"。

钢盔团布兰登堡支部在 1928 年 9 月 2 日的一次号召中表达了其对现状的敌意："我们对国家当下的状况深恶痛绝……因为它断送了解放我们被奴役的祖国的前途，断送了洗清德国人民有关战争责任的欺人诽谤的前途，断送了德国在东方取得必要生存空间的前途和德国人民重新武装的前途。"这份文件预测到了希特勒政策的全部三个阶段：一，议会体系的废除；二，德国人民的重新武装和再军事化；三，在东方"取得"即征服生存空间的目标。

1931 年，在布雷斯劳的第十次前线士兵全国集会上，钢盔团的领导人们口无遮拦地说出对波兰发动战争的要求。在对超过 10 万名身穿制服游行的钢盔团成员的讲话中，泽尔特回想起在对抗拿破仑的解放战争中的那支德国军队便是在西里西亚集结起来的，并表示他相信一场如此的新战争就在眼前。在集会的最后一天，他做了一次所谓的"目标演说"，"泽尔特给出'向后转身'的命令，并为他的原野灰军队指出目标——东线。当他发问是否明白这一目标时，整支军队便回答道'是！'"杜斯特贝格用充满威胁的话语强调这次活动："波兰的绅士们从他们那错杂的历史中应该意识到，德国和俄国这两大巨人迟早有一天会恢复实力。波兰不是一个民族国家。"作为总结，这位钢盔团领袖宣称道："我们在布雷斯劳再一次明确地要求归还西普鲁士、上西里西亚和但泽走廊，以及满足我国在东方的领土要求。"

布雷斯劳集会招来波兰和法国的一连串抗议。德国驻巴黎大使报告称白里安将其描述为"自和约后德国最好战的示威运动"。钢盔团对波兰的仇由来已久，偏见早就存在并始终猖獗：波兰被德国看作最危险的敌人、一个没有理由存在的国家、一个必须通过灭绝才能处理的问题。

一年后，当不少钢盔团成员加入纳粹党后，作为退役少校、钢盔团的一名政治领导和"东方专家"的齐格弗里德·瓦格纳在马格德堡的一次集会上面对包括泽尔特和杜斯特贝格在内的数千名成员描绘了他眼中的大德意志国：

"第一步是巩固我们破碎并受威胁的东部边疆，直面对领土饥渴的、充满侵略性的波兰。这会带来德国东方的新空间合并，以及德国与俄国的真正国境之间整片区域的全新政治架构。这一切会在一个由德国领导的代表帝国思想（Reichsgedanke）的新超国家下进行，确保无法长期自我生存的所有小国的权益，同时这也有利于我们自己的种族（Volkstum）在这些地区寻找新的任务和工作。"

这段时期的确凿文件粉碎了杜斯特贝格在第二次世界大战后将钢盔团传说成反希特勒老兵和平组织的企图。根据钢盔团的领导精神，他们当然没有把阻止新战争的爆发列为其首要的政治任务。恰恰相反，如威廉·克莱瑙所说，他们将战争看作"一种不可或缺的政策工具"。在1925—1930年间，随着钢盔团不断地政治化与激进化，它最终发展成了一个公然敌对共和国以及"魏玛联盟"各党所代表的和平理解外交政策的组织。

德国国家人民党（国民党）

前文已经说过，钢盔团和国民党之间的人员关系十分密切。正如钢盔团是最为重要的右翼军事化组织一样，国民党在20世纪20年代——自1930年秋其成员开始大批转入国社党——是"民族反对派"在议会里的中坚力量，他们反对《凡尔赛和约》议会体制本身。此党以"基督教、种族（völkisch）、民族"自居，在魏玛共和国稳定阶段的最初几年，它也参与了相应的政府流程，但始终是"一个带有君主制信仰的政党"。

在内政方面，国民党反对"可恨的十一月政权"和其他共和派政党。此党的标语"打倒魏玛"意味着回归帝制，建立由战士精神主宰社会行为的强大威权国家。在"斗争与权力"和"打倒羞耻的凡尔赛和约与'履行派'政客"的口号下，国民党抵制一切试图与第一次世界大战战胜国达成和解的尝试。此党在原则上同样反对国际联盟，并在1926年施特雷泽曼策划德国加入国联一事上投了反对票。尽管国民党的领导人们从未在公众面前挑明，但他们所考虑的政策其实就是复仇战争。

此党的战术可从1920年1月9日奥斯卡·冯·德·奥斯滕-瓦尔尼茨写给同党党员齐格弗里德·冯·卡尔多夫的一封信中探知一二。奥斯滕-瓦尔尼茨认为不宜"重点突出复仇主义"；另一方面，他们又必须要有一套方案：

"作为一项固定的政策，我们永远不会接受《凡尔赛和约》的惊天不公与其本身的不可能性，但会坚持通过'和平手段'对其进行修改。协约国无法反对这种提案，同时我们要做好心理准备，如果和平方式不能达到目标，即可使用其他手段。"

1920 年发表的《国民党原则》虽然仅使用了"新兴富强的国家"和"只服务于德国利益的强大、一致的外交政策"等看似平淡无奇的字眼，但从后续的种种声明来看，这就是在说独裁专政、重新武装和复仇战争。1924 年 5 月 19 日，党副主席汉斯·施朗格－舍宁根（一位退伍骑兵军官和容克地主）向党主席阿尔弗雷德·胡根贝格递交了一份秘密备忘录，拥护"我们应绝口不提但始终向之努力"的独裁。实现独裁后，党政策必须在原则上"保障外交事务上的喘息空间以加强我国国力与军备（Wehrhaftigkeit）"。笔者继续说道："在我看来，在外交上获得和平的唯一手段只有冷血地让法国暂时控制莱茵和鲁尔，如此才能让德国再次站起来，有朝一日重新收回失地……我们必须下高注冒大险，否则全盘皆输。历史告诉我们，姑息折中是拯救不了一个国家的。"

在 1925 年夏的一次讲话中，国民党国会议员、布洛姆－福斯股份有限公司副主席卡尔·戈特弗里德·戈克如此解释党的目标：

"我们的方针必须是：打倒施特雷泽曼、打倒战争责任的谎言、修改《凡尔赛和约》……在凡尔赛的罪行被抹去前我们不会有任何和解的言论；在我们的冤屈被洗雪前，我们必须给出激进民族主义与仇恨的责任的信息。但足够坚决的人太少了！打倒魏玛和凡尔赛！让我们鼓起勇气，为原则而站起来——这是时代的召唤。就算背上狂热分子的骂名，我们也必须公然地宣布我们的极端主义。如果我们懦弱寡断，就像没有赢得上一场战争一样赢不了未来的斗争……待我们重新夺回我们在太阳下的应有地位，仇恨即可消失。直到也只有直到那时，我们才可能开始国际上的和解。"

当然，国民党在 1928 年国会选举宣言等官方言论中还是严防被外界指责其外交政策有指向新战争。在面对类似质疑时，他们总是含糊其词地反驳道："我们才不会那么愚蠢地将毫无武装的人民暴露在敌人的刀下。"

阿尔弗雷德·胡根贝格[1]这位泛德意志主义者和工业巨头在 1928 年 10 月 20

---

[1] 国内资料有时将其误译为"胡根堡"。

日被选为国民党新主席，开启了此党对魏玛共和国猛烈攻击的一个新阶段。这一时期的国民党试图使用和平口号来掩盖其扩张主义思想。在1931年9月19日斯德丁召开的第十次全国党代会的一次公开演讲中，胡根贝格频频谈及"没有空间的人民"和"在枷锁中的人民"，"我们的孩子们所渴望"的"自由和空间"只有通过德国人民自己的努力才能获得。"这些问题的答案不是世界经济或者虚伪和平主义下的帝国主义，不是泛欧主义和关税同盟，不是国际资本主义、外国信贷和世界银行，而是任何伟大民族为其自身利益行事的自由，以及在其轰轰烈烈的自救道路上摆脱各种错误、内部瘫痪和外部奴役的自由"。当胡根贝格讲到他们将要开展的"伟大和平事业"时，他所意味的其实是德国必须收回它在非洲的殖民地，它"活力充沛的种族"需要在"德国东方"获得移民的新空间，因为"远在德国旧边境以外的东方重建只能由德国来实现。"除此之外，胡根贝格还猛烈抨击了导致"宿命论和非德国理论"兴起的"马克思式城市化（Marxist–cityfied?）脑部麻痹"，并求助于"西方的信仰"。至于他的帝国主义方针，代表的则是"最高意义的和平精神"。

次日，在大会上，胡根贝格开始谈起内政政策。他将"对马克思影响的灭绝"列为救国方针的基础，并指责社会民主党、中央党、德国人民党和其追随者为德国国难的罪魁祸首。国民党必须与爱国组织、钢盔团和国家社会主义者站在一起，形成坚实的民族反对派，打倒布尔什维克主义，并建立起一个有序的新体制。胡根贝格也曾试图赢得女性的支持，屡屡提起"德国士兵的母亲们世纪以来的骄傲与苦难"，他同时还想与新教教堂结成联盟。

考虑到大部分新教神职人员已经多少具有民族主义倾向，胡根贝格知道他关于民族反对派的呼声不会是对牛弹琴。一本由一位名叫维尔姆的牧师在1931年所著，经国民党发行，名为《福音派基督徒对和平主义的态度》的小册子重新肯定了国民党和新教教堂之间的意识形态关联。这篇文章将人道主义和基督教和平主义描述为"危险的疯狂"，并且称唯一的受益者是布尔什维克主义。基督徒们必须支持由"威权的、自卫的（wehrhaft）民族国家"作为"最高权力"。和平主义因为否认国家武装和纪律的神授直接权力，所以是"对神圣秩序和戒律的至大不敬"。因此，"以圣经为基础的改良基督教对和平主义的态度就好比对偶像崇拜的真信仰"。维尔姆牧师丝毫不怯于将"战争是国家最终并最深刻的使命"列为圣经的教导，就算"基督教与战争准备的关联使得百万德国人憎恨基督教"，"哪怕我们背上杀人犯和战争贩子的骂名"，这一关联也必须被维护。"不要战争"

的口号只会带来毁灭，并"与圣经相悖"，福音派基督徒因此必须将和平主义视为"不虔"。因为绝望的人民为生存和未来殊死一搏要比耻辱的和平"道德一千倍"，在德国的特殊处境下，我们唯一的出路只有"以士兵为基础"的威权国家、一个"高贵战士们"的国家。

关于基督教民族主义的军国主义意识形态中还比较抽象的部分，其所辩护的侵略性到底该针对何方，则由国民党领导人们在一场场的演讲中明确地指点了出来。作为公法专家和国会议员的冯·弗雷泰格－罗因霍芬男爵在 1932 年 6 月 25 日的一次党领导会议上列举出以下目标：消灭"战争责任的谎言"、取消战争赔款、恢复国防自主权、重划边境（尤其是东方）、收回殖民地、"建立大德意志国（Großdeutsches Reich）"。这一切达成以后，则可以考虑"取得新领地来为德国人民提供空间，从浓烟中解放其于城市，重新成为身心健全的农耕民族（Bauernvolk）"。除了希特勒明确的种族主义意识形态，此番讲话基本上囊括了他和国社党在 1933 年后的所有政治方针。

选举方面，在 1924 年的巨大胜利（六百二十万票，即 20.5% 的选民）后，国民党却开始接连受挫。1928 年它赢得 14% 的选票，1930 年 7%，1932 年 7 月则只有 5.9%。胡根贝格与希特勒在 1929 年反杨格计划公投上的合作并没有为国民党带来太大的好处，由国社党、国民党、钢盔团、泛德意志协会、其他"爱国"组织、重工业与大银行的代表组成的哈尔茨堡阵线同样也没帮太大的忙，右倾资产阶级选民们全面倒向国社党。

1933 年，胡根贝格加入希特勒的内阁，作为经济、食品和农业部长。然而，他在"经济独裁者"的位置上仅仅坐了几个月。1933 年在伦敦召开的世界经济会议上，胡根贝格的一份演讲稿泄露，被发现他准备在风头上盖过纳粹，打算出口讨要德国的非洲殖民地，并要求开放东欧的移民空间。此时的希特勒正处在秘密重新武装和安抚性"和平讲话"的阶段中，胡根贝格如此咄咄逼人的言论对他来说是在帮倒忙，他便借机除掉了胡根贝格。胡根贝格则于 1933 年 6 月 27 日"因在伦敦的表现遭不信任投票"而被迫辞职。同日，国民党宣布解散。在希特勒眼里，这个党已然完成了它的使命，不再有其他用处了。

士兵民族主义：一场文学运动

在保守民族主义团体之间，最为活跃的一股知识分子力量莫过于那些被自相矛盾地称为"保守革命派"的青年作者和出版家。他们的思想在民族主义政党、圈子和各类社团——尤其是钢盔团——中都影响甚远。其中数量较少的一部分人早在20世纪20年代中期便开始通过文学手段反复论述战争主题。因为这一文学团体主要专注于战争和国家，所以其意识形态便被十分贴切地定义为"好战"或"士兵"民族主义。

这一团体的成员包括恩斯特和弗雷德里希·格奥尔格·云格尔兄弟[1]、维尔纳·博伊梅尔堡[2]、埃德温·埃里希·德温格尔、弗朗茨·绍韦克尔、赫尔穆特·弗兰克、弗雷德里希·希尔舍、威廉·克莱瑙、阿尔布雷希特·埃里希·冈瑟、恩斯特·冯·所罗门、格哈德·冈瑟和威廉·冯·施拉姆，这些仅仅是最为有名的。他们都出生于19世纪90年代，在世界大战中服役于前线，并认为战争的经历在他们身上留下了决定性的印记。他们拒绝一切形式的结社组织和政治方针，因此他们也不属于任何保守派政党。将他们聚在一起的是一种由战争塑成的独特思维态度，一种他们认为有必要在今后传承下去的思维态度。

这本身并没有多么与众不同。诸多其他政党和组织也都烙印着前线战士们的峥嵘记忆和牢不可破的战友情结。在政坛右翼，这一态度往往伴随着反共和情绪——共和国是不英勇的、不好战的、不士兵的、和平主义的、失败主义的。民族主义和反民主主义对战争经历的解读成为保守派联盟最有效的强力胶，而民主左翼则基本上放弃了军事传统这一感情领域，因此输给右翼。

要想了解各保守派到底是如何吸收战争经历并将其程式化的，我们要先从早期趋势的大背景看起。在20世纪，保守派理论家们发展出一套战争哲学，将战争阐述为一种命运注定的自然法则。启蒙时代所诞生的永久和平概念在他们眼里是一种违反自然的乌托邦。的确，保守派理论将战争视为有益的，是一种可统一并复兴国家的手段。

保守派战争哲学的这些元素在1914—1918年间的文学表现中被吸收并被实现。虽然一些新观念——比如恩斯特·云格尔的美学角度——得以面世，但从整体上来讲，魏玛共和国"保守革命"中退伍士兵文人们对战争的赞美是符合先前传统的。

许多退伍的前线士兵——有些只是为了打仗而打仗，有些则是坚定的民族主义者或者对政治不感兴趣的爱国人士——都在共和国初年成为自由军团的成员；自

---

[1] 由于缺少约定俗成的中文译名，许多国内资料也将其译为"荣格""荣格尔"或"容格尔"。
[2] "波麦堡"。

由军团解散后，他们便开始向各种右翼老兵组织（Wehrbünde）靠拢。在因凡尔赛限制而失业的士兵中，那些改行写作的士兵起初并没有表达什么狭义上的政治教条，而是一种对战争年代的经历主观的、个人的美化。随着经济逐渐稳定，战后激烈的国际冲突逐渐平息，这一战争经历的政治化是在1924年后开始的。在这所谓的稳定阶段，战争经历和战争责任问题不再是热门话题，前线作家们因此也被孤立了几年。他们虽然淡出公众视线，但是依旧活跃，并的确培育了一种使命感。他们的意识形态或多或少地渗透了各种右翼反对党和宣扬军事传统的退伍士兵组织：狼人（Werwolf）、青年德意志骑士团（Jungdeutscher Orden）、高地联盟（Bund Oberland）、维京联盟（Bund Wiking）等等。这些团体——尤其是钢盔团——为弗雷德里希·格奥尔格·云格尔、绍韦克尔、弗兰克、克莱瑙，以及"士兵民族主义"毫无争议的领头羊恩斯特·云格尔等作家提供了有效的宣传平台。在1924—1926年间，钢盔团的刊物《军旗》成了这一团体的喉舌。前线作家们后来觉得钢盔团太拘泥于反动民族主义，便与其断绝了关系；在随后几年里，他们试图合并数个其他老兵组织，但并不成功。后来，在共和国的最终年月里，这一团体终于获得了文学成功：他们的战争书籍得以大量发行，并直接影响了很大一部分公众。

　　"士兵民族主义"意识形态自我展现为一连串的非理性，在这一团乱麻中勉强可以分辨出四条主要规律：一，世界大战的经历被美化并理想化；二，个别经历被扩展成了对战争和好战精神的总体赞美；三，所有这些都伴随着浓重的民族主义；四，这一学派的作家提倡建立一个带有帝国主义和征服使命的退伍士兵国家。

　　与和平主义对战争的解析截然相反，民族主义的前线作家努力使人忘记战争的痛苦和毁灭，并强调其正面结果。"我们应从记忆中清除有关战争反面的、条件性的部分，根据记忆正常表现易腐败的部分，而保留伟大的、活力的、赋予生机的部分。"如这些话所言，这些文人并不在意对世界大战的政治、社会或经济进行分析，抑或是任何可验证的知识或理性论据。他们的世界所讲的是直觉和感觉，以及脱离现实的荣光。他们的地平线上并没有对战争起因的疑问。他们满足于将战争视为"万物之父"，奥斯瓦尔德·施彭格勒说得则更狠一些："起初，即是战争。"[1]据恩斯特·云格尔所说，如果想了解战争的本质，那么"战争到底爆发于哪一世纪、为了何种主

---

① 这是在借用圣经中的第一句话："起初，神创造天地。"

义、使用什么武器"都是次要的。

这些作家脑中想的并不是历史上哪场特别的战争，而只是战争本身。弗雷德里希·希尔舍如此说道，人必须"为战争而成为战士"，如此才会获得"灵魂上的绝对平静"。在这以战斗为中心的社会达尔文主义哲学中，和平与战争的分界线消失了：它们成了"生命连续变迁中的两个面"。"战争一直随我们存在，和平也一直随我们存在。每个生命都通过摧毁其他生命而获得价值上的满足。"英雄主义即是一切，人性人道则什么都不是。"天生的战士不会考虑人道方面：他不能，因为他被战争的宿命所禁锢。"在道德、伦理或法理上对战争的判决，就如同对侵略战争和自卫战争的区分，都是荒谬的。所有这些都属于被鄙夷的理性分析，而理性——据阿尔布雷希特·埃里希·冈瑟所言——只会麻痹直觉。"自然地，所有战争都是自卫战争，这对双方而言都是如此：要么是新个体（das Werdende）为保卫其必须权利而抵抗现有秩序令人窒息的压制，要么是现有秩序为了保卫其必须权利而抵抗新个体的破坏力。因此，对于人道主义争论的兴趣只应限于其在宣传上的价值和其麻痹直觉的效果。"不言而喻，对"必须权利"的"保卫"包括进攻权利。追求这一理念的恩斯特·云格尔告诉他的同胞们，他们应该为世界"将他们视为最大的危险"而感到自豪。

"将'为艺术而艺术'的原则毫不掩饰地应用到战争上"是"士兵民族主义"意识形态的一个典型。这种做法最终形成一种极端理念，这种理念认为战争本身——无论其实际或政治目标——就是最高尚的艺术之一。威廉·冯·施拉姆写道，对真正的士兵而言，世界大战是非常令人失望的：并不是因为德国战败了，而是因为"它并非为战争更为深刻的理念而战"。它并没有将战争表达为"一种艺术，人类冲突的最高尚境界，民族间斗争的遵循着自身法则的艺术体现"；它是为了"实际目标和物质利益"而发动的，而不是"历来造就人类"的"高贵、严肃的流血游戏（blutigesSpiel）"。

社会主义作家瓦尔特·本亚明曾经仔细分析过《战争与战士》（Krieg und Krieger）这部集体作品——我们以上的部分引文便出自此书——并对其做出了强有力的判决：

"必须严酷地说，在全面动员的景象面前，德国对自然的爱经历了一次前所未有的高潮。曾经让山水充满沉思的和平精神被一扫而光，从战壕边沿望去，目所能及之处均变成德国理想主义的土地。每一个弹坑都是问题、每一簇铁丝网都是自主、每一次爆炸都是真理。白日里的苍穹便是宇宙钢盔的内衬，在夜晚则变成凌驾其上的道德法律。"

然而，本亚明接着说，这些将战争奉为抽象的形而上学的新民族主义代表们并不是单纯的理想主义者。"在战时志愿兵和战后雇佣兵的面具下暗中发展的，就是法西斯阶级战士那明确无误的身影，当这些作家谈到国家时，这些士兵真正所说的是一个由此阶级统治的政权。"他们是"统治阶级的战争工程师"，因此也是"与正装高官们相呼应的角色"。"上帝知道，"本亚明警告道，"他们对领导地位的竞争是要被严肃对待的，他们的威胁绝不是虚张声势。"

"士兵民族主义"也的确扮演了双重角色。它一方面宣扬对战争本身的抽象崇拜，另一方面则代表前线的一代精英提出对领导权的明确要求。被评论家们并不太准确地命名的"战争经历政治化"也正是由这一要求构成。此学派的作家将战时的同志精神推崇为一个民族社会的理想楷模以及德国政治复兴的基础，并因此提出由前线士兵统治国家的具体政治要求。这种国家的第一项任务便是停止民主党派"软弱"和"不英勇"的外交政策——与战胜国和解以及对凡尔赛条约的和平修改。

以此为基础，"士兵民族主义"培养了一种经典的军国主义意识形态。通过对战争经历的情感投射，这些作家将基于指令体系的军事思想应用到和平时期，他们丝毫不屑于分析任何高级工业社会原理。

"退伍士兵国家"的概念我们已经讲过。作为对魏玛民主体制的威权主义和民族主义挑战，它与1933年后的国家社会主义政权并没有太大差别。但是，废除魏玛体制只是其众多目标之一。前线士兵国家（Front soldaten staat）也在为好战侵略铺平道路。战争是永恒的英雄理想，因此必须被再次发动，不一定是对法国的复仇战争或者对波兰的防御性战争，只要是战争就好。

"好战民族主义"的文学拥护者在帝国主义的梦想上青出于蓝而胜于蓝，远超了1914年的泛德意志主义者，并丝毫不逊于希特勒。弗雷德里希·格奥尔格·云格尔在1926年宣称，民族主义运动必须将"投射到无限度"的帝国主义思想源源不断地注入德国人的思维。"没有什么比四处维持帝国主义决心——磨炼它，为将来的战斗准备——更为重要、更为急迫的了。因为在明天或者后天，我们可能会被卷进的任何斗争都将是为生存的斗争……它将决定由谁来统治地球。""前线士兵国家"的目的是创造"新侵略性的德意志（das Deutsche）"，因此"机关枪上的每一颗螺丝、毒气战争中的每一项发展都比国际联盟更重要"。德意志的任务不是在国际联盟里妥协合作，而是建立"德意志帝国"。正如弗·格·云格尔所称："民族主义思维必然是帝国主义思维。"

他的兄长恩斯特·云格尔则如此表明信念："我们若是世界的主人（die ersten），那么对一切定是有益无害的。"他的战争日记《火与血》（Feuer und Blut）就是在为帝国主义辩护，带有种族主义色彩，称武力扩张不应受限于任何特定的领土目标。由此可见，好战民族主义思想与希特勒的方针真的是如出一辙，后者从一开始就体现了征服世界的念头。《我的奋斗》如此说："在这个种族被玷污的时代，致力于保存其种族最优元素的国家有朝一日势必成为世界的统治者。"恩斯特·云格尔写道："我们的德国血统中有一股无拘的冲劲，我们希望这股劲有朝一日发展成为不拘于目标的帝国主义，不再是昔日的小小帝国主义，只满足于一两个好处、边疆省份或者太平洋岛屿，而是敢于征求一切（das Ganze）。"云格尔没有试图寻找任何政治上的理由，他在这里所倡导的就是单纯为暴力而暴力的思想。所谓的德意志世界帝国只是一个很缥缈甚至不一定必需的回报，是他颇不情愿地丢给那些还未完全皈依政治非理性主义者的一片面包。

学生团体

魏玛共和国的本科生便是第三帝国的学者。仅仅为此，我们就有必要特别关注这群人。众所周知，魏玛时期的绝大部分学生不但没支持共和国，反而积极地反对它。尤其从 1927 年开始，很多德国学生和大学教师都开始普遍接受并主动传播极端右翼言论。学生们甚至在 1933 年 1 月之前就已经形成了由国家社会主义者主导的代表协会，这在全国还属唯一。这些学生多数是第三帝国最为积极的先锋。

对于这种现象的一种解释是学生们主要来自中产或中低产阶层。这一社会阶层的成员，尤其是小商业者，大多都因战争和通货膨胀而陷入贫困。当大萧条在 1929 年降临时，相比其他阶层他们又一次在社会、经济和政治上遭到严峻的威胁，因此他们总体上更偏向于支持国家社会主义。魏玛时期 95% 的大学生都属于资产阶级，只有极少部分出自工人阶级。比如，1925 年普鲁士 31000 名学生中只有 425 人为工人阶级，仅占 1.3%。学术界的阶级特征因此是十分明显的：劳动大众的儿女在大学校园中所占的比例并没有多于小小的官员阶级。

学生团体的社会构成与其政治倾向和组织结构一致。约 60% 的德国大学生（132000 人中的 78000 人）都隶属学生组织（Korporationen）——社团组织自 19

世纪以来便是德国校园生活中特别的一部分。学生组织成员们则成了学校里最为庞大并最具政治影响力的群体。最多 5% 的学生属于代表"魏玛联盟"政党的团体，尤其值得注意的是，最大的民主党派社民党在大学中没有任何影响力。那些没有进政党政治团体的学生们（约占学生总数的三分之一）通常都赞成这些组织的观点。绝大多数中产阶级青年学生拒绝所有政治党派，尤其是民主党派；他们支持一场独立于政党的全国性运动，这场运动致力于扫清所谓的"民主胡闹"并建立一个威权国家，最终迎来德国的伟大复兴。反犹太主义在大学横行，尤其是各大医学院、德国学生联合协会（Kyflhauser-Verband der Vereine deutscher Studentenschaften）、全德兄弟会联盟（Allgemeiner Deutscher Burschenbund）、德国兄弟会（Deutsche Burschenschaft）和克森大学生兵团总会（Kösener Senioren-Convents-Verband）等组织。政治非理性主义同样大受学生欢迎：生命应由信仰、直觉、感觉和意志力引导，而不是理智和理解。

在国家社会主义德国学生联盟（国社学盟）崛起之前，绝大多数学生团体已经是右翼了。1926 年，学生自发组织了这一联盟，并用激进的语言称其为"学生运动在大学前线的战斗组织"。经过一两年的起步期后，联盟在巴尔杜尔·冯·席拉赫的领导下从 1928 年开始迅速发展壮大。作为希特勒的亲信，席拉赫确保联盟放弃了左翼立场，并使其顺应希特勒的目的。这"新方向"的一大重要成果就是学盟与各学生组织达成了友好协议。由于两者在思想上的相似性：反理性主义、反犹太主义、民族主义、民族共同体精神（Volksgemeinschaft）、对民主和议会主义的仇恨、"前线士兵神话"以及对由"领袖"统治的高国防能力法团国家的信仰……国社学盟和学生组织的合并没有花费太大劲儿。

20 世纪 20 年代中期后，随着退伍老兵纷纷从大学毕业，前线神话和军国主义意识形态在一定程度上退居到了背景中；1928—1929 年却又经历一次反弹。没有参加过战争的年轻一代学生基本上全心接受了这神话，将上一代先辈和其战争经历理想化，并在云格尔、绍韦克尔和博伊梅尔堡等作家的教诲下对战争的赞美表现出浓厚的兴趣。

学生对战争和军务的复燃热情找到了政治上的表达，他们要求"觉醒好战精神（Wehrwillen）"、进行军事训练、推广军事体育、设立国防学教授职位，以及与一切形式的和平主义斗争到底。国社学盟从其诞生之日起便在刻意宣传好战意识形态，并巧妙地将其与武力保卫荣誉的思想串连起来；学生组织对此十分欢迎，并不加批判地将其转成政治条件。如此，学生组织的荣誉理想便成军国主义意识形态宣传的基础。

从 20 世纪 20 年代末开始，学生团体的军事意识急剧增加。在每一次学生集会上，德国的军事弱势、对正常国防的需求和学生为祖国而战的决心都是讲话的重点。学生们热烈地赞成"拯救我国于国际犹太和平主义"的纳粹格言。军国主义浪潮同时也在新组织团体中找到了支持，钢盔学生团（Stahlhelm–Studentenring）和德国学生联合会兰格马克基金会（Langemarck–Stiftung der deutschen Studentenschaft）。在对杨格计划的抗议中，国民党、国社党和钢盔团联合起来，钢盔学生团和德国兄弟会也就建立起了合作关系。在 1929 年的一次集会上，后者提议设立"自由基金"来推广"国防活动"（Wehrarbeit）。此时所谓的国防活动已不再是简单的理论探讨，而开始包括实际的军事训练。越来越多的学生团体开始频繁组织由军官领导、军事性管理的假日营——"军事体育营"（Wehrsportlager）。1931 年，德国学生联合会总会报告称其过去一年里的主要活动为军事体育和宣传活动。国社学盟和其他学生组织的关系使得其得以迅速扩张，其主干力量则来自德国兄弟会。国社学盟在这段高歌猛进时期的巅峰莫过于"征服"德国学生团体中规模最大并最具影响力的德国学生联合会，其在 1931 年选举了一名国家社会主义者作为主席。一年后，德国学联便废除了所有民主议事规则，而以"领导"原则代之。在魏玛共和国的最后 5 年里，在国社党并未提供太大帮助的情况下，国家社会主义学生组织基本上已在德国所有大学里稳稳扎根了。全德学生委员会（Allgemeiner Studentenausschuss）1930—1931 年的冬季选举投票率在所有大学中都超过 50%，部分学校甚至高达 90%，国社学盟在 11 所大学中获得绝对多数，并在另外 10 所中获得相对多数。由此可见，在希特勒上台前，绝大多数德国学生都已信奉好战、激进的民族主义，并仇视所有形式的国际主义与和平主义。

当年因为太小而没能参加第一次世界大战的学生一代于是便站在了战争一代的身旁，共同将战争理想化，并视和平期为下一次战争角力的准备期。当德国于 1939 年入侵波兰、发动第二次世界大战的时候，那些在 1929—1933 年间就读于德国大学的青年学生都已是而立之年。就算他们并没有真心希望战争爆发，这些人自学生时代却已暗自接受一场新冲突的事实。

格鲁曼最后的活塞战斗机
F8F"熊猫"

作者
谭星

另类格鲁曼诞生

1942 年秋季，世界大战进行得如火如荼，格鲁曼公司的 F6F "地狱猫"已经通过了美国海军的检验，可以投入量产。"地狱猫"无疑是种设计可靠的武器，它即将走入部队，在战争中成为最著名的美国战斗机之一。但是第二次世界大战这几年技术飞速突进，战斗机如果不保持升级，会在一两年间就彻底过时。而即使继续升级，也未见得能够跟上时代进步，为此必须提前设计新一代战斗机。格鲁曼公司自然在这两条路上同时前进。

另一边，普拉特·惠特尼公司生产的 R-2800 风冷发动机已经成为美国海航和陆航新型战斗机的动力系统。1940 年，该公司就很有前瞻性地开始对 R-2800 发动机进行大规模修改。这个举措最终产生新的 C 系列发动机，势在取代"地狱猫"上安装的 B 系列，为多种新型战斗机提供动力。有了新发动机，格鲁曼公司也能用更强的发动机动力指标设计飞机。

英国之旅

虽然应该规划未来的方案了，不过直到 1943 年 9 月，发生的意外事件才会让格鲁曼的新一代战斗机研发有所进展。三名格鲁曼公司的高层前往英国参观缴获的轴心国战斗机，这三个人分别是：公司总裁勒罗伊·格鲁曼本人；飞行测试部的副经理、试飞过同期所有美国战斗机的巴德·吉利斯；实验工程部的主管、飞机设计师兼试飞员的罗伯特·哈尔。

这个三人小组在英国试飞了多种飞机，他们对其中的德国新型战斗机，即福克沃尔夫设计制造的 FW 190 最感兴趣。这架缴获的飞机是 FW 190 A-4 型，它的性能让人惊讶，飞行特性也颇为出色。飞机安装的 BMW-801 发动机能输出 1730 马力，看似比"地狱猫"所用的 R-2800 发动机低，但是它的重量只有 3969 公斤，功率载荷只有 2.27 公斤/马力。而"地狱猫"虽然功率大 270 马力，重量却多了大约 1450 公斤，功率载荷有 2.74 公斤/马力，比福克沃尔夫战斗机高不少。结果就是，在爬升率与飞行速度上 FW 190A 都有明显优势。

吉利斯和哈尔都测试了 FW 190，他们立刻在这架飞机上发现了很多好特性，这些特性应当融入任何美国海军的新战斗机。FW 190 就该是"地狱猫"的下一代战斗机应有的样子。当然，福克沃尔夫可不会根据舰载要求设计陆基战斗机，所以

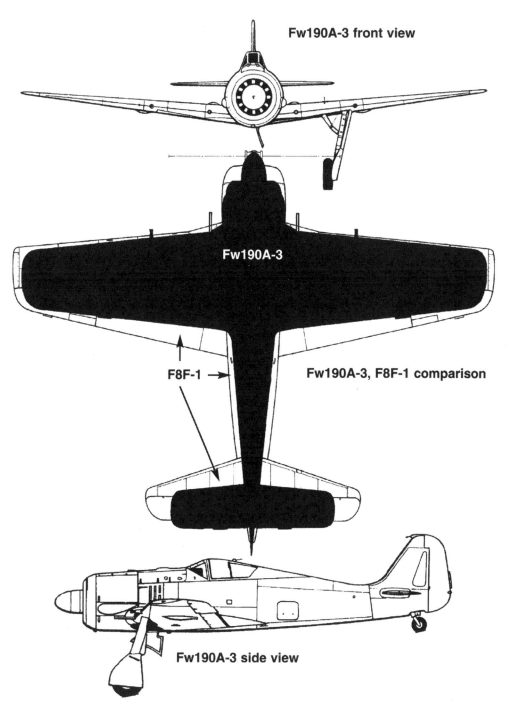

Fw190A-3 front view

Fw190A-3

F8F-1 ← Fw190A-3, F8F-1 comparison

Fw190A-3 side view

▲ FW 190 A-3与F8F-1对比，可见这两种飞机在尺寸上比较接近，但是它们本身线条完全不同，而且"熊猫"的机翼面积明显大出不少

▲ 英国人缴获的FW 190 A-3，MP499是英国机号。实际上现在不知道格鲁曼公司考察的到底是哪一架FW 190

新飞机必须融入舰载机需要的性能。

美国海军的要求有两点，足够的前下方视野，能在降落时尽可能看到甲板，同时方便大偏角射击时瞄准。另外一点则是飞机的结构和起落架必须加强到能承受粗暴的航母操作。舰载机必须有较低的翼载，这一点没有额外要求，但却是舰载战斗机的基础。起降性能良好是在航空母舰上安全使用的基础。实际上 FW 190 的翼载颇高，失速速度也高，低速下飞行性能差，不经改进完全无法在航空母舰上使用。

宝马发动机虽然功率较低，但是它有个出众的特点：全自动发动机控制系统。在美国发动机上，转速、油门、混合比、增压器切换需要分开操作，而宝马发动机只需要一根油门杆，其他的操作都会自动与油门杆联动，发动机会利用多个膜盒组与油门杆位置自动判断当前理想的运作状态。这套系统极大降低了飞行员操作负担，他只要推拉油门获得想要的动力就行了。在空战时可以让飞行员关注战斗本身，而不用考虑上升或下降高度时切换增压器，也不用考虑发动机转速与油门位置的关系，实际上美国飞行员们在空战时对这些操作花了很多精力。不过这就不是格鲁曼公司能控制的事情了，普拉特·惠特尼公司在发动机自动化控制上比较落后，到了战争末期的型号上才有自动控制系统。

FW 190 的座舱视野非常好，但它的前下方视野确实很糟，这是出于飞机减阻的缘由，将飞行员座位放得很低，座舱凸出机背很少。但是座舱盖的加强筋很少，飞机在其他所有方向上的视野都让测试组惊讶。此前的 F6F 只有前下方视野比 FW 190 更好，其他方向的视野不是受到加强筋干扰就是被机背挡住，显然新战斗机必须跟上时代。

被德国战斗机触动的三人匆匆回国，开始规划这样的高性能战斗机。由于即将投产的 R-2800 的 C 系列发动机能输出更高功率，至少能达到 2400 马力，这让格鲁曼能计划比 FW 190 更强的指标，最终新战斗机也确实超过了预计的性能。

设计美国福克沃尔夫

观察组回到美国后，立刻开始设计新战斗机，格鲁曼本人也直接参与了设计。

新飞机的设计思路是小型、紧凑、轻便的舰载战斗机，它的尺寸和重量都接近 FW 190A。同时在布局上也有些类似的地方，例如集中在机身两侧的排气管，还有向内收起的主起落架。不过由于 R-2800 在功率上有明显优势，飞机的动力载荷指标定得更低，达到了 2.04 公斤 / 马力。

这就是格鲁曼的第 58 号设计方案，设计指标在 7 月 28 日就规划完毕，基本设计草图绘制得相当快。到了 11 月 29 日，美国海军已经通过了 58 号方案，并订购了两架原型机。此时飞机编号和名字也定下来了：F8F "熊猫"。

随着设计向细节的深化，在航空母舰上弹射和阻拦着舰的要求已经显然会造成飞机超重，重量必然会超过最初的 3969 公斤目标。

当然格鲁曼先生和设计组还没准备放弃，他决心用各种必要的方式给飞机减重。某些海军曾经在 "地狱猫" 上要求的，也是此时算是标准配置的东西被削减了。比如 6 挺 M2 航空机枪减少到了 4 挺，飞机的内部燃油从 946.3 升减少到 617 升。可调座椅应该带有比较重的防滚架，用来在飞机机背着地时保护飞行员，这也只有取消。不过在第二架生产型 F8F-1 在 "军马" 号护航航空母舰（CVE-30）上完成起降测试后，海军还是要求给飞机加装简单防滚结构。现在座椅直接安装在地板上，飞行员用垫子或者降落伞包来调整位置。折叠机构也大为简化，"地狱猫" 采用了比较复杂的旋转折叠机翼，更省空间，也更重，现在改成了简单折叠形式。同时折叠点向机翼外段移动，以减少结构补强重量。"地狱猫" 有 3 个油箱，现在被改成单独一个大油箱，同样是为了节省重量。

当然就单项措施来说，以上这些都比不上发动机本身的减重，由于新的 C 系列发动机性能增强不少，可以省掉二级机械增压器，只使用一级增压。虽然高空性能稍弱，但是中低空性能比以前更强，而且增压器和更大的发动机支架都是重量消耗大户。但即使到了这一步，3969 公斤目标似乎仍遥不可及。

终于，格鲁曼的飞机结构总设计师皮特·厄尔冷森拿出了一个异乎寻常又相当有趣的主意，这可以在机翼上节省额外的 104.3 公斤重量，这将让飞机达到预期目标。

皮特还记得在海军要求的 "地狱猫" 结构强度测试中，试飞员科温·迈耶遇到了压缩效应，他在抖振边界上拉起飞机，改出时过载超过了 7G。此前没有任何格鲁曼战斗机经历过如此灾难性的现象，回到机场后发现水平尾翼严重变形。后来格鲁曼公司才知道洛克希德 P-38 和共和 P-47 战斗机都遇到了这个问题。P-38 尤为严重，整个尾部脱落，两名飞行员丧生。在 "地狱猫" 的服役生涯中，那些不知道压缩效应为何物的战斗机飞行员们也发现了这点，他们在大过载改出俯冲时进入原因不明的抖震，最后飞机平尾变形或者破损。

幸运的是平尾和升降舵弯曲或者破损位置都正好在中央铰链外侧，损坏反而减小了尾翼受到的压力，让它不至于整体脱落。剩下的尾翼结构足够让飞行员将飞机带回航空母舰。残余尾翼部分实际上由于负荷较小而且力臂很短，相对的坚固了许多。

这个现象启发了皮特，他想可以将机翼能设计成到了9G的极限过载点，机翼最外段三英尺自行脱落，那机翼就能减少受到的负荷。而剩下的内翼段则可以承受13G载荷，这是当时战斗机的设计标准极限。剩下的部分应当足够飞行员进行一次虽然速度会稍微高些但是安全的航空母舰降落。

他提议用仔细设计的特殊铆接，从中间连接可折叠的外翼段部分，副翼也要设计可断开的连接处。这样最外段机翼可以连着副翼尖端整体脱落，而又留下一半副翼和副翼的中央、内侧两个铰接点，足够让飞行员操作飞机进行着陆。

格鲁曼公司花了些精力才说服海军同意使用该方案，它实在是过于奇异。不过战况带来的压力使得海军需要更好的爬升性能，而爬升性能又直接与功率／重量的比例挂钩。还好格鲁曼公司在海军高层和飞行员们之间的口碑很好，所有人都知道"格鲁曼钢铁厂"的外号，他们信得过格鲁曼设计，于是终于通过了这个方案。

初步设计部门的负责人是迪克·赫顿，他在格鲁曼工作了很久，带领的"熊猫"设计组对FW 190的设计概念非常狂热。因为专用发动机没法按时交付给格鲁曼公司，他们用一台"地狱猫"的发动机临时安装在XF8F-1原型机上，这架飞机的航空局

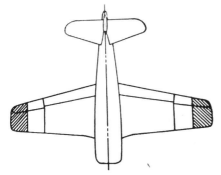

⬂ 格鲁曼公司绘制的"熊猫"安全翼尖草图，两侧斜线阴影部分即为可脱落的安全翼尖

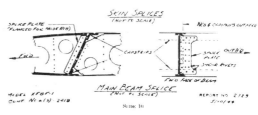

⬂ XF8F-1原型机安全翼尖铆接处剖面图，左图为沿翼弦方向剖面，左侧箭头指向此方向为机翼前缘。右图为沿翼展方向剖面，右侧箭头指向表示此方向为机翼外段

编号为 90460。这倒与格鲁曼先生的保守哲学一致：新飞机不能直接装新发动机。

新的 C 系列发动机计划要到第二架原型机才安装，而这还不是专门给"熊猫"设计的发动机，而是 F7F "虎猫"所用的型号，这架原型机计划会在第一架原型机之后 4 个月试飞。1943 年 11 月，在"熊猫"设计开始的同期，普拉特·惠特尼公司也开始计划最后一代 R–2800 发动机。不过这一代的 E 系列发动机在"熊猫"首飞后很久才制造出样机，投产后只在最后几个型号"熊猫"上使用。E 系列发动机的最大特点是拥有液力传动的增压器，同时整合了期待已久的发动机自动控制系统，不过与宝马的那套稍有不同。在这个问题上，虽然格鲁曼公司很早就向海军航空局和普拉特·惠特尼公司提交了相关意见，然而他们也只能坐着等待新发动机。由于发展中遇到很多难处，同时战争结束让研发节奏慢了下来，E 系列发动机正式交付推迟到了 1947 年。

为了证明铆接的安全翼尖能够承受足够的过载，直到断裂点 9G 才按照设计脱离飞机，格鲁曼公司进行了一次非常详尽的地面测试。必须注意的是，新飞机机翼承受的过载都是先由工程师们估算而出，安装调整过后才进行的测试。

在海军接受安全翼尖设计前，他们要求格鲁曼在 F4F "野猫"上做一次飞行测试。格鲁曼要按要求证明机翼和副翼的连接点在 6G 过载时能同时断裂，然后"野猫"还能保留可接受的飞行品质，足够进行安全的航母降落。为此，一架航空局编号为 04085 的"野猫"被转来进行测试，在成功的机翼地面断裂测试后，这架飞机改装了有安全翼尖的特制机翼。格鲁曼试飞员卡尔·阿尔伯于 1944 年 3 月 14 日进行了一次试飞，在 2133 米高度，两侧 3 英尺长的翼短和副翼都成功脱落，两侧脱落的时间差还不到 0.1 秒。所有事情都按照预定计

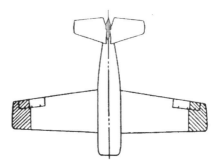

▲ 测试用"野猫"的安全翼尖草图，面积比"熊猫"稍大

▼ 从追踪机上拍摄的04085号"野猫"测试连续照片，前图中"野猫"座舱盖上方块状物即为脱离的翼尖部分

划发生了。这架飞机还展示了足够的机动性，完全可以进行让人满意的航空母舰着陆，着陆速度只比正常的"野猫"快每小时 12.9 公里。现在海军和格鲁曼公司都认同了安全翼尖设置，这种设计在 F8F 上使用是可行的。

飞行测试开始

1944 年 8 月 31 日，此时距离格鲁曼观察组回国才过了 11 个月。第一架原型机就已经完成了，并且在这天由罗伯特·哈尔驾驶首飞。试飞只进行了短短 25 分钟，但却让哈尔觉得难以置信。他在降落后的第一条意见是平尾翼展必须增加 0.61 米，在原型机拉进试验机专用机库后改造工作立刻开始。格鲁曼的另一名试飞员科温·迈耶在 F7F-3N"虎猫"上伴飞观察，降落后他终于找了个空闲时间问哈尔记录了什么数据，能在首飞后得出这样的结论。哈尔镇定地用波士顿口音说："我什么数据都没记，如果哪架飞机完全不稳定，那只有这样修改它了。"

到 9 月 8 日，罗伯特·哈尔已经完成了四次试飞，接下来他把飞机交给科温·迈耶。后者负责测试飞机的震颤包线速度，这个测试同时将决定"熊猫"在各种高度的最大平飞速度。

迈耶第一次在"熊猫"上的飞行也许是他飞行生涯中最激动的时刻。起飞时飞机的表现就超过了他最狂野的想象，并且让他感到在"地狱猫"上训练出的能力还不够驾驭"熊猫"。在襟翼放下三分之一（即 15 度）时，"熊猫"的起飞滑跑距离不到"地狱猫"的一半！此后好几次，在迈耶将油门推满之前，他就发现如果不立刻开始大角度爬升，那么飞机速度就会超过允许起落架放下的安全速度，连收起起落架的时间都不够。当然，这样的大角度低速爬升让迈耶颇为满意，他知道这会让下面的观众们也很高兴。在首次向 12390 米升限的全动力爬升中，仅安装了 B 系列发动机的"熊猫"原型机表现出两倍于"地狱猫"的爬升率，后者只有每分钟 975 米。

接下来是震颤飞行测试，每次增加飞行速度 40.2 公里 / 小时，在水平飞行中要用拳头猛敲操纵杆。既要在俯仰方向上，又要在滚转方向上，还要猛踏方向舵踏板，检查在 3 个控制轴上是否有潜在的震颤倾向。这个流程要持续到最大平飞速度，高度则从海平面到 9144 米，以 1524 米为间隔。这种简单的测试手法自从莱特兄弟的时代以来就一直在使用。

对于迈耶来讲很幸运，格鲁曼的飞机控制配平哲学是要求 100% 静态稳定性，

▲ 1944年8月31日，90460号原型机正在暖机，准备起飞

▲ 1944年8月31日，"熊猫"原型机首飞。注意此时飞机垂尾前没有背鳍，只有一根很窄的安定片。由于缺乏实际效用，后来改成了较大尺寸的背鳍

∨ 这架PB-1V巡逻机机腹下挂载的是"熊猫"1/4比例高速俯冲测试模型

▲ 从正后方拍摄的90460号原型机，飞机表面非常光滑，再加上涂装所用的光泽深蓝，即使在黑白照片上也可以看到机身和机翼上的映像

以保证无震颤，无论是升降舵、副翼还是方向舵均如此。由于 100% 静态稳定需要比较重的配平铅，很多其他公司的战斗机设计师认为在 3 个操作轴上有 50% 配平重量就足够了。于是在试飞中他们都遇到过很多次毁灭性的机翼和尾翼震颤，在20 世纪 30 年代到 40 年代，许多试飞员为此丧生。当然格鲁曼先生自己是个非常保守而且学识渊博的试飞员，即使在他不再自己飞战斗机后，依然对此相当负责。在该系列测试完成后，XF8F–1 的最大速度达到过 732.3 公里 / 小时，让格鲁曼公司和海军都相当满意。

"熊猫" 结构测试

在结构测试的阶段，由于"熊猫"的机身空间狭小和临界条件下重心靠后，它需要引入独特的仪表安装法。此前"地狱猫"测试机上的常用仪表包括又大又重的光面板，会反射许多仪表读数，再加上一台摄像机将读数拍下。还有很大的 36 频段示波器，用来测量飞机结构负荷。这些东西都安装在空旷的后机身内。而"熊猫"的机身空间有限，摄像机只能直接安装在飞行员左臂下方，对着座舱内 6 个最关键的飞行仪表直接拍摄。结构检测的示波器从 36 频段减少到 12 频段，连接在飞行员背后的装甲板上，伸入后机身。为了平衡飞机，在飞机最前方的位置，即螺旋桨毂中添加了 22.68 公斤配重。在安装完毕之后，迈耶就觉得座舱稍微拥挤了。

此前是要求飞机以 5G 过载拉起，现在增加到了 7.5G，同时速度要增加到每小时869公里指示空速，在"地狱猫"的804.6公里/小时极限速度基础上，又增加了64.4公里/小时。迈耶意识到在增加速度时必须非常小心谨慎，以免飞机进入压缩效应，使它无法操控而导致事故。这种事故，此前不久他才在"地狱猫"测试时遇到过。

与"地狱猫"相同，在所有测试项目完成前，"熊猫"已经投入了生产。过载测试将在第一架生产型"熊猫"上进行，该机的航空局编号为90437。1945年2月5日，空速计和其他仪表校准完毕，飞机立刻开始测试。从9144米开始做拉起改出机动，以确定抖振边界。过了抖振边界后，继续拉杆也不会让机翼产生更多升力，增加飞机过载。拉起动作以1524米为间隔减小高度继续测试，直到海平面才算结束，同时也要包揽"熊猫"的整个速度包线。

以这种形式，格鲁曼公司确定了海军的要求能够满足，原始要求是在2286米高度以7.5G改出俯冲，实际上"熊猫"能在3962米以下都达到这个过载。对于海军要求的展示飞行，飞机可以轻松在2286英尺高度分别以563.3公里/小时和740.3公里/小时的速度执行7.5G机动。不过海军最终的俯冲极限要求只有3.5G过载，而速度增加到869公里/小时，这是由于预计会遇到压缩效应，飞机达不到太高过载。随着俯冲空速超过平飞空速，猛敲操纵杆的测试又开始进行，以完成震颤测试项目。最终所有7.5G俯冲改出项目都正常完成了。

最大俯冲速度测试则更为困难。就迈耶的经验看来，他决定从7620米开始做俯冲角不大于45度的俯冲，以免进入跨音速压缩效应区域。试飞时他确实有效地控制了飞机马赫数，在完成了震颤项目后，开始以3.5G过载改出，此时飞机突然一声巨响，座舱内充满了浓烟。飞机立刻在没有操作的情况下飞到了8.5G过载！迈耶立刻全力向前推操纵杆，同时收回油门到最低的待机位置。

当迈耶从高过载中恢复意识后，发现飞机高度增加了1500多米，速度大约每小时320公里。追踪机飞行员卡尔·阿尔伯平静地对迈耶建议说不需要放下左侧起落架，还没到降落高度。阿尔伯似乎还没搞清楚发生了什么，接着他意识到出了问题后，才严肃地报告说左侧起落架在最大速度时自行展开，另外满载的弹药箱从机翼底部掉了出去，消失得无影无踪。而后又补充说左侧打开的起落架仓内有小股烟雾冒出。阿尔伯继续检查"熊猫"，迈耶则放下右侧起落架和尾轮，看能不能进行正常着陆。降落过程很平静，但是飞行一时半会儿还结束不了。

迈耶尝试在着地前打开座舱盖，但是无论他如何努力，甚至双手一起拉它，座舱盖仍纹丝不动。后来检查才发现座舱盖后缘跳出了滑轨，卡在距离正常位置几英寸的地方。因为飞机维护长不想损坏舱盖，又花了20分钟才让迈耶从座舱中出来。

　　检查表明，由于飞机向左侧大角度偏航，空气对座舱盖造成了过大压力，使得它跳出滑轨。偏航原因则是左侧起落架自行展开，造成飞机两侧阻力不均等。另外还发现了烟雾来自发动机滑油散热器，超过8.5G的过载损坏了滑油散热器的安装

▲ 第一架生产型F8F-1，航空局编号为90437，发动机排管外安装了测试用的不锈钢整流片。在最大速度俯冲测试中，飞机上产生了无法解释的顺翼展方向气流。整流片修改，再加上后期将5根排管合并成3根，这些措施将排气位置下缘提高10.16厘米。修改起到了作用，将问题解决。飞行员脑后的摄像机就是用来拍摄气流情况的

▽ 第五架生产型飞机，注意排管还没有修改。这就是迈耶那架起落架出问题的测试机

带，并导致一根油管破裂，滑油漏到了排气管集成上，被加热后产生烟雾。

问题根源是"熊猫"起落架上位锁强度不足，在大过载下扭曲变形，导致起落架自行放下。后来的地面测试表明上位锁很容易变形，所以只能重新设计并测试。新上位锁设计能承受9G过载。所有已经产出的"熊猫"被停飞，直到新上位锁送到并改装为止。起落架毛病还没结束，测试组很快发现他们还没走出问题的森林。

由于在8.5G过载改出测试中，测试机的机翼承受了巨大负荷，格鲁曼公司决定将第五架F8F-1生产型（90441号）转来共同承担测试。该机加装了测试设备，将用于每小时869公里的高速俯冲和3.5G改出测试。

在第三次试飞中，当起落架应当正常展开时，迈耶发现左侧起落没有成功锁定。他尝试了所有方法，包括在跑道上用左轮和右轮单独着地的状态滑行和弹跳。许多在跑道上的观察员看着飞机动作，最后他们一致同意左侧起落架看起来似乎已经锁定了，然后在无线电中通知迈耶。

于是迈耶就开始正常着陆，整个流程都没出问题，最后他左转进入停机坪。弯还没转到一半，左侧起落架就垮了，飞机斜倒在地上。螺旋桨倒是表现了一番——如何在这种情况下通过撞地快速停转。迈耶心想："早知道就不信那些家伙了。"他意识到应该先停下，让飞机维护长先检查下位锁是否锁定。这起事故发生的位置就在5号工厂正面，所以一大群人见证了事故的发生经过。后来的检查表明，起落架下位锁指示器的微型开关被设定在了不合适的位置：在它操作范围的尽头，而不是中间。这个设置用于补偿测试中过载导致的结构变形，但是起落架完成锁定时，指示器的位置又不正常。生产线为此进行了一次矫正，所有F8F-1的微型开关都进行了修正。

工程师们还发现事故对主翼造成了负荷，不仅撞掉了安全翼尖，还影响了翼根结构。这让该机不能再按计划投入海军要求的测试。在重新安装了全新的左翼后，它在地面进行了承受7.5G过载的测试，于5周后作为普通生产型交付海军。

还好此时最初的"熊猫"测试机90437号完成了修理，在进行了一整轮地面测试后，宣告可再度投入试飞。现在公司又计划用这架飞机完成海军要求的测试，此后测试顺利完成了，没再出现严重事故。

1945年3月，海军终于决定给所有"熊猫"装备NACA设计的俯冲襟翼。这样飞机在进入跨音速压缩效应的区间后，仍然可以轻松改出俯冲。理所当然的，装了新东西之后又要进行飞行测试。这次的要求是飞机从使用升限开始，以全动力进

∧ 收起后的俯冲襟翼，安装位置正好在 起落架门后方

∧ 1945年1月，用于掉落测试的"熊猫"机身，发动机 位置安装的是配重

入垂直俯冲，然后以较低的 4G 过载改出。

主试飞员迈耶在 1945 年 4 月 7 日完成了三次试飞，俯冲角度逐渐达到了垂直。而且这三次的俯冲速度都超过了"熊猫"的临界马赫数 0.76，分别达到了 0.785、0.805 和 0.815 马赫。飞机俯冲到大约 8840 米时再打开俯冲襟翼，让飞机以 4G 过载改出，这个高度以下空气密度的增加会开始降低飞机马赫数。虽然与"地狱猫"和"虎猫"一样，在压缩效应发生后，"熊猫"也表现出了无法改出，操纵杆不能掰动，还有飞机低头的俯冲飞行特性。但是俯冲襟翼表现完美，让飞机可按设计改出俯冲。至此飞机预定的结构测试终于全部完成。

海军的其他飞行性能要求

作为"熊猫"测试的一环，海军要格鲁曼公司用不对称的机翼进行起降展示。即在移除飞机左侧或者右侧安全翼尖的情况下，仍要表现出可接受的飞行性能，在航空母舰上安全降落。以防万一大过载机动时只有单侧翼尖脱落，而导致飞机不能正常操作的情况发生。

4 月 5 日和 6 日，迈耶驾驶第二架 XF8F-1 原型机 90461 号进行了展示飞行，两个架次测试中分别拆除左侧和右侧安全翼尖。在向航空母舰巡航时，仅靠副翼和方向舵配平就能操控飞机。飞机的操纵特性虽然也表现得不对称，但是如果襟翼下放角度限制在最大 15 度以内，飞行性能仍可接收。如果襟翼下放角度超过 15 度，那么飞机在进场转弯时，较短侧机翼会非常重。另外，航母降落的进场速度会增加每小时 16.1 公里，不过第二次世界大战时使用的航空母舰（主要是埃塞克斯级）能容许这种程度的降落速度增加。

按照今日的标准，对于这么一种独特的设计，两个试飞架次完全不够。但是当时美国军队即将登陆日本本土，对新型战斗机的需求愈加迫切。在这种前提下，格鲁曼公司和美国海军都认为这就够了。但到了后来才明白，为了尽快让"熊猫"形成战斗力，加入太平洋战区，所有人都低估了这个问题。

在飞机螺旋性能方面，则是要"熊猫"进行 5 圈向右和向左的直立螺旋，2 圈向右和向左的倒螺旋，最后是在着陆状态下飞一圈螺旋。NACA 的"熊猫"模型风洞测试表明飞机能正常进入和改出各种螺旋。

为了在可能发生的意外情况下确保 90461 号原型机的安全，它安装了一个 2.44 米大小的安全伞，拴在 4.57 米长的尼龙绳上。在发生不可改出螺旋时，飞行员可以打开它。在发动机全功率运行状态下的地面测试中，安全伞顺利放出，但是它没法成功抛掉，在气流中前后挥动。检查表明，释放机构的钩爪与尼龙绳附件的金属环卡在了一起，使得安全伞无法释放。重新调整过钩爪，将其稍微放松后，飞机在地面测试中就能每次都正确抛弃安全伞了。接下来的飞行测试也表明安全伞能提供足够阻力，并且正常脱离飞机。

第二天（4 月 19 日），迈耶准备正式进行螺旋试飞。看起来该试飞项目会是个简单的任务，但实际上却不然。在新飞机上，过往的正确安全流程是先进入螺旋，转半圈改出，再每次增加半圈。到飞机能转两三圈后，飞行员会理解飞机在螺旋中的旋转速度和机头俯仰指向。"熊猫"的半圈、整圈、一圈半螺旋改出表现得比较稳定，飞机在下一圈内就能正常改出螺旋。但是在接下来的两圈测试时，飞机机头转了一圈半后就快速抬起，指向地平线。这个现象表明"熊猫"进入了不可改出的水平螺旋。迈耶将方向舵和升降舵都打到最大可动范围，但是飞机丝毫没有改出的迹象。在等了一圈之后，他决定打开安全伞。安全伞瞬间打开，立刻将飞机扯离螺旋航迹，机头垂直落下。迈耶此时惊讶地发现他已经面朝海面，长岛外冰冷的海水扑面而来，反应过来后立刻抛掉了安全伞，并且从俯冲中改出。

同时兼任试飞员和设计师，罗伯特·哈尔有很多螺旋测试经验。他认为"熊猫"在高攻角螺旋时需要更大的航向稳定性。这是由于垂尾和方向舵在机翼失速尾流中动作，起不到足够效果。于是在测试机的机尾下方实验安装了一个 7.62 厘米宽、2.13 米长的腹鳍，垂尾前方也额外加装了一段背鳍。测试表明，飞机在各种情况下的航

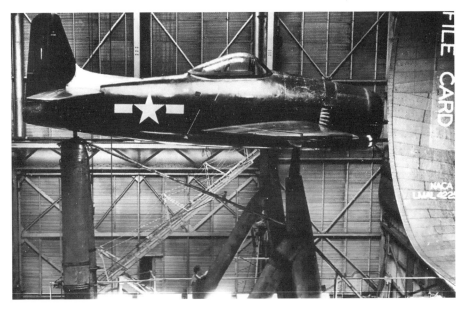

∧ 在最初的几次螺旋测试之后，90460号原型机加装了背鳍。后来飞机被送往兰利机场的全尺寸风洞进行测试，实际上测试进行的时候，背鳍已经加入生产线好几个月

∨ 兰利机场的风洞中前后测试过4架F8F，这是90448号飞机，1946年1月4日至2月18日进行测试，注意该机的排气管已经修改过了

向稳定性增加了许多。后来加大的背鳍和腹鳍都作为标准融入了生产线。

此后的螺旋测试中，飞机在螺旋中的转向率表现稳定，也有低头倾向。5圈螺旋后再操作时，只需要再转一圈就能改出。倒螺旋则更轻松，由于垂尾在高能空气中操作效果更好，不到一圈就能改出。

4月25日，90461号测试机转场到帕塔克森特河的海军航空测试中心，在这里向海军做展示飞行，并且通过检验。1947年8月时，XF8F-2原型机95330号在同样项目试飞中也遇到了安全伞无法抛弃的故障，导致飞机无法操纵，最后飞行员在低空跳伞，落地时受了致命伤，不过最后测试仍然顺利完成。

还没等格鲁曼公司喘口气，美国海军又对F8F-1提出了新要求。新项目是所谓的滚转改出，具体来讲要求在指定的高度与速度下，飞行员在0.1秒时间内向侧面打杆到底，然后当飞机达到最大滚转率时再拉杆做5G过载的改出机动。测试开始之前，迈耶决定先在一架F4F-4"野猫"（航空局编号4085）上练习该动作。"野猫"在服役历史中以坚固著称，看起来很适合用于练习。

"野猫"的操纵杆从置中位置到侧面顶点的行程为27.94厘米，迈耶很快发现在安全带正常系紧时，如果要于0.1秒内完成要求，会让他的肩膀与背部扭曲。后来在"熊猫"上执行这个机动时反而容易许多，因为后者的操纵杆行程只有16.51厘米。他先完成了12次机动，包括向左和向右滚转拉起，然后再进行三次逐渐增加空速的机动，直到最后达成5G过载标准，速度和高度条件则分别为683.9公里/小时与2286米。

而后迈耶也将这架测试"熊猫"转场到帕塔克森特河，为了让海军代表们满足，由5月5日至11日在这里连续进行了几天展示飞行。

海军航空兵接收"熊猫"

海军飞行员第一次接触到"熊猫"还是在1944年10月的战斗机联合会议上。海军在帕塔克森特河航空站组织了这次大会，目的是评价现有战斗机的特性，并探讨未来战斗机需要怎样的性能。海航、陆航、情报机构、飞机公司送来了各种现役战斗机、缴获的敌机、测试中的原型机参加测评。

会议举行时，"熊猫"原型机首飞才一个多月，生产还远没有开始。但是格鲁曼公司对于飞机性能非常自满，而且他们需要拿出什么新东西用来对抗包括XF4U-4和F2G原型机在内的多种"海盗"型号，就让XF8F-1参展了。

因为飞机还在早期试飞阶段，只有5名飞行员试驾了原型机。他们对原型机飞行性能的评价非常好，比如："杰出的爬升率""如果哪种飞机有这么好的性能，它一定会是顶尖截击机""如果火力再强点就太好了""这是架顶级战斗机，它机动性非常好，而且给人一种非常扎实的感觉""从作战的角度看来，我认为它可轻松登上海军第一战斗机的位置"。

试飞过的飞行员普遍认为座舱布局很合适，简单且容易操作，只是稍显拥挤。飞机在起降时操纵性表现不错，没有太多坏毛病，前下方视野很好。但是俯仰配平显得不足，降落时有低头趋势。

飞机升降舵和副翼操纵需要的杆力比较小，且俯冲时的操纵力增长缓慢。升降舵要到表速超过 600 公里／小时之后才会很重，方向舵则一直很轻，直到表速 640 公里／小时之后，才需要配平。

临时使用的发动机受到的评价一般："意外的平顺和安静""激起了我的信心，在高动力区间运转比较暴躁，但也不是无法接受，在南太平洋进行航母降落时可能会过热""转速控制杆操作不准确，倒是美国飞机常见毛病"。

在部分细节项目上，原型机收到了几条批评："降落时副翼不是十分有效""踩舵时，需要很大的操纵杆位移，才能抑制飞机的滚转倾向""飞机空速系统反复无常"。最后这条只是原型机的毛病，F8F 当然还要经过许多改进才会投入生产。

实际上"熊猫"原型机的反响如此之好，或许让格鲁曼公司都深感意外。参会的飞行员，再加上各军种和公司的技术人员共百余人，在会议结束时对一大串项目投票表决，以选出在该项上最好的飞机。虽然只有 5 名飞行员试飞过原型机，但在投票环节中，"熊猫"获得了颇为不错的成绩。

XF8F-1 原型机在最佳座舱评比中荣获第一，得 36 票。第二名的"虎猫"只有 20 票，第三名"地狱猫"16 票。

在最适用起落架和襟翼控制评比中 XF8F-1 获得第一，不过得票只有 19，刚好比第二名的"地狱猫"多一票。

最舒适座舱评比中 XF8F-1 以 18 票获得第二，次于 24 票的 P-47。

最佳全向视野评比中 XF8F-1 获得了第三名，得票数 22，第一名则是得 25 票的 P-51，第二名是 P-47。考虑到"地狱猫"在这个项目上只得了 6 票，"熊猫"的进步可以说非常明显。

小场地重载起飞项目中，XF8F-1 排名第二，得票数为 21，比第一名"地狱猫"少了 7 票。

以上这些都是小奖项，"熊猫"最大的两个桂冠是 7620 米以下最佳战斗机，以及最有潜力的舰载战斗机。前一个项目中得票数为30，虽然仅比第二名的P-51多一票。但作为一架原型机，它比最著名的现役战斗机更受飞行员瞩目，"熊猫"的性能毋庸置疑。后一个项目完全可以说让格鲁曼扬眉吐气，"熊猫"以50票遥遥领先。第二名的XF4U-4只获得了15票，第三名的F4U-1只有13票，而安装了巨大的R-4360发动机的F2G只得到了3票，飞行员们对这种毫无平衡可言的升级方式并不买账。

会议中一名飞行员写下的评语可以说完美描绘了格鲁曼公司的心情："格鲁曼正在那里骄傲的膨胀，我不想再评论什么了。"

1945年4月4日和5日的展示飞行完成后，迈耶将原型机留在帕塔克森特航空站。这架飞机已经不用回去了，因为此时"熊猫"生产线正在运转，生产型飞机开始下线。托马斯·康纳利中校（在F-14"雄猫"项目时他已经升任海军航空作战部副司令）试飞了"熊猫"，在飞行中记录了一些意见，下机后扩展成一份完整的描述报告交给迈耶。他对新战斗机的每个方面都有极大热情，还要求迈耶将他对飞机喜欢和少数不喜欢的部分记下来，一并带回格鲁曼公司。他对座舱内4个开关的位置有意见，此后在生产型飞机上全都进行了调整。

▼ VF-19中队的"熊猫"，该中队正在前往前线，战争就结束了

海军检验与测量局给出的报告高度赞美了"熊猫"，交给他们的测试机轻松通过了检测，一点大毛病都没出。"熊猫"飞起来令人激动，原型机的飞行速度比"地狱猫"快每小时130公里。在有25节迎头风的情况下"熊猫"只需要61米甲板就能起飞，而"地狱猫"要大约99米。原型机海平面爬升率达到了每分钟1932米，这是"地狱猫"的两倍，比战时的其他螺旋桨战斗机都强。海军航空兵的飞行员们都喜欢"熊猫"的爬升性能，自从第一次世界大战之后，爬升得比敌机更高对于空战越来越重要。

航空母舰上的军官们也很快发现紧

▲ 送往美国海军进行航母起降测试的90438号F8F-1，它起飞需要的甲板长度只有"地狱猫"的60%

▲ 机翼折叠后的F8F-1，可见"熊猫"采用的简单折叠方式。这种方式在折叠效率上不如"地狱猫"，但是飞机本身尺寸小得多，甲板排布仍然比"地狱猫"密集

▼ 1945年8月，这架94841号F8F-1在下午2点12分起飞前往海军航空站进行交付。飞行员舍尔茨上尉在起飞后18分钟就返回机场，降落滑跑240多米之后飞机翻覆。这架飞机没有防滚架，飞行员情况不明

凑的"熊猫"更容易排布，以前能排列 36 架"地狱猫"的空间，现在能排列 50 架"熊猫"。你能想象海航飞行员们的感受，他们驾驶的"熊猫"中低空飞行性能远超过陆航的主力型号 P–51、P–47 和 P–38 战斗机，在海军航空站周边遇到训练的陆航战斗机时就能好好展示一番。

就这样，"熊猫"以最快的速度进入了舰队。当时 VF–19 中队已经从前线回国几个月，正驻扎在圣塔罗萨海军辅助机场，一边训练一边等待下个作战期到来，现任中队长是乔·史密斯中校。1945 年 5 月 21 日，距离原型机首飞不到 9 个月，VF–19 中队拿到了首批 F8F–1。转用"熊猫"的作战训练立刻开始，该中队在 8 月初登上"兰利"号轻型航空母舰，出发参加太平洋战争。在该中队前往西太平洋途中，两枚原子弹爆炸，过了几天日本宣布无条件投降，"熊猫"就这样错过了战斗。

安全翼尖问题浮现

在容光焕发地服役了几个月后，格鲁曼服务部门报告说，有一名飞行员只拉断了单侧翼尖。当时他正从俯冲轰炸中改出，而另一侧过了会儿才脱落。安全翼尖没有按照格鲁曼的设计过载脱落，所以公司匆忙派出了工程组前往调查。

问题逐渐浮出水面，在航空母舰上降落造成的冲击，模拟空战中接近抖振边界的机动也会带来很强震荡。这些负荷累计起来，就对翼尖的铆接处带来了远超设计的应变疲劳。格鲁曼没有充分考虑过这个问题，海军为了尽快让飞机投产交付也没有多想。最后还发现，在格鲁曼生产线上，铆接处的质量控制不恰当。为了避免"熊猫"机队继续出现事故，海军只得将飞行包线限制到 5G 过载。

然而海军仍然需要这种性能出众的战斗机，很快就和格鲁曼公司达成一致，允许用另外的方式保证安全翼尖正常使用。这种方法不能仅仅依靠特殊铆接工艺，靠这点已经不行了。

第一个方案是往飞机上安装 30.5 厘米长的导爆索，放在铆接处外侧的下方蒙皮内。导爆索由电控开关控制，在某一侧翼尖脱落后，会引爆另一侧导爆索，确保两侧翼尖同时脱落。格鲁曼公司自己把这个东西叫作"冰盒子"开关，系统本身则有个"7 月 4 日系统"的小名，因为这天通常会放烟花庆祝独立日。

地面测试的景象至少可以用壮观来形容，在多次成功实验后，一架"熊猫"安装了该系统。为了测试效果，该机的左侧翼尖结构被调整为在 5G 过载下就会脱落，理论上来说此时右翼的"冰盒子"开关会用电引爆导爆索，让右侧理论在 7.5G 过

▲ 使用30.5厘米长度导爆索测试后的照片。95802号飞机左侧翼尖飞脱，右侧还连在飞机上

载脱落的翼尖立刻被炸掉。

试飞仍然由迈耶进行，选择的测试点是在2286米高度，速度为724公里／小时，俯冲角度为30度。测试机的座舱后方安装了摄影机，拍摄两侧机翼的情况，F7F-3N追踪机也会跟踪记录。为了保证左翼脱落以及右翼顺利引爆，迈耶拉到了5.5G过载。

随着一阵壮观的火焰和烟雾，还有碎片乱飞。左侧调整过的翼尖在5G过载时顺利脱落，但是右侧爆炸后仍然连接在飞机上。追踪机飞行员飞上来检视了右翼的损坏情况，他看到下表面蒙皮上有个大洞，导爆索很确实的按照预期点火了。右翼的空洞尺寸有30.5厘米×10.1厘米，而且就在承力最重的位置，但是却没有使安全翼尖脱落。还好这个洞没有对右侧副翼造成太多震颤干扰。迈耶曾经降落过只有单侧翼尖的飞机，他也准备好了再来一次。

在飞行结果汇报时许多工程师们感到困惑不解。迟疑了半天之后，其中一名羞怯地说可能没有足够考虑到每小时 724 公里的滑流效应。无论如何，现在只有回到绘图板上，从这里重新开始。

项目工程师建议导爆索增加到 66.4 厘米长度，足以覆盖该位置的机翼一半弦长。地面测试自然是必需的，因为太强的爆炸可能对内侧机翼本身造成损害，如果在空中发生不测，很可能会导致机毁人亡。第二次试飞时，迈耶拉到了 6G 过载，这次两侧安全翼尖都脱离了飞机。虽然地面测试中导爆索的声音震耳欲聋，但是在座舱里却听不到，而且迈耶自己只能盯着 G 力表，不便观察周围。两个追踪机飞行员反而比迈耶更惊讶，他们在外面看到的效果相当壮丽，后来说看起来飞机就好像爆炸了一样。而且两侧导爆索都引爆了，左右安全翼尖带着金属碎片洒满天空。

降落后大家发现机翼剩下的部分颇为干净，甚至没什么小碎片，而且没有其他损伤。海军和格鲁曼公司都认为该次实验获得了巨大成功。顺便提一下，测试组在安全翼尖内塞满了木棉，这样它们在落水后会漂浮在海面上，就能被捡回来。

海军现在要求格鲁曼重新完成一次包线展示飞行，就与在此前做过的那些相同。在这次展示飞行中，迈耶本应将飞机拉到 5G 过载，让翼尖断裂。但是他注意到飞机达到了 6.5G 过载，比他试图控制达到的数值高不少。他在各种格鲁曼战斗机，包括 F4F、F6F、F7F、F8F 上都负责该项测试，做了几百次改出机动，能将过载控制到 0.1G 的误差水平上，所以这个超过载的现象让他感到不安。告诉工程师后，他们却回复说该现象只是因为太紧张而已——影射迈耶操作失误，他们自己想不出理由时通常就这么敷衍了事。

接下来工程师们将两侧安全翼尖的铆接点加强到 7.5G 断裂，又装上了 66.4 厘米长的导爆索，试飞立刻开始了。在第一次改出时，迈耶拉到了 8G 过载，他确定这个过载下一侧或者两侧的铆接都会断裂。实际上它们也断裂了，带着烟火脱离飞机。在降落后，迈耶看见过载表上记录的最大过载达到了 9.5。他立刻强调说没有操作失误，需要空气动力学部门做出解释，还骂了几句脏话。在气动学家们研究过后，发现飞机确实会在机翼发生变化，特别是翼展、翼面积、展弦比这几个关键参数变动时，会让飞机的俯仰运动规律也大幅度改变。结果就是飞机会增加 1.5G 过载，而操作失误的说法到此也就不攻自破。

该展示飞行项目算是完成了，带来的额外俯仰问题被写入当期版本的飞行手册，以提示飞行员们可能会遇到的现象。海军对此表示高兴，"熊猫"终于回到了完备的使用状态，所有飞机也都安装了导爆索。

然而就长期来说安全翼尖的问题还没结束。导爆索确实是电点火，但是所有人都忘了应该为它提供安全措施，以防在地面维护时有人操作错误。所以很快报告就来了，一个战斗机中队在维护飞机时造成了短路，地勤当时在做某些电气测试。结果一架"熊猫"的机翼就在机库甲板爆炸了，导致一名维护人员身亡。

海军忍够了，他们不想再用这个给飞机减重的安全翼尖了，现在要求将翼尖钉死，并拆除导爆索。"熊猫"机队的飞行过载限制再度降低到了 4G。航母降落给飞机带来了负荷，空战机动中又很容易超过 4G 过载，这些因素最终导致两起事故，都是单侧机翼于飞行时断裂。最后格鲁曼给所有飞机生产了钢制加强组件，改装组件当然会增加飞机重量，但是将所有飞机的结构加强到 7.5G 的水平。不过到了此时，"熊猫"的服役历程已经快要结束了，它即将被喷气式战斗机取代：格鲁曼自己生产的 F9F 和麦克唐纳生产的 F2H。

格鲁曼工厂飞行表演

从 1944 年第一架 XF8F-1 开始，到 1947 年格鲁曼"黑豹"首飞为止，科温·迈耶一直在用"熊猫"做飞行表演。"熊猫"的惊人起飞和爬升性能，以及在低空的加速能力，非常适合用于表演，能给观众带来极大乐趣。

"熊猫"的横向稳定性较弱，而且副翼效果远强于"地狱猫"，迈耶的飞行表演通常会从八点慢滚开始。即将 360 度均分为八份，每份 45 度，飞机每滚转 45 度就暂停一下，再继续动作。这招让战时那批热爱航空的观众比较高兴，直到某名在场的观众说了句评论为止。

那是 1946 年年初，迈耶在一个周末航展上遇到了奥尔福德·威廉姆斯，这个航展就在纽约机场举办。此时威廉姆斯还在驾驶"海湾鹰"Ⅲ号，他用这架双翼飞机向成千名观众展示了他的出众技巧。迈耶正好是最后一个进行飞行表演的飞行员，就接在威廉姆斯之后。迈耶先做了两个漂亮的八点慢滚，他感到有些飘飘然，因为这个机动在其他飞机上做起来颇为困难，而且还不怎么出名。迈耶的妻子就在观众席上，听到一位老太太与她朋友交谈说："我很奇怪为什么那位飞行员不能让他的飞机滚转顺畅，就像威廉姆斯先生那样。"这个动作看来对普通观众毫无吸引力，此后迈耶就没再表演过八点慢滚。

实际上在 XF8F-1 首飞后，格鲁曼先生就建议他手下的两名试飞员，帕特·加洛和迈耶进行展示飞行，目的是表现出"熊猫"和"地狱猫"的性能差距。这即是

▲ 在格鲁曼机场上空，从后方追来的"熊猫"即将超过"地狱猫"

给格鲁曼公司的员工，又是给经常前来参观工厂的海军高层表演。

表演将由全动力编队起飞开始，然后爬升至 914 米高度，以一架"熊猫"用每小时 724 公里的速度通过主跑道结束。"熊猫"的通常时间要安排好，因为它要在跑道中央追上并超过每小时 563 公里速度飞行的"地狱猫"，观众们都在这个位置看着。到了跑道末端时，两架飞机都要做一个 5G 过载的拉起动作，转入垂直爬升，直到"熊猫"消失不见为止。这样的安排可以完美展示"熊猫"的性能优势，特别是在大家都知道这两种飞机均使用 R−2800 发动机的情况下。

飞机启动、起飞、爬升这些动作就容易一起进行了，而且也能展示两种飞机的差距。因为"地狱猫"的加速性能差得多，在安排双机通场，而且要在观众头顶超越时相当麻烦。两位试飞员尝试了很多次，用尽各种办法，都没法配合完美。他们自觉不满意，也不会在展示飞行上让格鲁曼先生满意。

最后两人决定选两个与跑道成一线的大型建筑作为地标，一个距离机场大约 3 英里，另一个距离大约 5 英里，以此标记同时动力全开的位置。迈耶驾驶"地狱猫"在近处的建筑，加洛驾驶"熊猫"在远处的建筑同时转向机场并开始加速。这个土办法很管用，每次都能成功，确实能在跑道中央让"熊猫"以快每小时 161 公里的速度超过"地狱猫"。而且由于积累的高速，拉起转入爬升后，"熊猫"会快速飞远。而"地狱猫"只能在大概 914 米高度进入筋斗，没法继续爬升了。这个表演进行了很多次，不仅观众们，两名试飞员也乐在其中。

"熊猫"的型号区别和生产情况

1944 年 10 月，美国海军签订了 2000 架 F8F-1 的生产合同。有些档案上列明前 23 架飞机均按 XF8F-1 标准交付，但是在格鲁曼公司的记录中，这些飞机全都是预生产型，而非原型机。虽然它们的许多细节与原型机相同，但是在生产出来之后又确实进行过不少修改。到了 1945 年，订单数量则增加到了超过 4000 架飞机。虽然海军在 1943 年就订购了麦克唐纳的 FD-1 型战斗机，但是没有对活塞战斗机的订单造成明显影响。因为他们仍很怀疑早期西屋公司生产的 J30 喷气发动机可靠性不足，该机的航空母舰操作性能也是个问题。

1945 年 1 月，海军计划让格鲁曼公司转换生产，在 1946 年早期从"地狱猫"转为"熊猫"。随后又决定格鲁曼公司的"地狱猫"和"熊猫"生产线应当持续运转。而通用汽车旗下的东方飞机分部本有一条 FM"野猫"生产线，该生产线将转为生产"熊猫"。这样在预定 1946 年早期登陆日本的战役开始时，更多战斗机中队可以装备"熊猫"。1945 年 2 月，通用汽车公司接到了 1876 架"熊猫"订单，他们生产的飞机编号将更改为 F3M-1。

为了帮助通用汽车公司尽快展开生产，格鲁曼在 6 月 10 日将第 37 架生产型 F8F-1 交给东方飞机分部。然而战争很快就结束了，通用汽车的 F3M-1 订单也被

❯ 一架正在转弯的"熊猫"，注意机翼下表面的白线，这是襟翼密封片，用于减少飞机阻力。密封片效果颇好，所有生产型飞机都安装了这个东西

取消，此时他们的进度距离能交付飞机还很遥远。

在胜利日过后一周时间里，格鲁曼公司的工人数量从 33046 人骤减到不足 2300 人，此时 F8F-1 的订单还没有被削减。在冷战的阴云逼近时，这些订单让美国海军能装备足够的"熊猫"中队，应付俄国威胁。

格鲁曼的试飞员队伍也从 50 多人减少到 8 人，迈耶作为高级工程试飞员仍然留在公司里，多少让他松了口气。虽然他已经在 5 月完成了 F8F-1 的展示飞行，但是还要长期担负 F7F-3N 的研究项目，直到 1946 年才会结束。

生产型飞机的飞行特性

"熊猫"的操纵特性不错，F8F-1、F8F-2 以及其他子型号虽然在装备和细节上有许多差异，但是在操纵性这个方面上的表现趋同。在整个速度包线区间，无论是正常状态还是着陆状态都是如此。副翼和升降舵在高速时特别敏感，所以飞行员应当避免进行大幅度操纵。升降舵、方向舵、副翼的效果在着陆状态下反而稍微低下，但是也完全足够飞行员使用。

各个操纵面的控制力平衡是"熊猫"的一个显著特点，相对于各个操纵面控制力大小不一的"地狱猫"，这是个不错的改进。同时所有操纵面的控制力都比较轻，对于平均水平的飞行员来说，他有足够的体力让飞机进入高过载飞行状态。

在飞机速度和动力水平有变动时，航向配平变动量也很小，这也是相对于"地狱猫"的一个很大提升。后者要求经常变动配平，让飞行员们颇有微词。

飞机重心在正常范围内时，俯仰稳定性表现正常。但是如果在起落架收起后，重心位于 26% 平均气动弦长的位置时，不控制操纵杆情况下飞机俯仰稳定性会迅速恶化。如果重心进一步后移到 28% 平均气动弦长位置，那么只有熟悉俯仰不稳定飞行特性的飞行员才能驾驶飞机。

正常情况下的航母进场时，飞机俯仰稳定性不是特别强，这需要飞行员更加注意飞行状态。这时方向舵的反应也有较大不同，如果缓慢踩右舵，那么飞机左翼会抬起，也可能保持水平。快速踩右舵则会产生反向滚转运动，让左翼快速落下。踩左舵也会有类似反应。如果加大动力输出，飞机会开始加速并爬升，方向舵效果随着速度增加。

"熊猫"的失速特性很好，F8F-1 的失速速度为 67.9 节，F8F-2 则为 70.3 节，条件均为携带 567.8 升副油箱和有动力。而失速特性在美国战斗机里比较出众的"地狱猫"，在同样条件下失速速度也有 72.2 节，比"熊猫"还要高一点。"熊猫"在失速时气流剥离从机翼中段开始，向外和前方延伸。在任何情况下接近失速时，都可以稍微加大拉杆力度，以增加操纵杆位移，让失速变得更明显。失速警告则是升降舵和方向舵抖震的形式，从失速速度以上 10 节就会开始发生。无任何外挂时抖震很小，但如果放下襟翼，或者在机翼上带有炸弹或油箱之类的外挂，抖震就会更加明显。增加动力会让失速突然停止，有时还会造成向左滚转。正常的失速改出可以用连续向前少量推杆的方式。

飞机的过载失速稳定性非常好。如果在机动中过载超过 1G，在失速前飞机会出现强烈抖震，而且倾向于自己改出失速。自行改出的表现为机头下落，而且没有任何滚转和掉机翼现象。机头下落后，抖震立刻消失，飞机回到正常飞行状态。需要注意的是，不应在最大速度下拉杆进入失速，这时抖震会相当严重。

"熊猫"本身很难进入螺旋，通常要刻意在失速时踩舵才行。向右螺旋时飞机表现得很平顺，而向左时则很呆笨。正常的改出方式，即逆螺旋方向踩舵，同时置中或前推操纵杆即可快速改出螺旋。实际上前推操纵杆的效果比踩舵好很多，此外重量较大的 F8F-2 在改出时的特性与 F8F-1 相同，只是杆力稍重。

虽然在飞行测试中，F8F 的俯冲速度达到了 869 公里 / 小时。但为了安全起见，以及保证一般飞行员不陷入压缩效应，俯冲限速定在了 787 公里 / 小时，或者 0.75 马赫，各种型号之间该限制没有区别。俯冲时发动机可以在每分钟 3100 转运转，但不应超过 30 秒。

XF8F-1

海军的标准流程是订购两架原型机，这次两架"熊猫"原型机的航空局编号分别为 90460 和 90461。格鲁曼公司在 1944 年 3 月决定让第一架飞机使用 R-2800-10 发动机，第二架飞机则使用 R-2800-22W 型发动机。拥有二级增压器的 R-2800-10 发动机较长，尺寸与 -22W 和其他使用于"熊猫"的型号有明显差异，但是现已无法考证第一架原型机的发动机安装方式。它们在 1944 年 8 月 31 日和 12 月 2 日分别由罗伯特·哈尔和科温·迈耶驾驶首飞。90460 号在 1944 年 11 月下旬用于航母着舰和弹射起飞实验，场地是费城的马斯廷海军航空站。1945 年 1 月初完成测试后交还格鲁曼公司。此后又转场交给 NACA，放在全尺寸风洞里进行了 30 天测试。最后在 2 月交给帕塔克森特河海军航空站，在这里用作武器测试平台，直到 3 月坠毁为止。90461 号由迈耶转场到塔克森特河之后就留在这里，由海军的试飞员飞行。直到 1946 年都还能在塔克森特河见到它。

F8F-1

1945 年 1 月至 1947 年 11 月之间，格鲁曼公司总共交付了 664 架 F8F-1 型。各有 2 架飞机被用于改装为 XF8F-1N 和 XF8F-2 的原型机，其中有 226 架做为 F8F-1B 型交付海军。

生产型全都配备了 R-2800-34W 型发动机，这种发动机是典型的 C 系列发动机，带有一级二速增压器，最大转速为每分钟 2800 转，军用动力挡最大功率 2100 马力。发动机使用标准的 100/130 号航空汽油，也可以使用战争末期才开始生产的 115/145 号汽油，后者可以将低空的军用动力提高到 2300 马力。增压器设置非常符合当时的作战需求：舰队主要威胁是在中低空飞行的神风自杀机。

当活塞发动机在进气量额定时，它的热功率就定下不变了，如果消耗功率最大的附件——机械增压器能抽取尽可能少的动力，那么发动机的功率输出就会最大化。R-2800-34W 就是这样设计的发动机，增压器在低速挡运行并且打开喷水系统时不会消耗任何多余的功率，进气量刚好满足发动机使用。这种设置使得 F8F-1 的低空性能非常好，在海平面高度拥有 2750 马力的巨大功率。这意味着"熊猫"以军用动力起飞后，可以立刻打开喷水加力，以最大功率爬升前往中空截击点，或者在低空以巨大的速度优势追击自杀机。

这种设计并非没有缺点，实际上"熊猫"的高空性能很差。增压器确实抽取的动力少，这也意味着提供的压头能力差，不能在高度增加时保持性能，功率会迅速下降。当时一般活塞战斗机在高空的飞行速度比海平面多 100 公里 / 小时左右，但是 F8F-1 在海平面的最大速度与高空最大速度差距只有 11 公里 / 小时。这是因为 R-2800-34W 型发动机，到了增压器高速挡的临界高度 5730 米时输出功率就只剩 1700 马力了。"地狱猫"的 B 系列发动机虽然落后一代，却能凭借二级增压器在这个高度输出 1940 马力功率。"熊猫"确实在高空对"地狱猫"仍有明显性能优势，但这个优势完全是由于它更轻、更小，而且气动外形比"地狱猫"好得多。另一个问题是，换用 115/145 号汽油之后，飞机的低空性能不会有提升，这也是由于增压器在低速挡下性能不够，无法为更强力的汽油提供更多空气，只能在高速挡下的大约 2100 至 4600 米高度增加发动机功率。

从原型机向生产型的修改中，比较重要的一条是机内油箱扩大，从 617 升增加到了 700.3 升，油箱数量没有改动，仍是单个大油箱。这也是顺应当前战况的修改，"地狱猫"机队在前线经常带着副油箱起飞，它们的空战巡逻时间越来越长，搜索任务的范围也更为扩大。"熊猫"的阻力更小，在相同速度巡航时耗油率更低，但是油箱容量比"地狱猫"的 946.3 升低许多，航程和滞空时间仍然更短。

喷水系统使用的水箱位于发动机后下方，在防火墙之前，容量为 60 升，使用标准的水/乙醇喷液。滑油箱位于发动机后上方，同样在防火墙之前，容量为 64.35 升。滑油散热器在翼根位置，翼根进气口的外侧用于发动机进气，内侧即通向滑油散热器。空气通过散热器后，通过机头下方的散热排口排出机外。

飞机有 3 个重挂点，1 个在机身中央，2 个在起落架外侧。中央挂点最大可以挂载 725.7 公斤炸弹，或者 567.8 升副油箱。机翼重挂点可以携带 453.6 公斤炸弹，或者 378.5 升副油箱，在远程转场时可以使用 1135.6 升的大型副油箱，也可以使用 MK.1 型双联装 12.7 毫米机枪吊舱。这三个挂点也可以挂载小提姆火箭弹。从第 201 架生产型开始（94929 号），飞机机翼上每侧增加了 2 个挂点，位置就在机翼重挂点外侧，可以用于挂载各种高速空射火箭或者 45.3 公斤炸弹。

第二次世界大战中，经常有"地狱猫"携带副油箱着舰，着舰时副油箱容易摔掉破损，如果其中还有未消耗的汽油，那就会造成火灾。所以在"熊猫"服役时，原则上不再允许携带还有剩余燃料的副油箱着舰。高速空射火箭也由于类似原因禁止携带着舰，零长火箭挂架可能会将火箭弹甩脱。太重的炸弹也可能被甩脱，所以只有比较轻的 226.8 公斤和 113.4 公斤炸弹允许带回航空母舰。

格鲁曼公司在测试 XF8F-1 时发现，"熊猫"如果挂载了 567.8 升副油箱，在高速俯冲时方向稳定性会变差。在油箱上安装实验性的稳定翼就可以解决这个毛病，但是海军不会同意只要"熊猫"需要就给所有副油箱加装稳定翼。而在同一时期，美国空军已经由此给很多种副油箱安装了稳定翼。格鲁曼只好向海军提案加高飞机垂尾和方向舵 30.5 厘米，通过直接增加飞机稳定性来解决副油箱问题，这还能进一步抵消飞机在低速起降、复飞时的扭矩效应。大型尾翼在 94873 号飞机上进行了测试，结果表明这是个可接受的方案，但是 F8F-1 不会配置这个改进了。

"熊猫"的装甲防御包括正面防弹玻璃和座舱盖前方的跳弹板，总重量为 13.3 公斤；飞行员背后的装甲板，重 33.42 公斤；自封闭油箱，重 73.48 公斤；位于发动机下方和油箱之间的机腹破片防御装甲，重 31.38 公斤。这些防御措施为飞行员提供一定角度内防御机枪子弹和破片的能力，但是由于减重要求，"地狱猫"上的滑油箱装甲没有继承到"熊猫"上。此时随着各种装备添加到飞机上，它的空重和战斗重量已经超过了原型机不少，当然性能仍然远超"地狱猫"。

各种型号的"熊猫"使用过的瞄准具有三种，早期生产的昼间型飞机安装了Mk8 Mod6 型瞄具，这是经典的固定光圈投射瞄准器。后期生产的飞机安装 Mk8 Mod0 型陀螺瞄准器，带有基本的测距计算功能。而夜间战斗机使用 Mk20 Mod0 型，这种型号投射到面板上的光圈可以调节减少，以防夜间眩光。

飞机的无线电设备包括全套 AN/ARC–5 系统，这是同时期美国海军航空兵标准配置。用于各种频段无线电信号收发，导航和通话都会通过这套系统进行。通讯无线电是 AN/ARC–1 型，以及附带的 RT–18/ARC–1 高频收发机。配备了连接按钮讲话形式的麦克风，搭配飞行员耳机使用。所有这些无线电设备都安装在飞行员背后的机身中。

1945 年中期，F8F–1 完成了海军检验与测量局的舰队飞机引进程序考核，该机已经可由作战中队接收。虽然 F8F–1 的换装计划已然尽快展开，但"熊猫"最终没赶上战斗，让人遗憾。

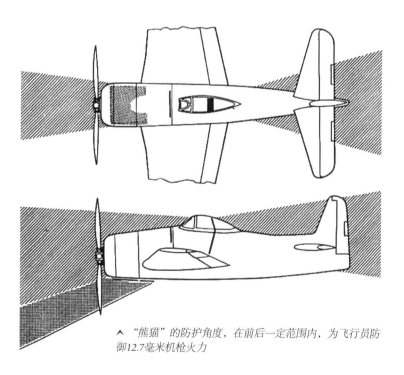

▲ "熊猫"的防护角度，在前后一定范围内，为飞行员防御12.7毫米机枪火力

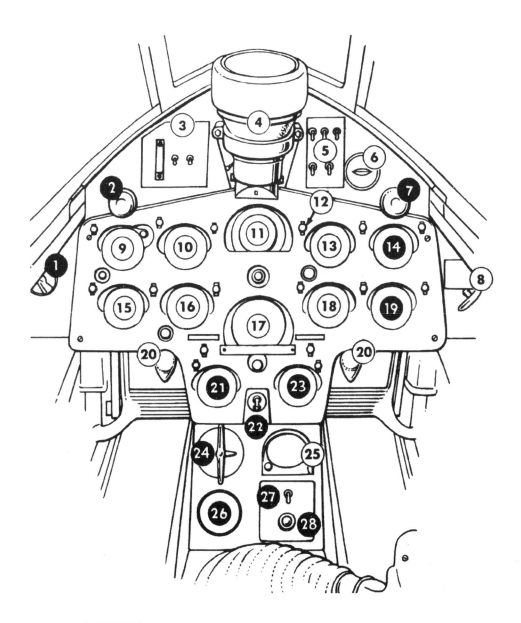

▲ *F8F-1座舱正面仪表*

(1)发动机点火开关； (2)增压器控制； (3)主武器开关和机枪选择； (4)瞄具； (5)炸弹、油箱选择开关； (6)氧气流量计； (7)化油器空气控制； (8)起落架紧急控制； (9)时钟； (10)空速表； (11)陀螺地平仪； (12)仪表盘等； (13)罗盘； (14)进气压表； (15)火箭弹选择； (16)高度计； (17)航向陀螺； (18)转弯和侧滑指示； (19)转速表； (20)武器上膛控制； (21)发动机数据表； (22)散热片开关； (23)汽缸头温度计； (24)油箱选择开关； (25)加速度表； (26)油量表； (27)辅助油泵开关； (28)油量警告灯

∨ XF8F-1的座舱盖近照，这是美国海航第一次装备带有气泡座舱盖的量产战斗机

∧ F8F-1座舱左侧仪表
(1)战斗应急功率（喷水系统）开关；(2)麦克风开关；(3)油门杆；(4)桨距控制杆；(5)混合比控制杆；(6)控制杆摩擦力调节；(7)新鲜空气流入控制；(8)滑油散热器散热片开关；(9)方向舵配平控制；(10)副翼配平控制；(11)尾轮锁；（12)液压系统压力表；(13)起落架控制；(14)地图盒；(15)升降舵配平控制；(16)襟翼控制；(17)起落架位置指示灯；(18)燃料压力控制；(19)着舰勾控制

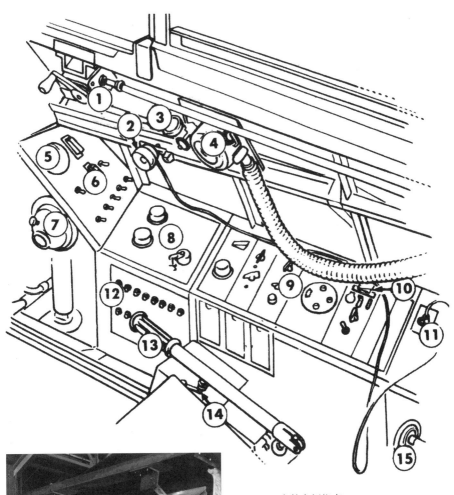

▲ F8F-1座舱右侧仪表
(1)座舱盖开关； (2)手持麦克风； (3)氧气表；
(4)氧气流量调节； (5)电压表； (6)电力分配面板； (7)新鲜空气流入控制； (8)电力分配面板；
(9)无线电控制面板； (10)无线电自毁开关；
(11)麦克风插座； (12)电力断路面板； (13)手动液压泵； (14)手动液压泵选择阀； (15)氧气瓶阀门控制

◀ 组装前的一侧机翼结构

▲水平尾翼结构，这是一个整体组件

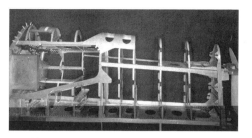

▲ "熊猫"的后机身框架结构

▲ 1946年3月23日，在帕塔克森特河海军航空站的94873号飞机，注意该机安装了加高的垂尾，但是没有背鳍。机身侧面的白线连接了把手和踏板，便于飞行员上机时使用

▽ "熊猫"的尾勾，平时收藏在机尾内部，使用时向后伸出并放下

▽ "熊猫"主起落架近照

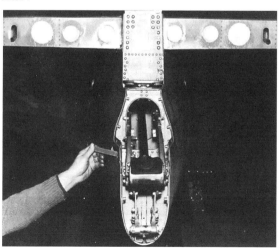

▲ 机翼折叠处照片，相对于"地狱猫"的旋转折叠法，"熊猫"的机翼折叠机构相当简单

▲ 尾轮近照，"熊猫"的尾轮可以全向旋转，这是后三点起落架飞机的通用设计。

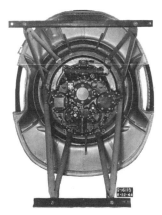

▲ R-2800发动机通过六个结点与叉状支架连接，支架再连接到防火墙上

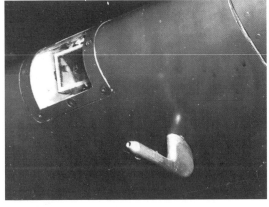

▲ 照相枪安装在飞机左翼，机枪与机身之间的位置，下方是皮托管

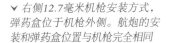

ˇ 右侧12.7毫米机枪安装方式，弹药盒位于机枪外侧。航炮的安装和弹药盒位置与机枪完全相同

ˇ R-2800-34W发动机侧视图，由于该型发动机只有一级增压器，图片左侧附件机匣尺寸较小

▲ 1945年3月起落架收起测试的照片，"熊猫"的起落架直接侧向收起，与大多数活塞战斗机相同，这也比"地狱猫"的旋转向后收起简单直接

▼ 90438号飞机挂载两枚小提姆火箭弹的状态

▲ 90438号飞机挂载了两个MK.1型双联装12.7毫米机枪吊舱。机身中央则是567.8升副油箱

▼ 只能在陆地转场时1135.6升的大型副油箱，这种油箱太大，重量超出了挂架额定承载标准，所以不能在航空母舰上使用

F8F-1B

　　航空型 M2 机枪虽然久经考验，而且在战争中作为美国战机的标准武器发挥了巨大作用。但它本身却算不上出色的武器，最大缺点就是威力不足，尤其是与其他国家正在普及的 20 毫米航炮相比时。海军航空局武器部的观点是：1 门 20 毫米航炮的动能投射量相当于 3 挺 12.7 毫米机枪，即使由于航炮的炮弹飞行速度下降较快，在 457 米距离上仍然相当于 2 挺半机枪。而在对地攻击方面，使用轻型枪管的航空

型 M2 机枪由于又增加了射速，在散热方面不如地面使用的 M2HB 型。对地长时间扫射时枪管磨损也会相当严重，而 20 毫米航炮就没有这个问题。美国的 20 毫米航炮源自西斯潘诺 20 毫米炮，但是可靠性问题长期得不到解决，一直没能有效推广。到了 1944 年，海军航空局武器部终于忍不住了，开始推广 20 毫米航炮，他们的第一步是生产 200 架装备 4 门 M2 型航炮的 F4U-1C 型战斗机。

在格鲁曼公司的"熊猫"计划中，提高飞机性能的优先度远高于飞机火力，所以 F8F-1 甚至只有 4 挺机枪。在火力上，"熊猫"可以说是逆时代而行，给它配备机枪吊舱显然只是个治标不治本的方式。应海军要求，格鲁曼公司迅速设计了航炮型的飞机，还好 12.7 毫米机枪安装空间较大，可以与 20 毫米炮一比一的兑换。

海军按照 F8F-1C 的编号订购了航炮型"熊猫"，1945 年 3 月，"B"后缀统一用来表示安装了特殊武器的飞机。所以 F8F-1C 就改名为 F8F-1B，最终到 1947 年 8 月，总共交付了 226 架。前 100 架夹杂在 F8F-1 生产线中制造。后 126 架则是分为两个批次连续生产，此后生产线就转为制造 F8F-2 型，后者只有装备航炮的型号。

就安装所需空间来说，M3 型 20 毫米航炮虽然能与机枪一比一兑换，但是它本身重量较大，而且航炮炮弹的尺寸也更大。所以 F8F-1B 型比 F8F-1 重 200.5 公斤，而备弹量从 1200 发下降到总 826 发，内侧航炮每门 225 发，外侧则为 188 发。飞机爬升率和飞行速度均有所下降，但是相对于火力长足提升，这都是值得的代价。

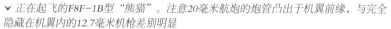
⌄ 正在起飞的F8F-1B型"熊猫"。注意20毫米航炮的炮管凸出于机翼前缘，与完全隐藏在机翼内的12.7毫米机枪差别明显

▲ F8F-1D原型机，该机垂尾为黄色，机翼和方向舵为橙色

F8F-1C

随着海军要求飞机能执行更多对地攻击任务，他们在"熊猫"项目开展早期就在考虑增加飞机的固定武器，.50 机枪要增加到标准配置的 6 挺。但在不大规模改动机翼的前提下很难达成，所以格鲁曼就决定给"熊猫"安装 T-31 型 20 毫米炮，海军航空局武器部喜欢这种测试型航炮。

1945 年 6 月，90483 号飞机安装了 4 门 T-31 航炮在帕塔克森特河海军航空站完成了测试。交付的飞机则转为 F8F-1B 编号，并配备 M3 型航炮。

F8F-1D

第 90456 号飞机首次使用这个编号，该机在 1949 年被海军航空发展中心改装为无人机控制机。只有少数飞机接收了相同改装。F8F-1D 这个编号经常被用到法国和泰国接收的飞机上。但这看来是非官方的说法，因为这种 D 后缀不符合当时的海军通用命名法。该后缀一般用于表示无人机控制改型。

F8F-1DB

这也是个非官方的说法，很可能错误地用于指代法国接收的 F8F-1B 型。

▲ 90445号飞机，右翼下即为AN/APS-4雷达吊舱

F8F-1E

　　该型只有一架飞机，编号为90445，是第九架生产型。在1945年6月，它改装了AN/APS-4雷达，雷达吊舱用一个炸弹挂架挂在右翼下方。这架飞机用过夜间型号的原型机，除此之外就没有其他"熊猫"安装过AN/APS-4雷达，这种雷达太古旧。

XF8F-1N

　　由于"地狱猫"夜间型在战斗中表现成功，当然接替者就应该也有夜间战斗型，项目开始时设计组就在考虑这点。问题是内翼段在折叠点到机枪之间的空间不足，没有办法直接将雷达罩安装在机翼前缘。最后AN/APS-19型雷达只能装在吊舱中，用炸弹挂架挂在右翼下方。1945年夏季，94812号和94819号飞机用这种设置进行了测试。

▼ 94819号夜间型原型机，地面上是AN/APS-19雷达吊舱。该机用副油箱降落在了贝思佩奇，这个中线油箱在飞行时被风压吹歪了，卡住了左侧起落架舱门。最后飞机在跑道旁的草地上迫降成功，本身受到的损坏很小，三天后便修理完毕，可继续飞行

F8F-1N

12 架 F8F-1 型按照夜间型标准接收了改装,在生产线上就安装了 AN/APS-19 型雷达。两个月后,战争结束了。美国海军决定继续使用表现不错,而且航程较远的"地狱猫"作为夜间战斗机。只有 VCN-1 和 VCN-2 两个夜间中队在运作测试中挂载了雷达吊舱,其他中队都没有用过这个设备。此外只有两个夜间型号安装了自动驾驶系统,F8F-1N 使用 GR-1 型,F8F-2N 则使用修改过的 GR-2 型。这个系统有三挡:"打开、关闭、置中"。位于"打开"挡时,自动驾驶系统会让飞机保持当前高度,此时飞行员仍可操纵飞机,用自动驾驶系统的操纵杆做一些如转弯、小幅度俯冲或爬升、侧倾飞行之类的简单飞行动作。位于"置中"挡位时,自动驾驶系统会将飞机回到直线水平飞行状态。

F8F-1P

该型号也只有一架,1946 年,海军飞机工厂在 90441 号飞机上加装了垂直和倾斜相机,安装位置是后机身。随着生产线转向 F8F-2,海军决定只用 F8F-2 型改造为 F8F-2P 照相型战斗机。

XF8F-2

在"熊猫"计划开始时,就预定要装备 E 系列的 R-2800 发动机。该系列会带有液力传动的变速增压器,以及发动机自动控制系统。但是普拉特·惠特尼公司在

▼ 95049号"熊猫",它被改装成了F8F-2的原型机,注意该机还留着F8F-1型的低垂尾

研发、生产过程中遇到了很多问题，多次延迟了 E 系列发动机交付。

在 E 系列发动机还没通过 100 小时测试时，两台 R–2800–30W 发动机预生产型就先交付给了格鲁曼公司。两架"熊猫"生产型，分别是 95049 号 F8F–1，以及 95330 号 F8F–1B 型，装上了先送到的发动机，成为 XF8F–2 原型机。第一架改装完毕的 95049 号在 1947 年 6 月 11 日进行了首飞，飞行员是卡尔·阿尔伯。

F8F–2

1947 年 11 月至 1949 年 4 月之间，格鲁曼公司总共交付了 367 架 F8F–2，包括照相型飞机。所有飞机都安装 R–2800–30W 型发动机，还有加高了 30.5 厘米的垂尾，以及随着垂尾扩大的方向舵配平片。此时 B 后缀已经没有了，所有飞机都安装了四门 20 毫米航炮。飞机的挂点则与后期 F8F–1 系列相同，没有再做改动。

F8F–2 的核心，即 R–2800–30W 型发动机与此前的 –34W 型发动机区别很大，这造成两种型号的表现截然不同。E 系列发动机在设计时就要求配用 115/145 号汽油，如果使用 100/130 号汽油的话会有严重性能下降。–34W 型发动机使用传统的机械传动增压器，有两个传动比，分别在低空和高空使用。而 –30W 型的液力传动则能让增压器的传动比在特定范围内无极变化，实际上该型发动机有高空和低空使用的两个固定传动比，外加在中空范围使用的无级变速区段。

因为增压器设置问题和其他附件消耗的动力增加，R–2800–30W 的最大军用动力下降到了 2250 马力，海平面的战斗动力则只有 2500 马力。再加上所有飞机都标配了 20 毫米航炮，重量也有相当增加。所以相较只有机枪的 F8F–1 型，F8F–2 的低空性能有明显下降。但是到了高空则完全不同，–30W 型发动机能在 7086 米高度输出 1800 马力，极大提升了飞机高空性能。例如在 9144 米高空，F8F–1B 型的飞行速度只有 598.7 公里 / 小时，爬升率为 305 米 / 分钟，而 F8F–2 型则分别为 703.3 公里 / 小时和 487.7 米 / 分钟。

发动机自动控制系统本身也由液压传动。飞行员只需要操作一根被称作"进气压控制杆"的操纵杆，这根操纵杆代替了以前的油门杆和增压器控制。而发动机转速和混合比仍保留了传动的独立控制。自动控制系统会根据操纵杆的输入值，自行变更压器传动比。而喷水系统的喷液用光或者故障后，也会由控制系统自动切换到一般运转状态。

由于发动机的改动，F8F–2 正常运转时的滑油压力和燃料压力都比 F8F–1 稍高，

▲ 科温·迈耶正在驾驶12612号F8F-2，可见飞机的高垂尾和四门航炮。拍摄时炸弹和火箭挂架也都安装在飞机上

▼ 这架隶属于预备役单位的F8F-2正在装载20毫米炮弹，左侧两名地勤在整理弹链

在各种条件下飞行时，发动机运转状态也稍有不同。这些差距让 F8F-1 和 F8F-2 共同编队飞行时，需要飞行员额外注意。维护和检测时，地勤也要留神两种发动机的区别。

F8F-2D

数量不明的 F8F-2 被海军改装为无人机控制机。多个辅助单位均有使用，通常用于遥控 F6F-5K 等无人机。

▲ 正在长岛上空飞行的F8F-2N，1948年8月12日。由于雷达吊舱挂在右翼，从这个角度看来可用于识别型号的只有航炮前方的消焰器

▼ AN/APS-19雷达吊舱近照，注意航炮上安装的消焰器

F8F-2N

12 架 F8F-2 安装了 AN/APS-19 型雷达吊舱，作为夜间战斗型号交付。它们的命运与 F8F-1N 差不多。这批飞机最后转交给了战斗机高级训练单位，在这里作为普通训练机使用，雷达吊舱很少装上飞机。

F8F-2P

格鲁曼公司在 1948 年 2 月至 1949 年 5 月之间交付了 60 架 F8F-2P，这些飞机的照相机安装方式与之前 F8F-1P 测试机相同。为了平衡相机增加的重量，固定武器减少到了两门 20 毫米航炮，原来的外侧航炮被拆除了，总备弹量也下降到了450 发。飞机后机身可以搭配多种 K17 和 K18 型照相机，作为垂直和倾斜拍摄的设备。

▲ 121580号飞机左侧照片，可见照相机窗口位于国籍标志前下方

▽ 第一架交付的F8F-2P，121580号。保留两门航炮和弹药有助于平衡后机身的照相机重量。此外螺旋桨轴上还添加了11.34公斤钢制配重

△ 垂直相机安装状态，此时通过
机身正下方的舱门拍摄

△ 相机安装位置就在无线电设备后方，该图是安装了倾斜
相机的状态

▽ 机身侧面倾斜相机窗口打开的特
写，这架飞机上安装了一个整流罩

▽ 相机窗口关闭时的状态，窗口下方掉漆的活门为飞行员
登机踏板

F3M-1

美国海军在1945年年初计划让通用汽车公司也加入到"熊猫"生产中，产出
的飞机编号即为F3M-1。2月份下达了1876架飞机订单，发动机配用R-2800-34W
或者-40W型。通用汽车收到了一架编号为94765的生产型F8F-1，作为样品参考。
但是随着战争结束，该公司的所有订单全部被取消，没有任何飞机产出。

G-58A

美国海湾石油公司曾经使用过一架格鲁曼的F3F-3型飞机，这架飞机叫作"海
湾鹰"Ⅲ号，由著名飞行员奥尔福德·威廉姆斯驾驶。此人曾经在第一次世界大战
中服役于美国海军，战后创造了多项世界速度纪录，战后13年时间中一直研究战

▲ 飞行中的N007A号，这架飞机编号涂在垂尾上

斗机战术与机动，还发展了垂直俯冲轰炸的技巧。从海军退役后转往陆战队预备役，在此升任少校。1940年因为支持独立的美国空军而辞去职务，此后又志愿前往陆军航空兵服役。他在"海湾鹰"系列飞机上展示了几千次精确飞行和俯冲轰炸动作。

当时他的座机是一架F3F-3，这是格鲁曼在第二次世界大战之前生产的双翼战斗机，到了战后已经相当古旧。为了替换下这架古董，在1946年该公司向格鲁曼订购了一架民用型F8F-1飞机。该机拆除了所有武器和其他军事设备，发动机也更换为双黄蜂CA-15型，即为军用C系列R-2800发动机的对应民用版。虽然标准和组件有所不同，但是它也能输出2100马力功率，如果有喷水系统的话则能输出2400马力。

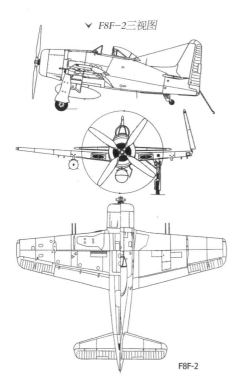

∨ F8F-2三视图

F8F-2

该机在交付后注册号为NL3025，名字则继承了前一代，叫作"海湾鹰"IV号。1947年8月，科温·迈耶很荣幸地将这位著名飞行员送上他的新飞机。但这架飞机的运气不怎么样，进行了几次飞行表演，刚过了一个月就出了事故。当时天气恶劣，威廉姆斯只好在北卡罗来纳州的伊丽莎白市迫降。他的起落架没有放下，飞机接地时外挂副油箱撞破，

▲ 奥尔福德·威廉姆斯与他的"海湾鹰"IV号

▼ 飞行中拍摄的"海湾鹰"IV号

F8F 各种型号尺寸和性能表							
	XF8F-1	F8F-1	F8F-1B	F8F-1N	F8F-2	F8F-2N	F8F-2P
首飞	1944/8/31		1946/2/12	1946/5/13	1947/6/11	1947/11/21	1948/2/20
第一次交付日期	1945/2/26	1944/12/30	1946/2/27	1946/5/29	1947/10/11	1947/12/22	1948/2/26
最后交付日期		1947/8/29	1948/1/28	1946/12/12	1949/4/14	1949/4/22	1949/5/31
发动机	R-2800 -22W	R-2800 -34W	R-2800 -34W	R-2800 -34W	R-2800 -30W	R-2800 -30W	R-2800 -30W
螺旋桨	航空产品公司的四叶桨，直径 3.835 米						
固定武器	4*12.7mm	4*12.7mm	4*20mm	4*12.7mm	4*20mm	4*20mm	4*20mm
翼展	10.82 米						
翼展（折叠后）	7.087 米						
翼型	机身处翼型为 NACA 23018，翼尖处翼型为 NACA 23009						
翼根弦长	2.943 米						
翼尖弦长	1.308 米						
主翼安装角	1.5 度						
主翼上反角	5 度 30 分						
主翼后掠角	5 度 5 分						
飞机长度	8.382 米						
停放状态长度	8.611 米						
停放状态高度	4.166 米						
机身最大宽度	1.422 米						
机身最大高度	2.032 米						
机身长度	6.299 米						
机身长度（带发动机）	7.391 米						
平尾翼展	4.8 米						
平尾安装角	0.5 度						
主翼面积	22.668 平方米						
襟翼面积	1.688 平方米						
副翼面积	1.923 平方米						
平尾和升降舵面积	4.856 平方米						
升降舵和配平片面积	1.731 平方米						

升降舵配平片面积	0.13 平方米						
垂尾面积	1.932 平方米				2.09 平方米		
方向舵和配平片面积	0.753 平方米				0.758 平方米		
方向舵配平片面积	0.056 平方米				0.082 平方米		
飞机空重（公斤）	3182.21	3251.6	3272.47	3405.79	3469.28	3525.96	3684.69
飞机战斗重量（公斤）	3680.61	4386.25	4586.7	4489.65	4716.4	4807.1	4580.35
海平面最大速度（公里/小时）	683.4	677.8	674.1	663.1	622.3	614.9	618.6
临界高度最大速度（公里/小时）	732.3	688.9	685.2	674.1	718.6	713	718.6
临界高度（米）	不明	5730			8534		
海平面爬升率（米/分钟）	1981.2	1709.9	1633.7	1691.6	1360.9	1328.9	1392.9
最大转场航程（公里）	2685.4	3352.1	3352.1	3509.5	2953.9	2937.3	2953.9
实用升限（米）	12588.2	10607	9997.4	10607	11643.4	11643.4	11643.4
飞机内油容量（升）	617	700.3					

备注：量产型号的速度，是带有中央机身和两侧 MK.51-9 挂架，无火箭挂架条件下的指标。移除挂架后速度会增加大约每小时 18 公里。转场航程的条件则为携带 2 个 378.5 升和 1 个 567.8 升副油箱。

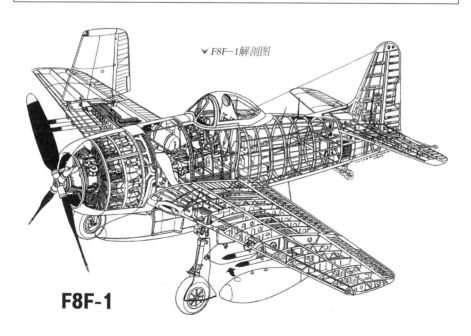

❯ F8F-1解剖图

F8F-1

汽油泄漏造成了火灾，最后整机完全烧毁。

此后格鲁曼公司制造了一架基本指标完全相同的 G-58A 飞机，不过该机由格鲁曼公司服务部使用，替换掉之前所用的"地狱猫"。部门主管罗杰·沃尔夫·卡恩驾驶它巡游全国各地驻扎装备了格鲁曼战斗机的中队。飞机装有综合性的无线电与导航系统，还有一个 567.8 升副油箱被改装用来运输备用零件、工具、行李等，注册号为 N700A。

在卡恩 1960 年逝世后，N700A 号捐赠给了康奈尔大学的航空实验室，在这里用于实验项目。多年后又转给私人所有，在航展上坠毁。

"熊猫"与同时代的活塞战斗机对比

美国海军曾经做过 F8F-1 "熊猫"和 F7F-3 "虎猫"与日本 Ki-61 "飞燕"的对比测试，其他参加对比测试的机型还有 FM-2、F6F-5、F4U-1D、F4U-4。虽然此时"熊猫"和"虎猫"还不能使用战斗功率，但新战斗机的性能优势仍然非常明显。

"熊猫"在测试中的表现如下：

爬升：F8F-1 的爬升率优势极大，海平面的优势达到每分钟 610 米，到 4572 米高度，爬升率优势减少到每分钟 335.3 米。

速度：F8F-1 在所有高度都有巨大的速度优势，海平面比"飞燕"快 60 节，到了 6096 米高度则要快 80 节。

盘旋：在空速低于 180 节时，"飞燕"的盘旋半径更小。到了 6096 米高度时，"飞燕"的优势会稍微减小。

滚转：F8F-1 在低速下的滚转率比"飞燕"稍微高一点，在高速下则比"飞燕"高很多。

加速：F8F-1 的加速性能优势很大。

高速爬升：F8F-1 有优势

建议的战术：利用以下优势：a.速度更快；b.爬升率更高；c.加速性能更强。

避免以下劣势：a.盘旋半径较大。

高度（米）	速度差距（节）
海平面	60
1524	62
3048	72
4572	60
6096	80

在攻击时：a.利用高速，用优势爬升性能保持或者获取高度优势；b.可以跟着"飞燕"进入盘旋战斗（包括筋斗和半滚倒转），但有下限，空速不能低于180节；c.只有在处于有利位置时与"飞燕"接战，利用速度和爬升保持优势位置。

在被攻击时：a.用浅俯冲保持速度，接着维持高度，或者利用在高速下的爬升性能优势；b.如果"飞燕"从后方大约610米距离，多305米高度的位置开始攻击，那么全动力爬升可以阻止"飞燕"靠近。

在测试进行时，虽然"熊猫"和"虎猫"只能使用最大2100马力的军用动力，但是"飞燕"仅有1100马力，所以性能上仍然有巨大优势。而且只有三种新型战斗机，即F8F-1、F7F-3、F4U-4在特定条件下被攻击时，可以直接爬升还让"飞燕"无法接近。这种情况下，先拉起机头爬升的防御者，会由于先减速而更容易被追上，只有明显的性能优势，才可采取这样的机动方式。

"熊猫"并未与更多型号日本战斗机做对比测试，但多种型号日本战斗机性能与"飞燕"相当，或者更差一些，例如大量零战和"隼"式，还有"钟馗"和五式战斗机。这些飞机在战斗中尚且被"地狱猫"压制，如果与"熊猫"发生空战，那几乎看不到胜算，只能寄希望于偷袭得手，或者美国飞行员犯错。

更新的日本战斗机，例如"紫电""雷电""疾风"，它们配用的发动机在使用水–甲醇喷射系统时已经能达到1850马力，最大飞行速度达到了每小时590至630公里不等，海平面飞行速度大约在每小时530至560公里之间。但是"熊猫"在服役时已经配置了喷水系统，2750马力能让它在海平面接近时速680公里。在低空，"熊猫"与日本最新型战斗机的性能差距比"地狱猫"对零战的差距更大，只是在中高空优势不那么明显。

"熊猫"在空战中的主要劣势是固定武器配置较弱，新型日本战斗机均安装了二至四门20毫米航炮，虽然日本99-2航炮的性能较差，但仍然比12.7毫米机枪威力更大。还好日本战斗机都不坚固，4挺机枪还勉强足够对付。

实际上，"熊猫"在美国海军航空兵内部的竞争对手反倒表现得更凶猛。"地狱猫"本是个临时项目，在战争中的大部分时候代替了航母降落有毛病的"海盗"，成为主力舰载战斗机。"地狱猫"战争结束时就计划好要退役了，和用于取代它的"熊猫"没有太多竞争关系。但是"海盗"返回了航空母舰，这才是个问题！

"海盗"和"熊猫"的设计思路相差甚远，前者的设计时间是1938年，比"熊猫"早5年。然而"海盗"的基础设计可圈可点，如果不说它的起降性能，确实是一种出色的战斗机。在F8F-1服役时，"海盗"的最新型号是F4U-4，已经换装了一些战斗机中队。这两种飞机均装备C系列的R-2800发动机。而后F8F-2又与F4U-5同期服役，它们都装备E系列发动机。

"海盗"是一种较大较重的战斗机，体积与"地狱猫"相当。F4U-4和F4U-5的重量比"熊猫"重1000多公斤。较大的尺寸给"海盗"带来几个明显优势，首先是它的载油量，"海盗"的内油有885.8升，比"熊猫"多185升。使得"海盗"在航程和滞空时间上有优势。

其次是机头空间，"海盗"安装的各型号R-2800发动机都搭配了二级增压器，而"熊猫"却只能使用一级增压的型号。这使得两机的飞行性能表现出了对应的差距。"熊猫"能在低空取得优势，而"海盗"始终在高空更好。

最后是飞机挂载能力，"海盗"有3个重挂点，再加8个火箭挂点，允许携带1814.4公斤外挂。"熊猫"也有3个重挂点，但是只有4个火箭挂点，外挂重量为1632.9公斤。外挂重量在纸面上差距似乎不大，但对于当时的战斗机来说，火箭是

"熊猫"与"海盗"的性能对比				
	F8F-1	F4U-4	F8F-2	F4U-5
R-2800 发动机子型号	-34W	-30W	-18W	-30W
燃料标准（均有喷水系统）	100/130#		115/145#	
飞机空重（公斤）	3251.6	4175	4395	3469.28
飞机战斗重量（公斤）	4386.25	5627	5852	4716.4
固定武器	4*12.7mm	6*12.7mm	4*20mm	4*20mm
海平面功率（马力）	2750	2380	2500	2750
海平面飞行速度（公里/小时）	677.8	613	622.3	646.3
海平面爬升率（米/分钟）	1709.9	1179.6	1360.9	1463
7000 米高度功率（马力）	1580	2080	1800	2400
9144 米高度飞行速度（公里/小时）	602.4	692	703.3	750
9144 米高度爬升率（米/分钟）	381	548.6	487.7	731.5

^ 在航展上编队飞行的"熊猫"和"海盗"

主要的对地攻击武器，"熊猫"的火箭挂点只有"海盗"一半。而且"熊猫"要达到与"海盗"同等的滞空时间和作战半径，必须比"海盗"携带更大的副油箱。

"熊猫"的优点也很明显，而且恰好来源于跟"海盗"相反的特点：更轻、更小、更灵活。起飞所需甲板长度更短、失速速度更低、盘旋性能更好。此外因为使用气泡式座舱盖，飞机在所有方向上的视野都比"海盗"更宽广。由于这些特性，再加上两者发动机区别，服役之初 F8F-1 正好与 F4U-4 形成低空—高空搭配。

到了 E 系列发动机的时候，"熊猫"的优势就没那么多了，因为它们都成了更为均衡的飞机，但"海盗"的动力却在所有高度都比"熊猫"强，而且多用途性能更好。在活塞时代的末尾，多用途性能比空战性能更有意义，因为活塞战斗机在空战中始终敌不过喷气机，但挂载能力却比后者好很多。由于"熊猫"和"海盗"之间不能完全互相取代，它们共同在航空母舰上服役，直到彻底被喷气式飞机淘汰为止。

"熊猫"在各类辅助单位中的使用情况

海军航空测试中心，帕塔克森特河海军航空站

海军航空测试中心的主要任务是测试各型飞机，并决定它是否能在舰队中服役。在整个40年代和50年代早期，测试中心的飞行员和工程师分为5个测试部门。飞行测试部负责飞机和发动机性能、稳定性与控制，最后是航空母舰适应性。战术测试部门负责评估飞机对战术飞行的适应性。服役测试部门则要评价飞机在使用中的可靠性，尤其要强调维护性能。电子测试部门自然要管理飞机上的所有电子设备。最后武器测试部门评估飞机作为武器平台的性能。

▲ 帕塔克森特河测试中心使用的F8F-2N型飞机，垂尾上的NATC即为海军航空测试中心缩写。机鼻的TT表示战术测试部门

▽ 飞行测试部门使用的F8F-2，摄于1950年3月31日

另外测试中心还要派出评估组，前往各个承包商工厂，做初步评估。评估组要在当地对原型机做一系列测试，此后才能让飞机到测试中心去。最后步骤是服役测试部门负责的舰队飞机引进程序，这个流程还会训练出第一个使用该型号飞机的作战中队，包括飞行员和地勤。

海军武器测试基地

中国湖是个著名的军事基地，各种航空武器都会在这里的海军武器测试站进行测试。包括各种导弹、飞机武器投放系统、空射火箭和火箭发射器、航空火控系统、水下弹药。

此外在穆古岬还有海军空射导弹测试中心，这里只负责测试机载导弹系统。除

▲ 海军武器测试基地使用的F8F-1，拍摄时该机挂载了4枚高速空射火箭

▽ 穆古岬的两架F8F-1正在编队飞行，飞机垂尾上直接涂装了地名

▲ CASU-1的"熊猫"正飞行的照片，该单位驻扎在珍珠港内的福特岛

▲ 1945年12月，CASU-5的"熊猫"在圣地亚哥上空编队飞行

▽ 1949年3月，FARSON-1的"熊猫"停放在一架"海盗"旁边。注意该机机翼下表面涂有FARSON字样

了 F8F-1 之外，穆古岬还有一架 F8F-2D 型控制机，航空局编号为 121784。

海军的勤务单位

美国海军曾经有一些专门后勤单位，它们主要负责飞机维护，所以也会装备有不少"熊猫"。从第二次世界大战到战后初期，这类单位被叫作航空母舰飞机勤务单位，缩写为 CASU。到了 1946 年 7 月 11 日，勤务单位被命令重组。在 1947 年 1 月 1 日起，新组织的舰队飞机中队负责飞机维护，其缩写为 FASRONS。这些部队一直运作到 1960 年，才再度更改组织形式，由飞行中队自己维护飞机，只负责维护的舰队飞机中队被解散。在解散前，至少有 13 个舰队飞机中队曾经拥有过"熊猫"，包括：FASRONS-1、2、3、4、5、6、7、8、9、10、11、112、691。

夜间飞行单位

1946 年 4 月 1 日，海军重组了夜间空战训练单位，改叫夜间战术发展中队，不过仍然分为太平洋和大西洋两个中队。同年 11 月 15 日，这两个中队去掉了地区后缀，直接改为数字后缀，即为 VCN-1 和 VCN-2。前者驻扎在巴伯斯角海军航空站，后者驻扎在迈阿密海军航空站和西锁岛。1948 年 8 月 1 日，这两个中队又重组为舰队全天候训练单位，并恢复了名称上的太平洋 / 大西洋区别。

﹀ 95320号飞机夜间着陆时撞上了阻拦网，飞机起落架垮塌，导致一侧机翼折断。而副油箱内还有没有用光的汽油——这是违规的操作，泄露后起火，导致飞机烧毁。照片左侧可见航空母舰上的127毫米高平两用炮炮塔

1946 年晚期，VCN-1/2 中队接收了 12 架 F7F-4N 夜间型"虎猫"战斗机。这些飞机用作现有夜间型号的额外补充，现有型号包括 F6F-5N、TBM-3N 和那仅有的 12 架 F8F-1N。夜间型"熊猫"从各种方面来说都不适合做夜间战斗机，它们内油容量很低，不能在夜间长时间巡逻。"熊猫"本身是一种较小的战斗机，挂载了 AN/APS-19 雷达吊舱后飞行性能下降也比较严重。由于"虎猫"的数量也不多，结果"地狱猫"一直挑大梁，直到后来"海盗"的新型号也发展出了夜间战斗型 F4U-5N 为止，才被换下退役。

为数不多的 F8F-1N 还在事故中损失了两架。1947 年 10 月 16 日，VCN-1 中队的 95161 号机降落失误，撞在了树林里，飞行员身亡。11 月 15 日，另一架编号为 95320 的飞机在"福吉谷"号航空母舰（CV-45）上夜间降落时撞在了阻拦网上，飞机损毁，还好飞行员毫发无伤。

海军航空发展中队

VX-2 中队驻扎在钦科蒂格海军辅助机场，负责各类飞行中测试项目，所以他们拥有数量不少的 F7F-2D 和 F8F-1/2D 无人机控制机。被遥控的无人机则是 TD2C-1 和 F6F-5K，用途主要是导弹测试靶机。

这些中队的任务是给海军提供各种杂役服务，包括拖曳靶标和发射空靶之类的任务，其字母代号为 VU。有多个 VU 中队曾经装备过"熊猫"战斗机。

VU-4 中队有一只分遣小队，驻扎在匡塞特角海军航空站。随着海军对这类任务需求增加，该分遣队独立出来，组成了 VU-2 中队。该中队装备包括 F8F-2 型"熊猫"、JD-1"入侵者"攻击机（即为 A-26 的海军型），还有 F9F"黑豹"。后来

▼ 1949年12月，停放在钦科蒂格机场的VX-2中队机群。图中有8架F8F和11架F6F-5K无人机

▲ 两架VX-2中队的F8F-1D正在编队飞行，该中队的"熊猫"主翼和尾翼为橙色，主翼色带和方向舵为红色

▽ VU-5中队的"XF8F-1"，多用途中队飞机涂装与VX-2中队类似。"XF8F-1"字样在平尾下方，航空局编号上方，正好被挡住了

还装备了其他喷气式战斗机，如FJ-3和F8U-1，最后在1965年7月1日被重组。

VU-3中队则起源于二战时期的VJ-3多用途中队，VJ-3中队一度解散，又在1948年12月重组为VU-3。他们有多个基地，包括米拉马尔海军航空站和几个陆战队机场。装备了F7F-2D、F6F-5D和6架F8F-1D控制机，配套有F6F-5K无人机。到了1951年时，F8F-2D换下了F8F-1D。该中队的8架"熊猫"一直服役到1954年才退役。

VU-4中队也起源于二战时期，前身VJ-4中队于1940年在诺福克海军航空站

成立。战时装备"卡特琳娜"水上飞机，负责反潜巡逻和救援任务。战争结束后的
1946 年 11 月 15 日，改组成 VU–4 中队，驻地为钦科蒂格海军辅助机场。该中队
此时的任务是负责支援舰队的空对空与舰队空武器训练，装备的"熊猫"和"虎猫"
战斗机使用至 1954 年 6 月。

VU–5 中队成立于 1950 年 8 月 15 日，该中队在日本诸岛周边运作，主要任务
是给海军的飞机与军舰提供各种靶标。此外还要负责照相任务、假想敌、从空中遥
控水面发射的导弹。VU–5 中队在 1948 至 1949 年间至少使用过 4 架"熊猫"，编
号分别为：90438、90439、90447、90457。这些飞机是预生产型改装的 F8F–1D，
它们被当作 XF8F–1，在飞机机身上涂着这个编号。

1942 年 12 月 4 日，VU–7 中队在阿拉米达海军航空站成立。该中队也负责拖
曳空靶、发射靶标无人机，给舰队的对空和空空导弹做目标。在 1949 年至 1951 年
间转场到米拉马尔海军航空站。该中队装备过一些 F8F–2 型飞机。

训练指挥部

美国海军的高级训练单位教导组（IATU）驻地是科珀斯克里斯蒂海军辅助机场，
这个教导组看来是所有训练单位中最早使用"熊猫"的一个。1948 年 2 月，IATU
拥有 5 架 F8F–1、8 架 F4U–4、6 架 SNJ 教练机和 3 架 SNB 轻型飞机，SNB 即为
比奇飞机公司生产的 18 型双发多座飞机海军型号。

1948 年 11 月 15 日，第 2 高级训练单位（ATU–2 或者 VF–ATU–2）成立。这
个单位同时装备 F6F–5 和 F8F–1。1950 年 6 月，在训练单位使用了将近 8 年之后，
"地狱猫"终于退役了。1952 年 5 月，ATU–2 转移到金斯维尔海军辅助机场，年

▽ 南金斯维尔辅助机场上的F8F–1，此时ATU–2已经改成了ATU–100

末更名为ATU-100。"熊猫"继续服役了3年，最后却又在1953年被本早已退役的"地狱猫"换下，颇为讽刺。

> ∧ *IATU使用的"熊猫"，该机无任何部队标志和机号，仅有国籍标志与航空局编号*

> ∨ *高级训练单位的混合编队，远处是ATU-2的"熊猫"，中间是ATU-4和ATU-1的"地狱猫"，近处是ATU-5的天袭者*

▲ 科珀斯克里斯蒂航空站的F8F模拟器，以现在的眼光看来颇为简陋

▼ 法国人接收"熊猫"时，将他们的飞行员派到美国受训。图为两名法国军官在ATU-100的飞机前合影

第 4 航空母舰起降考核训练单位

CQTU-4 的驻地是彭萨科拉海军航空站，专门用于训练航空母舰起降。任何人都能想到，"熊猫"这样高性能的活塞战斗机，如果交给新手使用会出多少事故，尤其是在危险的航空母舰起降过程中。QCTU-4 的历史就是一部事故史，这个单位记录下了惨重的损失。

▲ QCTU-4的F8F-1正在"卡伯特"号轻型航空母舰（CVL-28）上着舰

▼ 这架航空局编号为94862的F8F-1在训练中撞树，飞机严重损毁，被卡车运回了机场

▲ QCTU-4同样要训练法国飞行员,这架F8F-1就是被他们在降落时撞坏的

从1949年8月12日第一起事故发生,至1952年4月21日,该单位发生了15起较大事故。十余架飞机损坏或者全毁,6名飞行员在训练中身亡。

海军照相学校

海军照相学校是海军航空技术训练单位的一部分,驻地同样位于彭萨科拉海军

▼ 三名法国学员在一架照相学校的"熊猫"前合影。照相学校的"熊猫"方向舵和主翼外段涂成了橙色

▲ 陆战队训练单位使用的"熊猫"，机翼下表面和后机身均涂有"陆战队"字样

航空站。在 F8F-2P 照相型飞机装备舰队后，自然也需要训练中心有同样的飞机。于是照相学校在 1949 年至 1952 年之间就装备了 F8F-2P，此后则被照相型"黑豹"和"美洲狮"取代。

海军陆战队训练单位

在 1951 年至 1952 年之间，海军陆战队的多个训练单位使用过"熊猫"，但是他们的一线战斗机中队没有装备过这种飞机。东海岸的匡蒂科陆战队航空站，西海岸的埃托罗陆战队航空站，樱桃岬航空站，这几个地方都有"熊猫"训练单位驻扎。陆战队的训练单位事故损失了 2 架"熊猫"，其中一架俯冲时机翼断裂，飞行员身亡。

海军预备役

随着"熊猫"开始从一线中队退役，剩余的飞机可以转入预备役了。1950 年至 1953 年间，预备役单位收到了许多 F8F-1 和 F8F-2。这些小尺寸的"熊猫"与那些更大的战斗机一起飞行，包括"地狱猫""海盗""鬼怪""女妖""黑豹"，直到最后彻底退出装备序列为止。

有 8 个预备役海军航空站接收了"熊猫"，包括：阿纳卡斯蒂亚、伯明翰、丹佛、格伦维尤、奥拉西、诺福克、圣路易斯、斯波坎。

1952 年至 1953 年间，其他几个航空站也收到了大量 F8F，包括：尼亚加拉瀑布、西雅图、杰克逊维尔和林肯。不过不清楚这些基地接收的飞机是否还能飞行。

阿纳卡斯蒂亚的"熊猫"预备役中队有3个：VF-662、VF-663、VMF-321。1952年夏季，在两周时长的训练任务中，海军中队也和陆战队中队一起，在迈阿密陆战队航空站训练。

其中陆战队的VMF-321中队本装备的是"海盗"战斗机，在1949年接受"熊猫"，但是到了1953年，他们的F8F被卖给了法国人，就再度换回了"海盗"。这个中队在朝鲜战争期间回到了警戒状态，但中队本身没有提升回一线，而是飞行员被调到战场上，补充给其他飞行中队。

奥拉西海军航空站在第二次世界大战期间是一个训练和运输机中队基地，在1946年转用做预备役航空站。这里的"熊猫"中队有3个：VFM-215、VF-882、VF-884，共有超过40架F8F-1。FJ-1"狂怒"在退役后也送到了这里，与"熊猫"一起飞行，最后都被F9F取代。

丹佛海军航空站设立于1947年1月，这里的预备役中队装备的是F6F-5和F4U，1949年开始接受F8F-2。该基地有VF-711、VF-712、VF-713、VF-718和VMF-236这几个"熊猫"中队。其中VF-713中队在1951年2月1日返回现役，但是飞机换成了F4U-4。该中队最后转为了常驻一线中队，并在1953年更名为VF-152。丹佛海军航空站的"熊猫"发生过三次重大事故，两名飞行员身亡。

❯ 阿纳卡斯蒂亚海军航空站的预备役"熊猫"，该机即将启动，一名地勤在旁边拿着灭火器等待中

1946 年至 1958 年间，圣路易斯海军航空站一直用作预备役基地。这里的 3 个战斗机中队，VF–921、VF–922、VF–923 最初装备各种型号"地狱猫"，在 1946 至 1947 年又增加了 FG–1D 和 F4U–4 两种"海盗"，最后在 1951 年接收了 F8F–1、FH–1 和 F2H。在这里，"熊猫"的使用时间比 FH–1 和 H2H–1 两种喷气战斗机还长，最后在 1954 年才被 F9F–4 换下。海军于 1958 年撤出这里之后，美国空军仍然将该地作为空军基地运转，直到 21 世纪。

在 1946 年，格伦维尤成了预备役航空站，同时海军航空兵预备役训练指挥部也驻扎在此地。该航空站有 4 个战斗机中队，均使用过"熊猫"：VF–722、VF–724、VF–726、VMF–543。格伦维尤的"熊猫"发生过五起事故，其中之一是一架"熊猫"转场到圣地亚哥的横跨大陆飞行中，由于天气恶劣撞山坠毁。

⌄ 丹佛海军航空站的F8F–2在奥克兰湾大桥上空编队飞行，这几架预备役飞机机身色带是白色

▲ VMF-321中队使用的预备役飞机，机身和机翼上均涂装了航空站名字，还有橙色的机身色带

▼ 阿纳卡斯蒂亚航空站的"熊猫"在华盛顿特区上空编队飞行

▲ 奥拉西海军航空站的预备役飞机，该机也有橙色机身色带，但是宽度较小

▼ 格伦维尤航空站的4架"熊猫"正在编队飞行，最近处的飞机没有涂装机身色带

▲　丹佛海军航空站的F8F-2，摄于1952年3月，机身色带为橙色，螺旋桨毂、螺旋桨尖和副油箱尖端则涂成了白色

蓝天使表演队

　　1946年，蓝天使表演队成立，一开始他们使用改装过的"地狱猫"战斗机。在进行了几次成功的飞行表演后，海军高层认为表演队应当继续下去，还要换装新飞机。在用了几个月过时的"地狱猫"之后，表演队在8月接收了"熊猫"，而后立刻在当年的克利夫兰航空赛上进行了一次壮观的表演。

　　实际上最后一场"地狱猫"飞行表演就在格鲁曼工厂进行，表演机降落后就地接收新飞机。第二天表演队就离开工厂，返回杰克逊维尔进行换装训练。在离开之前，蓝天使的队长罗伊·马林·沃里斯还询问了格鲁曼工程师，"熊猫"是否需要增加配重，以平衡改装带来的重心移动。

　　沃里斯后来回忆说："我们的第一站是诺福克。当我们接近机场，并且收到降落指示的时候，就将编队解散，转入单机降落流程。我开始减速并展开起落架，然后改变配平，以平衡杆力。我将配平片转轮打到了全抬头位置。然后增加向后拉操纵杆的力度，以保持飞机的抬头姿势，同时通知塔台，说我遇到了控制问题，最后拉起改出降落航线。后方的维克、艾尔和比利也如法炮制。还没过一会儿，塔台突然疯狂地跟我说，格鲁曼已经将这些飞机停飞了，因为不安全。我匆忙地实验了几次，发现我可以将飞行速度减少到120节，此时需要将操纵杆向后拉到底，并且调

▲ 蓝天使的"熊猫"，飞机涂装比二战时海军标准的深蓝色浅一些

▼ 1948年在杰克逊维尔海军航空站拍摄的照片，蓝天使的"熊猫"正在暖机，它们即将起飞表演

▲ "甲壳虫炸弹"号飞机，蓝天使用这架飞机模拟零战参加飞行表演。这架飞机使用的时间比其他飞机更久，而且颜色也与表演队的蓝色不同，通体亮黄色。注意停放在它后方的格鲁曼F9F

整动力保持机头不下落。最后我们以比正常高 40 节的速度降落，这种情况下没多少俯仰控制余量。我们差点就只能跳伞，或者迫降在诺福克港内了。对于刚到手的'熊猫'来说，还真是个有趣的结局。这件事本可能宣告蓝天使的末日。"

小巧而且灵活的"熊猫"在表演队里服役到 1949 年 7 月，而后被喷气式的 F9F-2"黑豹"替换掉。换装过程进行的时间段里，蓝天使也还继续用"熊猫"做飞行演出。

作战部队的"熊猫"战斗

航空大队合成中队

战争结束后不久到 50 年代初期，美国海军航空兵进行了多次改组，部队划分和构成一度相当杂乱。随着裁军大潮，各种中队多次更名，甚至变更类型，没过几年又消亡在历史之中，而"熊猫"的装备时间正好就赶上了这段日子。

合成中队这个编制方式，可以说是这个时期舰载机部队改组的典范。1948 年 9 月 1 日，海军作战部长下发命令，要求部分舰载航空大队改组为合成中队，前缀字母代号为 VC。从 40 年代末至 50 年代初，VC 这个前缀同时用于表示由多个中队构成的一个集合，其包囊的各种中队能执行多种任务。而在第二次世界大战时 VC 中队通常混编少数飞机，用于护航航空母舰。

不少装备了"熊猫"的航空大队按此进行了改编：第 1 大队改为 VC-10 中队，第 3 大队改为 VC-30 中队，第 5 大队改为 VC-50 中队，第 6 大队改为 VC-60 中队，第 7 大队改为 VC-70 中队，第 9 大队改为 VC-90 中队，第 11 大队改为 VC-110 中队，第 13 大队改为 VC-130 中队，第 15 大队改为 VC-150 中队，第 17 大队改为 VC-170 中队，第 19 大队改为 VC-190 中队。部队中的飞机号从 00 号开始以数字编制。

这段时间中，原有的合成中队依然存在，这些部队可以从数字看出区别。大型的合成中队组末尾数是 0，如前文所列。其他 VC 编号的仍然是传统中队，例如数字为个位数的 VC-X 则是表示夜间、攻击或者防御性质合成中队；VC-1X 表示预警机中队；VC-2X 和 3X 表示反潜中队；VC-6X 表示照相中队。

合成中队组通常包括原航空大队的飞机，还有特殊用途飞机。以 1948 年 9 月 28 日至 1949 年 2 月 21 日的 VC-10 中队为例，该中队驻扎在"塔拉瓦"号航空母舰（CV-40）上，随母舰环球航行。此时部队中包括以下机型：F8F-1、F6F-5N、F8F-2P、TBM-3E、TBM-3W、TBM-3N、TBM-3Q。

合成中队的行政管理权通常会交给其中某个中队，在这个例子中即是 VF-13 战斗机中队。合成中队会在每次部署期前临时编组，在部署完毕后解散。在 1949 年 6 月之后，航空大队合成中队这个概念就不再继续了，名称也改回了航空大队。新思路是转为拆散中队，以分遣小队形式强化和满足航空大队的需求。这些专业中队派来的小队会负责夜间战斗、照相、反潜、预警、电子干扰等任务。

在合成中队概念之前，每个航空大队会编制最多四架 F6F-5P 照相型"地狱猫"，用来执行照相任务。这是因为此时"熊猫"和"海盗"都没有照相型飞机。这些"地狱猫"会被编入大队的第一个战斗机中队，也可能会同时编组到第一和第二个战斗机中队里。飞机机号沿用该中队的1XX号或者2XX号。

VF-1L 中队

VF-58中队成立于1946年3月15日，该中队很快便装备了F8F-1型战斗机，其编号也被更改为VF-1L，后缀L表示轻型，指该中队在轻型航空母舰上服役。

∧ 第1航空大队的大队长机，注意00是大队长机号，该机航空局编号为95131

∨ VF-1L中队的F8F-1，发动机整流罩上涂装了中队队徽

VF-1L 中队有些类似于第二次世界大战中和战后的合成部队，它装备多种型号飞机，以满足轻型航空母舰对不同舰载战斗机任务的需求。1946 年 11 月，当该中队在"塞班"号轻型航空母舰（CVL-48）上时，装备了 11 架 F8F-1、11 架 F6F-5、4 架 F6F-5N，还有 10 架 F4U-4。由于此后喷气式战斗机开始投入服役，到了 1948 年 8 月，VF-1L 中队的构成变更为了 16 架 F8F-1、9 架 F4U-4、4 架 F6F-5N、5 架 FH-1 喷气战斗机，最后还有一架 SNJ 教练机。

该中队在"塞班"号上度过了两次很短的部署期，第一次随舰出航是从 1947 年 4 月 3 日到 5 月 25 日，这次航行中一架"熊猫"在海面迫降。第二次部署期是 1948 年 2 月 7 日到 24 日，随舰前往委内瑞拉。在委内瑞拉外海时，VF-1L 的飞机参加了加莱戈斯总统的就职典礼庆祝仪式，进行编队低飞表演。

1948 年 11 月 20 日，VF-1L 中队正式解散，该中队的飞机和其他备品被转给 VX-3 中队，后者成了"塞班"号的新航空部队。

VF-1A/VF-11 中队（红野猪）

VF-11 中队的历史源远流长，它的前身是美国海航最早的战斗机中队之一。VF-5 中队在 1927 年 2 月 1 日成立，当时装备的飞机是寇蒂斯 F6C-3，后来又换装过波音 F4B-1、格鲁曼 FF-1、F3F-1。在第二次实际的大战爆发时装备的是 F4F-3，战时重组更名多次，到了战后的 1946 年 11 月 15 日改为 VF-1A 中队，装备 F6F"地狱猫"。A 后缀表示这个中队在攻击航空母舰上服役，使用这个后缀的时期中，攻击航空母舰仅有埃塞克斯级。在 1947 年，该中队接收到了新战斗机，即为 F8F-1"熊猫"。

在 VF-1A 的时代，不少"熊猫"战斗机发生过事故。甚至在 1948 年 7 月 18 日，由于天气很糟糕，单日损失了两架飞机和两名飞行员。VF-1A 在 8 月 2 日更名为 VF-11 中队。更名后不久再度登上"塔拉瓦"号航空母舰，在这年的 9 月 23 日至次年 2 月 22 日期间随舰环球航行。

第 1 航空大队的三个战斗机中队 VF-11、12、13 在 1949 年 9 月 12 日登上了"菲律宾海"号航空母舰（CV-47），随舰在加勒比海上巡航，此时这三个中队全都装备 F8F-1。还没过几天 VF-11 中队就损失了一架飞机，当时航空母舰刚清理完混乱的飞行甲板，准备好接收飞机。航空大队长布林格尔离开等待降落的盘旋编队后坠海。第二起事故发生在维克·梅尼菲少尉身上，他的 94760 号"熊猫"排在第一个起飞，飞机直接就冲进了舰首前的海面，还好本人被捞起。多起事故过后，VF-11中队终于在11月22日回到了陆地机场。

1950年2月初，VF-11中队在"富兰克林·D·罗斯福"号航空母舰（CVB-42）上再度进行了航母起降考核。通过后，14日全队离开驻地，随着"菲律宾海"号出航。与"珊瑚海"号航空母舰（CVB-43）和"莱特"号航空母舰（CV-32）汇合后，前往北大西洋参加三月份的波特雷克斯行动，这是一次多军种联合训练演

▲ 1947年6月26日，VF-1A中队的七架"熊猫"在编队飞行，最后面的飞机是一架"海盗"

⌄ 1949年VF-11中队的F8F-1在降落时翻覆，该机副油箱内还有没用光的汽油，正在泄露

▲ 1947年9月，这架F8F-1在降落时弹起，飞机越过航空母舰舰岛，最后掉进了海里

习。2月28日，由于极端天气，该中队有三架飞机坠毁，还撞坏了其他中队的飞机。"菲律宾海"号搭载的航空大队在3月16日参与了加勒比克斯行动，在演习中，VF-11中队在波多黎各近海的别克斯岛靶场上空飞了很多训练任务。

演习结束后，中队随舰回到匡塞特角，然后转场至杰克逊维尔海军航空站。VF-11中队在5月份开始接受F2H"女妖"战斗机，"熊猫"完成了它的使命。

VF-2A/VF-12中队

1945年5月12日，VBF-4战斗轰炸机中队在阿拉米达海军航空站成立。这类编号为VBF的中队起源于1945年年初。舰载战斗机中队在世界大战中多次扩大，一度达到70余架飞机，终于因为过于臃肿导致行政管理困难，所以美国海军决定将这些大型中队平均拆分为VF与VBF两个中队。

▲ "菲律宾海"号航空母舰甲板前端堆积的飞机。近处的107号机属于VF-11中队，1950年2月28日降落时越过了阻拦网，撞进前方停机区。被撞坏的208号飞机则属于VF-12中队

　　该中队最初装备了 F4U-4 "海盗"战斗机。在 1946 年 11 月 15 日，该中队更名为 VF-2A。第二年 5 月，VF-2A 中队开始接受 F8F-1 "熊猫"，作为补充还拿到了两架 F6F-5P 照相型 "地狱猫"。1948 年 8 月 2 日中队再度更名，编号变成了 VF-12。

　　虽然中途进行过航母着舰训练，但是 VF-12 中队长期驻扎在陆地基地。在上舰之前不久发生了两次空中相撞事故，损失了 4 架 F8F-1B 和 3 名飞行员。VF-12 终于在 1948 年 10 月 1 日登上 "塔拉瓦"号航空母舰，并随舰航行到次年 2 月 21 日。

　　此后 VF-12 中队的 "熊猫"又发生过八起事故，基本都发生在航母着舰和地面机场着陆过程中。事故导致多架 F8F-1 和 F8F-1B 损坏或损失。最后一起事故发生在 1950 年 8 月 17 日，编号为 95285 的 F8F-1B 在麦克斯韦空军基地东北方 4 英里处迫降。同年 9 月，VF-12 中队剩下的 "熊猫"开始逐渐退役，接替者是 F2H "女妖"战斗机。

VF-3/VF-3A/VF-31 中队（熊猫人）

VF-31 中队来源于 VF-1B 中队，后者成立于 1935 年 7 月 1 日，当时装备波音公司生产的 F4B-4 双翼战斗机。1937 年 7 月 1 日更名为 VF-6，飞机也换成了格鲁曼 F3F，此后又换成 F4F。1943 年 7 月 15 日再度更名为 VF-3，同时开始装备 F6F "地狱猫"。这些 "地狱猫" 一直用到 1946 年 9 月，F8F-1 到来将它们逐渐替换掉。

1946 年 11 月 15 日，中队名称改为 VF-3A，接着被指派给 "奇尔沙治" 号航空母舰（CV-33），驻地也变动到了匡塞特角海军航空站。12 月，VF-3A 中队在 "富兰克林·D·罗斯福号" 号航空母舰上完成了起降考核。次年 1 月部署于 "奇尔沙治" 号，但是在船上待的时间很短。第二次部署期则是 3 月 3 日至 4 月 16 日。

1947 年 7 月 7 日至 8 月 15 日，该中队随着 "伦道夫" 号航空母舰（CV-15）前往北大西洋巡航。在航程中由于事故损失了两架 "熊猫"，其中一架着陆时失速，撞击甲板后倒扣过来，导致飞行员丧生。8 月末，该中队短暂转回了 "奇尔沙治" 号航空母舰。

新任中队长才 5 个月的劳伦斯·盖斯少校，在 1948 年 3 月给中队带回来了第

∨ VF-3/VF-3A中队长贝叶斯少校和他的座机

一架F8F-1B型飞机，他本人亲自前往格鲁曼工厂接收，直接将战斗机飞回部队驻地。接下来VF-3A中队有个较长的部署期，在"奇尔沙治"号航空母舰上待了4个月，于6月7日进入了地中海，直到8月7日结束。实际上就是在最后这天，中队名称更改为VF-31。

▲ 1947年3月25日，这架VF-3A中队的"熊猫"在"奇尔沙治"号上成功着舰，但是阻拦索与飞机搅成一团

∨ VF-3A中队的"熊猫"正在"伦道夫"号机库中维护

回到驻地后 VF-31 中队修整了几个月，下两次起降考核分别在"莱特"号和"奇尔沙治"号航空母舰上进行，对应时间是 1948 年 11 月和 1949 年 2 月。在此期间，VF-31 被选为第一个接收格鲁曼 F9F-2 的东海岸中队，他们在 1949 年 12 月 27 日接收了第一架飞机。

由于替换流程比较缓慢，到 1950 年 5 月 18 日还出了一起事故，编号为 95148 的 F8F-1B 在巴克斯代尔空军基地迫降损坏。

VF-4A/VF-32 中队（剑士）

VF-32 中队的前身是 VBF-3 战斗轰炸机中队，在 1945 年 2 月 1 日正式独立，当时仍装备比较旧的 F6F-3 "地狱猫"。1946 年 11 月 15 日更名为 VF-4A 中队，并同时换装 F8F-1。

作为第 3 航空大队的一部分，VF-4A 中队度过了三个部署期，全都在"奇尔沙治"号航空母舰上。第一次是从 1947 年 3 月 3 日到 4 月 16 日，第二次从 6 月 7 日至 8 月 16 日，这两次部署期中航空母舰都在大西洋巡航。第三次是从 1948 年 6 月 7 日至 10 月 3 日，作为海军应对柏林危机的行动之一，"奇尔沙治"号航行到了地中海水域。与 VF-3A 相同，VF-4A 中队也 1948 年 8 月 7 日更名，新编号是 VF-32。

该中队在各种事故中损失了 4 架"熊猫"，除了常见的起降事故以外，航空局编号为 95337 的飞机在射击训练里撞上了旗帜，飞行员随撞毁的飞机身亡。

1949 年末期，VF-32 中队又开始换装 F4U-4，到了下一年初，最后的"熊猫"离开了中队。讽刺的是没过多久，飞行员们又收到了两架 F8F-2P 型飞机。这个情况就像以前"熊猫"和"海盗"中队必须保有两到四架 F6F-5P，只是到了现在"海盗"仍然不能提供足够的照相型号，只有让"熊猫"在"海盗"中队里服役。这两架飞机之一的 121775 号在 1950 年 9 月 19 日迫降时爆炸，飞行员当即身亡。

VF-5A 中队（猎鹰）

该中队起源于 1927 年的 VF-3S 中队，当时装备的飞机是寇蒂斯 F6C-4。随着波音 FB-5 鹰式换装，对中队编号也改为了 VF-3B。1929 年和 1931 年，波音 F3B-1 与 F4B-4 相继装备该中队。1937 年中队改名为 VF-5B，同时装备了格鲁曼 F3F-3 型飞机。在战争开始时，该中队已经完成了 F4F-3 "野猫"的换装。

∧ VF-5A的中队长戈登·法尔博中校在他的飞机前摄影留念，背景是"香格里拉"号的舰岛

∨ 摄于"大黄蜂"号航空母舰（CV-12），后方的"海盗"属于VF-5B中队，前方则是VF-51中队的"熊猫"

▲ 1947年9月5日，在圣地亚哥附近飞行的VF-5A中队长机

VF-5B 中队在 1943 年 1 月 7 日解散，绝大部分人员和装备转调到了成立没多久的 VF-1 中队。但仅仅过了几个月，VF-1 这个编号就被改回 VF-5。战争结束时他们装备的是 F4U"海盗"，而后才在 1946 年年末换装 F8F-1"熊猫"，此时中队名后面又加上了 A 后缀。

"熊猫"在 VF-5A 中队里服役的时间很短，VF-5A 在 1947 年 11 月 18 日已经换装完毕——北美航空生产的 FJ-1"狂怒"战斗机。该机实际上仅有 30 架生产型，只有 VF-5A 中队使用。这使得该中队成了最早用喷气式战斗机在海上作业的飞行中队。

VF-6A/VF-52 中队

VBF-5 中队于 1945 年 5 月 8 日成立，当时装备的是 F6F-5"地狱猫"。1946 年 11 月 15 日更名为 VF-6A 中队，在换装 F8F-1 之前已经装备了 F4U"海盗"。作为第 5 航空大队的一分子，VF-6A 中队在"香格里拉"号航空母舰上度过了一个部署期，时间是 1947 年 3 月 31 日至 6 月 16 日。

该中队在 1948 年 8 月 16 日更名为 VF-52，此后参加了朝鲜战争，不过在战争期间已经装备了 F9F"黑豹"喷气战斗机。

▲ VF-6A中队的"熊猫"正在"香格里拉"号甲板上滑行，该机似乎刚离开着陆区，后方阻拦网已经再度升起

∨ VF-11A中队的"熊猫"在"福吉谷"号降落瞬间，它即将撞上阻拦网

VF-11A/VF-111中队（落日者）

落日者的前身是1942年10月10日成立的VF-11中队，1946年11月15日更名为VF-11A，此时装备F6F-5"地狱猫"。1947年年初该中队才用F8F-1将"地狱猫"全部换下。

1947年9月，VF-11A中队用"熊猫"在"福吉谷"号航空母舰（CV-45）

上度过了一次短暂的巡航，月末他们就下船返回基地了。没过多久，该中队作为第11航空大队的下属单位，再次返回"福吉谷"号，这次部署期从1947年10月9日到1948年6月11日才结束。"福吉谷"号航空母舰也是环球航行舰队的一部分，这次旅程相当漫长，从圣地亚哥出发，途经珍珠港、悉尼、香港、青岛、新加坡、亭可马里、拉斯坦努拉港、苏伊士运河、直布罗陀、卑尔根、朴次茅斯、纽约、巴拿马运河，最后回到圣地亚哥。

在这个部署期里，两架F8F-1由于事故损失。回到基地后，该中队在6月15日更名为VF-111，同时开始缓慢地换装新型F8F-2。

VF-111中队在"福吉谷"号航空母舰上又度过了三次很短的部署期，最后一次结束于1949年11月15日，此后中队开始接受F9F-2"黑豹"。

VF-12A/VF-112 中队

VBF-11中队在1945年4月9日成立，这是个装备"地狱猫"的战斗轰炸机中队，1946年11月更名为VF-12A。在1947年1月31日，中队驻地转移到圣地亚哥海军航空站，在这里接收了F8F-1"熊猫"。

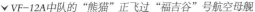
❯ VF-12A中队的"熊猫"正飞过"福吉谷"号航空母舰

∧ 在卑尔根停泊的"福吉谷"号航空母舰，甲板和飞机上蒙了一层雪，近处的"熊猫"属于VF-12A中队。远处编号为1XX的飞机属于VF-11A

VF-12A 与 VF-11A 相同，均隶属于第 11 航空大队。该中队也随着"福吉谷"号航空母舰度过了完整的环球航行。该中队同样在回到驻地后更名为 VF-112。1949 年 1 月 3 日起，F8F-2 逐渐换下了 F8F-1。然而活塞战斗机的时代结束了，F8F-2 在中队里刚服役了一年，次年 1 月 11 日新到的 F9F-2 就将它们换下，到了 2 月 13 日，最后的"熊猫"退役完毕。

VF-13 中队（入侵者）

与此前的部队不同，VF-13 是个新成立的中队，在 1948 年 8 月 2 日利用 VF-1A 和 VF-2A 中队的多余装备建立。所以该中队的队徽包括了前两个中队队徽

∨ 1949年9月，一架VF-13中队的"熊猫"撞上阻拦网后翻覆

的一部分。VF-13成立时一架飞机都没有，直到9月中旬才开始收到飞机。9月20日时，他们已经有了13架F8F-1和3架F8F-1B。

VF-13中队作为第1航空大队的一部分参加了"塔拉瓦"号航空母舰的环球航行，时间是1948年9月28日至次年2月21日。实际上由于航空母舰上空间不够，要留出搭载VC-10其他飞机的位置，VF-13中队只有6架F8F-1和1架F8F-1N在船上。在10月至11月期间，该中队由于事故连续损失了3架F8F-1。

1949年9月12日至11月22日期间，VF-13中队在"菲律宾海"号航空母舰上度过了一个部署期，期间又由于恶劣天气损失了一架飞机。在巡航结束后，VF-13中队立刻开始更换最终型号的F4U-5"海盗"战斗机。到了1950年1月，所有"熊猫"均已被换下。

VF-13A/VF-131中队

虽然同样用13这个数字，但VF-13A中队与VF-13中队没有任何关系。该中队改名前的编号是VF-81，成立于1944年3月1日，亚特兰大城海军航空站，在1946年11月15日更名为VF-13A。曾经用过的战斗机包括"地狱猫"和"海盗"。

改名后不久，F8F-1B换下了F4U-4。VF-13A中队用"熊猫"在航空母舰上度过了两个很短的部署期。第一次在"普林斯顿"号航空母舰（CV-37），时间是1948年5月9日至14日。第二次是在"福吉谷"号航空母舰，时间是1948年7月9日至21日。两次巡航的位置都是东太平洋。

1948年8月2日，即VF-13中队成立的时间，VF-13A中队更名为VF-131中队。

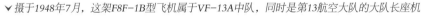
∨摄于1948年7月，这架F8F-1B型飞机属于VF-13A中队，同时是第13航空大队的大队长座机

▲ 1948年10月的"普林斯顿"号航空母舰，舰岛旁边是VF-132的"熊猫"，舰首则是VF-131的"熊猫"

同年10月1日至12月23日，VF-131中队再度部署于"普林斯顿"号航空母舰，期间两次着舰事故损坏了2架飞机。在平静地度过了一年后，1949年12月1日，该中队再次换回"海盗"，并且改名为VF-64中队，此后便没有再使用过"熊猫"。

VF-14A/VF-132中队（假肢的皮特）

这也是个资历尚浅的飞行中队，1945年5月13日才独立成为VBF-81，当时立刻就接收了最新的F4U-4"海盗"战斗机。于1946年11月15日更名为VF-14A中队，同时换装F8F-1B"熊猫"。

一架编号为122138的"熊猫"在1948年2月4日坠毁，原因是扫射靶标时没有及时拉起。此后该中队在航空母舰上部署过三次，均与VF-13A/VF-131中队在一起，部署时间也相同。在第三个部署期中，该中队连续出了两次大事故，第一次是 4 架 F8F-1B（122121、122127、122131、122136 号）在 12 月 1 日的射击训练后迷航。最后有 3 名飞行员被救起，第四人则彻底失踪了。到了 8 日，距离上次事故还没过几天，中队执行官拉里·弗林特少校领着另一个"熊猫"小队消失在风暴之中。小队中一名飞行员在海面迫降，弗林特少校决定在他头顶盘旋等待些许时间，同时命令另一个双机飞向关岛。弗林特在燃料不足后才转往关岛，但他还是因为燃油耗尽，在关岛南面 60 海里处迫降。1949 年 3 月 20 日，VF-132 中队又在空对空靶标射击练习中损失了一架飞机，该机直接撞上了靶子。

1949 年 11 月 30 日，这个多灾多难的战斗机中队宣告解散。

VF-15A/VF-151/ 第二 VF-192 中队

1945 年 3 月 26 日，VF-153 中队成立，到了次年 11 月 15 日即更名为 VF-15A 中队。直到 1947 年该中队才开始接收 F8F-1 "熊猫"。

1948 年 7 月 15 日更名为 VF-151 中队后，新型 F8F-2 开始将 F8F-1 换下。该中队于 1950 年 2 月 15 日再度更名，这次的编号是 VF-192，这个编号此前另有中队使用过，所以这算是第二任 VF-192 中队。

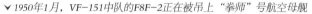
▼ 1950年1月，VF-151中队的F8F-2正在被吊上"拳师"号航空母舰

▲ 1948年6月，VF-15A中队的F8F-1勾住阻拦索瞬间

VF-192中队带着他们的"熊猫"在"拳师"号航空母舰（CV-21）上部署过一次，时间是1950年1月11日至6月13日。这次在西太平洋进行的巡航内容包括一次短期寒冷极地训练。返回驻地后，该中队转而接收F4U-4，然而换装期中一架"熊猫"与空军的AT-6相撞坠毁，而后又是另一架"熊猫"撞上了靶标旗帜而坠毁。

VF-16A/VF-152中队

VF-153中队也成立于1945年3月26日，不如说这是战争末期战斗机中队拆分成战斗机/战斗轰炸机两个中队的结果。继承战斗机中队编号的即为VF-153。该中队装备过多种战斗机，包括F6F-5、F4U-1、F4U-4。1946年11月15日更名为VF-16A中队后仍然在使用"地狱猫"，直到1947年10月21日开始接收

∨ 1948年，"塔拉瓦"号航空母舰上正准备起飞的VF-152中队飞机。两名地勤蹲在起落架旁，准备拿走轮挡

▲ 4架VF-152中队的"熊猫"正组成一个梯队飞行。209号的飞行员是里克巴赫少校，201号的飞行员是博斯中校，这四名飞行员组成的小队在阿拉米达航空站1949年5月20日举办的射击比赛上取得了第一

F8F-1 为止。1948 年 7 月 15 日，最后一次更名为 VF-152 中队。

作为海军航空兵的战斗机中队，他们要定期进行航空母舰起降考核，但是该中队运气不佳，从未进行过部署。在基地内待到了 1949 年 5 月，这时又开始换装 F8F-2 型飞机。但是好景不长，由于海军计划将该中队改组为攻击机中队，年末道格拉斯生产的 AD-4 天袭者就送到了驻地。次年年初，即改编为 VA-54 攻击机中队。

VF-17/VF-5B/VF-61 中队（海盗旗）

"海盗旗"可能是美国海军中最为著名的飞行单位。由于 F4U"海盗"当时没有通过航空母舰降落考核，初代 VF-17 中队换装该机之后只有作为陆基中队作战。即使如此，VF-17 中队仍然产生了许多王牌飞行员，他们在太平洋上的英勇表现对得起这个响当当的名号和迎风飘扬的髑髅旗。

不过初代 VF-17 中队很快解散了，海军在 1944 年 8 月 1 日重建了第二代 VF-17 中队。这次 VF-17 摇身一变，成了舰载战斗机中队，飞机也从"海盗"换

▲ 在"中途岛"号航空母舰上拍摄的VF-17中队飞机,这架F8F-2机头涂有中队标志——著名的髑髅头

∨ 1949年3月,VF-61中队的"熊猫"排列在"珊瑚海"号甲板上。机头的髑髅头不论在哪里都颇为显眼

成了"地狱猫"。1945年晚期,"海盗旗"中队再次收到了"海盗"战斗机,这次的型号是F4U-4。第二年"熊猫"也开始交付给 VF-17 中队,而且在 11 月 15日,中队的编号更改为 VF-5B。B 后缀表示该中队在大型航空母舰上服役,即为 3艘中途岛级。

VF-5B 中队在"中途岛"号航空母舰（CVB-41）和"富兰克林·D·罗斯福"号航空母舰上均有过部署期。实际上在两舰上服役时，由于事故共损失了 4 架 F8F。1948 年 7 月 28 日，中队再度更名为 VF-61。随着喷气时代到来，该中队也从 1950 年 4 月开始换装格鲁曼 F9F-2 战斗机。

▲ "海盗"旗中队的F8F-2比例模型封绘，即为上图中的103号机

VF-61 中队在 1959 年宣告解散，但是"海盗旗"这个名号和髑髅头标志在多个战斗机中队之间传承，一直使用到现在。

VF-17A/VF-171 中队（王牌）

该中队与"海盗旗"中队没有任何关系，虽然同样使用数字 17。1944 年 4 月 1 日，在亚特兰大城海军航空站，VF-82 战斗机中队成立。此后的 1946 年 11 月 15 日，即 VF-17 更名为 VF-5B。同时，VF-82 更名为 VF-17A 中队。

1947 年前，VF-17A 已经换装完毕"熊猫"。但是在 VF-17A 的时期，这个战斗机中队没有在航空母舰上部署过。而且在 1947 年 7 月 14 日就接收了第一架 FD-1 鬼怪喷气式战斗机。由于换装不完整，F8F 与 FD-1/FH-1 共同服役到 1949 年。

❯ VF-171中队的F8F-1B型，摄于1948年10月23日

1948 年 8 月 11 日更名为 VF-171 之后，作为第 17 航空大队的一部分，与 VF-172 中队一起在加勒比海有过两次短暂的部署期。回到基地后剩下的"熊猫"也被 F2H-1"女妖"换下。

VF-18/VF-7A/VF-71 中队（将军 / 捉弄的手指）

VF-18 中队的历程比较特别，1942 年 10 月 15 日 VGS-18 中队成立，VGS 的意思是护航侦查中队。1943 年 3 月 1 日又更改为 VC-18 中队，此时的 VC-18 字面上虽仍是合成中队，却只是临时转用的编号。

因为由较大型的 VGS 中队转来，VC-18 中队的装备包括 36 架"地狱猫"、12 架"野猫"和 9 架复仇者，这么大的中队无法在护航航母上使用。所以在 1944 年夏季再度更改为 VF-18，取消了复仇者编制，转为纯正的战斗机中队，并以这个编号登上航空母舰参战。中队总战绩包括声称击落 172 架敌机，加上地面击毁 300 架，还参与了击沉"大和"和"武藏"号战列舰的战斗。由于中队标志上的恶魔造型，该中队得了个"捉弄的手指"绰号。另外该中队的将军绰号是指棋类运动中的"将军"动作。

该中队算是最早装备"熊猫"的部队之一，1945 年中期就接受了新飞机。使用"熊猫"进行的第一个部署期是当年的 9 月 30 日至 10 月 16 日，在"突击者"号航空母舰（CV-4）上。该舰从圣地亚哥出发，穿过巴拿马海峡航行到新奥尔良。此时搭载的第 18 航空大队共有两个中队的 45 架 F8F-1 和 15 架 TBM-3E，这些飞机在 10 月 15 日起飞转场到陆地机场，航空大队的剩余人员和物品则在 29 日下船。

VF-18 中队在 1946 年损失了 2 架"熊猫"，其中之一俯冲时没有拉起，另一架则是在航展上刚起飞就试图做慢滚机动，当场坠毁。这年的 9 月 3 日至 12 月 12 日，VF-18 中队随着"莱特"号航空母舰海试。海试期间的 11 月 15 日，中队更名为 VF-7A。

此后 VF-7A 在"莱特"号航空母舰上有过三次比较短的部署期。第一次是 1947 年 2 月 3 日至 3 月 19 日，随舰在大西洋参与舰队演习。第二次是 4 月 3 日至 6 月 9 日，第三次则是海军后备役军官训练团的巡航任务，从 7 月 7 日至 25 日。

此后"莱特"号航空母舰前往地中海，这个部署期从 7 月 30 日至 11 月 19 日。期间 VF-7A 建立了所谓的百夫长流程，即为在特定的航空母舰上完成 100 次阻拦索着舰。当时中队长诺顿少校访问了在同个区域的一艘英国航空母舰，然后带着这

▲ VF-18中队的恶魔标志

个点子回到了"莱特"号。本·帕克斯上尉制定了规则，威尔·朗利少尉设计了证书，而拉里·劳顿中尉则成了第一个接受该考核的人。该中队最后一次部署是从1948年2月9日至3月19日，此后在7月28日更名为VF-71中队。

更名后不久，VF-71中队在8月28日至10月9日之间，随着"莱特"号部署到了加勒比海，不过这次的目的只是训练。这个部署期中两架F8F-2损失于降落事故，一名飞行员身亡。11月1日至23日，该中队再次随舰出航，参加在北大西洋进行的FLEETEX舰队演习。这次又因为事故损失了2架飞机，一人身亡。

后来第7航空大队和下属的VF-71、VF-72中队被转派到了"菲律宾海"号航空母舰。由于发生了柏林危机，"菲律宾海"号在地中海从1949年1月4日巡游到5月23日。巡游期间一架F8F-1在起飞时滚下甲板，飞行员丧生。

VF-71中队用"熊猫"进行的最后一次部署是在1949年9月6日至1950年1月28日，这次飞行员们回到了"莱特"号航空母舰。实际上在部署期还在进行时，该中队已经开始接收F9F-2"黑豹"了。

▼ 1947年9月5日，VF-7A中队的"熊猫"正在"莱特"号航空母舰的弹射器前排队

▲ 事故现场，两架VF-7A中队的"熊猫"撞在了一起，后方飞机在滑行时没有及时刹车

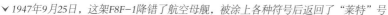

∨ 1947年9月25日，这架F8F-1降错了航空母舰，被涂上各种符号后返回了"莱特"号

▲ 1948年年末，近处的"熊猫"正在"莱特"号甲板上滑行，另一架飞机随着升降机徐徐上升

VBF-18/VF-8A/VF-72 中队（熊猫 / 鹰）

1945 年 1 月 25 日，VBF-18 从 VF-18 中队独立，成为新中队。与 VF-18 类似，在 5 月末就接受了 24 架 F8F-1，完成换装。这个中队倒是将自己的外号直接叫作"熊猫"，但是这并不会让他们避开很多新飞机的常见事故，包括各种故障和操作失误。

VBF-18 中队同样参与了"莱特"号航空母舰的海试，海试途中仍然事故不断，总共损失了 3 架飞机。其中第 95110 号 F8F-1 在俯冲训练中坠毁，事故理由就是安全翼尖失效，同时导致飞行员丧生。

1946 年 11 月 15 日，该中队改名为 VF-8A，并与 VF-7A 中队一起，从第 18 航空大队调到第 7 航空大队。调动过后飞行事故仍然如影随形，1947 年又损失了 3 架飞机，其中 2 架在空中相撞失事。

VF-8A 中队在 1947 年 4 月 3 日至 6 月 9 日、7 月 30 日至 11 月 19 日在"莱特"号上进行过两次部署。该中队与 VF-7A 一起在 1948 年 7 月 28 日改名，新编号是 VF-72。同时被指派给匡塞特角海军航空站，此后中队一直使用 F8F-1B 和 F8F-2 型"熊猫"。

柏林危机的部署期过去后，VF-72 随第 7 航空大队转到了"中途岛"号航空母舰，于 1950 年 7 月 10 日至 11 月 10 日之间在地中海巡航。"熊猫"在该中队最后的日子里，飞行事故仍然没有远去。1950 年 6 月，一架 F8F-1B 从"中途岛"号航空母舰起飞后失踪，两个月后，降落时又损失了另一架。

1951年3月16日，该中队终于收到了F9F-2，开始转用喷气战斗机。

∧ VBF-18中队的"熊猫"正在"莱特"号机库内维护

∨ 1948年在驻地拍摄的VF-72中队飞机，这是一架F8F-2型

▲ 1946年，VBF-18中队的"熊猫"在"莱特"号甲板上排队准备起飞，机群正在启动发动机。当时该中队编制了24架飞机，照片中可见19架。拍摄时该中队还在使用较旧的编号涂装方式

VF-19/VF-19A/VF-191中队（撒旦小猫）

这是第一个装备"熊猫"的战斗机中队，VF-19成立于1943年8月15日。随着"熊猫"生产推进，1945年4月14日，10名地勤士兵前往格鲁曼报道，他们要在这里学习F8F的构造和机械系统，课程为期30天。接着在5月18日，25名飞行员也离开圣塔罗萨前往格鲁曼公司。6月17日，又是26名飞行员和11名地勤。飞行员的训练课程比地勤短，只有6天，期间格鲁曼公司的工程师、试飞员、机械师将会简要教授他们新飞机的要点。其他公司也会派出代表教授飞行员们子系统的操作和特性，比如普拉特·惠特尼公司负责发动机；航空产品公司负责螺旋桨；斯佩里公司负责各种仪器。课程结束后，飞行员们就会把飞机飞回加利福尼亚州。

中队在训练时参加了一次航空表演，为了红十字会的战争救济基金募捐。航空母舰起降资格考核则于7月25日至27日在"塔坎尼斯湾"号护航航空母舰（CVE-89）上进行。此后还进行了两次独立的模拟攻击，目标是陆军在旧金山湾中的海岸防御设施，这也可以让陆军大头兵演练下反空袭措施，虽然他们不可能用得上了。

1945 年 8 月 2 日，第 19 航空大队从阿拉米达海军航空站登上"兰利"号轻型航空母舰（CVL-27），启程前往珍珠港。"兰利"号在 8 月 8 日抵达目的地，停泊在福特岛旁。第二天 VF-19 中队的 37 架"熊猫"转场到毛伊岛，他们在这里继续训练，此后将随着舰队开赴日本本土战场。但是当中队准备参战时，日本宣布无条件投降。这时投向协议还没有正式签署，准备仍没有停止，于是 27 名飞行员在当月 24 日在"兰利"号上进行了航空母舰复习训练。28 至 30 日又在"科雷吉多尔"号护航航空母舰（CVE-58）上进行了更多训练。

9 月 2 日协议正式签署，战争彻底结束了。不过 VF-19 中队的服役计划没有被拖延，13 日该中队登上了"拳师"号航空母舰，在该舰上运作了一段时间。10 月 12 至 13 日又转到"大黄蜂"号航空母舰（CV-12）上，随舰出海向阿拉米达海军航空站航行。抵达加州后仅仅过了六天，"大黄蜂"号再度返回夏威夷，这次在 11 月 3 日到达后，VF-19 中队下船驻扎在巴伯斯角海军航空站。

在巴伯斯角训练时，两架"熊猫"在空中相撞，但是两名飞行员奇迹般地安全跳伞。1946 年，该中队在"本宁顿"号航空母舰（CV-20）上进行了航母起降考核，还在 2 月的训练中发射了火箭弹。"汉科克"号航空母舰（CV-19）在 3 月 18 日将 VF-19 中队运到了塞班岛，4 月 20 日"安提坦"号航空母舰接走了该中队，VF-19 在"安提坦"号上参与了西太平洋演习和菲律宾独立庆典，直到 8 月 20 日才下舰。

1946 年 11 月 15 日，中队改名为 VF-19A。改名后又进行过 5 次部署，分别在"塔拉瓦"号和"拳师"号上，时间从 1947 年 6 月 28 日起，断断续续到次年 8 月 17 日结束。在 VF-19A 编号使用期间，中队损失了 4 架 F8F-1，包括 2 架空中相撞的

∨ 1945年8月30日，飞行中的VF-19中队33号机

飞机，这次两名飞行员都不幸遇难。

VF-19A 中队在 1948 年 8 月 24 日更名为 VF-191 中队，飞行员们用"熊猫"继续度过了四个部署期。前两次在"拳师"号上用 F8F-1，从 1948 年 10 月 9 日至 11 月 20 日；后两次在"福吉谷"号上用 F8F-2，从 1949 年 7 月 30 日至 9 月 8 日。

VF-191 中队在 1949 年又损失了 3 架飞机，其中在 1 月 5 日的对空射击训练时发生了第三次撞机事故，两名飞行员身亡。年末格鲁曼 F9F-2 送到了该中队，"熊猫"开始从第一个装备它的战斗机中队里退役。

▲ 1946年4月11日，VF-19中队长机正在从"安提坦"号航空母舰起飞

▽ 巴伯斯角海军航空站，1945年。第19航空大队的飞机排列在机场上，前排为VF-19的"熊猫"，第二排是VBF-20中队的"熊猫"。近处涂有鲜艳色带的"熊猫"是大队长机

▲ VF-191中队长机准备从"拳师"号航空母舰起飞

▼ 1948年8月5日，在圣地亚哥上空飞行的VF-19A"熊猫"双机编队

▲ 第19航空大队的大队长机近照，摄于1947年6月2日。机身色带为白色，中央夹杂红色线条

VBF-19/VF-20A/ 第一 VF-192 中队

VBF-19 中队是原 VF-19 中队拆分的结果，该中队于 1945 年 1 月 20 日独立，年中也装备了 F8F-1。1946 年 2 月在"本宁顿"号航空母舰上运作过一段时间，6 月又转到了"安提坦"号上。同年 11 月 15 日名称更改为 VF-20A 中队。

VF-20A 中队在 1947 年 6 月 28 日至 1948 年 5 月 27 日之间，与 VF-19A 中队共同度过了四个部署期。第五个部署期则与 VF-19A 分开，转到了"普林斯顿"号航空母舰上。1948 年 6 月 24 日至 8 月 20 日的最后一个部署期完成后，VF-20A 更名为 VF-192 中队。

▼ 一架VF-20A中队的"熊猫"从"拳师"号航空母舰上弹飞的瞬间，注意该机方向舵下方区域涂成了白色

▲ 与道格拉斯AD天袭者编队飞行的"熊猫"，这架AD属于VA-20A中队。两机编队时，天袭者看起来尤为巨大

▼ 1950年，VF-192中队的"熊猫"准备弹射起飞，左侧机号为115的飞机属于VF-732预备役中队

此时该中队仍然装备着F8F-1，在"拳师"号航空母舰上用这些飞机度过了三个很短的部署期。此后又于1949年7月30日至8月5日登上了"福吉谷"号航空母舰。

最终该中队在1950年2月15日更名为VF-114，"熊猫"也随着退役了，服役期中由于各种事故损失了7架。

VF-20/VF-9A/VF-91/VF-34 中队（蓝色冲击波）

这个中队建立于 1943 年 10 月 15 日，在第二次世界大战中装备 F6F-3 和 -5 "地狱猫"。战争结束后 VF-20 中队辗转于多个海军航空站之间，1946 年 4 月接收 "熊猫" 时正驻扎在匡塞特角海军航空站的下属辅助机场。

飞行员们在 4 月 3 日收到第一架 F8F-1，而 "地狱猫" 被换掉之后他们还一直保留着两架 F6F-5P 照相型飞机。用战斗机进行的航母起降考核于 7 月展开，考核用的母舰是 "萨勒诺湾" 号护航航母（CVE-110）。此后 VF-20 中队被指派给了 "菲律宾海" 号航空母舰，9 月 27 日该舰出航，在加勒比海和关塔那摩湾进行海试。VF-20 的飞行员们进行了活动靶标射击练习，还对着库莱夫拉岛的靶场投掷炸弹、发射火箭。航行途中，VF-20 中队在 11 月 15 日改为了 VF-9A。23 日该中队回到了基地，这年剩下的时间都用于夜间飞行和仪表训练。

1947 年 1、2 月，该中队与新罕布什尔州的陆军单位进行了协同训练，训练项目是对地支援。3 月 28 日再度登上 "菲律宾海" 号，前往关塔那摩湾巡航，最后于 5 月 5 日返回基地。这次巡航时，中队损失了 2 架 "熊猫"，其中一架坠毁，导致飞行员身亡。另一架却是由于滑行时刹车失效导致飞机侧翻，飞行员安然无恙。

❯ VF-92中队的207号机与VF-91中队的103号机相撞前瞬间的照片

7 月第一周，VF-9A 中队登上了"伦道夫"号航空母舰，参与一次海军军官候补生的巡航演练。

虽然这是个昼间战斗机中队，但是在这年年末，在"奇尔沙治"号上进行了夜间起降考核。紧接着是 1948 年 1 月在"菲律宾海"号上的两周部署期，随舰在关塔那摩湾巡游。2 月 9 日起随着"菲律宾海"号前往地中海，6 月 26 日才返回。在地中海停留的时期，VF-9A 中队暂时驻扎在黎波里的惠勒斯空军基地，在这里执

▲ 1946年，VF-20中队的"熊猫"被卷入了暴风雪，远处飞机是一架"地狱猫"，注意它的旋转折叠机翼

∨ 1948年，VF-9A中队的F8F-1正在密集编队中飞行。这个摄像角度看起来，这些飞机好像是在进行密集编队表演

行了大量陆基飞行行动。

1948 年 8 月 12 日，中队更名为 VF-91。12 月 3 日起 F8F-2 "熊猫"也开始送到。但对中队成员们来说，收到这些飞机却不是件好事：它们是 VF-71 中队用过的旧飞机，机况很差又缺乏备件。而 VF-71 中队却带走了 VF-91 中队那些维护良好的 F8F-1，并用这些飞机参加了下个部署期。VF-91 中队有苦难言，队里只剩 4架 F8F-1 还能飞行，此后 F8F-2 才缓慢地达到可使用状态。

在 1949 年 5 月，VF-91 中队进行了大量对地支援训练，接着在"莱特"号、"奇尔沙治"号、"中途岛"号上进行了几次短期部署。6 月 28 日，梅里尔·莱姆斯上尉的"熊猫"在"奇尔沙治"号降落时坠海，一架 HO3S-1 直升机（即西科斯基H-5 的海军型）将他从海里捞起，这是最早的直升机救援行动之一。这年余下的时间，飞行员们在以上三艘航空母舰与"塞班"号上进行了更多训练。

1950 年 2 月 15 日，VF-91 再度更名为 VF-34。3 月 18 日至 24 日，在"莱特"号轻型航空母舰上参加了波特雷克斯行动。VF-34 中队的 16 架"熊猫"在 11 月1 日飞往亚特兰大城海军航空站，参加康威克斯行动，这也是一次联合演习。很快在月末的 27 日，F9F-2 送到了该中队，最后 18 架"黑豹"换下了此前使用的 24架"熊猫"。

VBF-20/VF-10A/VF-92/VF-74 中队（魔鬼）

VBF-20 也是个较早装备"熊猫"的飞行中队，在 1945 年 4 月 16 日才独立。驻扎在查尔斯敦海军航空站时换装了 F8F-1。1946 年 9 月 30 日至 11 月 23 日，随着"本宁顿"号航空母舰在加勒比海巡游。航行中的 11 月 15 日，更名为 VF-10A 中队。

VF-10A 中队在 1947 年 3 月 31 日至 5 月 5 日之间，短暂部署在"菲律宾海"号航空母舰上。11 月 18 日，该中队的 2 架飞机在训练中对"本宁顿"号航空母舰进行模拟攻击，但是两名飞行员却不慎撞在一起，双双身亡。

1948 年 2 月 9 日至 6 月 26 日，VF-10A 中队随"菲律宾海"号航空母舰在地中海巡航。8 月 12 日更名为 VF-92 中队。此后的 10 月 22 日至 11 月 23 日又随该舰在加勒比海进行了一个月训练航行。这一年该中队由于事故损失了 2 架"熊猫"。

VF-92 中队在 1950 年 1 月 15 日更名为 VF-74。改名后只用"熊猫"进行了一次部署，时间是这年的 2 月 22 日至 3 月 14 日，在北大西洋和加勒比海域巡航，并且参加了波特雷克斯行动。

▲ 值得纪念的记录，这架VBF-20的"熊猫"在"菲律宾海"号上完成了中队的第2000次着舰

▲ 1947年，这架VF-10A的"熊猫"在甲板边缘降落后歪倒，差点掉进海里

▽ 这架VF-10A中队的"熊猫"正在进行地面弹射展示，注意机轮下的弹射牵引索

▲ "菲律宾海"号的升降机正在提升一架VF-92中队的F8F-2，该机看来很久没有清理过表面，发动机废气已经熏遍了从排管口到平尾的整个机身。摄于1948年10月

∨ VF-33中队的飞机在"莱特"号降落时飞偏，它撞上了舰岛后方的高平两用炮炮塔，右侧机翼撞断

VF-33 中队（塔斯人）

　　这实际上已经是第二代 VF-33 中队，成立时间为 1948 年 10 月 11 日。作为新成立的战斗机中队，他们没有飞过其他旧型号活塞战斗机，直接收到了 F8F-1B 型。

VF-33 中队在 1949 年 1 月就在"莱特"号航空母舰上运作过一段时间。2 月时转到"奇尔沙治"号航空母舰。"熊猫"在这个中队服役的时间很短，当年 12 月 17 日就开始换装 F4U–4。

VF-53 中队（蓝色骑士）

VF–53 也是个新战斗机中队，1948 年 8 月 16 日才成立并编制在第 5 航空大队下。与 VF–33 相同，1949 年该中队就换装了"海盗"。

"熊猫"在这里服役的日子很短暂，但是却进行过几次有趣的飞行试验。1948 年年末，格鲁曼 F8F 与北美 FJ–1 进行了 5 次对比测试，活塞战斗机对喷气战斗机！

F8F 来自 VF–53 和 VF–113 中队，FJ–1 则由 VF–51 中队提供，该中队即为改名后的 VF–5A 中队。第一项测试是从停止状态爬升到 15000 英尺，在喷水系统故障的情况下，表现最好的"熊猫"仍然领先表现最好的"狂怒"一分钟以上。第二项测试是从 1000 英尺到 10000 英尺的高速爬升，这次"狂怒"比"熊猫"快 13 秒。第三项测试是单独一架 VF–53 的"熊猫"与"狂怒"对比爬升至 25000 英尺，结果是"狂怒"领先了 1 分 40 秒。第四个项目是模拟甲板弹射并爬升，但由于计时错误，结果无效。最后的项目是同时开机起飞，"熊猫"起飞后转了一圈返回机场，对着仍然停在地上的"狂怒"进行了一次模拟攻击。"熊猫"第二次转回来时，"狂怒"终于开始加速爬升，开始将"熊猫"甩在后面。喷气战斗机领先 7 秒到达 10000 英尺高度，领先 15 秒到达 15000 英尺高度。

VC-61 照相合成中队

作为专业照相中队，VC–61 的任务是给舰队提供照相和侦查支持。因为第二次世界大战中获得的经验，照相飞机要能在敌阵前冒着防空火力拍摄相片，所以高生存力的战斗机就是执行这类任务的最佳选择。在"熊猫"服役的时代中，美国海军使用的照相型战斗机包括 F6F–5P、F8F–2P、F4U–4P/5P、F9F–2P/5P 和 FH–2P。航空母舰上不会搭载整个照相中队，战斗机中队会编制二至四架照相型飞机，或者由照相中队派出分遣小队加入航空大队。

VC–61 中队成立于 1949 年 1 月 1 日，驻地是米拉马尔海军航空站，在 F8F–2P 下线之后，便接受了该型飞机。该中队派出的分遣小队在太平洋地区参加了六个部署期，分别在"拳师"号与"福吉谷"号航空母舰上。

▲ VC-61中队的F8F-2P正在米拉马尔海军航空站上空编队飞行，航空站跑道清晰可见

该中队在 1946 年 7 月 2 日更名为 VFP-61，此后又经过两次改名，最终于 1982 年 5 月解散。而装备的 F8F-2P 也早已随着喷气时代到来退出了现役。

VC-62 照相合成中队（快门虫子）

VC62 中队建立于 1948 年 1 月 3 日，中队在 1949 年 4 月 15 日通过了初版队徽，这个徽章很好地反映了该中队的任务类型。所谓"快门虫子"的形象站在两艘航空母舰上，恰到好处地说明了照相中队如何在舰队中服役——总是被拆开发配到多艘航母上。

该中队的核心组成部分来源于 FASRONS-3 中队，第一任中队长是 W·O·摩尔中校。除了在 1948 年 11 月接收的"熊猫"以外，中队还有 10 架 F9F-2P，2 架 F4U-4P 和 4 架 F4U-5P。

40 年代末，大部分航空大队编有 4 架 F6F-5P，这些"地狱猫"通常被编制在战斗机中队内。所以 F8F-2P 只能加入那些还没有照相型飞机的航空母舰，直到被喷气式飞机取代为止。

1951 年，VC-62 派出的"熊猫"分队包括："珊瑚海"号上的第 6 分遣队，

▲ 快门虫队徽形象

3月20日至10月6日；"奥里斯坎尼"号（CV-34）的第8分遣队，5月15日至10月4日；"莱特"号航空母舰的第3分遣队，9月3日至12月20日；"中途岛"号上的第5分遣队，10月22日至11月15日；"塔拉瓦"号上的第32分遣队，10月24日至11月18日。

此后由于照相型"女妖"数量越来越多，照相型"熊猫"便不再登上航空母舰。

▲ VC-62中队的照相型"熊猫"正飞越"中途岛"号航空母舰，机翼和机身的宽幅色带为白色

▼ VC-62中队的F8F-2P停放在诺福克海军航空站

VF-62 中队

该中队源于 VBF-17 战斗轰炸机中队,后者在 1945 年 1 月 2 日从 VF-17 中队独立出来,在战争的最后几个月曾多次与日本海军的 343 航空队交战。1946 年 11 月 15 日更名为 VF-6B 中队,1948 年 6 月 28 日再度更名为 VF-62 中队。此后的 7 月 30 日,VF-62 中队才终于开始接受 F8F-2。

这年 9 月,VF-62 中队带着他们的"熊猫",在"珊瑚海"号航空母舰上进

▲ 1948年9月,VF-62中队的飞机在"珊瑚海"号降落时弹飞,翻滚着坠海

∨ 从"珊瑚海"号弹射起飞的VF-62中队F8F-2,同摄于1948年9月

行了一次短暂的训练航行，10 月又在"中途岛"号上运作过一段时间，期间 2 架"熊猫"损失在了事故之中。11 月时驻地转移到了奥希阿纳海军航空站。

1949 年年初，该中队在"奇尔沙治"号航空母舰上进行了一次巡航，这次巡航任务比较特别，目的是给美国国会做展示。10 月 27 日至 11 月 23 日，VF-62 中队随着"富兰克林·D·罗斯福号"号航空母舰前往北大西洋巡游。这次巡航中，国防部长路易斯·约翰逊也随舰视察飞行作业。在部署期之后，VF-62 中队在全舰队范围内的射击比赛中创下了新纪录：命中率 13.85%。

在 1950 年年初，该中队的 F8F-2 被旧型 F8F-1B 换下。但是并没有影响飞行员们的技巧，他们的炮术纪录又更新了，达到了 14.2% 命中率。这年 VF-62 中队在"莱特"号航空母舰上部署了两次，第一次是参加波特雷克斯行动，第二次是参加卡美德行动，后者同前者一样，都是联合演习。这年 8 月，VF-62 中队开始转换为 F2H"女妖"，此后在 1955 年被改成了攻击机中队 VA-106。

VF-63 中队（战斗的红公鸡）

这是个战后新成立的飞行中队，成立日是 1948 年 7 月 27 日，位于诺福克海军航空站。中队成立时即装备了 F8F-2"熊猫"。在装备"熊猫"的时期内，VF-63 中队只于 1949 年 10 月 27 日至 11 月 22 日在"中途岛"号航空母舰上部署过一次。

"熊猫"在该中队的服役时间很短，一年半不到的服役期中总共出过 6 次事故，1950 年 1 月就开始更换 F4U-4。"海盗"在 VF-63 的服役时间也不长，1952 年 11 月就被"黑豹"换下。

VF-73 中队

同样是战后的新战斗机中队，VF-73 于 1948 年 7 月 27 日在匡塞特角海军航空站成立。成立时装备 F8F-2 型，但是到了次年春季就换成了 F8F-1。1950 年春又开始接受 F4U-4，此后"熊猫"和"海盗"混装到 1951 年 11 月，才一起被 F9F-5 换下。

该中队有过三次短期部署，其中两次是在"莱特"号航空母舰上：1948 年 8 月 28 日至 10 月 9 日在加勒比海巡航，11 月 1 日至 23 日在北大西洋巡航。第三次部署是在 1949 年 1 月 4 日至 5 月 23 日，随着"菲律宾海"号航空母舰响应柏林危机。

VF-80 中队（毒蛇）

VF-80 中队成立于 1944 年 2 月 1 日，在战争结束时装备了 F6F-5 和 F6F-5N 两种"地狱猫"。1946 年 1 月开始接受 F8F-1"熊猫"。

1946 年 3 月 18 日至 4 月 3 日，该中队随着"汉科克"号航空母舰前往菲律宾。期间下船参加了菲律宾独立庆典。庆典结束后，VF-80 登上了"拳师"号航空母舰，在西太平洋度过了 4 月 20 日至 9 月 10 日的部署期。

部署期结束后没几天，VF-80 中队就在 9 月 16 日宣告解散。

VF-93 中队

VF-93 中队成立于 1948 年 8 月 12 日，成立时混装了 F8F-1 和 F8F-2 型"熊猫"。10 月 22 日至 11 月 23 日间，在"菲律宾海"号航空母舰上度过了一个部署期。

该中队比较短命，运作时间仅有一年多，1949 年 11 月 30 日就解散了。

VF-113 中队（螯刺）

VF-113 中队成立于 1948 年 7 月 15 日，地点是北岛海军航空站。成立时装备了 F8F-1，1948 年年末，该中队与 VF-53 中队一起进行了"熊猫"对"狂怒"的

∨ 1949年7月4日，"福吉谷"号航空母舰停泊在菲律宾圣莫尼卡外海，VF-113中队用这架航空局编号为122616的飞机向公众展出

对比测试。

从 1949 年 3 月 28 日开始，VF-133 中队换装了 F8F-2。1950 年 3 月 9 日又接收了 F4U-4B，此后该中队用"海盗"度过了两个部署期，最终在 1952 年更换了 F9F-5 喷气战斗机。

VF-133 中队

该中队成立于 1948 年 8 月 2 日，装备则是 F8F-1B 型"熊猫"。VF-133 中队在"普林斯顿"号航空母舰上进行过一次部署，时间是这年的 10 月 1 日至 12 月 23 日。VF-133 成立不足一年，就在 1949 年 10 月 31 日解散了。

VF-153/194 中队（雷猫）

成立于 1948 年 7 月 15 日，混装 F8F-1 和 F8F-2 型。这年里 VF-153 中队经

∨ *1948年10月11日，VF-153中队的一架"熊猫"在"安提坦"号降落时翻覆。在这个角度下，飞机尾部下端的细长腹鳍比较显眼*

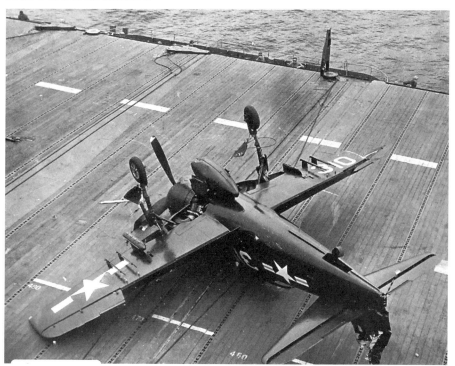

▲ 1950年3月6日，VF-193和VF-194中队的飞机准备从"拳师"号起飞，注意美国飞机中间混杂了几架皇家海军的萤火虫

常在降落时撞上阻拦网，第一次是在9月份，接着每个月都会发生降落事故，直到次年1月为止，损伤、损失共计8架飞机。

1950年2月15日，VF-153更名为VF-194。从这年的1月11日至6月13日，飞行员们用F8F-2型在"拳师"号航空母舰上经历了一个部署期。部署期之后也少不了降落事故，一架F8F-2降落时失速坠毁，飞行员身亡。

VF-194中队从1950年8月开始换装"海盗"，1955年被改成攻击机中队VA-196。

VF-173中队（小丑）

VF-173中队于1948年8月11日，在匡塞特角海军航空站成立。初任中队长是D·H·内达少校，中队拥有16架F8F-1B和1架SNJ教练机。该中队的25名飞行员先参加了地面学校，用模拟机进行仪表训练。此后才在12月至次年1月到"奇尔沙治"号航空母舰进行起降考核。

"熊猫"在这个中队里的服役时间非常短，起降考核完成后就被F4U-5和F4U-4换下。

VF-193 中队（鬼骑士）

VF-193 中队成立于1948年8月24日,装备F8F-1,成立三天后就被指派给了"拳师"号航空母舰。

该中队很快就收到了F8F-2,此后在"拳师"号航空母舰上部署了4次,分别是1948年10月9日至21日;11月1日至20日;1949年8月12日至9月8日;1950年1月11日至6月13日。在"福吉谷"号航空母舰上部署过一次,由1949年7月30日至8月5日。最后一个部署期完成后,VF-193中队开始换装F4U-4"海盗"。

第8航空大队：预备役战斗机中队 VF-671、VF-742、VF-916、VF-921

第8航空大队是一个全部由预备役中队组成的航空大队,成立于1951年4月,下属4个预备役战斗机中队和1个攻击机中队（VA-859）。4个战斗机中队都使用过F8F"熊猫"。

❯ VF-742中队的"熊猫"停放在"中途岛"号甲板上，它们即将起飞执行任务

∧ VF-742中队的"熊猫"在"中途岛"号降落,阻拦网刚放下,让飞机滑行通过

　　这4个中队均成立于1951年2月,成立时装备的全是F4U-4,在1953年2月4日,这4个中队同时改名,返回一线服役。

　　VF-671中队成立后在"塔拉瓦"号航空母舰部署了几个月,回国后转移到了奥希阿纳,同时开始接受F8F-2。在1952年12月接收了F9F-5后转正,更名为VF-81中队。

　　1952年1月,F9F-2暂时换下了VF-742中队的"海盗",但是没过多久,F8F-2又在6月将F9F-2换下。不过"熊猫"在该中队服役的时间也只有几个月,年末就换装了F9F-5,最后改名为VF-82中队。

　　与VF-742类似,VF-916中队在1951年12月暂时换装了F9F-2,又在次年5月换回F8F-2。到了9月便换装F9F-5,最后更名为VF-83中队。

　　VF-921中队驻扎在圣路易斯海军航空站,1952年6月换装F8F-2,同于9月换装F9F-5,次年更名为VF-84中队。

航空竞速

60 年代初，美国海军航空兵已经转为全喷气战斗机。活塞战斗机早已转交储存设施，它们将在这里作为剩余物资度过剩下的时光。不过自从 50 年代起，用世界大战遗留下来的活塞飞机进行比赛已然开始流行，任何人只要给得起钱，就能买走退役的活塞战斗机。如果他还有更多钱，就能让这些飞机去赛场一展身手。

那些生产、服役时间晚，性能又很好的型号在这种情况下自然大受欢迎。于是"熊猫"自然成了最好的选择之一。1964 年的里诺国家航空赛上，"熊猫"第一次出场，表现出色。第二年，一位名叫达里尔·格里纳麦尔的赛手，以 603.66 公里 / 小时的平均速度拿到了第一个冠军。他的座机是一架改装过的 F8F-2 型。

此后不断有新"熊猫"参加比赛，飞行速度也越来越高。但是格里纳麦尔的"熊猫"保持着优势，在 1967 至 1969 年之间连续取得冠军。此前的活塞飞机世界速度

⌄ 今日里诺国家航空赛的赛道，最外圈灰色即为改装活塞战斗机所处的无限制组赛道，长度12.731公里。在赛道上贴地高速飞行的飞机震撼着观众，过弯时的过载则可以达到3至4个G

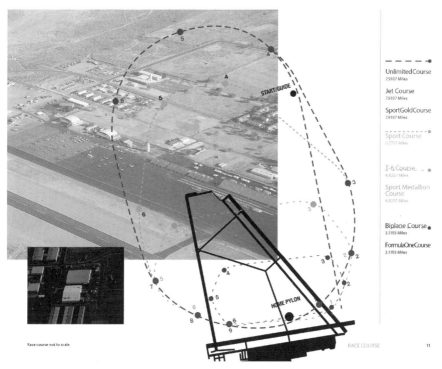

纪录由梅塞施密特 ME-209 在 1939 年创造，为每小时 755.10 公里，从那以后没人再接近这个纪录。但这并不意味着该纪录不可超越，或者说实际上在美国用于竞赛的飞机早就有打破纪录的可能。但是几个航空赛的赛道都是略为不同的不规则圆圈，其中的直线部分很短，而且也由于要准备下个转弯，而无法全力加速。现实地讲，赛手们更加热衷于在赛道上飞出更好的成绩，而不是去尝试打破直线速度纪录，因为仅仅是直线速度对于取得冠军没什么帮助。

也许是连续多个冠军让他高兴起来，格里纳麦尔决定尝试下他的飞机能在直线上飞到多快。1969 年 8 月 16 日，格里纳麦尔在规定的 3 公里直线上做了 4 次测试，速度分别为 821.13、740.05、818.29 和 731.64 公里/小时。综合平均成绩为 777.38 公里/小时——这是新的世界速度纪录！而在 1968 年他取得冠军时，赛道平均速度纪录仅有 681.39 公里/小时。

"熊猫"在赛场上继续风光了十余年，到了 1980 年，老牌赛手莱尔·谢尔顿带来了最强的"熊猫"。这架飞机比"征服 I"号更出名，它就是"稀有熊"。这架比赛机其实早在 1969 年就参赛了，期间退出了多年，经过大幅度改装后回到赛场。

"稀有熊"头几年的成绩不算好，但是谢尔顿和他的队伍坚持不懈地修改飞机，

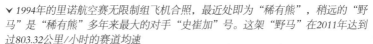

❯ 1994年的里诺航空赛无限制组飞机合照，最近处即为"稀有熊"，稍远的"野马"是"稀有熊"多年来最大的对手"史崔加"号。这架"野马"在2011年达到过803.32公里/小时的赛道均速

让它越来越快。1987 年是里诺航空赛历史性的一年，前三名的赛道均速都超过了724.2 公里 / 小时（即 450 英里 / 小时大关），第三名就是冉冉上升的"稀有熊"：每小时 728.21 公里。

1988 年起，"稀有熊"开始称霸比赛，当年在里诺的圈速达到了 763.83 公里 / 小时。1989 年轮到谢尔顿直线速度纪录了，此时的纪录已经在 1979 年被一架叫作"红男爵"的 P-51 刷新，为 803.13 公里 / 小时。这个障碍对于"稀有熊"来说完全不在话下，8 月 21 日，飞机在 3 公里直线上做了多次飞行，平均速度为 850.26 公里 / 小时，大幅度提高了世界纪录。这个纪录直到 2017 年 9 月 2 日才有另一架竞赛机挑战：P-51"巫毒"，该机均速为每小时 855.38 公里，最快一次通场速度为每小时 891.57 公里。但是这次挑战的速度纪录没比"稀有熊"的纪录高出 1% 以上，所以尚未被国际航联承认。

"熊猫"和"野马"成了赛场的统治者，飞行速度越来越高。1990 年"稀有熊"的平均速度达到了 775.09 公里 / 小时，1996 年则达到了巅峰：790.55 公里 / 小时，后来没有再超越过这个均速。进入 21 世纪后，"野马"表现得越来越好，赢得了多数比赛，而"稀有熊"过了 2015 年就没有再参赛。但是这并不是终结，也许格鲁曼的死忠都会这样想："熊猫"迟早会卷土重来。

曾经参加过各种航空赛事的"熊猫"			
用过的比赛机号	基础型号	航空局编号	使用过的飞机名字
1	F8F-2	121646	征服 I
4	F8F-2	122708	逃跑 II
7	F8F-2	121748	
7/1	F8F-1	90454	
8	F8F-2	121752	
10	F8F-2	121752	汤姆的猫 / 娇女孩 / 甜蜜的 P/ 珍贵熊 / "熊猫" 比尔
11	F8F-2P	121787	
14	XF8F-1	90446	
24/99	F8F-2	121787	鹰毛掸子
41	F8F-2	121751	
44/14/66	F8F-2	121731	洛伊斯·吉恩

77/70	F8F-2	122619	稀有熊
80	F8F-2	121751	皇冠
98/11/99	F8F-2	122637	
99	F8F-2	121528	
106	F8F-2	121752	猫豹
201	F8F-1	95255	
备注：90446 是预生产型的一架，即被误认为 XF8F-1 的那些飞机。			

踏上欧洲的土地

西西里杰拉登陆战 1943 年 7 月 9 日—12 日

作者
夜幕

1943 年是二战出现转折的一年，欧洲各个战场上的同盟国军队都开始取得优势，但是以美英为首的盟军力量还不足以压倒当面的德国军队。因此，盟军在宣告占领北非全境后就开始对近在咫尺的目标——西西里岛展开攻势，企图先迫使轴心国最脆弱一环的意大利分崩瓦解。

　　攻战西西里岛的有美国第 7 集团军和英国第 8 集团军，而本文的主角，就是将要在西西里南部的杰拉湾登陆的美军，更准确地说，是位于中央地带的美国大兵们。这些美军中的许多人已经体验过北非的飞沙走石，也有许多人是第一次参加作战。美丽的西西里岛，美丽的杰拉湾，美丽的杰拉小镇就在前方，等待他们的却注定是一个血肉拼搏的战场……

　　本文将着重介绍几支参加过这场大战的部队，为大家揭开西西里之战的面纱。

巴顿将军出场，陈兵西西里

　　美国第 7 集团军的司令是不久前刚刚别上三颗将星的乔治·巴顿中将。对比东部登陆的英国第 8 集团军，巴顿和他的部队都显得黯然失色。踌躇满志的巴顿将军下定决心，以一次精彩的胜利为美国军队赢得光辉。巴顿指挥的部队里面，除了第 9 步兵师是预备队，其余兵力分三路上场：第 3 步兵师位于左翼的利卡塔；右翼的斯考利蒂属于第 45 步兵师；而在中央的杰拉滩头，大名鼎鼎的"大红 1 师"扛起主要的突击任务。第 2 装甲师位于第 1 和第 3 两个步兵师之间，随时准备支援步兵作战。除此之外，美军第 82 空降师也将先行空降，为登陆部队提供保障。当盟军高层提出让第 1 步兵师留下，派新部队去西西里的时候，巴顿踌躇满志。

　　在第 1 步兵师的进攻队列之中，有一支特殊的部队是一定要重重写一笔的，那就是游骑兵组成的 X 特遣队。游骑兵成立于 1942 年年初，和英国、加拿大突击队一起训练，并有 50 人的一个支队参加了奇袭迪耶普的战斗，可惜奇袭以惨败告终，踏上了欧洲大陆的土

▼巴顿将军站在一辆吉普车上

地但又为此流尽了鲜血！到了1943年的夏季，登陆西西里的游骑兵已经有3个营，其中第1营和第4营为骨干组成了X特遣队。

指挥这支特遣队的是一位明星人物：威廉·O.达比中校，一个来自阿肯色州的血性汉子。他是西点军校的毕业生，年仅32岁，十分受手底下官兵的爱戴。除了两个营的游骑兵，他还有第83化学迫击炮营的3个连，用来释放燃烧弹和烟幕弹掩护游骑兵突击。第39战斗工兵团1营也加入特遣队，挖地雷，炸碉堡，筑掩体，必要时也可以抄起家伙直接上。最后，还有531海岸工兵营第1营。

整个X特遣队都归第1步兵师指挥。第1步兵师的师长是泰利·艾伦将军，他和副师长奥多·罗斯福都是桀骜不驯的角色。第1步兵师自身有三个步兵团级的战斗队[1]，加上炮兵、坦克等等支援部队。登陆期间，大红1师原有的军队都在达比突击队右侧长长的海滩上登陆。突击时间，定为7月10日的凌晨。美军的登陆行动，将在海上军舰和空中飞机的猛烈轰炸下进行。

为了加强第1步兵师的突击力量，美军在登陆阶段把第2装甲师分开，根据战场形势赶到指定的地点，一部分坦克和装甲步兵配合大红1师作战，第45步兵师左翼的部队也和第1步兵师相呼应，下表暂不列出[2]。

在杰拉湾登陆的美军战斗序列				
第1步兵师	第16步兵团 第18步兵团 第26步兵团	第5野战炮兵营 第7野战炮兵营 第32野战炮兵营 第33野战炮兵营	第745坦克营 第634坦克歼击营 第635坦克歼击营 第703坦克歼击营	工兵、信号兵、骑兵侦察中队等支援部队不详细列出
	X特遣队	第1游骑兵营		
		第4游骑兵营		
		第83化学迫击炮营（3个连）		
		第39战斗工兵团1营，第531海岸工兵营		

[1] Regimental Combat Team，简称RCT，为了便于理解，本文中出现的RCT均称作步兵团。

[2] 参与了杰拉登陆战的45步兵师下辖157、179、180团级战斗队，第158、160、171、189野战炮兵营，第753坦克营等部队。配属第1步兵师的第70坦克营配备M5"斯图亚特"，没参加本文中提到的战斗。

严加防备，旖旎小镇将作战场

1943 年的 5 月 13 日，轴心国在北非的数十万军队最终投降，南欧门户对盟军打开。但是，颓势已现的轴心国集团是不会就此放弃的，德国和意大利都以未来得及调遣至北非的生力军为骨干，从各地调集了大量援军到地中海诸岛加强防务，并且强征当地人组成第一道防线。虽然德意军队被英军精心策划的"肉馅行动"蒙骗，但是西西里岛仍然有近 30 万军队驻防。这些军队名义上都由阿尔弗雷多·古佐尼将军的意大利第 6 集团军指挥，但是德军已经对行将就木的法西斯失去了信任，实际上听从德军南线总司令——阿尔贝特·凯塞林的命令。

下面来简要介绍一下驻扎在西西里岛的德意军队。

德军在岛上有 6 万多人，作战部队两个师。第 15 装甲掷弹兵师和"赫尔曼·戈林"空军装甲师分别驻扎在岛屿西部和中央地带。两个师都是匆匆组成的，新兵很多，其中戈林师中相当数量的官兵都是原先空军人员，没有地面作战的经验，很多军官甚至没有指挥过地面部队，这将对作战造成很大混乱。另外，两个师的一部分人交由施马尔茨上校率领，驻扎在西西里东北部，防着盟军在背后插入。

意大利第 6 集团军由第 12、第 16 两个军组成，拥有 4 个野战师，5 个海防师，2 个海防旅和一大批直属部队，以及地方部队，驻岛的德意海空军名义上也归其管辖，加起来总计有 25 万人，但是能用于作战的地面部队不过 19 万人，而且绝大部分军队都没有作战经验。经年的败仗让意军士气普遍低下，人数占部队中一半以上的西西里人更是对轴心国不抱任何希望，当地民众盼望着盟军来解放他们。但是第 6 集团军也有一部分战斗力不弱的单位，总体来说，驻岛意军就像松散的豆腐块，夹杂着不少沙砾和鹅卵石的豆腐块。

在凯塞林和古佐尼的先期计划里，已经预判到了盟军将在杰拉湾登陆，因此，德意军队的部分主力都安排在杰拉正面。意大利军队战斗力最强的第 4 "里窝那"摩托化步兵师拥有 14000 人[1]，其工兵、炮兵和 6 个步兵营里面 4 个都配齐了卡车，是驻岛意军中唯一的机动师。"里窝那"师主力和戈林师驻扎在岛屿纵深地带，准备在盟军上岸的时候予以决定性反击，并且德意空军都将给他们力所能及的帮助。

---

[1] 另一种说法是 11400 人。

除了正规师级单位，意军在西西里还有一部分部队编成各种集群，散布在城镇和重要的机场附近，包括 8 个机动群（Gruppo Mobile）和 8 个战术群（Gruppo Tattico）以及星罗棋布的要塞及地方部队，其中一部分就在杰拉后方待命。

第 6 集团军在杰拉附近的海岸线布置了第 18 海防旅，这是一支七拼八凑，装备差劲的杂牌军。有的是强行抓来的当地居民，根本不想给法西斯当炮灰；有一些

面向杰拉驻扎的轴心国军队[①]			
第 18 海防旅	第 178 海防团	第 501 步兵营 第 389 步兵营	第 162 炮兵营（1 个连，149/35 型火炮） 第 21 炮兵营（5 个连，75/27 型火炮）
	第 134 海防团	第 429 步兵营 第 384 步兵营	第 209 炮兵营（3 个连，100/22 型火炮） 第 81 炮兵连（75/34 型火炮）
第 4 "里窝那" 摩托化师	第 33 步兵团（3 个营）		
	第 34 步兵团（3 个营）		
	第 11 战斗工兵营		
	师属第 4 迫击炮营（81 毫米）		
	第 28 炮兵团（4 个营，装备 75/18 及 100/17 型火炮）		
	3 个轻型防空炮连（20 毫米）、1 个工兵营，其他辅助单位		
"赫尔曼·戈林" 师	"赫尔曼·戈林" 装甲团	师部有 3 辆三号 N 型坦克 装甲团团部有 7 辆三号指挥坦克 第 1 营（四号坦克 32 辆，大部分 G 型） 第 2 营（三号坦克 43 辆）	
	第 504 重装甲营 2 连（17 辆虎式坦克）		
	"赫尔曼·戈林" 装甲掷弹兵旅	第 1 装甲掷弹兵团（2 个营）	
		第 2 装甲掷弹兵团（2 个营）	
	"赫尔曼·戈林" 炮兵团（4 个炮兵营，1 个突击炮营）		
	"赫尔曼·戈林" 高炮团（4 个高炮营）		
	"赫尔曼·戈林" 坦克歼击团（2 个营）		
	侦察、医疗、工兵等其他部队		

---

① 独立的较小单位等暂不列入。

从外地调来的或者原先属于正规军序列的补充单位，具有一定的作战能力。在杰拉海滩后面有驻防部队的 5 个高炮连驻守，装备 37 毫米和 20 毫米高炮，一个黑衫军防空部队的 76 毫米高射炮连，再加上一部分海防炮兵。

再介绍一下杰拉当地的地理环境。杰拉是个具有地中海风情的渔镇，有 3 万人口在这里繁衍生息。和整个西西里一样，杰拉小镇早在公元前就经历过一次毁灭，那是古罗马和迦太基之间的征伐。杰拉镇的正前方有一道 900 英尺长的防波堤，用混凝土筑成，仿佛将城镇分成两半。海滩缓缓向地中海伸展，如果美军想要登陆，那就不得不在登陆艇和冲锋的路上享受长时间的炮火。近海沙洲散布，对登陆也是个障碍。盟军情报显示海滩有敌人的岸炮，但是侦察只发现一些渔船懒懒散散地躺在沙滩上，似乎没有地雷。杰拉镇内有一个重要的十字路口，一条路连接大海和北方，另一条环绕整个西西里。出了杰拉城会看到远处的丘陵，不过二者之间隔着很大一片玉米地，几天前就收割完了。除了一些田埂，整个平原没有任何的遮蔽物。

冲进杰拉，游骑兵做开路先锋

意军在海岸的布防非常脆弱，平均每公里海岸线才能摊到 26 个人，每 8 公里一门反坦克炮，而且型号繁杂。但是，作为美军的先头部队，达比中校和第 4 游骑兵营的罗伊·穆莱少校一丝不苟地制定了登陆计划。X 特遣队将沿防波堤两侧分别登陆，随后一起向杰拉镇内冲击。达比亲自带着 1 营负责左侧进攻，4 营从右侧登陆，杰拉海滩左边的岸炮阵地也让达比包了。稍后是第 39 工兵团负责一路清理路障和地雷，最后上岸的是迫击炮部队，为突击部队进击提供掩护。两路游骑兵都分成两个波次，一下登陆艇就要展开迅猛的动作，而且要分兵敲掉意军的岸炮连。紧接着，游骑兵们就在阿尔及尔的基地进行了针对性的训练。

1943 年 6 月 30 日，盟军登陆舰船抵达北非和中东的各个港口，X 特遣队也坐上颠簸的船，开始了他们的西西里之旅。原本一切都按计划在进行，但就是在 D 日当天的凌晨，地中海上突然刮起了巨大的风浪，严重影响了盟军舰船的航行，天上的飞机也遇到了麻烦。巴顿和他的幕僚最终决定，就是要趁着糟糕的天气，打法西斯分子一个措手不及！同盟国军队的坚持让老天爷也动了心，继续行驶了一段时间以后，风浪渐渐平息。"哈士奇行动"正式拉开了大幕。

在登陆部队的前面，第 82 空降师的第一波部队已经在加文上校带领下到达西西里上空了，总计 3405 名伞兵奔向杰拉周边的海岸线后面。B–17 轰炸机先一步掠过，试图打瞎轴心国军队的雷达，后面是 226 架 C–47 运输机。由于天气太过糟糕，原以为能投送 80% 伞兵到降落地域的目标实际只有 15% 做到，甚至有些美国大兵降落到了英军作战区域里，只好在尽可能地收罗兵力之后各自为战。搭乘 CG–4 滑翔机的机降步兵情况也好不到哪去，许多的滑翔机直接摔在了海里，成员大部死于非命。活下来的幸运儿没有被混乱的场面吓倒，他们占据了附近的高地，决心坚守到登陆部队到来。

波涛汹涌的大海里，游骑兵和大红 1 师的兵也都在紧张准备。X 特遣队搭乘军舰到达伸手不见五指的杰拉近岸海域，士兵们一个个攀下绳索转移到登陆艇上。"迪克曼"号驱逐舰上，格伦·米勒的乐队响起了军乐。登陆艇上装满了人，集合在一起，但是说好给他们引路的潜艇却没有来。还好，负责第三波登陆的海军军官采取了及时行动。他和达比一起工作，终于把队伍带上正确的方向，达比中校坐的登陆艇在各小组之间来回巡视，他大吼一声："Follow me！"庞大的登陆船队气势昂昂地朝杰拉奔过来。

而在轴心国这一方面，许多人以为今夜气候天气这么差，美国佬和英国佬应该不会来了吧？但是各部队还是收到了第 6 集团军的警戒令，有一些海防部队不以为然，大部分则开始进入战斗位置，其中也包括杰拉的守军。

海上一个又一个浪花拍打在岸上，意大利防御者打开了探照灯，在海平面上搜寻入侵的舰只。脆弱的登陆艇很快被罩住了，但是美军"萨凡纳"号轻巡洋舰和"舒布里克"号驱逐舰马上开炮压制，使得一切又归于黑暗。"舒布里克"号驱逐舰的一名水手弗兰克·克拉尔在日记里记录下了这一险情："03:00，所有火力都在倾泻，我们对着探照灯炮击了两次，把它灭掉了。"

缺乏光照并没有让意军放弃抵抗，黑暗里飞来一串串的机枪子弹，不时还有迫击炮弹落在登陆艇的吃水线旁，有一些美军士兵用巴祖卡火箭筒回击。第

▼ 登陆的过程中，一名美军士兵牵着驴子上岸

一波登陆艇快要到达沙滩了，这时，沙滩旁边突然升起一团团火光，伴随着惊天动地的巨响。驻守的意军按照古佐尼的命令，炸毁了所有伸进海里的建筑物以防盟军使用，飞溅的碎石和水花让登陆艇上的人躲都没处可躲。

一艘登陆艇撞上了沙洲，发生了悲惨的一幕。因为撞击的角度非常尖锐，船只立马翻了过来，许多人以为快到岸上了，拼命划水，但是实际的水深远比小伙子们想象的大。E连的约瑟夫·扎加塔中尉和16名士兵都被吞没了，余下的人被赶来搭救的其他登陆艇捞了上去。

第39战斗工兵团的人也遇到了麻烦，B连的一艘船也撞到了沙洲，倒灌的海水直接让船来个大翻身。还好，除了一个人以外，士兵们都会游泳，那个倒霉蛋也被连里的医疗军官阿尔伯特·汤普森拉上了船。

到了大约凌晨3时35分，两个游骑兵营的第一攻击波都连滚带爬地登上了布满地雷和铁丝网的沙滩，而飞机拍的照片里显示的渔船只不过是些废弃的伪装物。游骑兵可没时间理会这些，他们马上像出笼的狮子一样向前疯跑。4营D连的指挥官，伯纳德·沃贾克正带领士兵往前冲，突然踩在一颗地雷上，剧烈的爆炸撕开了这位年轻军官的胸膛。他叫来身边的上士兰道尔·哈里斯，挣扎着对他说："我已经没救了，哈里。"哈里斯甚至能够看到，在断气之前，连长的心脏还在破碎的躯干上跳动。

D连的其他军官很快也变成了这副模样。士官们发现现在轮到自己来带领士兵们往前冲了。哈里斯继续向前移动，结果又触发了一颗地雷，炸伤了他的胳膊和肚子。哈里斯根本毫不理会伤口，哈里斯继续冲到了一个俯瞰海面的碉堡群，拿手雷炸哑了它们。之后他才往伤口上胡乱撒了些磺胺粉，并系紧腰带不让肠子流出来。他又带着游骑兵打了两个小时，直到他觉得任务完成了，才回去滩头寻求医护。这种令人瞠目结舌的忘我行为让他荣获了一枚优异服务十字勋章，美国军事体系内第二高的荣誉。

从滩头冲出来以后，游骑兵和429海防步兵营的意军展开了艰难的逐屋巷战。意军的疯狂抵抗使得游骑兵只好一个据点一个据点地殊死争夺。1营的A、B两个连朝着镇子西北的两个岸炮连和一个迫击炮阵地杀过来，詹姆斯·莱尔连长带领着他们。他告诉他的士兵们："要是还想看见明天的太阳，今天就最好给我杀光看到的一切东西！"

两个连互相掩护着，分为两排向前面靠近。A连的一个上士发现有4个意军跑向一个碉堡，企图封锁道路，一门47毫米炮的炮口和两挺机枪已经从碉堡的开口冒了出来。说时迟那时快，游骑兵赶紧撵上去，抓住他们，最后一个跑进地堡里的意军想要关门，被上士一脚踹开，端起汤姆枪就对着里面一通扫射，然后丢了一枚手榴弹了事。

镇中心的一座教堂里，一小批意军突然从座位底下站起来，跟4营的游骑兵对射半天，最后都被打死在神坛周围。在第1游骑兵营那边，莱尔上尉无法跟身后的迫击炮联系上，因为无线电在抢滩的混乱中已经不知所踪了。

遇到的第一座炮阵地被电线环绕着。游骑兵们沿着一条沟缓缓靠近，扔爆炸物摧毁了电网，之后一边朝着意大利人冲过去，一边处掷手雷。阵地迅速攻克，游骑兵还缴获了3门77毫米的野战炮。正好攻击部队里面有几个人是炮兵出身，他们掉转炮口，对准附近的其他阵地开火，近处的迫击炮被游骑兵投掷的手雷和轻武器火力压制。

39战斗工兵团1营也遇到了抵抗。当1营的A连和B连离开海滩的时候，一对地堡突然用机关枪扫射，许多美军士兵倒在血泊里。僵持了几分钟以后，B连哈罗德·基尔伯特中士决定采取行动。他快速跑到最近的地堡旁边，向里投掷手雷，一声闷响过后，地堡所有的开口都冒出了黑烟。对面的另一个地堡看见自己同伙的命运，决定举手投降。他们从工事一个小小的开口伸出一面白旗摇来摇去，基尔伯特中士见状，于是把8个意大利人领进了战俘营。在这后面，美军工兵再遇到明显的抵抗就是占领杰拉几小时以后的事情了。除了时不时有零散的意军打黑枪之外，其他的地堡看见美军就选择了投降。

登陆已经过去了几个小时，第1游骑兵营把营部设在了一座驻满了意大利兵的校舍附近。达比中校要亲自指挥围攻这个据点。绵密的机枪火力迫使游骑兵把附近所有部队都调来组织反击。达比中校和他的司机，卡洛·孔特雷拉（Carlo Contrera，他是一名意裔美国人）也加入了冲击的游骑兵队伍。达比注意到孔特雷拉身体在发抖，问他你害怕了吗？司机回答道："不是，长官。我只是在怎么爱国之间摇摆不定。"对校舍的攻击成功了，俘虏意大利军50多人。

战斗持续到10日早上8点钟，游骑兵确实控制了杰拉镇，两个游骑兵营聚集到镇子以北，结成防线，掩护第1步兵师的侧翼。美军海岸工兵也全部到位了，第83化学迫击炮营也在挖掘迫击炮用的掩体，但是柔软的沙滩上用两轮车运送装备实在是困难至极。

▲ 被俘的意军海防师士兵被美军安排去清理滩头，背后就是庞大的登陆船只

工兵用铁丝搭建了一个临时的战俘营，但很快就不够用了，聚拢过来的意大利战俘数量马上就达到了200人以上，连插足的地方都没有。美国人实在顾不过来，只好让一部分人外面待着。不过看起来这没有什么关系，因为意大利俘虏们并不试图滋事，他们中的一些人满足地嚼着美军的C级口粮，目光空洞地等待发落。

游骑兵在几个小时内迅速攻占了杰拉镇，因为德意军队还距离尚远，美军遇到的抵抗十分有限。但是登陆战绝不是这么轻松的，虽然别处的登陆分散了古佐尼的注意力，但是他还是判断出杰拉是主攻方向，随即开始调遣兵力向杰拉周边集中。从10日上午开始，不断有意军的步兵和装甲单位抵达杰拉，德军的"赫尔曼·戈林"师也渐渐逼近。

在第1步兵师方面，美国步兵和游骑兵同时开始登陆。第26步兵团在杰拉右侧登上了海岸，随后除1营渡过杰拉河策应游骑兵外，团主力向两英里外的117号公路推进。与两边相比，26团遇到的抵抗比较微弱。第16步兵团在26团右边，登上了海岸以后，他们要越过环岛公路，前往皮亚诺·卢波和加文上校的伞兵会合。按预定的计划，他们后面将一起朝尼谢米前进。他们也被意军的观察人员发现，随后意军就开始用步机枪射击，之后迫击炮和各种火炮也响了起来。第二攻击波因此遇到了不小麻烦。就算先头部队拿下了前沿的据点，后面的意军火炮还在向第三、第四波后续部队开火。此时的时间是凌晨3点。直到凌晨4点，盟军"博伊斯"号轻巡洋舰和"杰弗斯"号驱逐舰才开始以舰炮还击，最终让步兵顺利上岸。16团的团长泰勒上校留下1个营，带着2个营去接应伞兵。第18步兵团暂时担任第7集团军预备队，在海上待命。

由于守岛意军准备很不充分，美军登录的时候遇到的抵抗比预期要弱得多，有的地方的海防营还没到美军登陆就溜之大吉了。贝拉利诺少校的429海防步兵营成了一个特例，这个营和达比中校的游骑兵血战了几个小时，逼迫美军与之展开惨烈争夺，最终承受了197人的伤亡，占其实力的45%，而在镇中心苦苦支撑的是一些宪兵单位。最后，幸存下来的意军大部分选择做俘虏，少部分四散奔逃而去。

首日激战，有惊无险

至 7 月 10 日的早晨 9 时，第 1 步兵师和配属的游骑兵基本在海岸地带站稳了脚跟。各部队要么准备就地转入防守，要么继续向前接应伞兵。美军已经经历了几次突然的空中袭击，有一些船只被德意军队的飞机击沉击伤。接下来，德意军队在陆地上的第一波反击即将开始。

在位于西西里中部小镇恩纳的司令部里，古佐尼向准备就绪的"里窝那"师和戈林师发布了反击的命令，两师遂开始分路向前线靠近。古佐尼给杰拉附近的意军也发布了命令，让他们首先集结起来，在发动第一波反击的同时探测对手的实力。接到命令的有驻尼谢米的 E 机动群和稍后一点的 H 机动群，杰拉西北的里窝那师 33 步兵团也派遣一个步兵营配合攻击。虽然知道当面美军是强大的，但是参战部队大多没有作战经验，也不知对手的具体部署，就连攻击部队之间都没有通信。

战斗就这样无厘头地开始了。

意军的反击目标直指杰拉镇。H 机动群先与 E 机动群会合，之后一部分意军从左翼推进。早上 9:00，当他们到达普利奥罗附近的时候，遭到了 505 伞兵团 1 营一部的伏击。1 营的营长戈汉姆中校命令手下的不到 100 名伞兵先在高地上待命，他们首先放过了先头的 3 辆小车，从背后开火将其人员全部击毙。在僵持了大约半个小时以后，大约两个连的意大利步兵向他们冲了过来。美军伞兵并不给予开火，直到进入了 200 码的距离，来复枪和先前缴获的机关枪集火攻击。一阵枪声过去，进攻的意军除了少数幸存者都倒在了路上。

第一波赶到杰拉反击的意军 E、H 机动群的具体组成	
E 机动群	第 101 坦克营 1 连（装备法制雷诺 R35 坦克 15 辆） 第 102 反坦克营 2 连（47/32 自行火炮 10 辆） 第 155 神枪手步兵摩托车机枪连 第 501 海防步兵营 4 连 第 54 炮兵团 3 营的一个连 少量 20 毫米防空炮
H 机动群	1 个边境卫队坦克连（装备 9 辆 Fiat 3000 坦克） 第 103 反坦克营（2 个连，装备 47/32 反坦克炮） 第 76 步兵团 1 营的一个 45 毫米迫击炮排 第 54 炮兵团 3 营的一个连 少量步兵伴随

▲ 盟军登陆西西里的态势（1943年7月）

又过了几分钟，意军在美军射程之外架好了一门火炮，这时派出去侦察的伞兵回来了，他告诉戈汉姆，他们身后的皮亚诺·卢波是一个重要的十字路口，目前还只有很少的意大利驻军，只配备了机关枪在铁丝网环绕的掩体里猫着。戈汉姆无力对抗意军炮火，于是让部下向着皮亚诺·卢波退却，等着让友军和舰炮来一起对付意大利人。

正如戈汉姆所预料的一样，第16步兵团的先头营正在前进，并呼叫了"杰弗斯"号驱逐舰用炮弹轰击十字路口，最终有个别意军坦克被舰炮炸毁。但大部分意军都没有受伤，因为他们不敢冒险越过皮亚诺·卢波的十字路口。

意军大约20辆坦克和自行火炮隆隆开来，开过了十字路口，步兵也马上跟上去，把美军伞兵甩在了后面。一名飞行员呼叫了"博伊斯"号轻巡洋舰，15门6英寸的舰炮齐射打得意军坦克弹了起来，步兵被炸得灰头土脸。之后他们和第16步兵团的2个营在皮亚诺·卢波撞个正着。美军只配备了轻武器，但经过一阵混战还是击毁了2辆坦克，意军左路纵队就此受阻。缺乏步兵配合的意军火炮也被美军的舰炮压得抬不起头，只好和幸存的坦克脱离战斗，撤回北面集结。第16步兵团也继续向前挺进，戈汉姆的伞兵也向南攻克了意军据点。11时，美军的伞兵和步兵终于会师了。

意军右路纵队转了一个弯，从正北方向逼近了杰拉镇。美军当面出现了大约 13 辆 R35 坦克，后面黑压压的一群步兵。这些雷诺坦克本来是 1940 年被德军缴获的法国货，之后被转交给缺乏坦克的意大利人使用。"舒布里克"号驱逐舰再一次发威，一轮炮击打乱了意军阵型，有几辆雷诺在路边冒着黑烟。其他意大利坦克兵稍微定了下神，随后又向前开了过来，不过意军的步兵也在炮击之中损失严重，没能和坦克继续协同。莱尔连长报告说，有 4 辆雷诺停在树林子里，剩下的已经开进来了！

▲ 意军第155神枪手步兵摩托车机枪连协同雷诺坦克反攻杰拉，但是在美军的炮火下，他们的连长弗兰科·吉拉索利身负重伤，人员死伤惨重，不得不停止攻击。他们头盔右侧的黑鹰羽是神枪手步兵（Bersaglieri）的标志

R35 在 1943 年已经是淘汰的旧货了，但是面对只有轻武器的游骑兵，还是老而弥坚的。游骑兵和战斗工兵枪炮齐鸣，跟意军的坦克玩起了捉迷藏的游戏。一部分人爬上了屋顶，朝坦克投掷手雷和炸药包。其他游骑兵用巴祖卡和各种步机枪射击。

达比中校对着意军坦克打了一通大口径子弹，还是无法阻止坦克前进。一辆坦克开到了镇中央的广场，达比和孔特雷拉赶紧坐上吉普车，操起 .30 口径的机枪朝坦克胡乱扫射，打得坦克装甲叮当乱响。虽然机枪子弹不能击穿坦克的装甲，但掩护达比他们摆脱了坦克的追杀。吉普车风驰电掣般开回沙滩，达比中校瞅见一门刚刚上岸的反坦克炮，二话不说拽到车上，并且砸开了一个密封的炮弹箱，抱上车急匆匆地往回赶。

舒斯特罗姆上尉加入了达比和孔特雷拉的队伍，他们刚刚把炮架好，一辆雷诺就从街角径直朝他们开过来，达比跳上车又是一通扫射，还是没有任何效果。轮到意大利人的坦克"发言"了，它对准达比的吉普车开了两炮，但是都打高了，只是击中达比身后的建筑物。

达比抱起一枚37毫米炮弹塞进炮膛，舒斯特罗姆负责瞄准，一发炮弹打中了雷诺的炮塔。达比赶快填上另一发炮弹，"咚"的一声，雷诺的车体被击中了，向后倒退了3英尺，但是除了炮弹爆炸留下的一团火焰，坦克没有燃烧的迹象。达比中校爬上这辆雷诺坦克，顺着舱盖投进去一个白磷手榴弹。随着坦克里面越来越热，意军坦克手终于尖叫着投降了。

在镇内的其他地方，美军工兵和步兵配合围猎意军坦克，先用步机枪和火箭筒让它动弹不得，再集中火力予以摧毁，紧接着又对第二辆坦克如法炮制……在镇外炮台的莱尔对准树林发射106.7毫米迫击炮弹，一辆雷诺被炸翻过来，袅袅黑烟从坦克里面升上天空。其余的意军坦克发现讨不到便宜，只好悻悻地撤离战场了。

与此同时，意军第33步兵团3营从西北方向接近杰拉，他们显然没有了解到杰拉的具体情况，排着整齐的阅兵式队伍走了过来。第1游骑兵营驻守在意军炮台的部队没给意大利人一点好脸色看，用缴获的77毫米炮狠狠炮击，意大利人不顾重大伤亡，抵死冲击，但迎面而来的是各种步机枪火力和迫击炮的"热情款待"。没有一个意军步兵进入杰拉镇里，少数的幸存者借着狼藉的尸体掩护逃走了。正午时分，第26步兵团1营和游骑兵会合，双方进一步扩大登陆场，清剿残余的小股意军。

戈林师的部队也组成了雷希特战斗群（Kampfgruppe Recht）和林克斯战斗群（Kampfgruppe Links）逐渐靠近，前者以装甲部队为主，后者以步兵为主。下午2点钟，戈林师的坦克开始推进，其中雷希特战斗群遭到了第16步兵团部队和戈汉姆伞兵的拦截，之后因为地面的不断抵抗和海军炮火无法前进。一个小时以后，康拉特下令坦克重新发起进攻，但还是不能突破美军的防御。林克斯战斗群与师部失去了联系，行进到了美军45步兵师的登陆地域内，和180步兵团1营纠缠在一起，也未能取得实质的突破。康拉特实在气不过，下令撤换了该战斗群的指挥官。这一次，战斗群用新式的虎式坦克开路，终于击溃了180步兵团1营，抓获了营长和大部分的士兵。眼看形势不妙，美军甚至请求暂时停止了登陆，但是此时德军却因为盟军舰炮轰击和弹药告罄撤走了。

当天下午和夜晚，美军和德意军队都忙着重组军队，只有一些来自空中的威胁。地面上零星的交火与白天的危急情况形成了鲜明的对照。

决战之前的寂静。

真正反击：西路屠杀意军步兵

在美军登陆的同时，蒙哥马利的英军在锡拉库萨以南登陆，在遇到了不十分剧烈的抵抗之后轻而易举地占领了锡拉库萨这个具有阿基米德故乡之名的美丽小城，随后沿着海岸向北推进。意大利第 16 军就近调遣兵力试图阻止，但是杯水车薪。海军在当地设立的指挥所也与古佐尼失去了联系，直到 10 日傍晚，古佐尼才得知英军已经建立牢固登陆场的消息。11 日凌晨 3 时，联络意军的德国将军冯·森格尔告诉了古佐尼锡拉库萨沦陷的消息。古佐尼马上就感觉到，今天，就是决定西西里战役命运的日子。在罗马坐镇的凯塞林也从驻西西里空军那里得知了这些消息，随即下令让戈林师在早上对杰拉发起反击。

7 月 11 日凌晨，德意军队的部署来了一个大的调整。古佐尼和凯塞林正式下令让里窝那师和戈林师主力向杰拉反攻。古佐尼还在其他地方调兵遣将，西面，207 海防师要组织有力部队反击美军的第 3 步兵师；东面第 16 军将调动德军的"施马尔茨"战斗群，协同"那不勒斯"师等部减缓英军的突破。待到主力在杰拉解决了第 1 步兵师以后，里窝那师西移第 3 步兵师方向，戈林师东向抵抗英军，最终消灭盟军的登陆部队。德意军队的空中攻击也集中到杰拉方向。

与此同时，美军的后续部队也陆续登陆上岸，加菲少将的第 2 装甲师在大红 1 师地域内登上西西里的海滩，他把部队分成几个部分，分别支援各步兵部队。大红 1 师的第 18 步兵团也加入地面的作战部队。第 26 步兵团 1 营在游骑兵据守的杰拉镇前方掘壕构成了两道防线，3 营 K 连也去加强那里。美军的地面炮兵也依次进入阵地，数个炮兵营的炮口直指道路前方。

就在距离杰拉不远的地方，里窝那师各步兵营和炮兵营陆续乘坐汽车赶来，师长多米尼科·基列莱森少将（Domenico Chirieleison）在指挥所里反复盘算如何进攻。他把部队分成三路：第一路从正北方向进攻杰拉，第二路沿着西北方向的公路接近镇子，第三路向西警戒美军的第 3 步兵师。他的部队虽然训练有素，装备在整个意大利军队中都是数一数二的，但是他们中间的大部分还未经历过战火的洗礼，加上各攻击部队之间缺乏无线电联系，师长对即将到来的反攻感到十分不安。

下面就让我们暂时用意军的视角，来感受一下这次风险未卜的反击吧。

丹特·乌戈·莱昂纳尔迪是里窝那师所属的 34 步兵团 3 营营长，中校军衔，他的部队从 1942 年 11 月起就驻扎在西西里，原准备去增援北非战场，但是现在他

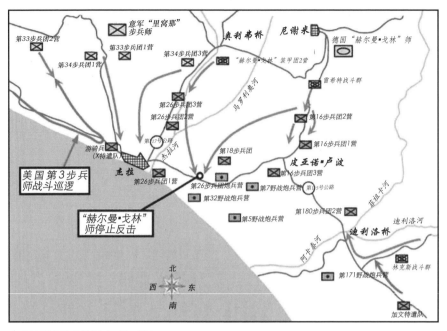

▲ 杰拉反击战态势图（7月11日）

▽ 7月11日德意军队反击态势图

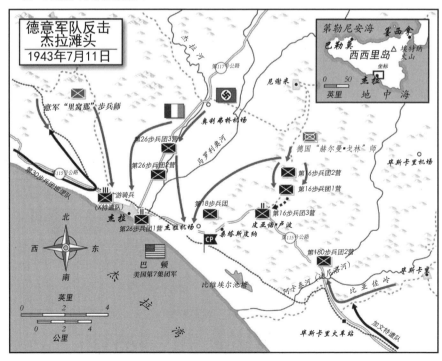

们只能在自己的国土上迎接敌人。加上他自己，莱昂纳尔迪手下有 34 名精干的军官和 1100 名以下军衔的战友，配备了 4 门 47/32 反坦克炮，6 门 81 毫米迫击炮，还有 12 挺重机枪以及一个火焰喷射器班。就在盟军登陆的凌晨，团部的传令兵让 3 营进入了警戒状态，随后他们跟随进一步指示，坐上汽车向杰拉开进，团长马尔蒂尼上校允诺 28 炮兵团 1 营给他们提供炮火支援。

部队刚刚离开驻地，留置的辎重就在盟军飞机的狂轰滥炸下损失惨重，过后附近的民众更是把幸存的东西都抢劫一空。7 月 10 日白天，3 营的汽车纵队被盟军的飞机发现，一场猛烈的扫射使莱昂纳尔迪失去了 2 个手下和 5 辆车子，还有 20 人因此受伤。

部队路过了一个居民地。3 营的军官看到一个宪兵，问他杰拉该怎么走？得到宪兵的回答后，莱昂纳尔迪和士兵们注意到，附近有一些平民，但是对他们的军队一副漠不关心的样子。莱昂纳尔迪咽了口唾沫，下令车队继续前进。

在布泰拉—杰拉公路的路口，3 营收到了团部的命令："你们将在明天，也就是 7 月 11 日晨攻击杰拉的美国人。现在利用夜晚掩护，把你们营布置到奥利弗桥和卡斯特鲁齐奥山之间。"

然后就没下文了。营长大吃一惊：敌人的准确位置在哪？要攻击的滩头是哪一个？敌军有多少兵力？前沿在什么位置？我们又在什么位置？

晚上 11 点，车队抵达奥利弗桥。这里什么都没有，只有几个守桥的士兵，说好的友军也不知道在哪里。部队下了卡车，全营向着南边步行前进，在田野中照地图摸索着。在走了几千米之后，已经散漫的 3 营碰到了一支反坦克部队，但是他们的指挥官也初来乍到，一问三不知。于是他们整个晚上都在漫无目的地乱逛。好在反坦克部队的军官遇见了附近的炮兵连，最后炮兵连派了一个中尉领他们走到了卡斯特鲁齐奥山。

莱昂纳尔迪在这里遇到了第一支友军，第 155 神枪手步兵摩托车机枪连。这支小部队在昨天的反击中遭受了严重的伤亡。他们的连长，弗兰科·吉拉索利中尉（Franco Girasoli）昨天被炮弹炸伤了，无奈只能选择撤退，在这座山上等着接应后续部队。看到精明强干的吉拉索利，莱昂纳尔迪稍稍找到了些动力。

卡斯特鲁齐奥山背后有一块平坦的低地，正好适合部队隐藏。山的那一边，隐约可以看见排成散兵线的美军步兵。3 营借助山头的掩护完成了部队集结，分配好了队列、物资和弹药等等。但是，直到天蒙蒙亮了，负责支援的师属炮兵迟迟不见踪影。

莱昂纳尔迪和其他军官看着面前的地形，不由得皱起了眉头。距离最近的敌人在正面的几个小山包上，除此之外全是完全暴露的平地。这里曾经种着玉米，但是收割完了就几乎没有植被，部队在进攻之中只能依靠一些浅浅的沟渠躲避子弹。趴在山顶上，军官们看到了远处美丽古朴的杰拉小镇，更远处是散布着盟军舰船的蔚蓝大海，真是一片壮观的景象啊。

师部来了一名上尉，把进攻命令传达给了莱昂纳尔迪。三路纵队要同时发起进攻，届时有 10 分钟的炮火准备时间，目标都是杰拉镇。左翼是戈林师的一个战斗群，右翼是由 33 步兵团团长莫纳上校指挥的部队，中间就是 34 步兵团 3 营。当 3 营迫使当面美军退却，左右两路就从侧翼包抄过来。在营里一部无线电都没有，左右都有山包阻隔的情况下，想和友军配合简直就是空谈，如果其他方向进攻受阻，3 营会在毫不知情的情况下继续遭受火力打击。

上级还承诺有 E 机动群的步兵赶来增援，可最后他们的一个影子都没看到。

靠自己了。莱昂纳尔迪下令 9 连（卡佩洛上尉）从左翼进攻，10 连（费雷拉上尉）在右翼进攻，11 连跟在 10 连后面。第 12 连（拉托雷上尉）是重武器连，先派 47/32 炮和步兵一起冲锋，火焰喷射器配属 9 连，81 毫米迫击炮布置在卡斯特鲁齐奥山上。

早上 5:50 分，炮兵理应在这个时候开始火力准备，但 28 炮兵团 1 营仍旧没有到位。他们的营长 E·阿提基亚尼少校半个小时前才赶到，还在山洞里用无线电不停呼叫他的属下，火炮从后方匆匆赶来，他们把炮架在距离步兵 2 公里的地方。

莱昂纳尔迪不得不把进攻时间推迟半个小时，但是手表的指针靠近了 6:30，炮兵们还是在手忙脚乱地准备着，这延迟到什么时候才是个头啊？3 营的军官简直急得要死，本来进攻就十分冒险，现在没有炮火掩护，强行进攻得伤亡多少部下呀？莱昂纳尔在笔记本上记下，"在这种情况下，我们所能做的就只有祈求上帝的庇佑了！"

7 月 11 日早晨，6 时 30 分，第 34 步兵团 3 营的士兵们在军官带队下准时发起冲击。进攻一开始，美军的火炮和迫击炮就对着进攻者大开杀戒，9 连的连长卡佩洛几乎瞬间就两次挂花了。莱昂纳尔迪和 10 连在一起，在距离他 30 米远的地方，他亲眼看到，横飞的弹片削掉了一名士兵的脑壳。

营里的重机枪、轻炮和迫击炮对准美军第 16 步兵团 1 营的火力点开火，部分压制了美军的火力。随着意大利人离得越来越近，美军的火力也变得愈加炽烈。有8个美军携带着2挺机枪躲在一间房子里，严重阻碍了意军的前进。拉托雷中尉叫上几个步兵，匍匐到近处然后投掷手榴弹，终于俘虏了这些美军，9连的卡博尼中尉和基奥尼也用死亡证明了他们的勇气。基奥尼已经两处负伤了，但他仍然咬牙带领自己的班冲击敌人自动武器的据点，最终他倒下了。

早上大约8点钟，3营攻克了美军26步兵团3营K连的第一道防线，美军既没有死守阵地也没有反扑，很快撤退了，留下一些俘虏和遗弃的武器。意军的伤亡十分惨重，但这还只是个开始。再向南500米，是美军步兵和游骑兵合兵防守的第二道防线，更加巩固和完善。不论面前的敌人有多可怕，该来的终于要来了。

3营稍做休整，正准备继续冲击的时候，背后传来了沉闷的炮击声。意军的炮弹终于掠过步兵的头顶，在前方炸开了，并且第一轮炮击就准确击中了美军的阵地。"Bravo！"3营的新兵们着实为此激动了一番，部队士气也高涨起来。然而这样的假象并没有持续多久，美军在海上的军舰发出了更加凶猛的怒吼，美军的野战炮，加农炮和化学迫击炮也一同响了起来，对战场实行了地毯式的狂轰滥炸，炮弹如暴雨般砸在了没有装甲保护的步兵身上。

窝在原地只有等死，3营硬着头皮继续向前冲击。美军更加强大的火力让意军步履维艰，运动的速度受到了很大限制，伤亡直线上升。为了这短短的500米，3营各连足足在炮火下进攻了3个小时。数以千计的炮弹，炸裂的碎片，瓢泼大雨般的子弹织成一张绵密的火网，几乎没有死角。砸在地上的炮弹爆裂开来，震耳欲聋。3营的官兵仍然拒绝放弃，一步一步，坚持不懈地挺进。

身为意大利军队的步兵，莱昂纳尔迪的部下是不幸的。他们接受的训练远远落后于同时期其他国家的步兵。在这样的火力下，他们不是以散兵线推进来增加一点生存的概率，而是互相靠拢，试图从同伴那里得到勇气。显然，这种做法只会让更多的人溺死在枪林弹雨里。

9连和10连都在快速减员。10连设法靠近到了距离美军很近的地方，但他们还必须忍受迎面密集的子弹，从左侧打来的迫击炮弹和舰炮也不时开花，连长费雷拉已经受了重伤，3个连长已经有2个倒了下去。营指挥部被美军的1挺机枪咬住，营部的人被钉死在一道沟里动弹不得。一名叫作贝纳西的中士利用美军换弹的空当架起一挺布雷达机枪。一场博命的对射开始了。当每个人都以为他死定了的时候，美军机枪先没动静了。

3营全部都暴露在铅和钢组成的冰雹里面。关键时刻，11连从10连的方向投入进攻，终于冲破了美军的防线，9连和10连剩下的人看见了，也冲上去和美军展开了面对面的搏斗。最终美军再次向后退却，3营占领了敌人的阵地，获得了更多的装备和俘虏。战斗在11时停止，双方亦不再开火。莱昂纳尔迪清点了一下人数，10连已经只剩30个人了，只好将其缩编成一个排，交给佩特里洛中尉带着，9连力量削弱一半，另外两个连损失也非常惨重。

侦察排的巴达沙雷中尉奉命继续向前侦察。晚一些时候，侦察排回来说："我们巡逻的地区没有美国人的痕迹，他们还在向杰拉收缩。观察哨还在前面的十字路口，等候进一步的指示。"显然，美军已经撤回了杰拉镇里，就自己手下这点人，巷战根本无从谈起，只会把3营拼到最后一个人。还有就是，莱昂纳尔迪对其他两路的情况仍然一无所知。

莱昂纳尔迪决定还是要先把部队推进到十字路口。途中他收到了一纸电报，是马尔蒂尼上校发来的，称赞他们"高超的战斗行为"和"辉煌的战果"。就在各连开始在十字路口挖掘战壕的时候，海上的军舰又发威了，炮兵营长阿提基亚尼被炸死，包括巴达沙雷中尉在内的数名官兵受了伤。莱昂纳尔迪给团长写了一封简报，指出他们受到了严重的伤亡，仅剩下400人，已经无力再前进了。他们需要更多的弹药、燃料和车辆，还有已经要求了很多次的援军。团长回复，他指定的增援部队已经出发了，3营必须坚守到他们赶来为止。

下午的时候援军抵达了，不是预计的步兵营，而是师属迫击炮营的第3连！官兵们简直无法相信，自己已经自身难保了，师部还用这样的所谓"支援"来搪塞他们，这简直就是一个笑话！

莱昂纳尔迪一边懊恼不已，一边把一脸蒙圈的迫击炮连部署在附近的小山上。好在这个连是训练有素的部队，他们在白天剩下的时间里几次对美军阵地开炮攻击。隔日，它想办法逃过了被美军包围歼灭的命运。莱昂纳尔迪亲自去了马尔蒂尼上校的指挥部要支援，马尔蒂尼表示十分抱歉，团里的另外两个营已经去执行其他任务了，他也变不出增援部队来。

莱昂纳尔迪只得空着手回去见他的部下，他心里想，把团里的3个营分开使用真是个灾难，如果能够集中起来，我们就可以组成强大的突击队伍，重新夺回杰拉。入夜，3营终于得到了其他两路攻击部队的消息，他们都遇到了巨大的阻力，付出了极大的代价。仗打到这个份上，莱昂纳尔迪不得不承认，他们，败了。几百米远处的杰拉镇，此时仿佛在看着他们。

晚上，有一股美军袭击了9连，渗透到了意军后面。午夜，3营收到了撤回出发地的命令："里窝那师的主力将有序后退，在北面组成一道新的防线，你营担任全师的后卫，应当坚守在卡斯特鲁齐奥山上，顶住明天美军的一切反击。"失去了这么多战友，就这么轻易放弃，3营暂时留下9连，其余官兵们带着满腔的失望和愤慨，无精打采地朝后走去。他们回到了出发阵地上，和155神枪手步兵摩托车机枪连匆匆安排了防守位置。

交战的枪炮声在他们占领过的阵地上响起了，经过一个小时的无望挣扎，弹尽粮绝的9连被美军包围，他们举手投降了，少数的幸存者要么逃回了山上，要么消失在夜色里。

7月12日的黎明之前，美军先向卡斯特鲁齐奥山倾泻了数百枚炮弹，之后美军步兵开始了冲击，分兵从侧后包围了山头。7:00，最后的战斗之后，美军到达了距离3营营部不到50米的地方。幸存的意军大多投降，第34步兵团3营就此消亡了。

就在北路开始进攻的时候，基列莱森少将的第二路部队也行动起来了。早上5:00，里窝那师第33步兵团的团长莫纳上校收到进攻的命令，带着第33步兵团1营和34步兵团1营，以及一部分炮兵从西北向杰拉逼近。美军的大部分兵力都在正北方向，西北只有莱尔上尉第1游骑兵营2个连的兵力。达比中校斩钉截铁地告诉莱尔："你现在只能和手头上的这些兵和支援武器一起作战，我们的其他部队还要挡住坦克的进攻呢。"由于和戈林师部队联系困难，7:30，意军第二路部队才开始进攻。起初，意军没有遇到太大的障碍，但一等意大利人进入射程以后，缴获的3门77毫米炮就开始向蠕动的意军队列开炮了，一个化学迫击炮排也开始射击。

↘对于美国大兵来说，巴顿将军就是战斗力

意军的前进慢了下来，美军的步兵武器也加入了阻击的序列，但是仅凭借自己的力量是不能对付前进的意大利人的。意军虽然受到猛烈的炮火和机枪压制，但是他们的炮兵也支持意军缓缓前进。

就在莱尔情绪紧张的时候，一位将军来到了他的身后，不是别人，第7集团军的最高指挥官巴顿将军站在了他的身旁。在两层楼的指挥所里，巴顿将军观看着意军的进攻，之后他转过身来，临走之前对莱尔上尉说："把他们全都干掉！"

巴顿的一句话就是美军最有效的强心剂。莱尔上尉联系海军的协调组，呼叫"萨凡纳"号用舰炮火力支援。9:00，"萨凡纳"号上应声爆发出怒吼，500多发象征着毁灭的6英寸炮弹覆盖了游骑兵面前的整个战场。意军彻底失去了队形，他们茫然地躲避炮火，或继续向着已经硝烟弥漫、什么都看不清的前方爬行。游骑兵互相交叉的火力让他们根本不知道该向哪里前进。炮火的硝烟散尽了，游骑兵乘势在10:30对混乱的意军反击了过去。在半履带车的配合下，他们越过挂着意军尸体的焦黑的树木躯干，抓获了接近400名俘虏。剩余的意军交替掩护，配合炮轰顶住了美军的反击，并且再前进了一段距离。之后，美军的游骑兵带着俘虏后退。仿佛脚下的焦土和杰拉镇之间已经没有了障碍，但是意军的2个步兵营已经伤亡了50%，没有力量进入镇内了。11:30，美军飞机再次轰炸了莫纳的残余军队，利卡塔附近海面的军舰也对他们再次炮击。

下午，游骑兵在海陆空三方面的强大火力下冲出杰拉镇，对西北方向猛烈反攻。强弩之末的意军第二路部队彻底崩溃，幸存的意大利兵疯狂地冲出包围，莫纳上校自己最终逃出生天，回到了里窝那师的师部，但是手下的两个营长都被美军抓走了。

在右翼掩护进攻的33步兵团2营一开始没有战斗任务，之后也遭到了盟军的炮火轰击和飞机的光顾，从利卡塔登陆的第3步兵师所部也发动了一些攻击，在自己47/32炮和28炮兵团4营的支持下，意军击退了美军。情况还在继续恶化，守军营长为了避免被包围，下令让尚存的主力退却。

真正反击：东路大战德军坦克

早在7月10日的下午，德军"赫尔曼·戈林"空军装甲师就派出一部分军队反击杰拉东部的滩头阵地。其中504重装甲营2连第1排的4辆虎式坦克在海姆少尉的指挥下配合林克斯战斗群反击了45步兵师，经过两次进攻给180步兵团造成了很大的损失。另一路的雷希特战斗群以坦克为主，在美军伞兵、步兵以及各种炮火阻击下进展亦不顺畅。戈林师的师长康拉特因此加紧了部队的前调。至7月11日清晨，康拉特在杰拉以东布置了三路兵力。

7月11日早上，"赫尔曼·戈林"装甲团的坦克、步兵和支援部队开始向着美军前进。首先与德军交上火的是第 16 步兵团 2 营和一部分伞兵。他们几乎没有时间加固阵地和分配武器，数十辆三号和四号坦克就出现在他们的视野里。

这些是昨天就和他们交手的雷希特战斗群，其基干是戈林师所属装甲团的第 1 营。他们从美军西面的地平线上一辆接一辆出现，远远地用机枪和火炮射击。美军手头除了少量"巴祖卡"火箭筒，只有步兵的轻武器，所以见势不妙就向后撤退了。虽然第 7 野战炮兵营和 8 门榴弹炮和团属反坦克炮连竭力压制，德军坦克还是碾过了美军据守的小河。美军地面部队急得火星直冒，但这时候舰炮支援和空中支援连个影子都没有。

随后，康拉特趁机再次调整部署，出动装甲团的 2 营和工兵营从西面进击，企图从两侧包抄美军阵地。1 营击溃了当面还在顽强抵抗的美军之后，得到了胡梅尔上尉的虎式坦克增援，分出一部分坦克继续朝着皮亚诺·卢波前进，另一部去和 2 营会合。美军步兵借助炮火的掩护，缓缓地向那里后退。至早上 11 时，美军阵地基本收缩到 10 日晚上的占领线。

在 45 步兵师地域，以戈林师所属的装甲掷弹兵团为主组成的贝根格林战斗群（Kampfgruppe Bergengruen，原指挥官林克斯上校昨天已经因为作战不利被撤换了）直下至关重要的迪里奥桥，与匆匆守卫在那里的 180 步兵团 F 连开始了交火。F 连招架不住兵力强过自己的德军，退向海滩。此时，180 团的团长科克伦上校和 2 营剩下的不到 200 人，以及一小群伞兵在一起。他们失去了和团部的联系，但好在联系上了第 171 野战炮兵营和海面的"比蒂"号驱逐舰，他们给予了步兵雪中送炭的支援炮火。

时间表已经指向 9:00，德军即将通过阿卡泰河河口的高速公路。在这个阵地眼看不保的危急时刻，加文上校带领的一批伞兵从东边出现，对德军的纵队发起突击。加文这几天的遭遇可以说倒霉透了。除了身边的伞兵，他在空降过程中几乎失去了所有和友军的联系，不得不冒险找到当地人帮忙指路。直到 7 月 11 日的凌晨 2:30，伞兵们才和 179 步兵团的一个连接触上，加文才得知自己的准确位置。大概在 5 点钟，加文带队进入了维多利亚，在那里他集结了更多的部队，找到了 3 门空降下来的榴弹炮，随后沿着高速路往西走。在维多利亚以西 5 英里的地方，他遇到了 505 伞兵团 3 营的 180 人。3 营的营长是克劳斯少校，他和加文一样，降落之后就陷入了孤立的危险之中。他们兵合一处，继续往前行进。又走了 2 英里，一些步兵和伞兵告诉他们西面的高速路上有德军，不过加文没能得到德军的实力和准确位置。

什么都不知道，加文他们只好沿着高速路碰碰运气。正在这时，戈林师的一名军官和一名士兵乘坐摩托路过，当即被美军俘虏。德军没有抵抗，但是什么都不肯说。加文叫副手让克劳斯指挥的 250 名伞兵赶快跟上来，他感觉德军就在附近了。随后，副官又去了维多利亚附近的 45 步兵师师部，给师长米德尔顿汇报情况。

加文的部队越过一座桥，之后一只小分队遭到了轻武器的射击。加文命令让部队冲上前面一座山头，击退了一些德军，但是他们暂时无法前进了，因为德军的火力变得越来越强。而加文的小股部队也让德军大感意外。

康拉特的两个装甲营和其他支援部队已经开始对杰拉镇做向心突击。炸弹、炮火、烟雾，杰拉镇周围的地带宛如人间地狱一般。德军先头的坦克已经推进至桑塔斯皮纳（Santa Spina），这里距海只有 2000 码的距离！德军坦克看见了在海边卸载的补给舰和登陆舰，对着它们连连开炮，戈林师的师部对此不无得意地记载道："在'赫尔曼·戈林'师的强大压力下，美军被迫重新开始装船……"恩纳的第 6 集团军司令部里，古佐尼也长舒了一口气。他和冯·森格尔商议道，现在是时候按照预定计划，下令戈林师东向攻击维多利亚，然后去夺回锡拉库萨了。

然而德军的坦克在此之后就没能向第 1 步兵师的登陆滩头前进一步，所谓"重新装船"的言辞也是子虚乌有的。第 32 野战炮兵营登陆不久，马上把火炮架在沙丘上，对准逼近的德军坦克就是一通直射。16 步兵团的加农炮连刚刚度过阿卡泰河，也迅速对准德军的坦克列放。美军的坦克也终于到了，在怀特上校催促下，第 67 装甲团 3 营登陆的 10 辆坦克派出了 4 辆赶来参战。"准备射击！"怀特大声吼叫着，"像卡斯特将军那样战至最后吧！"[①]一辆又一辆谢尔曼应声开火。第 18 步兵团和第 41 装甲步兵团也跃跃欲试，准备投入到对抗坦克的战斗中去。

在美军不要命的抵抗之下，德军坦克油料和弹药都不够支持，失去了最后的动力。陷入混乱的德军先头坦克没办法越过沿海公路，不得不就此收兵。筋疲力尽的德军坦克兵身后，盟军的舰炮追着他们打，在一片狼藉的杰拉海滩上，最终有 16 辆德军坦克冒着滚滚浓烟留在这里。

在皮亚诺·卢波的十字路口，第 16 步兵团的 1 营和 2 营死守着他们的阵地，但还是有 6 辆德军坦克穿过了美军步兵的前线，被 2 营手里仅存的一门 37 毫米炮

---

① 原文为"This may be Custer's last stand！"此处使用卡斯特将军的典故。乔治·阿姆斯特朗·卡斯特是南北战争期间备受林肯青睐的年轻将军，但在 1876 年镇压印第安部落的小巨角河战役中力战失败，全军覆没。

击毁了一辆，一枚幸运的 60 毫米迫击炮弹砸在另一辆坦克敞开的顶盖上，之后一具巴祖卡在非常近的距离上拿下了第三杀。指挥伞兵的戈汉姆少校用巴祖卡打瘫了第四辆坦克，德军剩下的两辆坦克见状不妙赶紧撤走了。

一天的混战让康拉特的部队损失惨重，他和前来视察的森格尔不得不在下午 2 点钟下令部队撤退，仅有东路的部队一直和美军纠缠到了傍晚。剩余的坦克集结在尼谢米南面的小山包周围。从戈林师的作战报告可以得知，戈林师损失了接近三分之一的装甲力量。他们原先有 80 多辆三号和四号坦克，还有 504 重装甲营 2 连的 17 辆虎式坦克支援，到了 11 日反击结束，康拉特掌握的坦克仅有 54 辆了，配属的虎式坦克损失也高达 5 辆，其中连长胡梅尔的座车和其他两辆虎式被美军的 67 装甲团击毁，还有两辆被打断履带无法回收。①美军有力的抵抗让古佐尼再次改变了主意，他下令第 16 军所有反击杰拉的部队都退出行动，撤往后方转入防守，里窝那师亦后撤掩护戈林师。戈林师应当向东行进，抵住住英军的攻势。为了让戈林师能够无后顾之忧，在 45 步兵师地域内的贝根格林战斗群仍旧对美军采取攻势。康拉特在进攻的时候就希望，这个步兵为主的战斗群能够重占维多利亚，割裂第 1 步兵师和 45 师的联系，为反击 45 步兵师创造条件。但是贝根格林战斗群没能让他满意，加文上校的伞兵已经抢先一步占领了面前的制高点：比亚佐岭。

大约早上 10:00，克劳斯带着援兵到达了加文的阵地。加文连忙让部队朝着西面攻击前进，务必要掌握迪里洛桥，和第 1 步兵师的辖区连接起来。一开始的战斗还算顺利，但当 4 辆虎式坦克和一群步兵出现的时候，情况陡然紧张了起来。伞兵们不停地用巴祖卡招呼，但是无论如何也打不穿虎式厚重的装甲。美军的伤亡不断增加，已经高到了快要承受不住的程度。

海姆上尉和他的 4 辆虎式眼看要重演一遍昨天蹂躏 180 步兵团的闹剧，3 门伞降榴弹炮被推上了高地。其中一门炮部署在山顶的位置上，炮手顶着绵密的轻武器火力，和在近处爆炸的几枚坦克炮弹，操作火炮打了好几发速射。179 步兵团也赶来 2 辆半履带车牵引的 57 毫米反坦克炮，和其他 3 辆虎式交上了火。4 辆虎式和美军一直纠缠到 15:00，始终没能占到便宜。德军步兵一直和美军打到 17:00 之后，最终被迫撤退，德意军队想要反击 45 步兵师也就无从谈起了。

---

① 美军第 67 装甲团 3 营的作战记录显示他们当天击毁了 5 辆虎式，不过其中有一两辆坦克很可能实际是其他型号。

▲ 一名手持勃朗宁自动步枪的美军士兵

▲ 意军神枪手步兵用47毫米反坦克炮轰击
美军坦克

▼ 意军第18海防旅在杰拉修筑的地堡

　　应加文的强烈请求，45步兵师增援的反坦克炮，炮兵和坦克陆续抵达比亚佐岭。
一个舰炮火力联络组和189野战炮兵营的联络组也赶到了加文的指挥所。稍晚一些
时间，45师师属的753坦克营B连的11辆坦克抵达，505伞兵团的指挥连也终于
联系上了加文上校，并告诉他有100名伞兵就在赶来的路上。有了这些力量的加强，
加文觉得是时候反击了。当天晚上，赶来增援的753坦克营B连在19:20发起进攻，
顶着猛烈的炮火和德军坦克大战一场，并称击毁了1辆虎式坦克和1辆四号坦克，
以及2门火炮，端掉5个机枪据点。

尾声即开始，西西里岛尽归我手

森格尔等人调整作战计划的时候，犯了一个致命的错误。他们错以为虽然己方部队损失惨重，但美军的大红1师已经被打得体无完肤，暂时不会有什么动作了，遂让戈林师火速向东，其余部队依次向北向西收缩。但是康拉特师长思忖半天，决定向东北方向撤退。这样一来，除皮亚诺·卢波附近的山头还有交战，16步兵团报告有德军步兵和坦克在他们前方集结外，杰拉附近再也没有轴心国军队。大红1师已经和第3步兵师的阵地连成一片。不过艾伦还不能放松下来，他的部队确实受到了严重的损失。虽然地面的攻势停下了，但空中德意军队的凌厉反击仍未停止。远处，运载弹药的船只还冒着冲天火光，半死不活地漂在海面上。在前线到处视察的巴顿将军也在大红1师那里，按照第7集团军的预定计划，奥利弗桥和尼谢米这些德意军队的集结地本应该今天就拿下来的。巴顿将军风风火火地催逼艾伦："马上组织部队去把这些地方给我夺下来！"艾伦将军回忆，巴顿"整张脸都像变了形一般"。

同时，第82空降师的第二批部队开始空降，加强了美军的实力。艾伦在得到了补给物资和补充部队之后，把部队分成三路扩展探头。达比中校带队控制了沿西北向的公路附近的几个山头，26步兵团的2个营和18步兵团2营向北前进，进攻据守卡斯特鲁齐奥山的意军残余，在得到第33野战炮兵营和"博伊斯"号轻巡洋舰支援后，最终消灭了据守的意军步兵。东面的16步兵团还要经受更加激烈的战斗，因为当面是编制尚且完整的德军戈林师。

凌晨5点，第16步兵团2营的西北和北方受到德军猛烈攻击，在接下来的几个小时里，德军步兵差一点就越过了美军据守的公路，美军炮兵，"牧师"自行火炮赶来增援才暂时击退他们。之后，美军的坦克、炮兵等等增援又和德军的坦克、步兵展开血战，期间，美军67装甲团3营谢尔曼和德军的虎式坦克纵队激战，自身付出了4辆坦克被击毁的代价，不过也干掉了3辆虎式。中午德军暂时撤了下去，16步兵团不顾自身的严重伤亡，继续向前推进，轻而易举地占领了普列奥罗。傍晚，德军猛烈的炮火再次降临到16步兵团头上，枪炮声一直持续到午夜。戈林师继续撤退，16步兵团直到13日才达到他们的目的地尼谢米。

在当天的战斗中，德军504重装甲营出动了6辆虎式参战，连长胡梅尔的座车再次被击伤，不能修复只能炸毁。坦克群硬着头皮再挺进一段距离后遭到美军包围，

3 辆被美军的谢尔曼击毁，剩余 2 辆只能冒着美军劈头盖脸的炮火突出重围，每辆车都被击中了十数次，最后终于逃了出去，但也因为燃料耗尽被自行炸毁，车组成员徒步赶回戈林师报到。从此以后，虎式坦克的大部分乘员们就要暂时"降格"成一个步兵排了。

在 45 步兵师的维多利亚方向，饱受重创的 180 步兵团终于结成了一个整体，加文的伞兵和 45 师其他部队开始大踏步地前进，面前已经没有太激烈的抵抗，小股德军和意军不断后撤，避免和美军接触，仅有少量守备军队或投降，或毫无意义地顽抗到底。不久之后，美国大兵就到达了和英国第 8 集团军的分界线。

杰拉登陆战就这样宣告完成了。随着第 1 步兵师占领奥利弗桥机场和尼谢米，左翼的第 3 步兵师和第 45 步兵师都粉碎了德意军队的抵抗，轴心国军队对美军的滩头再也形成不了威胁。双方为了达到作战目标可以说是竭尽全力，都付出了巨大的代价。在 7 月 10 日至 11 日期间，美军为了守住杰拉滩头，付出了大约 3090 人伤亡的巨大代价，其中大红 1 师的第 16 步兵团和 45 师的 180 步兵团占了主要的部分。美军空降兵的伤亡也很大，失踪的人则更多。德军的戈林师兵员伤亡在 560 人左右，报销了大约 30 辆三号和四号坦克。德军引以为傲的 504 重装甲营损失尤巨，算上 2 连全部的兵力，17 辆虎式坦克在 3 天之后只有 6 辆了！而对于在西西里作战的意大利军队，杰拉反击的影响是灾难性的，3350 人死亡、5000 人负伤，另有 2000 人被美军俘虏。在这 5000 名伤兵里，也有 2000 人被美军俘虏了。被俘的大部分是三流的海防部队，而意大利正规军的伤亡可以说触目惊心。反击杰拉表现最主动的里窝那师失去了 214 名军官和 7000 余名士兵，其中 1300 人是被俘虏的。原本齐装满员的摩托化师在之后的战斗里就剩下一个团级战斗群的架子，在捡了条命的莫纳上校率领下完成了西西里战役。

接近油尽灯枯的意大利人在此战之中表现可以说两极分化。强征民众组成的海防部队战斗力极其有限，第 1 步兵师境内尚有 429 海防步兵营和部分炮兵表现英勇，在 45 步兵师地域内，大部分海防部队没有过激烈的抵抗，有的四散奔逃了，有的干脆选择投降。这反映了意大利法西斯政府已经丧尽了民心，大部分的西西里人视美军如解放者，在美军还管不到的地方，民众哄抢德意军遗弃物资的滑稽场景比比皆是。E、H 机动群和里窝那师的部队则是另一副模样。尽管面对开阔的地形和敌人强大的火力，他们仍然无所畏惧地冲下去，只可惜因为训练和装备上的缺陷，意军如此前仆后继的进攻所能留给后人的，只有一段悲怆的回音。

▲ 杰拉是个梦幻般美丽的地中海小镇，愿这美好不再被战火打扰

⌄ 描述美军"谢尔曼"坦克冲上西西里海岸的绘画

德军的"赫尔曼·戈林"师装备和兵员上都优于里窝那师，装甲部队的集中使用也让他们拥有更强的冲击力。但是戈林师的指挥系统也很混乱，康拉特要收到古佐尼、森格尔还有罗马总部的凯塞林的命令，也许柏林总部的戈林元帅也要来插个手。此时的戈林师官兵很多都较缺乏陆战经验，但他们在杰拉之战后架构依旧完整。此后，随着陆军军官的陆续补充，戈林师将真正成为盟军的劲敌。

作为胜利者的美军学到了更多的东西。在杰拉登陆战的危急时刻，盟军巨大的空中优势几乎没有发挥出来，德意军队的行动自由没有受到空中的太大威胁，从而给美军造成了不小的麻烦。庞大的运输机群和滑翔机群竟然被敌我两方面的防空火力打得落花流水，使得第82空降师元气大伤。这些都是血淋淋的教训。在杰拉登陆战之后，美军更加重视多兵种之间的配合，空地支援，地空识别，对海联络，美军的通信系统在杰拉之战后更加完善了起来，坦克和自行火炮支援步兵的优秀表现也让美军更加青睐这些大家伙。美军在二战的"空地一体化"战法又得到了一个宝贵的战例，在近海地区的作战中，美军和海军的联络也更加高效，在之后的战役里，萨莱诺、安齐奥、诺曼底，还有太平洋上的岛屿，美军军舰的炮火招之即来，让敌人在滩头抵抗彻底变成一种自杀。当然，这些都是后话，随着轴心国高层彻底放弃了击败盟军的幻想，德军和意军依次撤进了西西里腹地的防线，美军对西西里的征服，从这一刻就开始了！

钢车铁甲战华沙
1944 年华沙城下的装甲战

作者
拖雷

1944 年 8 月，欧洲大陆上两个文明古国的首都同时爆发了反抗纳粹暴政的大起义。然而这两个发生在巴黎和华沙的历史活剧是如此不同，像在诠释古典主义名著《双城记》开篇的精髓："这是最好的时代，这是最坏的时代；这是智慧的时代，这是愚蠢的时代……这是光明的季节，这是黑暗的季节；这是希望之春，这是失望之冬……人们正在直登天堂，人们正在直下地狱。"

"巴黎烧了吗？"这一个希特勒发出的急切询问，永远静默了，巴黎人打破了自己身上的枷锁。而在向世界宣告华沙已经赢得自由之后，维斯瓦河（Wisla River）之畔的这座美丽古城却陷入了火之涅槃。

当后人反思巴黎和华沙起义截然不同的结果时，往往把波兰人失败的一个主要原因归结为外援不力，也就是说，那时兵锋已指向华沙的苏联红军突然在城外游疑观望、逡巡不进了。就算不用"城外"因素来分析"城内"斗争有多少合理性[1]，1944 年夏天发生在华沙以东的战事也需要冷静客观地来分析。从地理角度看，华沙被维斯瓦河分为两个部分，包括东岸的新城普拉加区（Praga），以及西岸的旧城即主城区，而华沙起义期间的斗争，大致也可以分成这样两个部分。

从 1944 年的 7 月到 10 月，苏军和德军一直就普拉加的控制权展开激烈争夺，为了抵挡白俄罗斯第 1 方面军的千军万马，德国人投入的是中央集团军群序列中包括数个武装党卫队装甲师在内的精华部队，而他们在华沙主城区用来镇压起义的部队则是警察等治安单位、刽子手以及战场无赖。

战史上所称的 1944 年普拉加之战当然与华沙起义有着千丝万缕的联系，亦可将两者看作是同一时段内发生在不同空间的并行事件，斗争的结果是维斯瓦河东岸的普拉加区获得了解放，而西岸的华沙主城区则遭到了毁灭……

罗科索夫斯基同志，你想通了没有？

1944 年的夏天即将到来的时候，第二次世界大战的欧洲东线战场局势微妙：德国人已经几乎被赶回到整整 3 年前他们发动"巴巴罗萨行动"时的起始线上了。

---

[1] 盟军部队就是被完全控制了巴黎的起义者迎进城区的。

在一段时间以来苏联红军对乌克兰和白俄罗斯的持续施压下，德军及其仆从国盟友从乌克兰大步后退，在白俄罗斯则勉强控制着普里皮亚季大沼泽以东的一线地区。简而言之，东线轴心军的态势已然岌岌可危。

德军已经有针对性地全面采取守势战略，但要想守住漫长的东线又谈何容易。东线德军三大兵团中曾经最强大的由恩斯特·布施（Ernst Busch）元帅指挥的中央集团军群，负责把守从斯尼茨切拉多湖（Lake Nieszczerado）一直延伸到韦尔巴镇（Werba）的足有 1100 公里长的白俄罗斯前线。要想有效控制这一线地区自然需要数量庞大的军事资源，而中央集团军群这时已没有可观的装甲部队，其麾下 38 个步兵师的平均兵力还不足 2000 人。

但是，当东线在那一年的 6 月初暂时处于平静时，希特勒并不认为下一场红色风暴将指向布施元帅的防区，他认为全力整补中的苏军的下一个首要打击方向将是乌克兰。这个大独裁者把苏军的下阶段行动臆断为所谓的"加里西亚行动"，根据他的判断，苏联军队将从乌克兰西境进击波兰东部重城卢布林（Lublin），然后向北进入维斯瓦河和布格河（Bug River）之间的区域，进一步越过纳累夫河（Narew River）朝着柯尼斯堡（Könisberg）方向前进，从而切断中央及北方集团军群与德国本土的一切联系。这种关于敌人意图的假设同时得到了德国国防军最高统帅部（OKW）长官威廉·凯特尔（Wilhelm Keitel）元帅和最高统帅部作战局局长阿尔弗雷德·约德尔（Alfred Jodl）大将的赞同，当然也不可能指望这两位会对希特勒的想法持有什么异议。

在苏军正于乌克兰和克里米亚厚集兵力的情况下，希特勒坚持认为"加里西亚行动"就是敌军下一步行动诸选项中可能性最大的那个，因此他有针对性地加强了北乌克兰集团军群和南乌克兰集团军群的兵力，尤其是为前者配备了

˅ 作为斯大林最喜爱的战将之一，罗科索夫斯基在"巴格拉季昂行动"之前与斯大林有过战术分歧

雄厚的装甲实力以迎接战斗。因此，在 1944 年初夏，指挥着北乌克兰集团军群的瓦尔特·莫德尔（Walter Model）元帅手里足有 9 个装甲师、2 个装甲掷弹兵师可用，相比之下，肩负着确保中央战线安全的布施元帅却只有 1 个装甲师和 3 个装甲掷弹兵师可资调遣。

然而，在这次兵力重新分配中得到最大好处的那个人却并不认同元首的判断，莫德尔元帅在 6 月初表示，他个人认为苏军不会再从乌克兰西部实施进攻。至于一直承受重压的布施，更是从 6 月 10 日起就不断向最高统帅部表明自己的忧虑，根据他的情报体系，苏军的下一次重击很有可能就将落向中央集团军群。

诚然，"加里西亚行动"并非元首的狂想，反倒表明他对于东线军事地貌有相当程度的了解，而这样一个雄心勃勃的行动计划也确实符合苏联的战略利益。只不过，从地形、后勤保障以及纯粹的战术角度来看，这样一场大纵深敌后的穿插行动都是难以实施的，那远远超出了当时苏军的能力范围。

尽管如此，苏军仍然拥有足以在一个主攻方向之外发动数个辅助攻势的作战资源，而发起许多场并行进攻战役的好处是使得本来就在军队数量上处于下风的防御者更加无法将预备力量集中到任何一处地段上了。从 6 月 9 日开始，列宁格勒方面军率先对守卫卡累利阿地峡（Karelian Isthmus）的芬兰军队发动了攻势，这个辅助攻势极大地缓解了列宁格勒和喀琅施塔得（Kronstadt）所承受的压力。而在不到两周后的 6 月 20 日，白俄罗斯南部地区声势浩大的苏联游击队开始对中央集团军群的后方地区发动了大规模的破坏行动。

接着，就是人们熟知的苏军1944年夏季大反攻，集中主要力量打击白俄罗斯（而不是乌克兰）德军的著名的"巴格拉季昂行动"，斯大林选择的战役发起时间是 6 月 22 日，也就是德军入侵苏联 3 周年整的纪念日，这确实是一个令人拍案叫绝的安排。

多达 4 个苏联方面军同时压向了布施的中央集团军群（第 3 装甲集团军、第 2 集团军、第 4 集团军和第 9 集团军），被选中领导"巴格拉季昂行动"的一众前线高级指挥官是：波罗的海第 1 方面军司令员伊万·巴格拉米扬将军、白俄罗斯第 3 方面军司令员伊万·切尔尼亚霍夫斯基将军、白俄罗斯第 2 方面军司令员格奥尔基·扎哈罗夫将军，以及指挥着白俄罗斯第 1 方面军的康斯坦丁·罗科索夫斯基将军。

在随后发生在波兰城外的交战中，扮演进攻一方主要人物的正是罗科索夫斯基。"巴格拉季昂行动"尚在准备阶段时，英俊潇洒的波兰人罗科索夫斯基，这位曾经率部攻入斯大林格勒城区的、毕业于苏联伏龙芝军事学院的高才生，就展现了他极具个性的一面。

按照苏联最高统帅部的战役部署，白俄罗斯第 1 方面军的部队必须在其南面的苏军进展到明斯克之前解决掉博布鲁伊斯克的德军。不过此处要地位于普里皮亚季沼泽的北部边缘，可供大兵团通行的道路资源极其有限，罗科索夫斯基由是认定必须对博布鲁伊斯克发动双向的钳形攻势，这和通常要求在进攻之初即集中全力发起单一打击的苏军传统战术背道而驰。

在 5 月 22 日于莫斯科召开的军情会议上，这个问题不仅成为会议重点，而且罗科索夫斯基的"异端战术"差点酿成影响自己仕途的恶性后果。这位将军后来的自述是，"（我）计划在右翼实施两个突击的决心遭到了批评。"

在会场上，当罗科索夫斯基向最高领袖斯大林、外长莫洛托夫和苏共中央委员会书记马林科夫详细介绍完自己打算"双管齐下"的想法后，斯大林直截了当地表态道："必须在其中一处突破德军防线。"

罗科索夫斯基进一步解释说，"如果我们从两个方向上发起进攻，并不会过分影响我们的攻击力量，而是能有效阻止敌人从一个地段向另一个地段补充兵力。"

"兵分两处，就为了这点好处吗？"斯大林有些不耐烦地说，"出去想明白了再进来。"

大会议室的边上有一个休息室，是让与会者放松的地方。罗科索夫斯基走进休息室重新考虑起他的进攻计划。过了一会儿，他重新回到大会议室中。

"你想通了没有，我的将军？"斯大林问道。

"是的，斯大林同志。"

"很好，现在你来说说怎样在一个方向上发起有效的进攻吧。"

罗科索夫斯基注意到，在斯大林身后的那张小比例尺形势图上已经画好了单一的进攻路线。然后他发言了，令屋子里的其他人全部目瞪口呆，"从两个方向上同时动手好处更大，斯大林同志。"他这样说道。

罗科索夫斯基是斯大林的爱将，或许仅仅是因为这个原因，最高领袖耐着性子告诉他："出去再想一遍。不要固执己见，罗科索夫斯基同志。"

这回不光是罗科索夫斯基自己进了休息室，莫洛托夫和马林科夫也跟进来了。他们警告罗科索夫斯基要小心自己的发言和立场，"你怎么敢不同意斯大林的意见？你唯一该做的就是认同斯大林同志的判断。"莫洛托夫总结道。

▲ 攻克柏林后，正装和同盟国将领见面的罗科索夫斯基元帅（右1）和朱可夫元帅（右3）

于是罗科索夫斯基在两位高官的陪同下再次回到了斯大林的身边。斯大林再次直截了当地发问："哪种进攻方式更好？从两面进攻，还是发起更为有力的单向进攻？"

"两种进攻方式都有其可取性。"罗科索夫斯基答道。

"那么以你的意见，哪一种更优先？"

对这个追问，罗科索夫斯基以沉默代替回答，这已经清楚地表明了他的立场。

会议室里的空气仿佛凝固了，静得连一根针掉在地上的声音都听得见，斯大林抽着烟斗，一言不发。最后，他走向罗科索夫斯基，把一只手搭在他的肩上，然后大声说："方面军司令员的坚持，说明他们周密地思考过进攻的组织工作。而这是成功的可靠保证。你们知道吗？罗科索夫斯基是对的。我很欣赏忠于职守的将领。我支持你的决定，罗科索夫斯基同志。"

会议结束后，斯大林告诉罗科索夫斯基，说他的肩上现在承担着未来行动成功或失败的全部责任。熟悉斯大林讲话方式的人不会不明白这是一个隐含的威胁：白俄罗斯第1方面军的成败，将决定罗科索夫斯基的前途。

新的战役目标

前线的情况表明，罗科索夫斯基为自己的方面军所选择的策略确实是最明智的选择。他的方面军拥有10个诸兵种合成集团军、1个坦克集团军、3个独立坦克军、1个独立机械化军和3个独立骑兵军。整个方面军的作战地域总宽度将近900公里——在整个卫国战争期间，很少有哪个担负进攻任务的方面军曾在这么宽的地域上采取行动的。

"巴格拉季昂行动"于1944年6月22日打响，在这个苏德战争爆发3周年的纪念日，苏联红军以他们惯用的办法展开了进攻，只不过规模较之前的战役更为庞大。方面军和集团军的侦察部队率先投入试探性的攻击，在敌人抵抗微弱的地段投入后续的重兵集团，在抵抗激烈的地段则施以猛烈的炮火准备，尔后再在徐进弹幕射击的掩护下逐步投入攻击波次。

用势如破竹来形容苏军的进展至为贴切，不过在接到了希特勒发出的多道"死守"命令后，德国人一度抵抗激烈，甚至在个别地段发动了反击。白俄罗斯方面军序列中的第108步兵师的战时日志曾经对此有如下记录："希特勒的匪徒都处于某种半麻木状态。这一大群士兵的行进，与其说是一支部队要不惜一切代价以自己的意志使敌人折服，不如说是一群牲畜表现出的动物的执拗。但当时的景象确实令人惊心动魄。"

不过，就算德军的反击再怎样"惊心动魄"，这片战场上的攻防态势也已经被注定了，受到持续重压的德国中央集团军群的第3装甲集团军和第9集团军的战线在"巴格拉季昂行动"开始一周后即告崩溃，而被夹在这两者之间的第4集团军已经有一半兵力被包围。

在苏军坦克前锋于6月28日越过了别列津纳河，使得中央集团军群的整个防区面临威胁之际，希特勒在这一天重施阵前换将的老把戏，撤了布施元帅的职，转而让原本指挥北乌克兰集团军群的莫德尔元帅去接手中央集团军群，同时莫德尔也要兼顾指挥原来的军团。莫德尔始终保持着充沛的精力，他在东线也多次成功扮演过"救火队员"的角色，更重要的是，他是一位被元首认定"政治上可靠的"将领，但就算是这样的一个人物也改变不了中央集团军群的命运。

在曾经不可一世的中央集团军群逐步走向崩溃之时，那个在准备会议上"抗命不遵"的罗科索夫斯基在证明了自己

❯ 这名苏军步兵显然对手中的波波沙冲锋枪很满意

的坚持是有价值的之后，在前线接到了大本营的将他晋升为元帅的指令。胜利和晋升带来的喜庆气氛感染着方面军的司令部，人们甚至开始开起了敌方主将的玩笑。

在得知现在是由莫德尔而不是倒霉的布施元帅来指挥中央集团军群后，白俄罗斯第1方面军的参谋部里开始流传起这样一句玩笑话："莫德尔？好啊，就来一个模特儿吧！"这个玩笑来自某个参谋对著名革命电影《夏伯阳》里一句台词的改动，在电影里，夏伯阳说道："你是说普西希切斯卡娅吗？那就来一个神经质的女人吧！"在俄语里，普西希切斯卡娅是个女人的姓，不过其词义是"神经质的"；同样的，莫德尔在俄语里和模特儿是同一个词。

现在"模特儿"指挥着两个集团军群，因此他享有便利，不必等待希特勒许诺的援兵到来，就可以从北乌克兰集团军群向中央集团军群抽调部队。为了挽救友邻部队的危局，北乌克兰集团军群先后向白俄罗斯地区输送了第4装甲师、第5装甲师、第7装甲师以及武装党卫队第5SS"维京"（Wiking）装甲师，再加上5个步兵师。

更多的调兵遣将也在进行之中，德国陆军司令部（OKH）和德军最高统帅部从南乌克兰集团军群序列中抽调了"大德意志"（Großdeutschland）装甲师和武装党卫队第3SS"髑髅"（Totenkopf）装甲师，从北方集团军群序列中抽调了第12装甲师和3个步兵师。额外的增援部队还将从第三帝国本土和被占领的国家抵达，预备役部队的司令部承诺向东线派出10个新组建的掷弹兵师（后来称之为"国民掷弹兵师"）以及新组建的第6装甲师、第19装甲师、第25装甲师和第6步兵师。把精锐的空军地面作战部队——"赫尔曼·戈林"（Herman Göring）伞兵装甲师从意大利战场调往俄国的工作也已经启动，此外，还有2个步兵师将分别从巴尔干地区和挪威赶往东线战场。

从6月底到7月上旬的短暂周期内，德国人从方方面面计划将11个装甲师和25个其他类型的师抢运到白俄罗斯战场，这一看起来令人信服的兵力调动计划让德国最高统帅部相信，这些部队将有效填补中央集团军群的28个师被彻底摧毁后出现的巨大漏洞。实际上到了7月初，莫德尔能够部署的补充力量只是他从北乌克兰集团军群调来的那几个师，另外部队都还在路上，即便如此，莫德尔还是很快就在明斯克以西地域发动了他接手中央集团军群之后的第一次反攻，虽然这样的反击只是昙花一现。

7月3日，疾进中的苏联军队解放了白俄罗斯首都明斯克，这意味着德军第4集团军和第9集团军的残余部队一起被完全包围在明斯克以东的一个大口袋里，而包围区内的战斗在 8 天后即告停止。那时，中央集团军群的 3 个集团军宣告瓦解，这 3 个集团军的全部师长和部分军长不是战死就是成了俘虏，他们中的有些人选择了自杀，比如第 18 装甲掷弹兵师师长祖塔维恩（Zutavern）将军和第 134 步兵师师长菲利普（Philipp）少将等人。

在明斯克战场上的德军失去了 28 个师的 30 万人，防线上被扯开了宽达 400 公里的大缺口，通往波罗的海各国和东普鲁士的道路敞开了，整个中央集团军群实际上已名存实亡，对德国人来说这简直就是发生在白俄罗斯的又一次斯大林格勒之战。

德军的增援部队正缓慢地到达战场，来自罗马尼亚、意大利、挪威和荷兰的部队必须长途行军，这注定了他们的速度快不了；部队运输问题因为空袭、游击队的攻击以及前线形势的改变而日益困难，有时候，只有孤立的单位抵达易受攻击的地点，而其余的部队则被困在铁路线或被卷入了其他地方的战斗中。赴援者中颇有一些战斗经验丰富的主力部队，不过匆忙调遣使得这些部队通常是以协调不佳的状态开入战区的。

尽管如此，当增援的承诺开始逐步兑现后，莫德尔从 7 月中旬开始摆出了更为主动的姿态，虽然新抵达前线的部队和那些在几周前就已经卷入战斗的部队一样很快就在激烈的交战中付出了沉重的代价，但德国人现在毕竟在一定程度上可以有效阻遏苏军的攻势了。在付出了严重削弱周边部队的代价——尤其是乌克兰前线——之后，莫德尔初步重组了之前处于红色风暴中心的中央集团军群的左翼，而由第 2 集团军占据的右翼则幸运地继续大体保持着苏联发动"巴格拉季昂行动"之前的原始位置。

那时，整个东线上最后一条相对安静的战线就位于中央集团军群的右翼，也就是布格河中游河段的东面。德军布防在这段战线上的主要有两大兵团，位置居右的是第 2 集团军，靠左的是下辖第 56 装甲军和第 8 军的第 4 装甲集团军。正如前面所说的那样，第 2 集团军在自己的位置上设法避免了苏军任何猛烈的冲击，其原因仅仅是因为这支部队的位置并不处在"巴格拉季昂行动"第一阶段的行动范围之内。

现在，在北方的友邻部队遭受到灭顶之灾的情况下，第 2 集团军正在朝着西面缓缓退却。第 4 装甲集团军则处于两个不同的情况中，这支部队的左翼部分与第 2 集团军的情况相似，没有接战也没有损失，正占据着一个面对着白俄罗斯第 1 方面军的阵地；而这个装甲集团军的右翼部分则已经与沃利尼亚（Volynia）地区接战，承受着科涅夫的乌克兰第 1 方面军部队的冲击。

▲ 1944年夏天战斗在华沙接近地的"豹"式中型坦克

　　到了 7 月 18 日，第 2 集团军和第 4 装甲集团军一部所身处的那种不太真实的平静局面就完全改变了。这一天，新晋元帅不久的罗科索夫斯基在布列斯特以南地段投入了他之前尚未参战的部队。罗科索夫斯基自己记述道："在炮兵加强火力支援下，先头营随着坦克很快冲向敌人阵地。德军用大炮猛烈轰击。我们的飞机以不大的机群对敌人的大炮和迫击炮阵地实施打击。他们遭到敌人歼击机的截击。敌人投入战斗的火器越来越多。我们的步兵和少许坦克在一些地方成功地突入敌第一道堑壕，战斗越来越激烈，已经很清楚，我们遭遇的是敌人主要防线。不能再等了。我立即下达命令执行进攻计划……各种口径火炮的齐射，地动山摇。"

　　在"巴格拉季昂行动"的这一新阶段战斗打响后，白俄罗斯第 1 方面军的作战重心便从先前的右翼转移到了左翼，罗科索夫斯基认为自己的大目标是非常清楚的，那就是：华沙。

战斗在华沙接近地

　　苏德战争的战场即将由白俄罗斯转入波兰。通过波兰这个被战争击垮了的国家前往柏林的道路是一条直线，也就是说，路途最短。斯大林没有理由不利用这条反击敌人的上佳捷径。而且这是非常适合大兵团推进的路线，从苏波边界直到柏林基本上全是广大的平原，除了维斯瓦河和奥德河，那里没有任何天然屏障。

　　在白俄罗斯第 1 方面军新的攻势于 7 月 18 日打响之前，已经沦陷将近 5 年的波兰首都华沙距离位于其东面大约 200 公里远的东部前线仍然十分遥远。在那个时候，这座欧洲古城可以说正处在由瓦尔特·魏斯（Walther Wieß）将军所指挥的德国第 2 集团军的安全大后方，而距离华沙起义的爆发只剩下大约两周时间了。

在 7 月较早的日子里，第 2 集团军已经开始受到多支苏军部队的压迫，在这支德军部队的正东面，收到帕维尔·布杰洛夫中将的第 61 集团军的正面施压，而另外 3 个集团军正向哈日诺卡（Hajnówka）方向平行进展，他们分别是罗曼仁科中将的第 48 集团军、巴托夫中将的第 65 集团军和柳津斯基中将的第 28 集团军，同时采取行动的还有近卫第 1 坦克军和第 9 坦克军、第 1 机械化军，以及近卫第 4 骑兵军。

正面受到冲击，加上北邻战线早已瓦解，在这种情况下的魏斯当然只能逐步离开白俄罗斯西南部，试图和罗科索夫斯基的兵锋保持一段距离。按照魏斯将军的想法，他原打算在格罗德诺（Grodno）—哈恩诺夫卡（Hajnówka）—布列斯特一线建立一道新的防御阵地，但是苏军在 7 月 17 日用中等强度攻击突破了比亚沃韦扎（Białowieża）树林附近一线。莫德尔元帅要求魏斯尽快发动反击，但白俄罗斯第 1 方面军随之而来的新攻势，让德国人完全只有被动挨打的份儿了。

"巴格拉季昂行动"开始以来，罗科索夫斯基元帅已经在自己的右翼战线上动用了很大的军力，而现在在新开辟的左翼战线上，他不惜投入方面军的所有预备队。白俄罗斯第 1 方面军在 7 月中旬的左翼战线位于普里皮亚季沼泽地区至科沃尔（Kovel）一线，在攻取距离更远的华沙这一阶段性目标之前，摆在罗科索夫斯基面前的第一个先期目标将是距离苏波边界 96 公里的波兰重城卢布林（Rublin），然后才是卢布林西北面 170 公里的华沙。

随着从 7 月初就已经开始的从右翼向左翼调集兵力的行动，白俄罗斯第 1 方面军展开在当前这个方向上的兵力包括瓦西里·波波夫中将的第 70 集团军、尼古拉·古谢夫中将的第 47 集团军、瓦西里·崔可夫中将的近卫第 8 集团军、科尔帕克奇中将的第 69 集团军、谢米昂·波格丹诺夫上将的第 2 坦克集团军、西格蒙德·贝林格（Zygmunt Berling）中将的波兰第 1 集团军，此外还有久希图克将军的第 11 坦克军、克留科夫中将的近卫第 2 骑兵军和康斯坦丁诺夫中将的近卫第 7 骑兵军。从纸面上看，上述这些部队的兵员约为 41.6 万人，配有 8355 门火炮、迫击炮和火箭炮，1748 辆装甲车辆（其中 665 辆坦克），还得到费久多尔·波雷宁空军中将的第 6 航空兵集团军的 1465 架作战飞机的全力支援。

7 月 18 日，在黎明到来之前的黑暗中，白俄罗斯第 1 方面军指向波兰境内的作战行动开始了。指挥着近卫第8集团军的崔可夫中将从他设在一处高地上的指挥部里观察着面前的一切。他后来这样写道："当晚出奇地宁静，在夜色笼罩下的森林后方的极远处，不时有火光照亮天空，还可以听到爆炸引发的巨响，这是我们的轰炸机在深入敌军后方向目标投弹。与此同时，在夜色的掩护下，进攻前的密集准备工作正在紧张地进行着，以团或营为单位的苏军战士正在进入攻击出发阵地。"

凌晨5时30分，苏军的炮兵开火了。按照崔可夫中将的描述："在有的阵地，我们在每公里正面上部署了超过200门大炮。战士们脚下的土地在颤动，当最大口径的火炮开火时，轰鸣声达到了最大音量，炮击在敌军阵地上造成了巨大的破坏，前方敌军阵地上一片混乱，烟雾弥漫，尘土和烂泥飞上了天空，遮蔽了阳光。炮火持续造成巨大的破坏，使黎明的光亮变得黯然失色。"仅在近卫第8集团军的一线阵地，其炮兵便在30分钟之内向德军阵地倾泻了7300发各种口径炮弹。

6时整，一线突击步兵跟随在能清除地雷的坦克后面，开始向德国人的第一道战壕发起冲击。在接到前锋进展顺利的报告后，崔可夫命令大部队向前横扫而进。他的部队自然不是当天唯一参战的单位，罗科索夫斯基在7月18日这一天率先投

> ❯ 华沙之战态势 7月18日

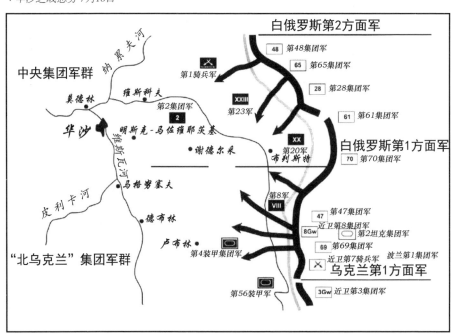

向布列斯特南部的是近卫第 8 集团军、第 47 集团军以及第 69 集团军。和白俄罗斯第 1 方面军的右翼相抗衡的是德军的第 2 集团军，而其左翼三军齐发所打击的对象则是第 4 装甲集团军，在后者战区中首当其冲的便是第 8 军。这是一个以步兵为主体的军，由 3 个师组成，其中一个还是匈牙利的预备队师，几乎没有可为支撑的装甲兵力，结果，第 8 军的部队很快就被打垮了。

到 7 月 20 日，进攻一方已经成功地夺取了布格河上的两座桥梁，罗科索夫斯基适时向突破口投入了第 11 坦克军和近卫第 2 骑兵军，白俄罗斯第 1 方面军的部队攻入了波兰。在宽广战线上的协同攻击过程中，第 69 集团军一部还击败了第 4 装甲集团军的第 56 装甲军，可怜后者这时徒有装甲军之名，其编成内的部队却是第 26、第 253、第 342 步兵师和一个轻步兵师，全无装甲单位可用。在自己的两个军同时被赶过布格河对岸之际，整个第 4 装甲集团军的战线完全崩溃。

那时，作为白俄罗斯第 1 方面军 "左邻" 的乌克兰第 1 方面军的进攻已经进行了 5 天，两者间的侧翼配合非常到位，互为补充。对德国人来说，乌克兰第 1 方面军的进攻使他们无法向白俄罗斯第 1 方面军的卢布林进攻方向增强兵力，同样的，白俄罗斯第 1 方面军的压力也使得他们不可能在对付乌克兰第 1 方面军时有太多余力。而对德军来说雪上加霜的是，在 7 月 20 日这一天还发生了一起重大事件，那就是暗杀希特勒事件。不过希特勒并没有死，并且在几天后就重新回到了最高指挥的位置上，这场战争也还要继续打下去。

在罗科索夫斯基把打击重心移到自己左翼的情况下，当其右翼的德军第 2 集团军便成了在波兰唯一尚有一些回旋余地的德国战斗部队。而且，魏斯的集团军仍能够保留其大部分的战斗力，当苏军的兵锋到达卢布林附近的森林地带时，第 2 集团军序列中的第 4 装甲师和第 5SS "维京" 装甲师，甚至在第 102 步兵师和第 541 掷弹兵师的支援下发动了自己的进攻，还一度在布列斯特附近的切尔梅查（Czermecha）地区取得了进展。

可是，魏斯所部的这种大胆反击貌似有模有样，实际上却很难说不对白俄罗斯第 1 方面军司令员的胃口。如前所述，罗科索夫斯基元帅正在左翼大踏步前进，他的主要突击力量在伍罗达（Włoda）和切尔姆（Chełm）之间越过了布格河，按照罗科索夫斯基的既定计划，他将在扩大桥头堡后投入第 2 坦克集团军，命令它向西北面的谢德尔采（Siedlce）方向进击。通过这种方式，白俄罗斯第 1 方面军的左翼就能够在打败第 4 装甲集团军的 2 个军之后，进取第 2 集团军的侧后方，也就是说，

▲ 1944年7月出现在白俄罗斯战场上的"虎"式坦克，属于第507重战车营

▼ 这辆被击毁或者被放弃的"虎"式重型坦克成了苏军战地画师的"模特儿"

魏斯将军的部队越是向布列斯特方向进击，就越有可能陷入被合围的境地。

然而出乎罗科索夫斯基意料的是，斯大林在7月21日直接给第2坦克集团军司令波格丹诺夫上将下令，要求他的坦克不要朝华沙东面的谢德尔采前进，而是向西面进击直取卢布林。当然了，卢布林本来就是罗科索夫斯基的先期目标之一，但是在拿下这座看起来唾手可得的城市之前，理应抓住有利时机消灭第2集团军这个大兵团才对。可是这个优雅的侧翼包抄计划现在被最高领袖叫停了，争辩也没有用，莫斯科的大本营也给罗科索夫斯基发出严令，责成其不得迟于7月27日进占卢布林。

始建于公元9世纪的卢布林是波兰东部名城，自1939年被德军占领以来成为消灭犹太人的行动基地和"德国化城市"建设的样板地。斯大林希望尽快控制此地的动机,并非出于军事角度,而是基于政治考量。在战时和战后的波兰领导权问题上,有着一直偏向亲苏的波兰权力阶层和流亡英国的波兰"伦敦政府"之间的权力斗争,斯大林就是打算要在卢布林建立一个亲苏的政府,其核心权力层将是听命于自己的波兰民族解放委员会,从而让卢布林成为实际上的波兰权力中心。

这就是斯大林对波兰的规划。他计划在波兰建立一个完全与苏联的政治、社会和经济模式相适应的政府,这是一个基本诉求。他不能也不允许当他的部队正向柏林进军时,在后方出现一个"不友好"的战时波兰政权。斯大林曾这样告诉南斯拉夫反法西斯斗争的领袖铁托:"每个人都在他的部队所能推进到的地方安排他自己的制度。不可能有例外情况出现。"

所以,当大本营在向罗科索夫斯基发出的命令中指出"波兰的政治局势和民族独立利益迫切需要这一点"时,白俄罗斯第1方面军的司令员是不敢从纯军事角度进行辩论的。当然作为一个补充手段,大本营允许罗科索夫斯基以第11坦克军和近卫第2骑兵军组成一支快速反应部队,用来切断通往谢德尔采的道路,其任务也仅此而已,完全没有谈到对第2集团军的攻击。

7月22日,也就是斯大林直接给波格丹诺夫下命令的第二天,第2坦克集团军的两支先头部队就连同近卫第7骑兵军一起攻下了切尔姆,莫斯科电台随即宣布了一个重大消息:波兰民族解放委员会已经在该市成立(事实上,这个委员会已于两天前在莫斯科成立)。后来被简称为卢布林委员会的波兰民族解放委员会在成立之初共由15名委员组成,值得注意的是其中只有3名共产党人,这是苏联官方为显示这个委员会的构成广泛性而做出的安排。正是基于这一点,莫斯科宣称波兰民族解放委员会比在伦敦的那个由斯坦尼斯拉夫·米克拉雅科齐克总理领导的波兰流亡政府更适于成为解放了的波兰的新政府。

在切尔姆"成立"波兰民族解放委员会,以及新的政治中心卢布林即将成立,使得斯大林可以通知西方盟国,现在他已经有一个可以与之广泛讨论波兰未来的政治伙伴了。就在7月23日,斯大林在发给英国首相丘吉尔的一份电讯中证实:"波兰民族解放委员会希望在波兰领土上建立自己的政府,我衷心祝愿这会成功。除此之外,我们尚没有在波兰找到任何能够让波兰真正站起来的力量。至于由伦敦流亡波兰政府控制的所谓地下组织,已经被证明是短命的实体,它在波兰完全没有影响力。"

△ 作为苏联最高领袖，斯大林的意志在相当程度上决定了华沙之战的走势

△ 斯大林和丘吉尔曾是死对头，在共同的敌人面前选择结盟

"完全没影响力"的说法当然是不成立的。实际上德军无法在卢布林一线构筑稳固阵地的原因之一，是伦敦流亡政府控制的波兰国民军（Polish Home Army）在德国人的后方采取了大范围的破坏行动。7月23日上午，在英国首相以复杂的心情品味着斯大林的电报的那一刻，苏军第2坦克集团军的一线部队开始了对卢布林的攻势，而这场攻势正是得到了波兰国民军的有力配合。

前线的事态令莫斯科满意，第2坦克集团军甚至比大本营的预期时间更早到达卢布林外围。不过就在23日至24日夜间发生在城郊比斯特奇卡（Bystrzyca）的战斗中，急先锋波格丹诺夫在他的指挥车里身负重伤，他的指挥权由第2坦克集团军的参谋长阿历克谢·拉济耶夫斯基将军接手。

24日白天，白俄罗斯第1方面军的左翼部队与乌克兰第1方面军序列中的近卫第3集团军联手击溃了德军第4装甲集团军的余部。其中，第8军被击败的部队混乱无序地逃往比亚瓦波德拉斯卡郊区，进入了第2集团军的后卫地区。另一方面，被摧毁的第56装甲军残部则退过卢布林，撤到维斯瓦河西岸去了。元首曾严禁第4装甲集团军向维斯瓦撤退，但事态的发展使元首的命令成了一纸空文。

而遭受了这样一次打击后，在普拉维（Puławay）和卢科夫（Łuków）之间的德军防线上就出现了一个70公里宽的缺口，苏军第2坦克集团军、近卫第8集团军、第47集团军和近卫第7骑兵军的部队相继从那里涌入。也就是说，在拉济耶夫斯基刚刚接管第2坦克集团军之后，在他的坦克前锋部队和华沙之间就已经再没有值得一提的敌军了。

希特勒已经把卢布林确定为设防城市，这意味着德国守军必须在那里坚守到最后一人。然而围绕着卢布林这座"政治重要"的城市的争夺战仅仅持续了两天，苏军在7月25日就开入城区，攻击部队取得了完全的成功，据称那时留在核心城区的德军士兵只有900人。

▲ 正在华沙接近地域作战的"维京"装甲师，照片摄于1辆半履带车上

▼ 行进在波兰麦浪中的"维京"师装甲纵队

或许是为了照顾西方盟国的面子，苏方在卢布林为伦敦的波兰流亡政府建立了一个省级议政团，但其权限低于波兰民族解放委员会。而就在这个议政团成立的次日，波兰民族解放委员会就和卢布林的苏军代表签署了一项协议，红军给予这一委员会在红军后方"管理地方政府事务的完全权力"，同时，卢布

林委员会同意"在发生武装冲突的波兰领土内，所有与战争有关的问题的决策权和全部责任都归于苏联武装部队最高统帅部"。在至关重要的苏波边界问题上，尽管波兰流亡政府表达了明确的反对意见，卢布林委员会还是"完全接受"了莫斯科提出的边界划定方案，这意味着和二战爆发前相比，波兰的国土面积"缩水"了4万平方公里。

部分流亡政府的代表和国民军人士自然对此表示不满，结果当地的武装抵抗很快就被苏军巧妙地排除了，在此期间并没有发生流血冲突。波兰的军官和政治代表被软禁，一部分波兰国民军的官兵被纳入了由贝林格中将所指挥的波兰第1集团军，至于及时逃离的那些地下代表们，又重新投入到他们的地下行动中去了。

通往华沙的大道空无一人

与在卢布林顺风顺水的局面相比，苏军在谢德尔采方向上的作战实力却大受削弱，按照罗科索夫斯原来的计划，夺取谢德尔采和切断华沙—布列斯特之间的道路乃是包围德国第 2 集团军计划的一个重要组成部分。

尽管现在大本营的关注重点是卢布林而非谢德尔采，但两个军在握的克留科夫仍想有所作为，然而，他派遣第 11 坦克军一部向谢德尔采城区接近的行动却很快被德国空军的猛烈攻击所阻止，来自德国第 6 航空队的"斯图卡"式俯冲轰炸机对过分突出的苏军机械化纵队进行了地毯式轰炸。已经很久没见德国飞机表现出这种坚决进攻的姿态了，此举表明第 2 集团军司令魏斯将军打算不惜一切代价守住谢德尔采，守住这里正是保障第 2 集团军右翼安全的一个关键问题。

为此，魏斯命令之前参与到布列斯特以北反击作战中的第 3SS "髑髅"装甲师和第 5SS "维京"装甲师准备向后收缩，参与守城战斗。而仍旧在据守布列斯特要塞的第 20 军和第 8 军一部也将视情况逐步向谢德尔采收缩。

不过，要想在很短的时间内运送整整两个装甲师是不现实的，因此只能先组建零散的战斗群先行向南面调动。"维京"装甲师很快就行动起来，虽然由第 10SS "韦斯特兰"（Westland）装甲掷弹兵团、第 5SS 装甲团第 1 营和第 5SS 装甲炮兵团一部所组成的"韦斯特兰"战斗群暂时仍停留在布格河区域，但师里的其余单位已开始向南行进。

鉴于中央集团军群的部队和北乌克兰集团军群的部队实际上已经相互分隔开，德国陆军司令部决定重新划定前线战斗部队的作战界限，按照新的命令精神，第 4 装甲集团军负责把守拉多姆（Radom）以南的维斯瓦河沿线，而该城北面的作战责任全都落在了中央集团军群的肩上。具体而言，维斯河中段以及华沙的防务将交由第 2 集团军负责，在那时已经退入拉多姆以北的第 8 军，也被顺势纳入了第 2 集团军的指挥序列中。然而即便如此，这个集团军也没有足够的兵力来组织华沙防线。经过艰苦的努力，魏斯将军正在设法组织谢德尔采的防御，要同时向其西面 70 公里远的华沙派出重兵，那是完全不可想象的！

考虑到这一实际情况，陆军司令部转而将维斯瓦河中段和华沙的防务转交给了正在重组中的第 9 集团军。指挥这支部队的尼古拉斯·冯·沃曼（Nicolaus von Vormann）将军接到命令，要求他坚守南起普拉维北至明斯克—马佐维耶茨基(Minsk Mazowiecki ）一线的维斯瓦河右岸阵地，他的左翼将与魏斯将军部队的右翼相接。

时年 49 岁的沃曼是一位经验丰富的军官，1914 年 8 月，一战爆发，他以志愿者身份加入德国陆军，战时晋升至中尉。第二次世界大战前期，1939—1942 年，沃曼主要在各级参谋部工作，不过从 1942 年 12 月开始，他先后指挥第 23 装甲师和第 47 装甲军，在 1944 年 2 月率部参与了解救库尔松口袋（Korsun Pocket）的作战。尽管从经验出发觉得自己受领的任务似乎无法执行，沃曼还是在 7 月 25 日向中央集团军群司令部称他和他的参谋部已经开始履行职责。

沃曼做出这样的报告时，他的内心很可能是没有把握的，因为那时在普拉维和谢德尔采之间没有任何一个德国师存在，通往华沙的大道，和德布林（Deblin）以北的维斯瓦河沿线一样，甚至连一个德国士兵都没有！为了弥补这个巨大的空缺，德国陆军司令部已经从意大利加速调来"赫尔曼·戈林"伞兵装甲师，该部正在赶往华沙郊区途中，另外还有第 17 步兵师、第 73 步兵师以及第 174 守备师（Ersatz-Division）。这个守备师此前一直在参与华沙占领区的安保行动，因此理论上可以直接在德布林和普拉维之间的地段上投入战斗。为了让第 9 集团军可以调用类似守备师这样的驻华沙部队，沃曼又获得了一个头衔，他被任命为华沙地区德国国防军部队总指挥。

7 月 25 日，苏军第 2 坦克集团军的前锋部队进抵维斯瓦河，顺利占领了德布林和普拉维，不过由于沃曼调动第 174 守备师在河对岸实施了坚决抵抗，拉济耶夫斯基将军试图在第一时间就渡过维斯瓦河的努力宣告失败。在停下来等待步兵部队开上来增援的同时，拉济耶夫斯基将军把第 16 坦克军控制为预备队，而向第 3 坦克军和近卫第 8 坦克军发布了继续朝北面攻击维斯瓦河沿线的命令。

从接到命令的次日开始，第 2 坦克集团军的这两个坦克军便毫不停顿地向加沃林（Garwolin）接近，第 8 集团军和波兰第 1 集团军[①]的大股步兵部队在后方跟随，任务是确保德布林周边地区安全。

此时，在德军第 2 集团军的战区内，魏斯将军通过及时反应控制住了谢德尔采，在 SS 装甲师战斗群渐次到场的情况下，克留科夫快速反应部队对该城的后续进攻也被击退，第 11 坦克军和近卫第 2 骑兵军还遭受了颇大的损失，看起来，在离自己最近的第 47 集团军的部队开上来之前，克留科夫什么也做不了了。

魏斯成功地继续固守谢德尔采，但他为此付出的代价是结束了对布列斯特外围的反击，这样一来，在整个对峙线上向东面延伸的布列斯特突出部的情况就变得

---

① 在 7 月 27 日更名为波兰第 1 志愿集团军。

1944 年 7 月 27 日苏军第 2 坦克集团军实力							
	T-34 中型坦克	IS-2 重型坦克	"谢尔曼" 中型坦克	"瓦伦丁" 步兵坦克	苏 -85 自行火炮	苏 -76 自行火炮	苏 -57 自行火炮
第 3 坦克军	112	—	—	—	19	19	4
近卫 第 8 坦克军	50	14	93	—	18	15	3
第 16 坦克军	151	10	—	—	13	15	4
第 5 独立摩托化团	—	—	—	10		8	
第 87 独立摩托化营	5						
第 9 独立通讯团	5						

注：这份可能不太准确的实力清单共列举了 568 辆坦克和履带式自行火炮（坦克歼击车）。而根据其他资料，在进攻卢布林之前，第 2 坦克集团军共拥有 810 辆履带式装甲车辆（665 辆坦克和 145 辆自行火炮）。

相当吃紧了。在白俄罗斯第 1 方面军的右翼，随着第 28 集团军到达西米亚特切克（Siemiatycze）附近的布格河沿岸地区，困守在布列斯特的第 20 军和第 8 军就大有受到包围的威胁。于是魏斯不得不准许这些守军离开布列斯特城区，匆忙朝着谢德尔采和索科洛夫（Sokołów）撤退。德军向西面大规模撤退的后果自然是放弃了布列斯特突出部，但它有助于提升保卫谢德尔采的军队实力。

当然，德国人并没有完全放弃布列斯特，由费兹曼（Felzmann）少将指挥的一个所谓的"E 战斗群"负责做出最后的守卫努力。这个战斗群是以第 203 防卫师（Sicherungs Division）为主干匆忙建立起来的，不言而喻只是一支象征性的力量。

就在第 20 军的最后一队人马在 7 月 25 日离城之后，苏军第 28 集团军的第 20 军便从北面对布列斯特发动了强攻，与之相呼应的是第 61 集团军的近卫第 9 军，从城市东面展开攻击。位居方面军左翼的波波夫中将的第 70 集团军亦派出第 114 军从南面夹击布列斯特。两天后的晚上，陷入合围绝境的费兹曼少将下令各部分头向西面突围。到了 28 日上午，苏军不仅完全解放了布列斯特，且不久后在城区以西 10 公里处追及突围而出的 E 战斗群。为了解救这些人，魏斯派出一个由第 102 步兵师和"维京"装甲师若干连队组成的战斗群，救援者几乎损失所有的重型装备而全无成果，E 战斗群被消灭，费兹曼等人被擒。

就在同一天，当布列斯特之战宣告结束后，一度平静的谢德尔采争夺战重新激烈地恢复了。在如愿夺取了卢布林并在那里确立了"波兰未来的政治伙伴"后，斯大林现在对包括华沙在内的波兰纵深地区表现出兴趣。大本营随即向罗科索夫斯基

⌃ 作为苏军攻击主力的T-34坦克具备一定的涉水能力

⌄ 1944年的苏军大量使用了英美援助的坦克，包括图中的英制"瓦伦丁"式坦克

元帅发布了新的命令，这份编号为220162的新指令的内容如下：

　　"在夺取布列斯特和谢德尔采后，在前线右翼的攻击将向华沙方向扩大，具体任务是不迟于8月8日占领普拉加，并夺取普卢茨克（Pułtusk）和谢洛克（Serock）周围的纳累夫河（Narew）上的桥梁。在前线的左翼，应夺取德布林—兹沃伦（Zwoleń）—索莱克（Solec）周围地区的维斯瓦河桥梁。被占领的桥梁应当用于向西北方向进攻，以抵消敌方沿纳累夫河和维斯瓦河沿岸的抵抗，进而保证白俄罗斯第2方面军的左翼成功跨越纳累夫河。此后，攻击应朝托伦（Torún）和罗兹（Łódź）的方向进行。"

鉴于7月最后几天在前线出现的情况，这不是一个特别精确或合理的命令。罗科索夫斯基早就想要尽早消灭第2集团军，现在让他放手在维斯瓦河中游地区采取行动当然是让他高兴的，可问题在于命令还进一步要求他保障友邻部队白俄罗斯第2方面军越过纳累夫河的行动，等于是要占用白俄罗斯第1方面军右翼的主要兵力，这就挫伤了他的热情。而且，大本营在随后发出的一道补充电令中，更进一步要求白俄罗斯第1方面军把第61和第70集团军撤出一线，准备北上划入白俄罗斯第2方面军的战区。据说罗科索夫斯基以白俄罗斯第1方面军司令部集体的名义表达了反对意见，不仅是针对新命令所指出的进攻方向，也针对要调出两个集团军这件事。

罗科索夫斯基元帅坚持认为，如果这两个重要的步兵集团军被抽离，整个方面军前线就会被削弱而面临危险。没有必要的步兵支持，担当攻击矛头的第2坦克集团军就无法向华沙接近地推进。在这种情况下，负责协调几个方面军行动的朱可夫元帅对大本营的原命令进行了适当的调整，在仍保留其主要意图的前提下尽量照顾了罗科索夫斯基的情绪。

首先，7月28日指令的最重要部分保持不变，即白俄罗斯第1方面军的首要任务是夺取位于波兰首都南北两面的维斯瓦河桥梁，从这个位置开始的新攻势，预计将最终瓦解德军在维斯瓦河和纳累夫河沿线的防御体系。其次，第70集团军将保持现有的战区和隶属关系，而第61集团军将投入北方针对拉脱维亚的新攻势。第三，第2坦克集团军将继续向华沙方向发展，在此过程中要注意派出坦克军对抗德国第2集团军的后卫，一经到达布格河和纳累夫河的汇流处，这支部队就将投入苏军向西的钳型作战中。如果那时当面之敌的防御能力较为薄弱，那么就应突击华沙的普拉加区；如果德国人已经设法在波兰首都的这一城区投入了更多的部队，第2坦克集团军就应该停下来等待第47集团军等部的步兵增援。

应该说，朱可夫做出的调整在相当程度上降低了前线部队的任务压力，罗科索夫斯基的首要任务就是拿下维斯瓦河和纳累夫河两岸的桥梁，至于下一步行动则有待观察。这样一来，朱可失等于是对7月28日指令中过于不现实的部分进行了修正。实际上，苏军大本营发布"夸大"的命令并非个例。例如在1943年2月，大本营就发布命令要求把敌人赶过第聂伯河去，而德军要到当年10月才退过河对岸；

▲ 苏军步兵正在弹雨中突击德军据守的一处村落阵地

▽ 于1944年7月开入白俄罗斯首都明斯克的苏军苏-76M自行火炮纵队

再比如在1943年秋天，莫斯科就下令在年底之前解放里加，而这座拉脱维亚的都城要到1944年10月才获得解放。

战火延至普拉加

前面说过，7 月底的时候德军在华沙城外的防御态势是相当被动的，莫斯科注意到这一点，于是 7 月 28 日指令明确提及了华沙："不迟于 8 月 8 日占领普拉加"，也就是说，罗科索夫斯基要在 8 月初就夺取位于维斯瓦河东岸、与华沙旧城区隔河相望的华沙新区。那么在那之后呢？是顺势强渡维斯瓦河，一举解放华沙的主城区吗？

要回答这个问题，首先要看当时的大背景。呈现出雷霆之势的"巴格拉季昂行动"那时已接近尾声，在苏联中部发起的这场声势浩大的夏季攻势很快就要放缓势头了，苏军的行动取得了显赫的战果，同时也招致了令人难以置信的损失。而且这种情况不仅仅存在于白俄罗斯一个方向上，在另外方向上也有类似情况。

斯大林要求在中部前线的两个侧翼同时取得战果，但这比较困难。到 7 月底，德国人已经加强了他们在立陶宛西部和波德拉斯基低地（Podlaski Lowlands）一线的阵地，计划中对波罗的海国家的突击势必要放缓了。而在南方，大本营要求在 3 周之内对罗马尼亚发起大规模进攻，即使是强大的苏联军队，在同时处理目标诉求如此广泛和地理距离如此之大的不同战略进攻时也有力不从心之感。至于罗科索夫斯基和科涅夫，他们收到的命令称两位元帅可以视情况进一步向克拉科夫（Kraków）—罗兹—托伦一线发动后续进攻，但实际上，莫斯科并没有真正指望那么多。

从 1944 年夏天开始，苏军最高统帅部就确定了对德国首都柏林实施最后的决定性攻势的决心。而在这一宏图中，华沙在整个军事计划中只是扮演了一个从属角色。诚然，夺取普拉加区被列为一个有高度优先权的目标，应该在 8 月的第一周尽快达成，但是在那之后，并不指望继续渡河攻打华沙旧城区。可以说在波兰战役尚未开始时，那种以普拉加为起点和跳板，从那里攻入维斯瓦河西岸城区的想法就已经完全被放弃了。

在很大程度上，这是基于战术层面的考虑。苏军打赢了决定性的斯大林格勒会战，但是发生在那里的残酷巷战给胜利者也留下了难以磨灭的回忆。自那以后，对于那些和斯大林格勒一样有河流穿过城区的城市，比如基辅和布达佩斯，苏军采取的战术都是外围迂回机动围困而非攻入城区实施巷战。经过情报人员的努力和空中侦察，苏军了解到德军已经在华沙城区的维斯瓦河河段上严密布防，通往几座大桥的接近地段都处在88毫米反坦克炮和隐藏在混凝土掩体中的机枪的火力覆盖之下，正面强攻无疑将事倍功半。和基辅、布达佩斯一样，最终将在1945年1月易手的华沙的胜利之道同样在于外部围困，其实在1944年7月底，朱可夫就曾经向罗科索夫斯基表示过，解决华沙的关键将是从这座城市的南面实施包抄，后来近卫第8集团军正是这样做的。

除了军事计划，政治因素乃是有关华沙作战的另一项重要考量。对斯大林来说，这甚至是一个比军事形势更为棘手的问题。华沙是波兰国民军的大本营和主要斗争地区，也是在伦敦的波兰流亡政府最关心的地方，有关波兰人即将在华沙发动反德起义的消息不曾间断，国民军事实上也已经做好了武装斗争的准备。

在这种情况下，苏军对于华沙的作战，必须考虑华沙的波兰国民军的动向，甚至可以说苏军的下一步动作在很大程度上取决于起义发生的确切时间点。斯大林一定已经知道，罗科索夫斯基先期投向华沙方向的兵力只有并不算特别强大的第2坦克集团军①，仅凭这支部队不可能推进至维斯瓦河西岸的中心城区。只有强有力的步兵集团军可以实现这样的战术目标，但这些力量不会那么快到达华沙地区。所以苏军最高统帅部从一开始就并不指望第2坦克集团军能够在巷战环境中成功穿越流过华沙城区的维斯瓦河，除非德国方面出现了全面混乱。

苏联最高统治者那时对华沙采取的策略是有限度的进攻，以维斯瓦河东岸的普拉加区为限。当然斯大林的真实想法是什么，后人是永远无法知道了，有史学家分析说斯大林的华沙攻略是一举两得之计：一方面自己的力量和战术并不支持直接全面地进攻华沙全城，另一方面他指望着波兰国民军会"及时"发动起义，然后被德国人彻底消灭；到了那时，苏军就可以根据逐渐明朗化的态势决定对华沙的下一步行动，一来波兰首都以东的战线发展或许将有利于攻占华沙，二来令斯大林头疼的波兰国民军的力量已不复存在，就不会出现苏军在解除波兰抵抗运动武装时肯定会招致的暴力冲突了。

了解了上述这些情况，或许能帮助解答为什么苏军在华沙起义爆发后没有想方设法向华沙投入更大规模兵力；或许也可以让那些痛斥苏军在华沙起义后停止一切军事行动、坐视波兰国民军败亡的人们，能够以更加冷静一些的视角看待历史事件。

---

① 另外几支部队负有切断德军第2集团军侧后的任务。

不管怎样，时至 1944 年 7 月底，白俄罗斯第 1 方面军的前锋终于开始向北朝着普拉加的东南郊区进发，苏德两军围绕着波兰首都的争夺战也就在那时打响了。7 月 27—28 日，来自第 2 坦克集团军的前卫部队开始了一连串延展距离达到 40 公里的战斗，并最终占领了加罗林（Garowlin）地区。

在拉济耶夫斯基将军的坦克部队取得进展时，负责拱卫华沙周边地区的德军第 9 集团军极为被动，沃曼将军能够用来控制华沙接近地的部队，就只有弗里茨·弗兰克（Fritz Frank）少将的第 73 步兵师[1]，以及一些零散的装甲侦察分队和高射炮分队。沃曼将军把这些部队合编为"弗兰克战斗群"，由第 73 师师长统一指挥，任务是竭尽全力阻碍苏军前进的步伐。但是这个战斗群在 28 日的交战中受到苏军坦克部队的重击，部分军队被驱赶回奥特沃克（Otwock）—明斯克—马佐维耶茨基，有的部队甚至逃到了维斯瓦河的另一边，指挥官弗兰克将军则成了苏联人的俘虏。

击败当面之敌后，拉济耶夫斯基将军下令自己位置靠前的 2 个坦克军进一步朝北面逼近普拉加，第 3 坦克军在前，第 16 坦克军在后。当坦克部队试图一方面直接攻击维斯瓦河东岸的目标，一方面谋求与其他部队建立联系时，近卫第 8 集团军的步兵师正在他们身后朝同一方向开进。这个集团军的司令崔可夫中将在 7 月 29 日接到新命令，要求他在波兰首都南面越过维斯瓦河。

与此同时，白俄罗斯第 1 方面军的部分队伍也在维斯瓦河东岸地区活动着，第 69 集团军开始着手在卡齐米日多尔尼（Kazimierz Dolny）周围地区渡河，波兰第 1 志愿集团军则进至德布林城外。在北面的谢德尔采，该地区攻击受挫的快速反应部队等来了第 47 集团军一部，后者也加入了围绕该地的激烈战斗。在另一个方向上，在解放了布列斯特之后，第 70 集团军正无情地向西推进，而第 61 集团军则按照大本营的命令脱离白俄罗斯第 1 方面军向北开进。

7 月 29 日上午，由尼古拉·武杰季耶杰耶夫将军指挥的第 3 坦克军的 T–34 坦克群恢复北上攻势。追求速度的苏联坦克还绕过了德军第 73 步兵师的部队，当时这支被击退的部队正在向华沙撤退。疾进的第 3 坦克军先头部队成功切断了明斯克—马佐维耶茨基和卡卢辛（Kałuszyn）之间向东面通往谢德尔采的主要道路。做到这一点后，该军的坦克旅再度向西行进并抵达斯坦尼斯拉瓦夫（Stanisławów）。

---

[1] 下辖第 70、170、186 步兵团和第 173 炮兵团。

从那里，武杰季耶杰耶夫将军先是派出一支侦察队朝特乌什兹（Tłuszcz）方向摸进，另一方面于当天晚上派出一队坦克切断了华沙和比亚韦斯托克（Białystok）之间的铁道线。

在第 3 坦克军东面较远一些的地方，伊凡·杜博沃伊将军的第 16 坦克军也沿着维斯瓦河展开了攻势，在一场奇怪的交火中，苏军的重型坦克发炮击毁了活动在铁路上的德军 Nr.74 号装甲列车。第 2 坦克集团军中之前不怎么参战的一支部队也投入了行动，阿列克谢·波波夫将军的近卫第 8 坦克军也跟随第 3 坦克军向北开进，任务是确保第 2 坦克集团军的右翼安全，作为先期目标，这个近卫坦克军在 7 月 29 日晚间抵达了明斯克—马佐维耶茨基。

在德国人看来，华沙危矣，他们没有准确地判断出正在攻击波兰首都的苏军部队，一度把第 3 坦克军当成了骑兵部队，但很快就正确识别出了第 16 坦克军和近卫第 8 坦克军的番号。德国人的反应是千方百计调集兵力填补漏洞，苏军进攻华沙对德军而言可谓"攻其必守"，他们无论如何都是要放手一搏。德国的第一个反应来自最高层级，希特勒亲自指定莱纳·斯塔赫尔（Reiner Stahel）将军为华沙城防指挥官。有些奇怪的是，52 岁的斯塔赫尔虽然是德国空军的一名军官，却被认为是一位城市战争的专家。

一战结束后，未能在大幅缩减的德军中保住军职的斯塔赫尔一度在芬兰军队中服役，他于 1935 年加入了德国空军，二战中期先后于法国、意大利和苏联的多处战场上负责指挥高射炮部队。从 1943 年 10 月起，他在罗马城防指挥官的岗位上干了 8 个月，然后前往东部前线组织维尔纽斯地区的防御阵地。斯塔赫尔在维尔纽斯的行动为他赢得了骑士铁十字勋章，之后就被派往华沙稳定当地局势，希特勒命令他"不惜任何代价"守住波兰首都。他是在华沙起义发生的前一天刚刚抵达华沙城的，上任后的斯塔赫尔做出的第一项举措是要求在华沙的第 654 工兵营准备炸毁维斯瓦河上的桥梁。

当苏军兵临普拉加时，德国人在想着要强化旧城区的防务，这表明他们已经掌握了波兰国民军将要发动起义的情况，因此准备好了在华沙的新旧城区两条战线上同时进行战斗。就城外战线而言，德军的第二个反应来自中央集团军群司令部，在综合了第 2 和第 9 集团军的最新战报后，莫德尔元帅想要变被动为主动——发动一场突然的反击以阻止苏军第 2 坦克集团军在普拉加区以东的行动。

莫德尔对包括几个武装党卫队装甲师在内的多支部队发出了召唤。7 月 29 日当天，为了增强第9集团军司令沃曼将军的信心，莫德尔把防御普拉加的责任交给了迪特里希·冯·绍肯（Dietrich von Saucken）中将，他那从正在立陶宛重组的第4集团军抽调来的第39装甲军的序列中包括第19装甲师和"赫尔曼·戈林"伞兵装甲师。

绍肯面对的最大问题是在短期内无法集中足够的战斗力。由汉斯·卡尔纳（Hans Källner）将军指挥的第19装甲师刚刚开始从维斯科夫（Wysków）东北郊向南面的华沙方向移动，此外，由于该师的第73装甲掷弹兵团和师属炮兵正在从荷兰赶来的途中，这个装甲师并没有完整的实力。29日的白昼将尽时，这个师的一个战斗群刚刚进抵普拉加，配有数辆"豹"式中型坦克，预计该师的其余编队将在未来几天陆续抵达。

"赫尔曼·戈林"师的开进情况亦不符合预期。由威廉·施迈茨（Wilhelm Schmalz）中将所指挥的这个装甲师乃是德国空军倾力打造的野战师的样板部队，不过在由意大利赶来波兰的过程中，施迈茨的部队只能动用72节火车车厢，这使得其开进时间大大落后于计划。由于苏联空军对波兰首都的火车站进行了多轮轰炸，"戈林"师包括坦克在内的大部分兵力都不得不在远离华沙的普卢茨科夫（Pruszków）和皮亚斯托夫（Piastów）城外卸载，之后前往华沙西郊重新集结，然后再从那里前往普拉加。考虑到普卢茨科夫这样的远郊火车站的吞吐能力有限，伞兵装甲师的卸载便成为一个过度耗时的过程。

▼ "赫尔曼·戈林"装甲师师长威廉·施迈茨中将

"赫尔曼·戈林"师的第一批战斗人员是在7月25日抵达华沙的，第二天他们便开始在城市的主要道路上进行了示威性的行军。当然，这样做的目的是为了给华沙城中的波兰人留下不可冒犯的心理印象，而这些游行者的更多的同伴还在向城区行进的途中。

几天之后，"戈林"师的第一个像样的作战单位，即伞兵高射炮团才得以

▲ 战地一景：德军掷弹兵正在"豹"式坦克支援下发动强攻

通过维斯瓦河上的大桥抵达普拉加区，同时到达的还有"赫尔曼·戈林"伞兵装甲炮兵团一部、工兵营以及装甲侦察营的分队。另一方面，应该在华沙城下发挥最重要力量的"赫尔曼·戈林"伞兵装甲团和 2 个伞兵装甲掷弹兵团的大部却还在路上。实际上，"戈林"装甲团之前就已经受到了削弱，7 月 3 日根据希特勒的特别命令，该团第 1 营的一大部被派往荷兰，准备在那里接收新的"豹"式坦克。

"戈林"师开进的同时，第 9 集团军还得到了两支新成立的部队，即第 1131 和第 1132 掷弹兵旅的支援，另外还要再加上几个防御营，这些部队的指定位置在华沙旧城区的南面，一旦城中有事，他们将被用来强化对城区的控制。尽管算是新生力量，但是在 7 月 20 日的刺杀事件之后就任德国陆军总参谋长的古德里安大将在对这些掷弹兵旅的评估报告里诚实地记述道："这些部队的人数太少了，而且基本上没有任何可以使用的重型武器，没有任何火炮，并且由于训练不佳而无法抵挡敌人密集的攻击。"

当然了，任务吃紧的沃曼将军欢迎任何形式的增援，他把一批高射炮调给了两个掷弹兵旅，从而增加了两个旅的火力。德国人在华沙地区部署有数量较多的高射炮，其中包括 88 毫米口径和更大口径的重型火炮，从兵力构成上看总共有 19 个重炮连、3 个中炮连和 11 个轻炮连，这也成了沃曼将军的地面作战资源。

除了高射炮，德国空军第 6 航空队的飞行单位也受命全力支援本方两个集团军的地面行动。在距离华沙不算太远的几处野战机场上，部署有 SG 1 攻击机联队第

1大队和SG 77攻击机联队的Ju 87D俯冲轰炸机，以及JG 51战斗机联队第1大队的Bf 109G战斗机。这些飞机的型号和数量都并不能给人留下特别深刻的印象，实际上在那个时候，德国空军早已失去了对东线天空的控制权。第6航空队司令里特尔·冯·格雷姆（Ritter von Greim）上将在波兰能够动用的兵力只有252架作战飞机，不久前美军的P-38和P-51奇袭驻扎在波兰东部机场的SG 77联队，一举打掉了该部44架"斯图卡"中的27架。不过，由于苏联空军的前进机场与地面交战一线拉开了很长的距离，所以德国飞机在华沙郊外战场的空域中暂时还能享有某种程度的局部优势。

第6空航空队很注意利用这种局部优势，去最大限度地支援第9和第2集团军的行动，对德国人来说，这种在华沙地区享有空中优势的有利态势直到8月的第二周才会有所改变。德国飞机频繁的空袭给苏军造成了不小的伤亡和困扰。举例来说，在刚刚转移到布格河西岸一个名叫弗洛达瓦的小镇上之后，罗科索夫斯基元帅的方面军司令部就遭遇了空袭，虽然"值得庆幸的是大家都安然无恙"，但按照罗科索夫斯基的分析，这些德国飞机是受领了专门的任务，专门寻找苏军的指挥机关并轰炸它们的。

莫德尔元帅下令反击

同样是在7月29日这一天，在同第9集团军司令沃曼探讨了保卫普拉加以及向明斯克—马佐维耶茨基发动反击的可能性之后，莫德尔又向在谢德尔采周边地区的两支党卫队部队"髑髅"师和"维京"师发出命令，要求他们在布格河下游地区和敌人脱离接触，朝华沙方向转进。另外，第4装甲师的一部分也将汇入这股队列。

向西行进的命令传递到了设在谢德尔采外围的"髑髅"装甲师师部，师长赫尔穆特·贝克尔（Hellmuth Becker）少将在过去的两天里一直忙着部属回击崔可夫将军的快速反应部队。就位置来说，"髑髅"师是有条件尽快执行莫德尔的新指令的，而"维京"师不能，这个由赫伯特·奥托·吉尔（Herbert Otto Gille）中将指挥的装甲师的部分力量还没有越过布格河，"韦斯特兰"战斗群则正在对苏军第65和第68集团军发动反击。不过在接到29日的命令后，吉尔开始把他的大部分力量集中到谢德尔采西北面的韦格罗夫（Węgrów）郊外。

包含有相当数量北欧志愿者的"维京"装甲师此前就在东线的战斗中表现出了强悍的特质，这种表现在谢德尔采外围的数日战斗中得以延续。有史料表明，"维京"师的一支由第5SS装甲团团部、第5SS装甲团第2营、第9SS"日耳曼尼亚"（Germania）装甲掷弹兵团一部组成的"缪伦坎普战斗群"，仅仅在7月28—29日的两天战斗中，就于谢德尔采以东击毁了107辆苏联坦克，而自身仅损失了6辆坦克。

和"维京"师相比，"髑髅"装甲师在谢尔德采战斗的时间更长，其摧毁的苏联坦克和自行火炮的数量自然也更大。不过如果执行莫德尔的命令主动从谢德尔采撤退，这座一度被视为第2集团军侧翼关键点的城市看起来将不可避免地要落入苏联军队之手，但兵力有限的德国人也别无更好选择了。

从30日这一天的清晨时分起，正指向华沙方向的苏军坦克部队也做出了新的努力。天光刚亮，第3坦克军的侦察部队便试图进取小镇齐耶伦卡（Zielonka），守在那里的德国人实施了猛烈的阻击，击退了这股苏军部队。此后不久，第3坦克军的主力开始进击位于华沙东北面的重镇沃洛敏（Wołomin），在成功拿下该地后，武杰季耶杰耶夫将军的目光又投向了与之相邻的另一处重镇拉季敏（Radzymin）。

▲ 1944年夏天正通过铁路机动的"维京"师的坦克纵队

▽ 正在战场上察看形势的莫德尔元帅（中）

坦克军的部队分路行动，第103坦克旅迫近拉季敏外围，第50坦克旅沿着通往马尔基（Marki）的道路前进并占据了拉季敏以西的位置，而第51坦克旅则在斯坦尼斯拉瓦夫以东确保全军右翼的安全。在之前搜索打击德军余部的行动期间暂时与坦克部队失去联系的第57机械化旅，也正在赶往这个地区。

最终，第103坦克旅的T-34率先开进了拉季敏，夺取了此地，就意味着第3坦克军实际上已经完成了将德军第9集团军与第2集团军分隔开来的任务。

值得注意的是，苏军的这次突击行动显然得到了当地人的有力配合，武杰季耶杰耶夫在呈给罗科索夫斯基的行动报告中指出，"在以坦克部队执行这次效果很好的未知领域突破时，我们的坦克手表示要感谢当地居民，他们纷纷自愿提供有关该地区的各类信息。"感到高兴的罗科索夫斯基写道，"波兰居民对红军表示热情欢迎。看得出来，人民对我们的到来感到由衷的高兴，并想努力做好一切，以尽快赶走法西斯占领军。"

与此同时，身处第3坦克军之后的近卫第8坦克军朝西边绕过明斯克—马佐维耶茨基后继续向北推进，该军的前锋已经到达奥库纽（Okuniew）以东地区。而从奥特沃克地区攻击而来的第16坦克军也抓住有利时机，继续大踏步地向普拉加区推进。在南面更远些的地方，苏军步兵部队在多处巩固了维斯瓦河西岸的登陆场，并且相继攫取了希维德（Świder）、乔泽夫（Józefów）和维亚佐夫纳（Wiązowna），有一条从南面延伸进入华沙的主要道路就经过维亚佐夫纳。

评估了所面对的新形势后，第9集团军司令部认定别无选择，只能立即实施莫德尔所要求的反击。但是作为反击的主要部队，绍肯中将的第39装甲军此时能用的依然只是不完整的"赫尔曼·戈林"师，以及第19装甲师的一个实力薄弱的战斗群。当然就"戈林"师而言，景况已经比前几天好很多了，就在7月30日这一天，属于"戈林"装甲团的大部分坦克已经从货运列车中完成了卸载[1]，其中部分兵力还有时间与集结在马尔基郊外的第1装甲掷弹兵团会合，第2装甲掷弹兵团的部队也已经穿过华沙旧城区，有望履行战斗职责。与此同时，来自第19装甲师的IV号中型坦克正从维斯齐科夫（Wyszków）加紧赶来，准备完成战斗群的部署。

7月30日下午，莫德尔期待中的华沙城下反击开始了，绍肯的第39装甲军以有限的兵力采取了行动。在本师的坦克和大炮，以及一队"斯图卡"俯冲轰炸机的支援下，"赫尔曼·戈林"伞兵装甲师第1装甲掷弹兵团的战斗群从马尔基出发，向沃洛敏方向发起了攻击。来自第19装甲师的另一个战斗群[2]以及第73步兵师的步兵，则攻击了扎克雷（Zakręt）村。

在拉季敏东北面，率先进占此地的苏军第103坦克旅的T-34和第19装甲师

---

[1] 包括第3营的一批"虎"式重型坦克在内。

[2] 由第74装甲掷弹兵团第2营、第27装甲团的1个坦克连、第19装甲炮兵团的1个营构成。

▲ 华沙之战中，除了武装党卫队，德军另一倚重的部队就是威廉·施迈茨的"戈林"装甲师

战斗群的前卫部队发生了冲突，这是德国人发起华沙城下的反击之后双方装甲部队的第一次战斗。在反击的两处方向上，德军的行动都没能取得决定性的成果，也没有给苏军造成太大的损失。据统计，在 1944 年 7 月 18 日至 7 月 30 日期间，第 2 坦克集团军共有 582 人阵亡、1581 人负伤、52 人失踪，还损失了大约 130 辆坦克和自行火炮，而这支部队在此期间获得的补充则是 550—650 辆坦克装甲车辆。这并不奇怪，第 39 装甲军本来就只能投入规模相当有限的部队，而第 19 装甲师与"赫尔曼·戈林"师也没能形成合力，只是在自己的当面方向上略做突击。

当这两个装甲师在华沙城下发起反击时，另外两支被莫德尔寄予厚望、从另一个方向赶来华沙的部队自然还无法参加战斗："髑髅"师离开了谢德尔采，在 30 日深夜到达位于谢德尔采和卡卢辛之间的乔杰奇诺（Chojeczno）；"维京"师的坦克和掷弹兵，那时则正朝着卡卢辛的方向前进。

然而，就算德军的反击规模极其有限，也足以令对手感到震动。两支装甲部队分别从普拉加发起的攻击，哪怕没有让拉济耶夫斯基将军大吃一惊，至少也使他充分意识到敌人仍然有能力对他的第 2 坦克集团军的左翼实施有效打击。他立即向罗科索夫斯基将军报告了自己在普拉格远郊遇到强大抵抗的情形，并要求方面军增调重炮等支援单位。罗科索夫斯基做出的回应是，目前第 2 坦克集团军应该集中兵力确保阻断德军第 2 集团军和第 9 集团军，夺取普拉加城区的任务应移交给作为第二攻击梯队一部分的第 47 集团军。

于是拉济耶夫斯基迅速做出了调整，他下令第 16 坦克军退出扎克雷村及周围地区，撤回到维亚佐夫纳；其时仍拥有超过 150 辆坦克和自行火炮的第 3 坦克军从沃洛敏和拉季敏全面收缩，不是从那里向西南面的普拉加攻击前进，而是转为就地转入防御姿态。一时间，一段时间以来咄咄逼人不断进取的第2坦克集团军各部纷纷停止了推进，改而开始挖防坦克壕、构筑反坦克炮阵地、建立起预备炮兵阵地，摆出一副由攻转守的样子。

7月31日，"戈林"师又有一批坦克到达普拉加，而第2装甲掷弹兵团的最后1辆履带式装甲车也驶过了维斯瓦河上的大桥，整个部队的开进集结将于8月4日完成。"维京"师中以"日耳曼尼亚"装甲掷弹兵团为核心的战斗群进抵斯坦尼斯拉瓦夫，"髑髅"师的部分兵力也到达附近地区，不过"维京"师的"韦斯特兰战斗群"仍然在韦格罗夫以北继续跨越布格河的过程中。随着数支增补单位陆续抵达普拉加，以及更多部队的到来可期，德军加大了对苏军第3坦克军左翼的压力。多支生力军从普拉加区出发，沿着马尔基—拉季敏公路和齐耶伦卡—沃洛敏铁路沿线向南进发。与此同时，第19装甲师的主力继续从东北面接近拉季敏，大有一举夺回此地之势。

尽管德国人积极进取，但是整个第39装甲军①在装甲实力的绝对值上仍明显弱于苏军第2坦克集团军，仅就前线部队而言，它甚至比第3坦克军都要弱。进攻部队的实力不足，加上苏军部队迅速采取了有效的防御姿态，致使德军在7月最后一天里的所有反击都遭到了迎头痛击。

在接到相关战报后，绍肯将军非常不耐烦地催促两个承诺到场的武装党卫队装甲师尽快赶来，另外他也希望第4装甲师能够及早加入进攻，之前在东线战场，绍肯就曾经指挥过第4装甲师。"髑髅"师师长贝克尔少将表示自己的部队仍在谢德尔采接近地实施后卫作战，不过他预计自己的一个战斗群在第二天可以参与普拉加的反击战。而第4装甲师发出的报告声称，由于降雨和运输工具不足，他们无法在未来的48小时内参加战斗。

到31日的战斗告一段落时，交战双方的对峙线大致沿沃洛敏—奥库组一线展开。近卫第8坦克军的一支部队打算趁夜攻下沃洛敏郊区的奥索夫（Ossów），但是此举被新近开上战场的"戈林"师的掷弹兵所阻止。这一地区的地形反倒有利于德国人，尽管第3坦克军控制着沃洛敏，近卫第8坦克军控制着奥库组，但是这两处所在却被湿地、树林和两条河流分隔开来，也就是说两支苏军部队彼此

---

① 亦被称为"冯·绍肯军级战斗群"。

▲ 莫德尔元帅（左一）在东线有"救火队员"美誉，更是希特勒的爱将之一

▼ 指挥着"髑髅"装甲师的赫尔穆特·贝克尔少将正在检视本师的战鼓

无法相顾。

而在稍早时候，曾是华沙东面地区争夺焦点的谢德尔采的战斗终于接近了尾声。"髑髅"师不可能在向普拉加开进的同时又确保此地的安全，事实上，第一支苏军部队是在 7 月 30 日深夜进城的，他们来自崔可夫中将的快速反应部队。在谢德尔采终于入手之后，罗科索夫斯基立即将几天来持续作战未曾休整的第 11 坦克军抽出，要求他们转而向南移动，白俄罗斯第 1 方面军司令员的意思是用这支坦克部队去支援正在努力扩大维斯瓦河桥头堡的第 69 集团军的前线部队。快速反应部队的近卫第 2 骑兵军将转向北方与友邻部队呼应，而将用于波兰首都方向上的兵力只有近卫第 2 骑兵军，在向西挺进的过程中，近卫第 2 骑兵军将和第 70 集团军实施协同作战。有意思的是，在夺取了布列斯特之后，由于德军第 2 集团军向西重新实施了部署，瓦西里·波波夫中将的第 70 集团军暂时和敌人失去了接触，实际上处于"赋闲"状态。

罗科索夫斯基元帅向波波夫发布了新命令，要求他的部队向卡卢辛方向前进，并在那里与第 47 集团军会合，一同参与到攻击普拉加的行动中。此外，罗科索夫斯基也向那时仍停留在布格河下游河段附近的第 28 集团军发出指令，要求其开始向西南方向转进，准备掩护配合兄弟部队的行动。

"髑髅"师等部的向西行进是为了在普拉加形成合力，不过谢德尔采的易手毕竟对华沙以东的局势造成了重大影响。按照莫德尔的要求，在这座城市以西仅仅 10 公里处建立了新的防线，第 2 集团军也已经收到命令，要求其在布格河和纳累夫河交会处地区稳定局势，应对白俄罗斯第 1 方面军右翼部队接下来所有可能的攻击。

为了应对在布格河北面采取行动的苏军第 48 和第 65 集团军，德军新成立了第 55 军，编成内包括第 11 装甲师、第 28 猎兵师、第 367 步兵师、第 507 重战车营（Schwere Panzer Abteilung），这支部队将会同由古斯塔夫·哈特涅克（Gustaw Harteneck）将军指挥的第 1 骑兵军[①]，以及第 20 和第 23 军的一部分兵力对抗苏军，以确保普拉加方向上德军的集结和反击。希特勒已宣布华沙为设防城市，他严令参战的各装甲师形成合力，在维斯瓦河岸阻挡住苏联蒸汽压路机。

在攻防双方的一系列冲突和调动之后，罗科索夫斯基认为自己的部队到了该停下来喘口气的时候了。7 月 26 日，白俄罗斯第 1 方面军的部队推进到了距离华沙 170 公里远的地方，而在此后的 5 天中，他们推进了 90 公里。罗科索夫斯基在向大本营发出的报告中称："我们的补给线长达几百公里，不能提供足够的供应来使我们能顺利前进。"

而就在那时，一个重大变故，即将发生。

8 月 1 日这一天

1944 年 8 月的第一天，华沙前线发生了许多大事，首先，崔可夫的近卫第 8 集团军一队人马在波兰首都南面的马格努塞夫（Magnuszew），更具体的位置是皮利卡河（Pilica River）和拉多姆卡河（Radomka River）的交汇处，越过维斯瓦河在西岸建立了一处桥头堡。在 8 月 1 日的日间，崔可夫向西岸投入了不少于 9 个近卫步兵团、341 门野战炮和迫击炮、19 辆自行火炮的兵力。一旦苏军的前卫部队渡过维斯瓦河，他们便立即着手建造浮桥，好让更多的部队过河。到 8 月 1 日晚上，苏军新开辟的这处突破口已经有 15 公里宽、5 公里深。

面对这一新的威胁，沃曼将军只得指挥所有可用的预备部队朝着皮利卡的方向前进。然而，由于他最具战斗力的那些部队已经完全被卷入了普拉加城下有如暴风般肆虐的激烈战斗中，这些预备队的数量和战斗力肯定是无法让人满意的。在那些奉命离开华沙地区向南填补空缺的单位中，首先出发的是第 1132 掷弹兵旅和 1 个

[①] 下辖第 4 装甲师、第 12 步兵师、第 4 骑兵旅。

突击炮训练分队，空军防空部队提供的 2 支装备着 88 毫米高射炮的炮兵部队也离开波兰首都。接着，第 17 步兵师的第 95 步兵团和一些额外的预备步兵营也加入行列，德国空军第 6 航空队的飞机向苏军的浮桥和渡船发动了攻击。不过，虽然德国人缺乏实施更剧烈反攻的战斗力量，崔可夫中将的突破暂时还不会对华沙的争夺战产生直接的影响。

这一天的第二个重要事件是普拉加之外的装甲战达到了一个新的高潮。8 月 1 日上午，第 19 装甲师的"贝勒战斗群"猛攻拉季敏的苏军外围阵地，在取得成功后继续推进，在和第 27 装甲团第 2 营一部，以及邻近尼波尔特森林的一些小型部队会合后，这个战斗群中的第 74 装甲掷弹兵团第 1 营击退了亚历山德罗夫（Aleksandrów）附近的苏军。与此同时，"赫尔曼·戈林"师的第 1 装甲掷弹兵团在得到了本师炮兵和坦克（包括"戈林"装甲团第 2 营的 IV 号坦克，以及该团第 3 营的数辆"虎"式重型坦克）提供的强大支援后，从马尔基一路打到了斯特鲁加（Struga），尽管苏军第 3 坦克军实施了猛烈的装甲反突击，但在损失了至少 15 辆坦克之后败退，"戈林"师的反击取得了阶段性成果。

第 19 装甲师攻击亚历山德罗夫，"戈林"师的掷弹兵拿下了斯特鲁加，这使得苏联军队也被迫放弃了斯卢普诺（Słupno）村，同时伤亡不断增加的拉季敏守军一再向内圈阵地收缩。稍晚些时候，第 19 装甲师位置靠南的另一个战斗群，以第 73 装甲掷弹兵团第 1 营、第 174 装甲掷弹兵团第 2 营和师属炮兵团第 2 营的兵力，在华沙附近的韦索拉（Wesoła）集结，并从那里向驻守奥库纽的近卫第 8 坦克军的近卫第 60 坦克旅发动了强攻，这次反击同样取得了成功。在夺取奥库纽之后，对这一天的阶段性战果感到满意的沃曼将军下令各部就地转入防御态势，等待武装党卫队的坦克部队从东面赶来与自己会合。

8 月 1 日这一天，德军的普拉加反击所急需的两个武装党卫队装甲师仍在斯坦尼斯拉瓦夫附近行进，"髑髅"师在行军途中接到了莫德尔元帅发来的尽快进攻沃洛敏的命令，而"维京"师则受命向刚刚取得突破的奥库纽方向行进，这两道命令的用意都是要 SS 装甲师尽快与第 39 装甲军建立联系。一旦这两股装甲部队实现会合，就意味着把苏军中位置最靠前的第 3 坦克军同第 2 坦克集团军的其余部分分割开来。

但是必须要注意的是，即便到了战役的这一阶段，"髑髅"师和"维京"师仍只能以孤立的战斗群投入投斗。"韦斯特兰战斗群"的核心力量第 10 SS 装甲掷弹

▲ 1944年8月，正向华沙地区开进中的德军增援部队

兵团尚未完全渡过布格河，而"髑髅"师的部分力量仍然被牵制在谢德尔采外围。简而言之，两个SS装甲师到那时对普拉加战斗所能施加的影响仍然极其有限。

而就在中央集团军群的命令发出后不久，"维京"师的左翼突然出现了大批T–34坦克，后经查明那是近卫第8坦克军第59坦克旅的部队。这支部队正在执行他们在前一天收自近卫第8坦克军军部所发出的向斯坦尼斯拉瓦夫机动行进的指令，而面对这种情况，"维京"师不得不集中力量自卫，而不是向奥库组前进。双方在这场遭遇战中都损失不小，对德国人来说好处是消除了苏军对斯坦尼斯拉瓦夫的威胁，坏处是无法向奥库组进展，这样一来波波夫将军就可以利用这一空档对奥库组做出兵力调整。

傍晚时分，波波夫就下令近卫第8坦克军向奥库组发动了反击，刚刚占领那里的第19装甲师战斗群的兵力本就有限，结果被反击的苏军逐出了奥库组。波波夫的果断行动，在一定程度上恢复了与第3坦克军的联系。莫德尔和沃曼都看到了此地战斗的重要性，但是在兵力上力有不逮，也是徒呼奈何。

得知奥库组得而复失的消息后，莫德尔元帅大为不满，他打电话给沃曼将军，要求后者尽一切可能尽快消灭敌人装甲部队的一线单位，同时还要摧毁马格努塞夫的苏军桥头堡。第9集团军的司令官被这通严厉的电话吓到了，他说自己已经在兵力不足的情况下持续投入了激战，不可能同时执行这两项任务。

听出部下的焦虑，莫德尔告诉沃曼要有信心，他已经下令采取了三个措施来加强普拉加城下的德军。第一是把第 8 军转入第 9 集团军序列，这支部队将在华沙南部组织起维斯瓦河一线的防御。第二是由抽自第 2 集团军的部队组建"费尔茨曼战斗群"，也将归沃曼指挥，这个战斗群将以第 4 装甲师为骨干，还包括从布列斯特撤退而来的和 2 个重型火炮分队的剩余部分。由贝泽尔（Betzel）少将指挥的第 4 装甲师在编成上包括第 35 装甲团、第 12 装甲掷弹兵团、第 103 装甲炮兵团、第 79 装甲工兵营、第 290 装甲高射炮营的 2 个连以及通讯单位，一旦"费尔茨曼战斗群"到位，将在拉季敏支援第 19 装甲师作战。第三个举措是把"骷髅"师和"维京"师也纳入"冯·绍肯军级战斗群"即第 39 装甲军的指挥，这意味着这两个 SS 装甲师也将成为第 9 集团军的部队。

然而，上述这些种种都还算不上是 8 月 1 日最重要的事件——这一天的焦点不在华沙城外，而在华沙城内。

从 7 月下旬开始，华沙城内的抵抗力量有如火山口中涌动的熔岩，已经到了喷发的时刻。值得注意的是在 7 月 29 日晚上，以 18 世纪波兰民族英雄塔德·科斯丘什科的名字命名的莫斯科电台对华沙广播频段发出了一份特别的广播内容，这是一份呼吁书，呼吁华沙人民尽快拿起武器反抗"希特勒匪徒"。

苏联呼吁华沙人发动起义？这是不是显得很让人奇怪？其实并不奇怪，这次广播并不是针对波兰流亡政府控制下的波兰国民军的，而是针对另一支地下武装，即由波兰地下共产党所领导的波兰人民军。

科斯丘什科电台广播道："毫无疑问，华沙人民已经听到了战场上解放的

1944 年 8 月 1 日德军第 4 装甲师实力	
类别	装备数量（辆）
"豹"式中型坦克	58
IV 号中型坦克	83
III 号指挥坦克	5
IV 号驱逐坦克	12
"黄鼠狼 III"	
自行反坦克炮	10
"蟋蟀"自行步兵炮	9
"黄蜂"自行火炮	6
"胡蜂"自行火炮	6
Sd.Kfz 250/251 半履带车	311
Pak 40 型 75 毫米反坦克炮	7
牵引式步兵炮	10
leFH 18 /sFH 18 榴弹炮	38
80 毫米迫击炮	26
120 毫米迫击炮	12
37 毫米高射炮	8
88 毫米高射炮	8
MG 34/MG 42 机枪	718
士兵	12700

▲ "维京"师一部，停在坦克旁的半履带车显然是辆指挥车

炮声，那些从未向希特勒匪帮力量低头的人，会像在 1939 年一样再次奋起与德军交战，发起决定性行动的时刻已经到来了。"广播最后反复强调："波兰人民，解放的时刻已经到来了！波兰人民，拿起武器！抓紧时间！"由苏联外长莫洛托夫等人具名签署的一份公报也有同样的内容，广播稿和这份公报被印制成传单，由苏联飞机空投到了华沙。

不过，被莫斯科方面寄予期望的波兰人民军只是一支规模很小的武装力量，充其量不过千余人，是无法承担起实现华沙起义的重托的。在华沙真正具有反抗力量的，是由化名"博尔将军"的塔德科莫罗夫斯基所领导的波兰国民军，据称国民军的总人数达到了 38 万人，其中在华沙的"战斗兵员"为 4 万人。

博尔将军和他的助手们收听到了莫斯科的广播，也看到了苏联飞机投下的传单，对这些自从德军占领波兰以来便一直在谋划起义的人来说，他们对苏军部队朝华沙的推进情况比对莫斯科的宣传更感兴趣。需要指出的是，波兰国民军的领导层从来不寄希望于依靠苏联红军来解放华沙，他们一心想的是要抢在苏军开进华沙之前自己控制自己的首都，他们要在苏联在华沙建立起一个共产党政府之前，抢先确立米克拉雅科齐克政府的权威。

现在是动手的时候了，按照波兰国民军的估计，苏军的先头部队最快会在一周之内就进入华沙城区。7 月 31 日，德军"赫尔曼·戈林"师的纵队正经过旧城区越过维斯瓦河，前去参与普拉加区的战斗，德国工兵已经开始在连接着两处城区的桥梁上安放炸药，而德国人的电台在午间新闻中特别播报说德军部队已经在华沙东南面发起了全面总攻。

到了8月1日上午，正当博尔将军和他的参谋人员在华沙旧城郊的一座房子里开会时，一名联络官闯了进来，声称苏联坦克正在向普拉加进发。按照他的说法，普拉加区周边的小镇已经满是苏联红军，估计苏联坦克今天晚上就能开到普拉加区的街道上。

▲ 一名波兰国民军的女战士露出灿烂的笑容，这是悲情的瞬间

一刻也不能等了。必须在红军进入华沙之前控制整个华沙城区。"好吧，我们行动。"博尔将军发出了命令。8月1日下午15时——比预计时间早了2小时，华沙起义正式开始了。

从某些角度看，这个起义的时机选得很好。当波兰国民军开始冲击旧城区的多处重要建筑物时，从这天清晨开始行进在华沙旧城区的多支德军部队刚刚离开，而这些部队原本可以立即投入平叛行动中。起义突然打响，被希特勒指定为华沙城防指挥官的空军将军斯塔赫尔陷入了尴尬境地，在向一些城内驻防部队发出警报后，他自己设在萨克森宫（Saxon Palace）的总部便被起义者包围，虽然暂时没有被攻克的危险，但这意味着斯塔赫尔从华沙起义一开始就已经无法行使镇压起义的指挥权。

起义还对德军向普拉加的集中造成了影响。华沙起义的爆发让"赫尔曼·戈林"师开赴交战一线的进度被拖慢，第2伞兵装甲掷弹兵团的情况尤其如此。在起义的第二天，波兰国民军甚至在沃拉区缴获了属于这个伞兵装甲师的2辆"豹"式坦克，这一度成为起义者深为倚赖的装甲兵力。起义也阻碍了第19装甲师后续兵力的集结与整合，从荷兰赶来的部队，暂时无法与正在普拉加战斗的部队会合了。受到影响的还有刚刚被划入第9集团军的第8军，由于华沙起义的结果，赫恩（Höhne）将军手下的大部分兵力在延迟4天之后才得以进入指定的战场。

不过从苏军的角度看，华沙起义的时机一点也不好。罗科索夫斯基是在8月2日得到华沙起义的消息的，他的第一反应是什么呢？是"深感不安"。整个白俄罗斯第1方面军的司令部议论纷纷,有人甚至猜测这也许是德国人散布的谣言。为什么会有这样的想法?因为罗科索夫斯基和他的参谋们都认为华沙起义开始的时间正是"最不合时宜的时间",似乎"起义领导者故意选择了一个注定要失败的时间"。

那时白俄罗斯第1方面军正处于艰苦战斗的阶段。第48和第65集团军正在华沙以东和东北100多公里的地方配合友邻部队进行战斗,在攻占布列斯特的行动后第70集团军正在做必要的休整,第47集团军在谢德尔采周边肃清残敌,第2坦克集团军在普拉加受到了德军的猛烈反击,波兰第1集团军、近卫第8集团军和第69集团军在华沙以南的马格努塞夫渡过了维斯瓦河,但有待进一步扩大西岸登陆场。在这种态势下,罗科索夫斯基确实不可能立即对华沙起义做出响应,"华沙上演的悲剧令人坐立不安。当我们意识到没有能力实施一场大战役来拯救起义者的时候,我们心如刀绞。"

华沙起义爆发时,城外苏军的态势是多路并进,但都需要为克服过大的战役纵深而付出更多的艰苦努力。就像罗科索夫斯基说的那样,"也许华沙近在咫尺——但在我们通往普拉加的道路上还充满着激烈的战斗,每前进一步都要付出巨大的代价。"

▼ 华沙之战态势 7月30日—8月1日

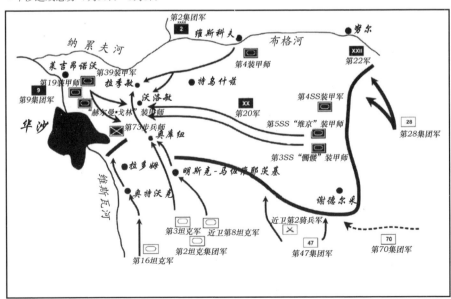

华沙郊外重镇易手

8月2日，华沙起义的第二天，城内的波兰国民军控制了旧城区的更多地方，而普拉加城外苏军第3坦克军的局势则变得不那么乐观。武杰季耶杰耶夫将军的这支部队所控制的拉季敏地区遭到了多个方向的敌军重炮轰击，德军很快就向这里投入了重兵：第4装甲师的战斗群从东北方发起攻击，第19装甲师从北面和西面发动协同进攻。

沿着拉季敏—维斯齐科夫一线，由第35装甲团团长克里斯滕（Christern）上校指挥的一个战斗群充当了德军反击的主力，第35团第2营的28辆IV号坦克在第12装甲掷弹兵团2个掷弹兵营的配合下发起了来势汹汹的突击，这次局部攻势很快变成争夺小村迪波沃（Dybowo）的剧斗，德国人最终控制了这座村庄，驻守在那里的第3坦克军第103坦克旅被迫向沃洛敏撤退，同时在战场上留下了大量装备。

在拉季敏南面，坚守着另一处重镇沃洛敏的苏军部队也遭受了敌人的冲击。向苏军阵地发起进攻的不光是"赫尔曼·戈林"师的掷弹兵，还有"骷髅"师的一队前哨人马。不过这一次，苏军第51坦克旅的T–34坦克在第57机械化旅的步兵配合下，证明了自己不光善于进攻，也善于防守。"戈林"师和"骷髅"师投入的兵力都很有限，在几波进攻都被苏军击退后，两支德国部队都选择了暂时退却。

在另一个方向上，"维京"师仍然在为向华沙正东的奥库组进军的命令头疼。吉尔将军还是无法用全部力量投入交战，他在2日晚些时候以第5SS装甲团第2营和第9SS装甲掷弹兵团一部攻击了在波兹维恩（Poświętne）村周围的苏军阵地，这一努力只取得了部分成功。这一天，吉尔的另外部分人马已经越过布格河赶来和余部会合，但是鉴于苏军近卫第8坦克军和第47集团军随时可能发动的进攻，党卫队装甲师还无法对奥库组发起新的攻击。

在华沙东北面和东面的战事进展的同时，华沙东南面接近地的局势也在发

▲ 华沙起义策划者的意图，就是要抢在苏军入城前解放华沙

▲ 1944年大起义后的华沙城，欧洲历史最悠久的名城之一惨遭浩劫

展着。在这个方向上，第2坦克集团军的第16坦克军慢慢恢复了朝普拉加的推进，在进展途中，苏联部队受到了由少量装甲车支援的德国步兵的攻击，不过指挥着这个坦克军的杜博沃伊将军在战况报告中指出"这些敌人并不特别具有威胁性"。

第16坦克军恰好处在没有什么德军重兵集团的方向上，在推进队列的最前部，军官们已经可以通过望远镜看到华沙的普拉加区，观察者写道，"深远的城市方向被笼罩在烟雾之中，一些地方的房屋在燃烧，炸弹和炮弹的爆炸此伏彼起。从各方面情况判断，市内正在进行激烈的战斗。"尽管如此，杜博沃伊还是遵守了第2坦克集团军司令拉济耶夫斯基将军在几天前发出的命令，那其实是重申了大本营以及方面军的命令，也就是明确规定坦克部队不得突入华沙城区的建筑物丛林中。

所以，在取得了一定的进展后，第16坦克军在米耶兹雷（Międzyleś）和泽比基（Zbytki）一线停了下来，在那里等待第47集团军第125军的步兵部队上前。此后，为了改善第2坦克集团军的态势，拉济耶夫斯基将军让第16坦克军可以采取适度行动进攻扎克雷地区，杜博沃伊派兵拿下了这处村落，于是和近卫第8坦克军的左翼建立了连接。

或许第16坦克军应该向更北面推进一番，以缓解正陷于危困境地中的第3坦克军的处境，但是杜博沃伊没有这样做，相反，他把自己的第109坦克旅拉出一线，放到后方担任预备队去了。而从8月3日清晨开始，德国人便对武杰季耶杰耶夫将军的越来越虚弱的第3坦克军施加了更大的压力。在一番炮击过后，德国空军的 SG 1 和 SG 77 两个攻击机联队发动了较大规模的空中打击，同时掩护本方坦克和突击炮的开进。可是，就算持续受到猛攻的苏联军队燃料和弹药储备已经显著减少，他们也不会就此放弃的，在沃洛敏周围的防御阵地上，武杰季耶杰耶夫使用近100辆坦克建立了防御圈，当地的地形有利于实施反坦克阻击的一方，德军的推进在相当程度上受到丘陵地貌和沼泽湿地的阻碍。

对于指挥着这场反击的冯·绍肯将军来说，好消息是从东面来的 SS 装甲师终于到场，可以和从普拉加出击的部队形成某种意义上的东西夹击了。在8月3日对沃洛敏的进攻中，第4装甲师的一个战斗群从北面动手，西边是第19装甲师和"赫尔曼·戈林"师的一部分，从东面攻过来的则是"髑髅"师。与此同时，实力得到提升的"维京"师开始执行既定任务，也即从奥库纽以东发动攻击，冲击那里的近卫第8坦克军。在奥库纽，波波夫将军立即率领自己的坦克部队发起了反冲击，他很清楚，德军一旦拿下奥库纽就能合围整个第3坦克军，他是不会让这样的事发生的。

在沃洛敏外围，激烈的装甲战持续了整整一天，第3坦克军损失了数十辆坦克，不过仍在多处地段坚守着阵地，同时给进攻的德军造成了重大损失。德军中的一名战地记者留下了这样生动的记录："喧闹声持续不断，运兵车急驶而过，弹药车急驶而过，这些车辆都以极快的速度，在炮火打击下向前行进。在我们面前还有救护车和被击伤的坦克，交通堵塞，宪兵忙碌不已，大地呻吟着，树木被放倒，热浪和灰尘充斥四周。远距离的炮击造成严重的破坏，道路上满是熊熊燃烧的汽车，血和肉焚烧的臭味扑鼻而来，灰尘在太阳下飞舞。受伤的人带着血腥的绷带向后走去，满脸胡子茬的死者的双眼奇怪地睁着。"

攻防双方的得与失被记录在"冯·绍肯军级战斗群"的当日战报中。据称，"赫尔曼·戈林"装甲师中由贝林格（Bellinger）上尉指挥的第3装甲营第10连，在3日当天的战斗中击毁了多达36辆苏军坦克。而来自第4装甲师的第35装甲团宣布摧毁了14辆苏军坦克。战报同时承认德军各部在沃洛敏损失了47辆坦克，还有6门76.2毫米反坦克炮和2门57毫米反坦克炮。

第3坦克军不能再坚持下去了。8月3日当天晚上，在征得了上级的同意之后，武杰季耶杰耶夫将军下令所部人马放弃沃洛敏，寻路向南面撤退。第3坦克军各部在撤退中保持了秩序，他们整晚都在赶路，在穿过德卢加地区的一大片树林后，他们终于看到了自己的战友：近卫第8坦克军的阵地就在眼前。虽然完成了撤退，但

▲ 德军部队在镇压华沙起义过程中所使用的火箭弹

▲ 德军第19装甲师的战斗群参与了8月普拉加外围的激烈交战

是这支部队几乎丧失了自己的所有重型装备。构成这个坦克军主要实力的第50和第51坦克旅形同瓦解，两支部队的指挥官芬多夫诺伊少校和米尔沃达上校都负了伤，且在8月4日上午被德军俘获。德军第9集团军司令沃曼将军告诉莫德尔元帅，苏军第3坦克军已经被完全摧毁，虽然这样的说法并不十分准确，不过至少就武器装备而言，这大体还算是成立的。

　　击垮苏军第3坦克军的胜利，让中央集团军群司令莫德尔一直以来所承受的巨大压力有所缓解，现在他最关心的问题变成和华沙城下德军部队相对的另一路敌人也就是近卫第8集团军的战斗，至于在华沙以南马格努塞夫登陆场越来越严重的危机，只好暂付阙如了。莫德尔下令把"冯·绍肯军级战斗群"划分成两支独立的作战部队，第19装甲师连同"赫尔曼·戈林"师为一队，两个武装党卫队装甲师为另一队，第4装甲师略为收缩充当预备队。

　　这个决定并不是说要各部队转入守势，相反，沃曼将军受命继续进行在普拉加之外的战斗，进一步扩大已取得的战果。8月4日，德军从沃洛敏以南发起了新的攻势，参与兵力是由第19装甲师一部和"赫尔曼·戈林"师一部所组成的战斗群。德国人打击了近卫第8坦克军设在奥库纽接近地区域的阵地，和这个军的近卫第60坦克旅、近卫第59坦克旅和第28机械化旅进行了激战。德国人的进攻显得有些仓促，因为他们所选择的战场地形并不利于进攻一方，例如第35装甲团第1营用了整整一天的时间尝试突破近卫第59坦克旅的防区，结果却被困在湿地和溪流间进退两难。

　　在同一天，"赫尔曼·戈林"师的第2装甲掷弹兵团另有任务，这个团刚刚在普拉加站稳脚跟，到那时为止尚未参与战斗。按照新的命令，这个团抽调部分兵力，在一队 IV 号坦克的支援下重新向西开入华沙旧城区。在打击起义者的战斗中，掷弹兵们只取得了部分成功，却付出了沉重的代价。

在第 19 装甲师和"戈林"师的行动开始后，"髑髅"师的部队也从东面向奥库纽方向攻击前进，尽管党卫队装甲师在米希洛夫（Michałów）取得了一些初步成功，但整场攻击被苏军血淋淋地击退了。"髑髅"师原本预计可以得到"维京"师一部的支持，但后者并未现身，因为在 8 月 4 日这一天，"维京"师正和苏军第 47 集团军的第 77 军在斯坦尼斯拉瓦夫附近交战。总的来说德军在 8 月 4 日这一天的反击中缺乏战果，中央集团军群的战报称当天一共击毁了 76 辆苏联坦克。

8 月 5 日的形势同样极不明朗。在第 19 装甲师开始进一步向南行动时，苏军第 47 集团军的部队突然袭击了正沿着谢德尔采至华沙公路上行进的"维京"师一部，迫使莫德尔下令两个武装党卫队装甲师同时收缩，而这两支部队原计划在这天对近卫第 8 坦克军发动新的攻势。在"髑髅"师和"维京"师于斯坦尼斯拉瓦夫周边构筑防御阵地之际，留下来打击近卫第8坦克军的德军部队，就只剩下部分"赫尔曼·戈

❯ 亲力亲为的莫德尔元帅于1944年夏天在波兰视察一处机枪阵地

林"师的部队再加上第4装甲师的一个战斗群了。

新的战斗随即打响,双方的坦克和装甲车辆又在奥库纽外围激斗,近卫第8坦克军的大部分阵地不可动摇,第4装甲师只取到微不足道的进展,而"戈林"师的掷弹兵们在战斗中途遭到苏军猛烈的炮火急袭而伤亡颇重。苏军部队不仅守住了阵地,而且波波夫将军手中似乎仍然握有相当可观的作战资源,因为他在傍晚时分有余力组织起了一次反击,仅在针对第4装甲师的方向上就击毁了11辆德国坦克。由于波波夫的成功,8月5日入夜时的攻防对峙情况重新回到了8月4日的形势。冯·绍肯将军本打算集结力量再做一次攻击尝试,不过他接到沃曼将军的命令,要求他立即把"赫尔曼·戈林"师的主力部署到马格努塞夫苏军登陆场的方向上,于是奥库纽只能先放一放了。

8月6日,德军部队陆续撤离了奥库纽周边地区,只留下第73步兵师和第1131掷弹兵旅同近卫第8坦克军的阵地相对。近卫第8坦克军保住了自己的阵地,普拉加外历时数日的这场交战终于告一段落。经过连日争夺,普拉加城下的地区变成了一个庞大的装甲残骸堆积场,在其间散布着超过300辆坦克和自行火炮的残骸。

当波波夫询问拉济耶夫斯基将军是否要发动反击时,后者从现实情况出发告诉他按兵不动。现在第2坦克集团军的当务之急不是攻而是守,第一要务是重组第3坦克军,同时继续保有近卫第8坦克军的既得阵地,至于第16坦克军,杜博沃伊将军已经按照罗科索夫斯基元帅的最新指令行事,开始从华沙郊区撤退而重新部署到马格努塞夫桥头堡地区。

取决于斯大林的态度

交战双方都需要舔舐伤口,而当战火于8月6日早上暂时平歇时,在华沙城下战线上坦克装甲车数量占据优势的仍然是苏联军队。根据第2坦克集团军的统计材料,波波夫将军的近卫第8坦克军仍然拥有126辆坦克,正在转移中的第16坦克军估计有130—160辆坦克可用,颇令人惊讶的是,几乎被消灭的第3坦克军这时也保有50辆坦克,其他零散单位还有20辆坦克。这样在8月6日这一天,整个第2坦克集团军的可用坦克数量在326—356辆之间。

但是作为白俄罗斯第1方面军主力的第2坦克集团军已经非常困顿,士兵们筋

▲ 德军装甲纵队经过一处波兰村庄，所有人严阵以待，战斗随时会打响

疲力尽，许多重型装备急需维修，全军在战斗中遭受了严重的损失。从 7 月 29 日—8 月 6 日，共有 340 辆坦克和自行火炮被毁，若是从 7 月 18 日开始计算，损毁的坦克和装甲车辆的数量接近 500 辆。8 月 2—3 日，也就是德军在普拉加城外的反击最猛烈的时候，正是第 2 坦克集团军参战各部损失最大的时段。第 2 坦克集团军在 8 月第一周有 409 人战死、127 人负伤、589 人失踪，其中大部分是坦克和装甲车辆的车组成员，而"一些受伤的苏联士兵往往在当地居民的帮助下得以迅速返回他们的原单位"。

在德国中央集团军群发于 8 月 6 日的官方报告中，指出德军在拉季敏和沃洛敏战斗期间共击毁了 192 辆坦克和 45 门火炮。如果把各师的战报数字相加，则还要远大于中央集团军群的统计，比如第 4 装甲师在总结 8 月 2 日—8 月 9 日的战斗时用到了《全师的成功》这样一个标题，内容称全师击毁了 108 辆坦克、2 辆自行火炮、65 门野战炮和高射炮。

想要精确统计苏联坦克的损失总是困难重重的，而且在很多时候，损失数字并不意味着同等规模的战斗力损失。原因之一是苏军的装备补充换新能力极强，原因之二是红军在战场抢修作战装备的能力也是二战诸交战国中首屈一指的。当拉济耶夫斯基将军在 8 月中旬总结 8 月第一周的交战情况时，声称整个第 2 坦克集团军只有116辆坦克属于"无法挽回的损失",这并非文过饰非之词。在拥有巨大补充资源的同时,第2坦克集团军的各坦克军均具备迅速修理大部分"被摧毁"坦克的能力,苏军士兵往往在夜间回收这些受损的坦克,在几天之内就可以令其重回战场,当然,是在为它们分配新的坦克车组之后。

另一方面,在普拉加城下发动反击并取得阶段性成果的德国人也遭受了重大损失。到8月6日,第19装甲师可用的坦克只剩下28辆,情况稍好一些的第4装甲师还有40辆。两个SS装甲师虽然在反击的后半段才投入行动,但他们已经在前线战斗了将近一个月,那时"髑髅"师还有56辆坦克可用,"维京"师可用的坦克数量为45辆。从意大利赶来参战的精英部队"赫尔曼·戈林"师报告说,全师在8月6日只有51辆坦克可以行动①。

可以以第4装甲师为例,来看一看单一德军装甲师的战损情况。这个师在8月初的实力为45辆Ⅳ号坦克、40辆"豹"坦克、12辆Ⅳ号驱逐坦克、10辆"黄鼠狼Ⅲ"自行反坦克以及各型号的237辆履带式和轮式装甲车。除这些达到作战状态的车辆外,还有38辆Ⅳ号坦克、18辆"豹"式坦克和74辆履带式运输车正在进行修理。而到了8月6日,能够战斗的就只有20辆Ⅳ号坦克、20辆"豹"式坦克、10辆Ⅳ号驱逐坦克和6辆"黄鼠狼Ⅲ"了。

因而可以得出"冯·绍肯军级战斗群"在反击过程中损失的坦克总数超过200辆的结论,对于补给速度远不及苏军的德国部队来说,这并不令人满意。而就损失原因而论,很难确认有多少作战车辆是苏军火力的受害者,又有多少仅仅是因为发动机故障或其他机械原因而损失的。苏军方面乐观地估计了自己对德军造成的打击,据拉济耶夫斯基将军称,德军在反击过程中至少损失了273辆坦克和100辆装甲运输车,还有8000名士兵被打死或被俘。这些数字显然是被过分夸大了,尤其值得注意的是,实际上第2坦克集团军抓到的德军俘虏特别少,只有138人。

总的来看,德军第9集团军连同第2集团军的机动兵力在8月的第一周通过反击暂时消除了华沙接近地的威胁,控制了普拉区的周边地域,不过即便各师的救援和修理分队从拉迤季敏和沃洛敏战场拖走了不少受损的坦克并以尽可能快的速度实施了抢修,但是到了8月的第二周时,普拉加郊外的德军坦克装甲车辆的总数是相

---

① 以上这些统计数据都不包括各师的自行火炮在内。

▲ 华沙起义的功败垂成，令起义者付出了巨大的人员伤亡代价，或许图中这几位年轻人已不再有明天

▼ 一名头戴德军钢盔的起义者正从华沙的一处残存建筑物中向外张望

当少的，这意味着下一阶段的战斗前景同样不可捉摸。

华沙城外的战斗进程取决于交战双方的实力、战术和决心，但在很大程度上，也取决于斯大林对华沙事态的态度。和罗科索夫斯基一样，他在8月2日收到波兰首都已经开始起义的报告，而在8月3日，华沙起义还得到了波兰流亡政府的总理斯坦尼斯拉夫·米科瓦奇克的当面证实——他从伦敦飞到莫斯科，开始就国家的未来命运与苏联最高统治者举行正式会谈。

毫无疑问，波兰流亡政府的代表希望从苏联获得某种程度的帮助，但不论是斯大林一贯的立场，还是新近在卢布林成立临时政府的举措，都让人觉得如果斯大林同意全力支援由波兰流亡政府主导的华沙起义，才是怪事一桩。

苏联方面虽然给予米科瓦奇克高规格的接待，但是几位高级官员在非正式会谈中埋怨说，莫斯科是在起义开始以后才得到这次起义的通知，这种埋怨一定让前来寻求帮助的波兰人很尴尬。另外，莫斯科也有这样的氛围，即认为波兰国民军力图抢在苏军之前控制华沙，以便向苏联表明它才具有苏联必须与之打交道的波兰真正的军事和政治力量。

在和米科瓦奇克会晤的过程中，斯大林也"适时"地从他的前线指挥官那里得到了苏军困顿的报告。大概就在波兰代表团到达莫斯科的第二天，罗科索夫斯基元帅就向大本营通报了第2坦克集团军所面临的麻烦情况，白俄罗斯第1方面军司令强调目前在普拉加城外的失利既有方面军分兵的原因，也有敌人在布格河和纳累夫河之间采取了猛烈反击的原因。罗科索夫斯基表示，从积极的方面来说，在他指挥下的前线部队沿着维斯瓦河取得了巨大的成功，已经在华沙以南的河段上夺取了两座桥梁，正在马格努塞夫地区将近卫第8集团军的大部分部队调动过河。

最高统帅并没有为此而责怪罗科索夫斯基的意思，实际上他倒是觉得目前的局面并无不妥。他下令当前阶段只合适在华沙郊区打一场防御性战争，尤其是在接近普拉加区的地域。罗科索夫斯基元帅得到指令，要求他暂停针对普拉加的大规模攻击，不过在他指挥的前线上的其余地段则应在适当的时候继续保持必要的攻势。

莫斯科要求罗科索夫斯基详细报告白俄罗斯第 1 方面军的现状，以及在近期重新采取主动的可能性。罗科索夫斯基表示自己的兵团取得了进展，也遭受了巨大的损失，第 47 集团军在延展得相当长的区域内行动，第 70 集团军面临重组以及供应问题，综合判断，白俄罗斯第 1 方面军能够重启行动的时间不会早于 8 月 10 日。至于普拉加方向，罗科索夫斯基已经让第 16 坦克军南下马格努塞夫去加强那里的登陆场了，这样做自然进一步削弱了普拉加阵线，不过符合莫斯科大本营有关禁止坦克部队突击华沙城区的指令精神。

在收到上述详细报告后，斯大林下令制定新的维斯瓦河地域作战计划，"华沙因素"只会是其中的一部分。8 月 8 日，朱可夫元帅提出了一个新的构想，乌克兰第 1 方面军和白俄罗斯第 1 方面军最重要的目标是夺取维斯瓦河沿线的两座大型桥梁并巩固桥头堡。继而，在控制了纳累夫河沿岸的广大地段后，罗科索夫斯基元帅的方面军才会展开对华沙敌人的下一步攻击。如果这一攻击得手，再加上苏军在布格河和纳累夫河流域的进攻，将导致德军中央集团军群的瓦解。按照朱可夫的推断，这一切估计要到 8 月 25 日左右才可能发生。

西方史学界对那时斯大林下达给罗科索夫斯基的命令有一种臆测[1]，按照这种观点所指出的，斯大林认为德国人——就像希特勒和其他高级纳粹分子所认为的那样——应该能够在接下来的几天里完全镇压华沙起义；在发生这种情况并且城内的波兰国民军被消灭后，才是苏军攻击并占领普拉加的合适时机；同时，在华沙起义失败之后，罗科索夫斯基不应立即对华沙的新城区发起攻击，因为过早开始进攻会不必要地延长作战时间，让德国人无法完全地控制住波兰首都。

西方史学家做出上述臆测的根据是那几天里斯大林和苏联红军的表现。在华

---

[1] 注意是没有任何形式的书面记录和当事人陈述，就仅仅是臆测。

沙接近地，第 47 集团军的第 125 军原本正在行进，计划对在普拉加以南作战的坦克部队实施支援，不过当这支部队刚刚和第 16 坦克军的左翼接触上，便立即从方面军司令部接到了就地停止前进的命令。与此同时，配合白俄罗斯第 1 方面军作战的苏联战斗机被禁止飞越华沙领空，大幅度减弱在前线出击的架数，即便德国人的 Ju 87D 俯冲轰炸机在那时进行了几次规模颇大的袭击也没能改变这一命令。

在前几次会谈中，斯大林都对波兰总理米科瓦奇克隐瞒了自己对华沙起义的态度。不过波兰人终于意识到他们的谈判对手实际上戴着厚厚的面具，克里姆林宫的真实想法也许是打算被动地等待华沙国民军的失败。8 月 13 日，苏联的塔斯社就苏联对华沙起义的态度播送了通稿，字里行间很容易让人得出消极的结论。而且在三天后，在回应英国首相丘吉尔发来的要求苏军协助起义者的要求时，斯大林措辞强硬地回答说："在了解了发生在华沙的事件之后，我现在确信这是一种愚蠢而可怕的麻烦制造方式，这将会给人们造成许多伤害……在目前出现的情况下，苏联指挥官已经得出结论避免与华沙的麻烦扯上任何关系，因为我们不能直接或间接地对正在那里发生的事情负责。"

这番言辞已经足够令西方同盟国领导人惊愕，斯大林在 8 月 22 日更进一步地写道："迟早会有少数罪犯在华沙开始趁乱夺取政权，他们通常只对这一点感兴趣。"在他眼里，旨在夺取华沙控制权的人已经和罪犯无异了。

斯大林的前线指挥官，看问题的态度和他并无二致。罗科索夫斯基对于波兰国民军素无好感，他曾经在进入波兰境内后和国民军的一支部队有过接触，据说当时那支部队的领导者对罗科索夫斯基说："我们不会拿起武器来反对红军，但我们也不想与你们有任何联系。"罗科索夫斯基对此的评价是："举止傲慢，一点礼貌也没有！"

至于已经在波兰开始工作的设于卢布林的波兰民族解放委员会，则给罗科索夫斯基留下了"承担起了解决一切类似问题的责任"的印象。他对这个波兰临时政府成员的评价是："这是一群热爱祖国的革命家和国际主义者。那时他们肩上的担子是很重的，但同志们并不气馁，情绪乐观。"罗科索夫斯基的态度很明确，苏联已经与卢林布的波兰政府建立了密切联系，而那些推动华沙起义的人，则根本就不想与接近华沙的苏联部队和波兰军队联合，因为"他们害怕这样做。他们另有打算——在苏军部队到达华沙之前夺取首都的政权。那些在伦敦的先生们就是这么命令的。"

正因为自上而下的这一立场，苏联最高统治者甚至不同意那些打算向华沙空投物资的盟军飞机在苏联领土上降落。斯大林所持的这种不合作态度直到9月初才会有所动摇——那时他觉得华沙起义的问题或许会开始动摇苏联与英国的关系，所以在口气上有所松动。

然而必须指出的是，尽管苏联方面对华沙起义所持的态度肯定和西方同盟国不同，但这绝不是说在华沙附近的苏军部队就像有些行文夸张而无实据的文章里所写的那样停止了战斗行为，相反，发生在华沙郊外的战事仍在持续进行着。

每个装甲团只剩下几十辆坦克

8月10日，华沙城外的战斗在华沙以东的地区重新爆发。这一次，罗斯索夫斯基元帅不再是让第2坦克集团军这柄尖刀向北突击普拉加区，而是在整个华沙以东的广大地区动手，旨在消除沿着布格河向东面延伸的德军突出部，这个突出部从斯坦尼斯拉瓦夫开始向东经过韦格罗夫，再一直延伸到努尔（Nur）。

很显然，就算苏军占有数量优势，攻击这一整个突出部也绝非一项简单的任务。

❯起义者驾驶着缴获的德军半履带车行进在华沙的街道上

在 8 月第一周的普拉加装甲战之后，白俄罗斯第 1 方面军的下述部队在这个布格河突出部的南翼就位：最西侧是第 47 集团军，然后是第 2 坦克集团军的某些单位[①]，中间是第 70 集团军，最东面是第 28 集团军，附近还有第 9 坦克军、近卫第 2 骑兵军和近卫第 4 骑兵军。其中，第 47 集团军的第 125 军直接对着华沙郊外，这个集团军的另外部队分布在奥库纽和利维采河（Liwiec）之间，其右翼是第 70 集团军再加上两个骑兵军，而第 28 集团军和第 9 坦克军在东面的索科洛夫—波达尔斯基（Sokołów Podlaski）附近。

在普拉加郊外的战斗告一段落后，德国人也调整了"冯·绍肯军级战斗群"的部署，其时该部的兵力包括"髑髅"师、"维京"师、第 4 装甲师、第 73 步兵师和第 1131 掷弹兵旅等。考虑到苏军正在向布格河一线不断施加压力，在罗科索夫斯基的下一次攻势开始之前，莫德尔就已经下令用于保卫普拉加的部分机动部队在布格河以北一线重新集结，哪怕此举势必要削弱华沙城周边的军队。

8 月 9 日，由冯·绍肯统一指挥的战斗群解散，绍肯本人和第 39 装甲军军部一起加入第 3 装甲集团军，该部正在立陶宛西部和东普鲁士的边界地带作战。和绍肯一同转调的还有第 4 装甲师，以及抽自第 2 集团军的第 12 装甲师[②]。

在普拉加，暂时只剩下了第 73 步兵师和第 1131 掷弹兵旅，是一支非常薄弱的力量。8 月 11 日，成立了一个新的军级单位以接替冯·绍肯的部队，这就是武装党卫队第 4SS 装甲军，由原来指挥"维京"师的奥托·吉尔中将指挥，他留下的师长空位接下来上演了走马换将：先是由党卫队上校爱德华·戴森霍弗（Eduard Deisenhofer）接手，后来很快变成了约翰尼斯·缪伦坎普（Johannes Mühlenkamp），到了 10 月 9 日又换为卡尔·乌尔里希（Karl Ullrich）。吉尔中将的军部成立后，第 73 师和第 1131 掷弹兵旅都归他管，当然，"髑髅"师和"维京"师也归其调度。

在白俄罗斯第 1 方面军展开新的攻势后，8 月 10 日一天之内，在斯坦尼斯拉瓦夫的"维京"师就报告了敌人不下 15 次的进攻。执行这些攻势的是波波夫将军的第 47 集团军和近卫第 8 坦克军，苏联空军大举出动，战斗机夺取了制空权，号

---

①第 2 坦克集团军 尚具战斗力的只有近卫第 8 坦克军。
②第 12 装甲师 重新部署到第 4 集团军。

称"黑死神"的伊尔 -2 攻击机向德军阵地倾泻火力，一连串的火箭炮弹和榴弹炮弹为 T-.34 坦克群开路。"维京"师的阵脚一度慌乱，但随后第 5SS 装甲团实施了坚决反击，使局势在傍晚时分趋于稳定。

第二天，第 4SS 装甲军和位于其左翼的第 20 军的阵地继续遭到苏军 3 个集团军和 3 个坦克军的压迫。第 47 集团军、近卫第 8 坦克军和第 70 集团军一部和武装党卫队装甲军交战，得到第 9 坦克军支援的第 28 集团军在索科洛夫—波达尔斯基周围地区打击第 20 军，苏军在这个方向上还投入了近卫第 2 骑兵军的部队。

苏军虽然付出了重大伤亡的代价，但是受到不断蚕食，德军各部也是步步后退。与此同时，德军第 9 集团军尽管面临军需供应严重不足的困境，仍然集中可用的弹药和燃料，以"赫尔曼·戈林"师、第 19 装甲师和新开上战场的第 4 掷弹兵师向苏军在马格努塞夫的桥头堡阵地发动了反击，德国人认为此举一将缓解华沙以南的局势，二是或许会对第 4SS 装甲军处境有所帮助，不过这两个目的似乎都未能达到。

在莫德尔元帅看来，苏军对布格河一线的突击固然声势浩大，但整个华沙地区的作战关键地区还是维斯瓦河西岸的马格努塞夫，因此他决心把新编成的预备队投入那个方向，不惜进一步削弱在普拉加的德军实力，同时也罔顾吉尔将军要求增强坦克实力的请求。

8 月 12 日，苏联军队再次进攻第 4SS 装甲军和第 20 军的阵地。在一阵猛烈的炮火准备之后，投入紧凑的空中打击，于是苏军步兵便在坦克的支援下发起了攻击。然而，从斯坦尼斯拉瓦夫向特乌什兹进攻的第 47 集团军受到了沉重的打击，不得不把原定休整的近卫第 8 坦克军投入了战斗，但同样收效不大。

在接下来的 3 天时间里，第 47 集团军司令古谢夫中将虽然不依不饶地继续实施了多轮进攻，但却依旧在奥库组—沃洛敏—特乌什兹一线的第 4SS 装甲军阵地前撞得头破血流。古谢夫似乎是不知疲倦也不计较损失，因为他接到了罗科索夫斯基元帅的严令，第 47 集团军的成功突破，意味着将切断德军第 9、第 2 集团军和华沙的联系。战至 8 月 15 日，在伊尔 -2 机群的反复打击配合下，第 47 集团军的步兵终于攻到了沃洛敏和特乌什兹的近郊，来自"维京"师的德国和西欧志愿者发起了不顾一切地反击，这个装甲师当时可用的所有坦克和突击炮全都参加了这次反击。整整一天都在发生血腥的近距离格斗——很多地段实际上出现了使用刺刀的白刃战，结果第 47 集团军一度取得突破的两个军被迫撤退到了他们

▲ 战斗在华沙方向上的白俄罗斯第1方面军在1944年夏天蒙受了巨大的损失

的初始位置上。

跟随"维京"师的党卫队战地记者描述了这场反击。"我们的反击成功减轻了重要阵地的压力。俘虏了不少来自新番号部队的敌人，根据叛逃者的供述，敌军的数量是我们已知数量的两倍，据说附近的道路上充斥着大炮、T-34坦克和'斯大林管风琴'。新的反击又打响了，村庄在燃烧，烟雾飘散在田野上，敌机在我们的前方和上方横行。机枪射击，火箭炮呼啸，马铃薯田地被撕成碎片。突然间，我们注意到钢铁发出的嘎嘎声，正前方冒出了一个巨大的黄褐色怪物，它向燃烧的村庄移动，然后被埋伏在附近的反坦克炮打个正着。与这种可怕的经历相比，机枪的声响听起来就像是动人的音乐。"

第4SS装甲军和第20军的部队在为生存而战，他们的目的与其说是保住阵地，不如说是尽量避免自己被击溃。尽管如此，到了8月15日，德国人的有效防御区域几乎已经被压到了布格河的南岸一线。现在，交战双方在布格河突出部上的对峙线正好沿着从华沙到比亚韦斯托克之间的铁路线平行展开。不过鉴于德军在8月15日给进攻一方造成了如此严重的损失，白俄罗斯第1方面军停止了一切行动，哪怕这种停顿只会持续48小时。

布格河沿线战火纷飞之际，普拉加附近的地域却有着不寻常的安宁，在通往华沙新城区的几条主要道路上，夏日的平静成了那里的主基调。值此之际，德军方面的高级指挥职位也正在发生重大的变化。希特勒对身兼东线两个集团军群司令的莫德尔一段时间以来的表现给予了高度肯定，他不仅具备能够随时填补前线空缺的才

▲ 德国掷弹兵从熊熊燃烧的T-34后方跑过

能，并且具有高度的"奉献精神"，正是出于这两条值得赞扬的理由，希特勒赋予莫德尔新的职务：西线德军总司令。那时，自诺曼底战场上败退的德军部队正纷纷退向塞纳河，莫德尔所接受的这个新岗位不会令他的任何一位同僚感到羡慕。

莫德尔在东线留下的两个职位空缺各有人选，8月16日，格奥尔格·汉斯·莱因哈特（Georg Hans Reinhardt）将军被任命为中央集团军群指挥官，约瑟夫·哈佩（Josef Harpe）将军则接手北乌克兰集团军群。莱因哈特很清楚自己在波兰前线的弱点，尤其是在华沙地区，因此他上任后的第一个决定是把匈牙利第2预备军投入华沙城下。照理应该从中受惠的第9集团军司令沃曼将军并不领情，他反倒认为这种"支援"的有效性非常可疑，不仅仅是因为匈牙利部队的人数很少，而且他们的武器装备也很差。沃曼反对调入匈牙利部队的另一个理由是他认为有迹象表明匈牙利人"与波兰人交往过密"，他把这些意见写进了呈交给中央集团军群的正式报告中。尽管如此，匈牙利部队还是从8月19日开始进入华沙周边，匈牙利第12预备师在华沙郊外的佐利

▽ 属于"维京"装甲师的"豹"式中型坦克

波茨（Żoliborz）和坎皮诺斯（Kampinos）之间占据阵地，投入对抗游击队的战斗，而匈牙利第 5 预备师划入了德军第 8 军的战区。

到了 8 月 18 日，华沙以东布格河一线的战斗全面恢复，罗科索夫斯基的第 47 集团军、第 70 集团军、近卫第 8 坦克军以及第 28 集团军恢复了针对第 4SS 装甲军和第 20 军的进攻，照例是以猛烈的炮火准备和空袭拉开序幕，继之以大规模的步兵和坦克突击，攻击重点是特乌什兹到洛什夫（Łochów）一线。按照中央集团军群发布的战报，这一天德国部队的部署如下：第 73 步兵师，负责拉多茨（Radość）—索洛约维克（Solejówek）一线；第 1131 掷弹兵旅，负责索洛约维克—奥索夫（Ossów）一线；"髑髅"装甲师，负责沃洛敏—特乌什兹一线；"维京"装甲师，负责特乌什兹地区；第 5 猎兵师、第 211 步兵师和第 102 步兵师负责洛什夫—马尔基尼亚（Małkini）一线。

在集中大量坦克和自行火炮的情况下，苏联步兵成功突破了德军在亚多夫（Jadów）的阵地，那里恰好是"维京"师和第 5 猎兵师的接合部。完全没有停顿，苏军步兵在随后的行动中继续向特乌什兹郊区展开强行军，在短时间内至少有 400 辆坦克和装甲车辆涌入了这个缺口。闻讯大惊的吉尔中将立即下令党卫队装甲部队对亚多夫发起反击，但对"维京"师来说这是一个不可能完成的任务，因为这个师的所有机动力量已经全部投入了战斗。师部发出的报告称，第 5SS 装甲团已经在亚多夫周边地区遭受了重大损失，而装甲掷弹兵团正在全力防守特乌什兹郊区阵地，据称这些部队"即将用尽最后的力量"。

8 月 19 日，德军有体系的防御阵线开始崩溃，第 4SS 装甲军和第 20 军之间原本还算紧密的联系不复存在，苏军纵队大踏步挺进布格河。第 5 猎兵师分部已被摧毁。第 2 集团军司令魏斯将军下令第 20 军立即将剩余部队撤退到布格河的另一边，在维斯库夫（Wyszków）

▾ 在莫德尔调往西线后接手中央集团军群的莱因哈特将军（中立者）

以北占据新的阵地。这道命令意味着第2集团军中最后一支与华沙交战相关的部队也已经完全退出了华沙周边地区，波兰首都的防务重担从此完全交给了第9集团军和第4SS装甲军。

在第20军仓促撤退之际，仍驻守在特乌什兹的"维京"师中的西欧志愿者们遭到了"喀秋莎"火箭弹的致命轰击，德国人呼唤自己的空中武力，但他们连一架德国飞机也看不到——苏联空军在战役的这一阶段继续控制着空中优势。一波又一波的步兵部队在坦克和自行火炮的掩护下冲击党卫队装甲师的阵地，第47集团军冲击沃洛敏，第70集团军猛攻特乌什兹。"维京"师被迫缩短防御正面，依托铁道线继续实施抵抗，那一天，他们最终击退了当面苏军的进攻。"维京"师的战报将这一成果归功于自己的坦克部队，一个只有3辆"豹"式坦克的坦克连在一天时间里击毁了20辆T-34坦克。而据称整个第5SS装甲团在19日只损失了2辆坦克，而且还是因为陷入了布格河附近的一片沼泽地而不得不由车组自毁。需要指出的是，类似这种坦克和装甲车陷入不明地形中而必须自毁的"非战斗损失"，接下来还将多次发生。

现在，吉尔中将手中两个SS装甲师的处境已经极为危险了，"髑髅"师和"维京"师面对着白俄罗斯第1方面军的3个集团军，更具体地说是6个步兵军、2个坦克军，再加上难以计数的火炮和作战飞机，损失惨重，每个装甲团都只剩下几十辆坦克还能够继续战斗。"维京"师实际上已经被逐出特乌什兹，在特洛亚尼（Trojany）和扎布罗杰（Zabrodzie）之间的主要道路上组织了一条新的防线；"髑髅"师仍在拼命守御沃洛敏，得到了来自第1131掷弹兵旅那微乎其微的支援。

为了增强吉尔明显过于虚弱的部队，莱因哈特将军下令匈牙利第1骑兵师从普拉加向东面进击，同时要求正在华沙城区作战的第1145掷弹兵团加入城外的前线。后面这道命令引起了一个人的不满，那就是党卫队上将埃里希·冯·登·巴赫（Erich von dem Bach）。时年49岁的巴赫出生在波美拉尼亚，严格来说算是一个波兰裔的德国人，他于1914年12月作为志愿者加入普鲁士军队，在一战中两度受伤而两次获得铁十字勋章。1931年，巴赫加入了党卫队，从此官运亨通，他在1934年参与臭名昭著的"长刀之夜"并在"突出表现"后晋升党卫队少将，到1937年成为西里西亚党卫队和警察领袖。1940年5月，正是巴赫第一个倡议在波兰的奥斯威辛建立一处大型集中营。

1941年6月德军入侵苏联后，巴赫负责管理在中央集团军群后方的党卫队警

∧ 在起火的T-34旁，党卫队掷弹兵正小心翼翼地搜索前进

察部队，在指挥部属实施反游击队作战期间，巴赫的部队实施了多次屠杀事件。前面说过，由于原本握有华沙城防全权的斯塔赫尔在起义刚开始不久就被困于萨克森宫的指挥总部，在华沙镇压起义的德军部队实际上陷于缺乏统一指挥的状态。那时，刚刚在1944年7月率领警察部队退入波兰的巴赫，便被希特勒指定为镇压华沙起义作战部队的总指挥，其麾下的所有单位合称为"巴赫军级战斗群"。一举控制华沙军权的巴赫志得意满，下令华沙所有的正规军、党卫队部队和警察部队只能听他一人号令，因此莱因哈特要抽离第1145掷弹兵团的命令自然受到了他的抵制，他表示自己"维持秩序的队伍已经力量很薄弱"了，但是军情是压倒一切的，中央集团军群司令的命令必须得到贯彻。

在战后的纽伦堡审判中，在二战期间犯下累累罪行的巴赫通过指证希姆莱和戈林的罪行来拯救自己，结果只被处以4年监禁。然而到了1958年，德国法院追诉巴赫的战时罪行，最终因其在20世纪30年代对德国公民犯下的罪行而判处20年徒刑，重新入狱的巴赫未服满刑期便病死于狱中。

"髑髅"师和"维京"师的苦斗

那时，莫斯科正在制定新的行动计划，包括重新布局波兰中部的战斗。对朱可夫来说，他感受到了一种无形的压力，因为现在苏军一线部队的打击力量明显开始呈现出疲态。各方面军仍在继续努力奋战，但苏军大本营的高级将领们已很清楚，突破维斯瓦河前线的企图在近期内是不会实现了。不过对于发生在波兰的一切，斯大林似乎并不十分关心，现在他的心思已经完全专注于巴尔干地区，在那里，乌克兰第 2 和第 3 方面军正准备按照他的意图发动新的战略攻势。此外，他还想重拳打击东普鲁士，同时完全控制波罗的海国家的局势。朱可夫表示，有必要对几支前线部队进行重组，以达成最高统帅的新目标。此外，他认为向巴尔干地区集中大量的作战物资和增援部队的做法势必会以削弱科涅夫和罗科索夫斯基军队的作战能力为代价，斯大林表示从大局出发这并无不可。

8 月 20 日，白俄罗斯第 1 方面军序列内的近卫第 4 骑兵军开始南下，这在某种程度上对华沙的战事产生了影响，现在罗科索夫斯基可用的预备队就只剩下克留科夫中将的近卫第 2 骑兵军了。显然，这将削弱旨在冲击华沙地区的部队的战斗力。

事实上，斯大林一直在等待着华沙问题能有一个"自我消化"的结果，他一定对华沙起义能够持续这么长时间而感到惊讶。德国人的作战资源有限，加上投入镇压行动的正规部队为数很少，所以他们仍没有足够的战斗力量来迅速恢复对这座城市的控制。构成"巴赫军级战斗群"的相当部分力量，乃是由两个战犯级人物德吕万格和卡明斯基所指挥的临时部队，前者带领着一大帮在战地上犯有罪行的德国犯人，后者的手下则主要是投降的苏军战俘。在华沙，这两支部队在其长官和巴赫的纵容下对当地居民犯下了滔天罪行，他们不分男女地枪杀波兰国民军伤员，在进攻起义者据点时躲在一群华沙妇孺的身后，强奸和轮奸的事更是司空见惯。在得到相关报告后，德国陆军总参谋长古德里安大将坚决要求希特勒撤回这些部队。显而易见的，这样的"巴赫军级战斗群"在华沙做的不是平息起义，而是增加仇恨。

在这种情形下，斯大林并不急于打击华沙，他告诉罗科索夫斯基元帅，接下来一个阶段的重点都不是攻击普拉加区，而是应该集中精力清除沃洛敏—维斯库夫一线的敌人。显然，现在白俄罗斯第 1 方面军的首要目标是保持甚至扩大维斯瓦河沿线的既得阵地，同时，也应视情况打击德军第 2 集团军并越过纳累夫河。

1944 年 8 月的最后几天到来了，和这个月月初的情况一样，这是一个残酷战斗集中的时期。8 月 21 日，就在苏军对第 4SS 装甲军的施压有所放松的时候，德国人立即发动了自己的反击。这场由"髑髅"师和"维京"师同时进行的反击的意图在于拉平拉季敏和维斯库夫之间的前线，把因为苏军第 70 集团军等部在之前战斗中所造成的麻烦的"口袋"消除掉。

率先投入行动的是"维京"师的装甲掷弹兵，他们重新控制住了通往比亚韦斯托克的主要道路，并暂时解除了两个 SS 装甲师彼此分离的风险。尽管此后党卫队部队的坦克和反坦克炮对苏军部队的战斗装备造成了令人难以置信的损失，但是从 8 月 24 日开始，在作战力量上拥有不成比例的优势的苏军部队还是向着通往亚韦斯托克的道路发动了反攻。"维京"师的掷弹兵进行了"狂怒"状态下的搏杀，设法击退了第 70 集团军步兵的反复攻击，后者还得到了近卫第 8 坦克军的坦克支援。德国人很清楚自己的背后就是布格河，也没有更多援军，假如他们放弃了当前的阵地，那就意味着自杀。

苏军第 70 集团军的指挥官波波夫中将下达的命令是要从靠近公路的特洛亚尼向位于布格河另一边的马里亚诺夫（Marianów）攻击前进，这道命令显然过分低估了当面之敌的抵抗决心。尽管第 28 集团军的 1 个步兵军牵制住了"维京"师至

⌄ *在华沙街头的德吕万格旅士兵，这些人因军纪极差而臭名昭著*

少一半的力量，但是第70集团军在几天战斗后仍无法完成波波夫的指令。

与"髑髅"师为敌的第47集团军的第77和第129军同时从东面下手，分别攻击沃洛敏及其南面的扎布拉涅茨（Zabraniec）村。在这两处地方实施抵御的除了"髑髅"师还有第1131掷弹兵旅和匈牙利第1骑兵师，由于缺乏足以对抗坦克的武器，匈牙利人放弃了扎布拉涅茨的防御工事。为了挽救这一局面，吉尔中将派遣第73步兵师前去填补空缺，这支部队有效地阻止了苏军的进一步行动。到这一天结束时，沃洛敏—奥库纽一线的态势没有发生大的变化。

根据第9集团军的战时日志，第4SS装甲军在8月18—22日摧毁了249辆苏联坦克和自行火炮。同时，这个党卫队装甲军的大部分部队的战斗力也遭到了显著削弱，军部的报告甚至指出军直属的炮兵部队已经所剩无几了。许多部队的兵员损耗很大，使得他们必须以战斗群的形式临时组合，例如"髑髅"师和第1131掷弹兵旅便组成了一个战斗群。友邻部队传来的坏消息是，在布格河北边的德军第2集团军在受到持续重压之后已开始向纳累夫河的另一边撤退。

吉尔命令"维京"师向西撤退，与"髑髅"师一起在谢洛克以东构筑起新的防线，为了达成这个目标，第9集团军司令沃曼下令把第19装甲师划入第4SS装甲军，不过第27装甲团的80辆坦克那时还在马格努塞夫而暂时无法调动，可以立即归吉尔调遣的是第73装甲掷弹兵团、第74装甲掷弹兵团以及第19装甲炮兵团。

苏军的下一次得到大规模炮火支援的进攻很快在8月26日发生，沿着布格河的南岸，第28集团军的部队试图渡河之后袭击第20军的后卫，与德军发生了交火。第20军的部队掉过头来，迅速消灭了第28集团军尚十分脆弱的桥头堡，尽管取得了这样的成功，第2集团军的主要作战部队还是不断后退，终于在9月的第一周被逐退到了纳累夫河的另一侧。

8月27日，第28集团军的多个步兵师在T–34和美国援助的"谢尔曼"坦克的支持下攻取了小村斯涅韦尼（Ślężany），并以此为突破拿下了周边的几处据点。按照中央集团军群司令莱因哈特的判断，苏军此举乃是为了加强对布格河的压力做准备，目的是攻击在韦斯库夫地区处于孤立境地的第2集团军的后卫部队。

按照莱因哈特的要求，沃曼将军给吉尔中将下达了立即发起一次反击的命令。来自第5SS装甲团的坦克和来自第19装甲师的装甲掷弹兵联手打击了斯涅韦尼的苏军部队，战斗之初，德军突如其来的火力迫使苏联步兵放弃了部分阵地，但随后轮到德国人倒霉了：就像之前发生过的那样，"维京"师的一些坦克开进了沼泽而

▲ 在波兰乡下的一派夏日风光中严阵以待的"豹"式坦克

陷在那里,他们全然没有注意到这里是布格河岸的湿地,结果反攻失败了。在他们撤退之前,德国坦克车组被迫炸毁了他们自己的 12 辆坦克和突击炮。

对第 4SS 装甲军来说雪上加霜的是,第 9 集团军司令部在那时发出一道令人意外的命令,要求第 19 装甲师的多支部队在这场战斗结束后就重返马格努塞夫,经过大为光火的吉尔中将的力争,唯一得以留下来继续和"维京"师一起作战的只有第 73 装甲掷弹兵团。

德国人发起失败反击的同一天,在更南面战线上的苏军第 70 集团军在扎瓦迪(Zawady)村附近地区发动了攻势,他们很快就和"髑髅"师一部相遇。尽管遭受了严重损失,袭击者仍设法控制了扎瓦迪及与之相邻的另一处村庄,但他们没能击退党卫队部队,也无法接近拉季敏。

在另一个方向上,第 47 集团军的步兵师再度将匈牙利第 1 骑兵师从沃洛敏以外的阵地中逐退,并开始进取沃洛敏郊外的奥索夫。如果此地陷落,那么在沃洛敏的德国和匈牙利部队就将从南面被迂回包抄。看到这一前景的第 47 集团军加大了攻势,在 28 日投入了几乎全部的步兵力量,先头部队在日落时推进到了已是一片废墟的沃洛敏城郊地区。

8 月 29 日,来自第 28 和第 70 集团军的 9 个步兵师在拉季敏和布格河之间对"维京"师的阵地发动了极为猛烈的攻势。吉尔在向第 9 集团军司令部发去的报告中称这次攻击的规模之大是"前所未见"的。在伊尔-2攻击机和密集重炮的打击下，位居"维京"师右翼阵地的第10SS"韦斯特兰"装甲掷弹兵团在经历血腥战斗后被迫向卢达（Ruda）村撤退，然而与此同时，第9SS"日耳曼尼亚"装甲掷弹兵团在第73装甲掷弹兵团的配合下暂时控制住了在布格河附近的阵地。为了应对这种情况，苏联第28集团军于8月30日向这一地区加大了攻击力度，空军实施了令人精疲力竭的不间断轰炸。

战至8月31日，第28集团军宣布自己的部队已经控制了布格河的整个南岸地区，现在苏军部队已可以随时向纳雷夫河一线进逼。败退的"维京"师撤往莱尼亚（Rynia）和比亚沃布热吉（Białobrzegi）一线，这就造成了第4SS装甲军的防区上出现了一个大缺口，莱因哈特将军向第9集团军司令下令，要求吉尔的军队不惜一切代价封闭这一缺口。

在上述战况变化之下，在拉季敏的"髑髅"师也不可能坚守更久了。8月30日，苏军第70集团军的第96和第114军同时从北面和东面夹击拉季敏城区，和之前的战斗一样，地面进攻伴随着无情的空中打击。德国人已经放弃了城郊周边的各处据点，"髑髅"师的士兵只能依托拉季敏城中残破的建筑物群建立了一条新的防线，但是部署在断壁残垣里的机枪和迫击炮的破坏性火力并不能阻止苏联步兵进入这座城市。到那天晚上，当"髑髅"师集中最后一批可用的坦克发起的反击失败后，这支党卫队部队终于完全放弃了拉季敏。

▼ 战斗在华沙接近地的德军"虎"式重型坦克，车组正在补充油料和炮弹

8月31日，夺取了拉季敏的第70集团军的两个军和第47集团军的一个军便沿着拉季敏—马尔基公路向沃尔卡拉季敏斯卡（Wólka Radzymińska）的方向发起新的攻击。丧失了华沙以东的重镇拉季敏后，吉尔一面下令"维京"师尽力防御来自北面的攻击，一面又要求"髑髅"师抵挡住自南面来

的敌人，确保通向马尔基的道路畅通。尽管两个武装党卫队装甲师（包括第73装甲掷弹兵团和第1131掷弹兵旅）已经筋疲力尽，但他们仍然实施了阻击，并且几乎每天都进行规模有限的反击。在他们的对面，苏军以营和连为单位抽出骨干人员组成一线突击部队，配以坦克和自行火炮的近距离支援，被选中率先突击的苏联士兵表现出很大的勇气，并且显得对死亡毫不在意。发生在这一期间的战斗既残酷又扑朔迷离，苏军第28、70和第47集团军以及近卫第8坦克军的行进速度每天不超过1—2公里。

31日的时光将尽时，第70集团军和第47集团军的第129军加在一起所取得的进展也仅仅是清理了拉季敏周边郊区。虽然苏军在9月1日加大了进攻力度，不过当地的地形有利于防守一方，村庄与村庄相接，树林与树林相望，通向马尔基的公路两侧密布着矮屋农舍，沃尔卡—拉季敏斯卡附近还有受到一连串山丘（104、100和97高地）环抱的沼泽地。9月1日清晨，经过大规模的炮击和空袭"前奏"，苏联步兵和坦克又奏响了进攻交响乐，然而经过整整一个白天的激烈战斗，"维京"师的"韦斯特兰"装甲掷弹兵团在村落的废墟和森林周边的泥泞地带阻止了苏军的前进，而"髑髅"师在纳德马（Nadma）村周边地带做到了同样的事情。仅仅是"髑髅"师的一个掷弹兵连就报告说有24辆苏联坦克的残骸在他们的阵地之前燃烧，这一天的战斗情况可想而知。

▲ 这是东线德军正在败退的情景，摄于1944年夏天

▼ 正在波兰腹地突进中的苏军装甲列车

在9月的第二天和第三天，第70集团军和第47集团军第129军再次尝试攻击和突破沃尔卡—拉季敏斯卡和纳德马之间的德军阵地，还是没能取得成功。所有试图突破防守的尝试都立即遭到了"维京"师和"髑髅"师的临时战斗群的反击。在一连串坦克和坦克和正面对决中，占上风的都是德国人，苏军的坦克手向来不太有机会证明自己是中远距离主炮对决的高手，而在这些战斗中参战的苏联坦克还主要是英国援助的

"瓦伦丁"式步兵坦克——交战双方对这种坦克的评价都很低。德国坦克和自行反坦克炮虽然数量较少，但成功地利用了当地的地形优势，当它们藏身森林中时，还可以有效躲过伊尔－2 机群的攻击。

苏军在夺取拉季敏后未能实现向纵深突破，就意味着德国人仍能保住华沙周边的另一处重镇沃洛敏。当然，那里的守军已经陷入被半包围的状态，而且只能沿着铁路线和补给站进行沟通。不过德国人也无心在这里久候了，在获得上级批准后，吉尔中将做出了缩短防线的决定，在 9 月初把沃洛敏的德国和匈牙利部队撤到了齐耶伦卡。

而在这之后，白俄罗斯第 1 方面军一直以来对第 4 SS 装甲军的巨大压力开始逐渐减弱了。也就是说，从 9 月 3 日晚上开始，吉尔的前线部队经历了一段大受欢迎的相对平静的时期。

"英国战时内阁……无法理解"

当罗科索夫斯基元帅麾下的几个集团军在 8 月份忙碌于布格河一线时，另外的苏军部队则试图通过扩大马格努塞夫桥头堡和向华沙南面实施机动来扩大在前线的主动权。德国人的一个反应是重新部署"赫尔曼·戈林"师及其他部队，来应对这种新的威胁。在双方有限度的试探性交火中，"戈林"师第一次和波兰第 1 坦克旅发生了冲突，这场战斗的结果是一场"平局"。

白俄罗斯第 1 方面军整体迎来了短暂休整期，这意味着激烈的战斗在华沙前线暂不会出现，这当然并不意味着中央集团军群所面临的危机已经有所缓解。沃曼上将相当正确地预见到，苏联方面的目标仍然是尽快实施突破（特别是华沙方向），而现在能够用于保卫普拉加郊区的德军力量是非常薄弱的。

在和自己的参谋长斯塔克（Städke）将军进行一番探讨后，沃曼将军向正在华沙城中指挥镇压行动的党卫队上将巴赫发去了"提醒"，内容是希望后者能尽快消灭掉起义者并有效保护横跨维斯瓦河的桥梁，同时要充分保证华沙旧城区的安全。当巴赫打来电话想要弄清楚第 9 集团军司令究竟所谓何意时，沃曼在电话里大声说道："我的意思你不能让哪怕一辆苏联坦克开过维斯瓦河！"

和巴赫通话时的沃曼将军心情不佳，因为其时他担负着维斯瓦河中段防御职责

1944 年 9 月白俄罗斯第 1 方面军序列

方面军直属部队： 第 510 坦克团、第 8 独立炮兵旅、近卫第 340 独立重炮团、近卫第 341 独立重炮团、第 1812 独立炮兵团等

第 2 坦克集团军

第 3 坦克军：第 50 坦克旅、第 51 坦克旅、第 103 坦克旅、第 57 机械化旅

近卫第 8 坦克军：近卫第 58 坦克旅、近卫第 59 坦克旅、近卫第 60 坦克旅、第 28 机械化旅、近卫第 62 重型坦克团

第 16 坦克军：第 107 坦克旅、第 109 坦克旅、第 164 坦克旅、第 15 机械化旅、近卫第 6 重型坦克团

第 3 集团军

第 35 步兵军：第 250 步兵师、第 323 步兵师、第 348 步兵师

第 40 步兵军：第 129 步兵师、第 169 步兵师

第 41 步兵军：第 120 步兵师、第 269 步兵师

第 46 步兵军：第 82 步兵师、第 108 步兵师、第 413 步兵师

第 80 步兵军：第 5 步兵师、第 186 步兵师、第 283 步兵师

第 28 集团军

近卫第 3 步兵军：近卫第 50 步兵师、近卫第 54 步兵师、近卫第 96 步兵师

第 20 步兵军：近卫第 48 步兵师、近卫第 55 步兵师、第 20 步兵师

第 128 步兵军：第 61 步兵师、第 130 步兵师、第 152 步兵师、近卫第 30 坦克团

第 47 集团军

第 77 步兵军：第 76 步兵师、第 60 步兵师、第 143 步兵师

第 129 步兵军：第 260 步兵师、第 132 兵师、第 328 步兵师

第 48 集团军

第 29 步兵军：第 102 步兵师、第 217 步兵师

第 42 步兵军：第 137 步兵师、第 170 步兵师、第 399 步兵师

第 53 步兵军：第 17 步兵师、第 73 步兵师、第 96 步兵师、第 194 步兵师

第 65 集团军

第 18 步兵军：近卫第 37 步兵师、近卫第 44 步兵师、近卫第 69 步兵师、第 105 步兵师

近卫第 75 步兵军：第 193 步兵师、第 354 步兵师、第 15 步兵师、第 356 步兵师

第 70 集团军

第 114 步兵军：第 160 步兵师、第 165 步兵师、第 413 步兵师

第 96 步兵军：第 1 步兵师、近卫第 38 步兵师、近卫第 76 步兵师

独立第 9 坦克军

第 23 坦克旅、第 95 坦克旅、第 108 坦克旅、第 8 摩托化步兵旅

的集团军的战场形势进一步恶化了——魏斯将军的第 2 集团军看起来已无法保障其北翼，这个兵团已经开始了朝纳累夫河的最后撤退。魏斯向中央集团军群报告说："这一天的情况变得十分严重，我只能命令第 20 军和第 23 军撤到纳累夫河的另一侧，也就是说撤到东普鲁士防线的另一侧。"

第 2 集团军的撤退立即吸引了苏军第 48 和第 65 集团军，以及近卫第 1 坦克军的跟进，这些构成白俄罗斯第 1 方面军右翼的部队简直是与德国人的撤退并行而进，前进最快的部队成功渡过了纳累夫河，并在西岸建立了坚固的桥头堡。第 28 集团军虽然仍位于布格河的南岸，但这支部队也很快变得活跃起来，集团军序列中的第 128 军向前追击德军第 20 军，在谢洛克北两公里处越过了纳累夫河。

这一事件导致莱因哈特将军不得不优先考虑第 2 集团军的困境，在从沃曼那里得知普拉加外围的局势仍暂时稳定之后，这位中央集团军群司令便决定以牺牲第 9 集团军为代价来加强第 2 集团军。他取消了他在两天前发出的有关将新组建的第 542 掷弹兵师部署到华沙的命令，转而命其开往普卢茨克与第 35 步兵师和第 104 装

甲营会合，而后对苏军第65集团军和近卫第1坦克军建立的桥头堡发起反击。

增援第2集团军的举措还不止于此，此后莱因哈特又把第1131掷弹兵旅从与"髑髅"师的合作中抽出，还从"维京"师的防区抽出了第73掷弹兵团。莱因哈特甚至认真考虑了让第5SS装甲团的大部分力量进入谢洛克和普卢茨克之间地域的可能性。而在报经德军最高统帅部批准之后，第24装甲师连同第25装甲师的一个战斗群也将从波兰南部的杜科拉山口（Dukla Pass）赶到纳累夫河桥头堡地区。

莱因哈特将军尽了一切可能来填补第2集团军仓促败退所留下的空缺，他的观点是应该尽快在普卢茨克周边地区组建一个强大的军级战斗群，因为根据最新的侦察，到9月8日也就是苏军突破纳累夫河的第四天，敌人已经有时间在普卢茨克方向上集中至少两个步兵军和一个坦克军。面对如此大幅度削减自身力量的命令，华沙城下的沃曼将军自然表达了反对意见，但无济于事。

从战场上的实际情况来看，中央集团军群司令部的迅速决断确实帮助第2集团军抑制住了苏军桥头堡的扩张。德军在普卢茨克的成功主要得益于第5SS装甲团的少数"豹"式坦克，没有"维京"师的这些坦克，向此地发起反击的第35步兵师和第542掷弹兵师是难言成功的。9月8—9日，"维京"师的"豹"式坦克在装甲对决中击败了属于近卫第1坦克军的坦克群。

如果说德国高级将领中有谁对这次反击并不那么高兴的话，那一定是第9集团军司令沃曼上将。沃曼对华沙城下的平静局面不抱幻想，他认为苏军停止对普拉加的袭击，只不过是为了能够对这里发动更大规模的新攻势而积蓄力量。他在向德国陆军司令部提交的报告中直陈己见："在第9集团军的战区，敌人到目前为止的行动仅限于一轮小规模的试探性战斗。然而很清楚的一点是，当面敌人正在不断加强他们的作战力量，我们所面对的这个敌人在任何情况下都从不曾放弃过直接攻击华沙城区的计划。"

德国陆军总参谋长古德里安表示赞同沃曼的看法，尽管如此，在9月8日，莱因哈特将军还是命令沃曼将第46装甲军的指挥权和第19装甲师在马格努塞夫的兵力转交给第2集团军，这些新抽离的兵力将用于一场对普卢茨克苏军的新反击，时间定于9月13日。9月9日上午，第46装甲军军部的军官开始出发，这天晚上，卡尔纳将军的第19装甲师也奉命向北开进了。不过这个装甲师的士兵们不会知道，他们是到不了普卢茨卡的，等待着他们的战斗将在华沙的普拉加区上演。

是的，苏军的注意力重新转到了普拉加。如前所述，在整个8月中下旬，斯大林都没有刻意要求加强对普拉加的攻击，因为这样做将让华沙起义的局势变得更加复杂化。在公开的新闻广播中、在和西方同盟国领导人的私信交流中，斯大林一直采取着拒绝帮助波兰国民军的强硬立场。这种站在苏联立场上看不失清晰明了的立场，在西方世界的舆论场中则被解读为冷酷无情，英美等国媒体普遍的强烈抗议声中，看起来英国与苏联的政治关系有可能变得非常紧张，美国驻莫斯科大使也多次谈到他的政府"对苏联政府在华沙事件上立场的严重关切"。

正是在这种敏感的气氛中，斯大林于 8 月底召集高级官员就苏军的下一步行动计划进行了磋商。前面说过，那时斯大林和大本营的注意力主要集中在罗马尼亚战线以及计划在不久的将来就要开始的波罗的海国家的新攻势上。至于波兰战场，朱可夫声称乌克兰第 1 方面军和白俄罗斯第 1 方面军已经在一个阶段以来的攻势作战

1944 年 9 月德军第 9 集团军序列

第 4SS 装甲军

第 3SS "髑髅" 装甲师

第 5SS "维京" 装甲师

第 19 装甲师

匈牙利第 5 步兵师

"巴赫军级战斗群"

第 46 装甲军

"赫尔曼 · 戈林" 伞兵装甲师

第 17 步兵师

第 45 步兵师

第 8 军

第 1132 掷弹兵旅

第 6 步兵师

第 137 步兵师

第 251 步兵师

中损耗过大，有可能将转入战略防御阶段。

然而斯大林的想法已经发生了变化，他不希望因为苏军继续在华沙城下逡巡而导致苏联与西方同盟国的关系彻底破裂。所以他在这次高级会议上发出指示，要求罗科索夫斯基元帅一方面要加强自己前线的右翼，也就是说把每一支可能的部队都送到纳累夫河西岸去，另一方面则要认真考虑集中左翼力量突击普拉加。

按照这一最新精神，朱可夫制订了新的计划，白俄罗斯第 1 方面军将打起精神实施大规模的进攻战，理想结果是消灭一直实施顽固防御的第 4SS 装甲军，继而消灭沿维斯瓦河布局的德军第 9 集团军，这样一来德军第 2 集团军就将失去后援力量。斯大林批准了朱可夫的计划，他特别指出，在尽快重组自己的部队之后，罗科索夫

1944 年 9 月德军第 2 集团军序列

第 20 军
第 5 步兵师

第 7 步兵师

第 35 步兵师

第 542 国民掷弹兵师

第 1131 掷弹兵旅

第 104 装甲旅

第 23 军
第 211 步兵师

第 292 步兵师

第 541 国民掷弹兵师

第 6 装甲师

第 41 装甲军
第 170 步兵师

第 299 步兵师

第 558 国民掷弹兵师

斯基元帅应全力突击普拉加，在此作战过程中不排除对华沙起义者提供帮助的可能性。对普拉加的进攻定于 9 月 10 日开始，参战兵力是第 70 和第 47 集团军，以及近卫第 8 坦克军，不过那时第 28 集团军将从白俄罗斯第 1 方面军的序列中抽出，向北移动参与到计划中的东普鲁士战役中。

莫斯科的这次改变作战规划的高级别会议尚未结束时，9 月 4 日，英国内阁向莫斯科发送了一份特别通告，其中一条特别引人注目的内容如下："英国战时内阁希望明确知会苏联政府，英国公众无法理解贵国在华沙和波兰人遭受可怕磨难的情况下拒不向华沙提供救援的动机。由于您拒绝批准美国飞机降落到苏联境内的机场，因此在此件中所陈述的事实正在成为普遍公众所关注的重大问题……英国战时内阁自身亦无法理解贵国政府在阻止援助方面的行为，我们认为此举完全不符合盟友之间所要求的合作精神，而这种合作精神之于今日的我们，以及未来的我们，都具有相当重要的意义。"

就外交层面而言，这份通告的措辞已经算得上是一个相当严重的警告。斯大林当然不会屈服于西方国家的"威胁"，不过苏联红军毕竟在一定程度上依赖同盟国的军事援助，特别是在现代军工设备方面。而且英国人的非正式照会来得也算是时候，那时莫斯科的高级会议已经在讨论恢复突击普拉加的事宜了。在接到英国方面怒气冲冲的通告后，斯大林对进攻普拉加的最初方案进行了强化，首先是命令在马格努塞夫作战的波兰第 1 步兵师向北加入第 47 集团军的战区，继而下令从马格努塞夫撤出整个波兰第 1 志愿集团军，全部纳入第 47 集团军的方向重新朝华沙方向部署。

此举不仅是一个军事举措，更带有政治意味，斯大林试图以这种方式表明他对华沙起义的善意，通过使用波兰军队来表明波兰的首都就应该由波兰人自己来解放。在下令把波兰第 1 集团军加

▼ 在波兰指挥着的白俄罗斯第1方面军的罗科索夫斯基是红军高级将领中的"帅哥"

入华沙方向的同时，斯大林还撤销了不准许盟军飞机在苏联机场着陆的命令，不仅向同盟国飞机开放机场，而且命令前线的苏联航空部队尽一切可能控制华沙的领空以保障盟军空投行动的顺利进行。9月13日，盟军的运输机得以第一次向在华沙浴血奋战的起义者空投了武器弹药。

按照大本营的指令，罗科索夫斯基元帅在9月9日要求麾下的各集团军司令做好向华沙发起新一轮攻势的最后准备。同一天，苏军的轰炸机群大举出动，对德军第73步兵师和匈牙利第1骑兵师的阵地进行了大规模空袭。多路苏军侦察部队联袂行动，对第4SS装甲军的防区进行了深入侦察。按照计划，进攻将在次日打响。

针对上述情况，德军第9集团军司令沃曼将军报告称："预计苏军第70和第28集团军将对第9集团军的左翼发动进攻，同时第47集团军会对普拉加发动袭击。"9月9日，德国空军的侦察机发现华沙接近地的苏联军队正在大规模调动，这进一步佐证了沃曼的判断。当时，德国人可以用于华沙防御作战的兵力有两个SS装甲师、第73步兵师、匈牙利第1骑兵师，以及其他一些零散的单位，颇具战斗力的"赫尔曼·戈林"装甲师那时还在南面的马格努塞夫地区。

与这些德国部队对阵的苏军兵力雄厚，而且已经从东面和南面对华沙（普拉加区）构成一个半圆形的弧形包围圈，从北向南依次展开的是第70集团军、第47集团军、近卫第8坦克军、波兰第1志愿集团军。作为攻击主力之一的第47集团军新近接收了补充兵力，包括第125军的第105预备旅、第175师、第1塔德乌什科希切斯克步兵师、第76师、第60师的1个团。而这个军一直以来的主力是第129军，下辖久经考验的第260、第132和第328步兵师。带有地域番号的第1塔德乌什科切斯克步兵师是一支加强部队，共编有8893名士兵，配有102门口径82—120毫米不等的迫击炮、37门45毫米反坦克炮、36门76.2毫米反坦克炮、12门122毫米榴弹炮和13辆苏–76M自行火炮。

位于第47集团军南翼的第70集团军在拉季敏周边地区部署了第114军[①]和第96军[②]。近卫第8坦克军作为在8月第一次突击普拉加时被打残的第2坦克集团军的唯一代表到场，其时编成仍为近卫第58坦克旅、近卫第59坦克旅、近卫第60

---

① 第160、165和413步兵师。
② 第1步兵师，近卫第38和近卫第76步兵师。

▲ 开进波兰城镇的苏联红军士兵受到了当地人的热烈欢迎

坦克旅、第 28 机械化旅和近卫第 62 重型坦克团。从马格努塞夫赶来的波兰第 1 志愿集团军的兵力尚不完整，难以以全力投入行动，不过按照莫斯科的直接指令，这支部队在接下来的行动中是不能缺席的。

分兵进击，目标普拉加！

9 月 10 日清晨，苏军新一轮针对普拉加的攻势打响了。战斗开始前，罗科索夫斯基发布了动员令，"敌人拼命集中兵力兵器对我们的登陆场进行突击，并且顽强地扼守其华沙以东维斯瓦河右岸的阵地，时不时转入进攻，在这个地段上形成了我们无法容忍的态势。我们不能容许这个集团继续对我们构成威胁，突破维斯瓦河—纳累夫河地域将为

▽ 利用林地为掩护，党卫队的 IV 号坦克车组正在为下一场战斗做准备

我们打开直接通往德国的大门。我们做出决定，要粉碎扼守华沙以东阵地的德军，并夺取普拉加郊区。"

在华沙周边的战线上，白俄罗斯第 1 方面军选取了两个突击重点。首先是在普拉加东南面的阿宁（Anin）附近地区，集中了 5 个步兵师、1 个坦克军、1 个预备旅和得到加强的炮兵部队，波兰第 1 志愿集团军的部队也将投入这个方向的作战；在华沙东北面介于沃尔卡拉季敏斯卡和斯卢普诺之间的地域，则集结了第 70 集团军的整个第 114 步兵军。

铺天盖地的炮火准备开始了。一名苏军战地通讯员看到了这样的景象："司令部炮兵的猛轰，师部加农炮的雷鸣，重型榴弹炮的啜泣，快速清脆的团属火炮的炸响声，一同组成了地动山摇的轰鸣。在大炮群中传来一声尖锐的啸叫，如同一台巨大的火车头在鸣响汽笛一样。成千上万的镰形火光在空中飞过，落到了德军战壕里。枫树、橡树和白杨树的叶子在颤抖，在无人居住的房子上，窗框震动着，用砖垒成的火炉倒在了地上，门和百叶窗早就被掀飞了。"

相应的，德军的战地记者也留下了自己的亲历记录："在东方地平线上出现了一道巨大的火焰，就像在风暴前看着一片弯曲的森林。一次次弹击划破了清晨的天空。最后！它还是开始了！从距离敌人最近的狙击手据点一直到后方 10 公里远的地方，炮火的飓风肆虐着。在大规模进攻发起的这一天，战区里究竟是什么样子？请你想象一下强度为 10 级的地震吧！"

"这里由连绵的山丘、松树林和一排排灰色房屋组成，房屋周围是长满常春藤和后院植物的栅栏。沙质地面充斥着尘土，绵密的黑麦有一个人那么高。公路上挤满了大规模的苏军纵队，大炮、坦克、近卫军、步兵和骑兵的队列难见尽头。喧嚣已经无处不在，爆炸声笼罩着大地，人们只能大声呼喊才能勉强交流，高射炮正在向蓝天喷吐灰色和黑色的爆炸云，当敌机经过时，铝质机身在我们头上闪闪发光，尖锐的啸叫声简直要穿透人们的耳膜。"

10 日上午 10 时，在经过一个半小时的炮击之后，第 114 军有幸成为第一个向普拉加进击的苏军单位。不过在斯卢普诺接近地的战斗中，苏军步兵部队被"骷髅"师和"维京"师的掷弹兵击退，并有颇重的损失。不过第 114 军很快就组织了第二次冲锋，在 104 高地附近，得到 1 个 T-34 坦克连支持的第 160 步兵师的一个团冒着致命的弹雨穿越战场，在一片树林旁的道路上开始朝附近的斯坦尼斯拉瓦夫行进。看起来，这次突击将会对整个德军的防线造成严重影响。

不过，当另一波苏联步兵和坦克开始冲击斯卢普诺方向时，"髑髅"师的一队StuG 40 型突击炮突然出现，这支机动部队不仅击退了当面之敌，而且迅速封闭了104 高地附近的通道。这样一来，先前那个独自突进的苏军分队就被包围了，战至傍晚时分，这支独立部队还剩下 150 名士兵和 6 辆坦克。这些战士继续进行了绝望地斗争，但在天色完全黑下来之前，他们就完全被党卫队部队压倒了。第 160 师这个团的命运，是攻击初始阶段第 114 军的全局缩影，这支部队发动了多轮突击，但全都陷入了斯卢普诺的村庄废墟和德军猛烈的阻击火网中。

相对来说，在阿宁方向上的第 47 集团军的发展要好得多。这支部队的攻击从10 日 13 时开始，最初只以第 175 师开局。实施了最初抵抗的德军是第 73 步兵师第 70 团的 1 个营，其得到 1 个 120 毫米迫击炮连的支援。德军的阻击一度奏效，不过第 47 集团军随后投入了整个第 125 军，由于压倒性的数量优势，得到大炮和高射炮有力支持的苏军部队最终在 16 时过后压倒了当面之敌，第 73 师的残兵开始向北败退。第 9 集团军司令部与第 73 师师部的联络中断，也找不到师长库特·海利希（Kurt Hählig）上校的踪影，后来才知道他身负重伤并且丧失了对部队的控制。苏军打开阿宁缺口意义重大，到了当天晚上，位置最靠前的苏军步兵沿着铁道线行进，已经可以看到普拉加郊区的建筑物了。

到那时为止，德国人一直在奉行削弱第 9 集团军以加强第 2 集团军的政策，沃曼将军发出的警告虽被认为有道理，但并不那么急迫。现在，白俄罗斯第 1 方面军大张旗鼓的行动表明普拉加已经危如累卵，这迫使中央集团军群必须调整既定的策略。沃曼将军直接叫停第 19 装甲师的北上行军，命令该部直接加入普拉加战场。在普卢茨克外围作战的第 73 装甲掷弹兵团和第 5SS 装甲团，也受命准备向华沙近郊收缩。

9 月 11 日，也就是苏军发起新攻势的第二天，第 19 装甲师的坦克纵队就开进了普拉加。指挥该师的卡尔纳将军还接收了败退下来的第 73 步兵师一部，他受领的最新命令是立即阻止敌人的前进。第 19 装甲师随后组织了一系列的反击，卡尔纳渐次投入自己的坦克部队，成功击退了苏军第 125 军的进攻。

在华沙东北面，得到补充的第 114 军继续战斗着。9 月 11 日，由坦克支援的步兵再次朝着 104 高地附近的森林前进，在随后爆发的近距离作战中，T-34 坦克受困于森林无法展开，步兵部队则被德军掷弹兵逼退。104 高地旁的茂林成了双方反复拉锯的所在，两军各自占据了一片林地，到当天的白昼结束之际，任何一方都无法把另一方从树木繁茂的地区赶出来。

▲ 伏击阵地上的德军小分队，左为StuG 40突击炮，右为Pak 38反坦克炮

▼ 在战场的烟尘中，2辆StuG 40突击炮正准备发起反击

9月12日，普拉加南郊的局势又有了新变化。尽管得到第19装甲师的IV号坦克的支撑，德军第73步兵师的防线仍然在苏军的重压下被打破，慌乱的步兵们毫无秩序地向普拉加区败逃。值得注意的是，波兰第1志愿集团军朝这个方向上派出了自己的第一支部队，也就是波兰第1步兵师，在阿宁周边的一条道路上，这支波兰部队成功摧毁了德军的一个炮兵分队。

在第73师败逃后，普拉加南郊德军防御阵地上唯一留下来的就是第19装甲师的掷弹兵了，但由于他们人数很少[①]，无法阻止波兰第1步兵师实施广泛的突破。

---

① 从编制上看有2个装甲掷弹兵团的4个营，但加起来只有900名士兵，而且据波兰方面的战时日志称当日还有第74装甲掷弹兵团参加战斗。

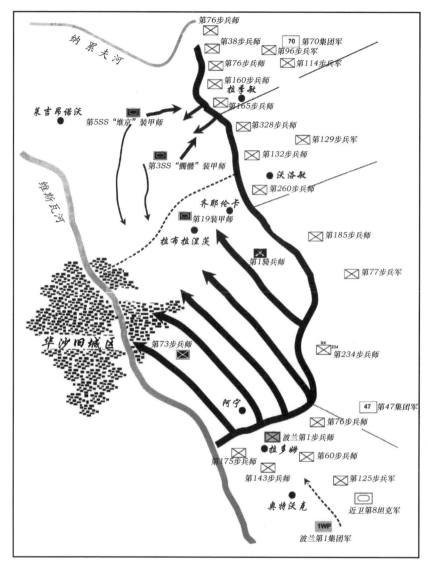

华沙第76步兵师

第38步兵师
纳累夫河
第76步兵师

第70集团军
第96步兵师
第114步兵军

莱吉昂诺沃
第160步兵师
拉季敏
第165步兵师

第5SS"维京"装甲师

第328步兵师
第129步兵军
第132步兵师

第3SS"髑髅"装甲师
沃洛敏
第260步兵师

维斯瓦河

齐耶伦卡
第19装甲师
拉布拉涅茨

第185步兵师

第1骑兵师
第77步兵军

华沙旧城区

第73步兵师

第234步兵师

第47集团军

阿宁
第76步兵师

波兰第1步兵师
拉多姆
第60步兵师
第175步兵师

第143步兵师
第125步兵军

奥特沃克
近卫第8坦克军

1WP
波兰第1集团军

▲ 华沙之战态势 9月10—14日

针对所发生的一切，愤怒的第9集团军司令沃曼在他的日记里写道："敌人仅仅用了两天的进攻就完全突破了第73步兵师的防线，这支部队没有表现出任何战斗精神，就战斗价值而言这个师简直不值一提。"

打开突破口后，第47集团军投入了第77军，近卫第8坦克军也跟进支援。不过，第47集团军司令古谢夫将军并不打算让他的坦克部队在普拉加的街头巷战中陷入困境——他只打算把坦克用于从侧翼包抄城区的行动。尽管如此，个别的坦克分队仍然在支持步兵部队的推进。

到了 12 日傍晚，第 175 步兵师向普拉加郊外的戈克拉夫（Gocław）方向移动，天还没有黑的时候，由卡普斯琴斯基上尉带领的一队步兵进入了普拉加城区。针对苏军的渗透，卡尔纳将军组织发起了几次反击，仅波兰第 1 步兵师就报告遭受了 8 次冲击。但是这些反击投入的兵力都很有限，无法阻止第 175 师的波兰第 1 步兵师的进逼。

针对第 19 装甲师规模有限的反击，苏军第 175 师的报告称，"敌人每次投入得到 8—14 辆坦克支持的 1—2 个步兵连"，令人惊讶的是，不少苏军连队声称他们在普拉加郊外同"斐迪南"式自行火炮发生了交战。苏军士兵是在 1943 年夏季的库尔斯克会战中第一次见到体躯庞大的"斐迪南"的，虽然投入库尔斯克的这种自行火炮基本上全部折损，但其强悍的战斗力给苏联军队留下了深刻的印象，以至于后来许多苏军士兵都习惯于把他们看到的德国坦克或自行火炮都统称为"斐迪南"。9 月 12 日的战报显然就是这一类的不实之词，当时在华沙地区的德军并无这种武器，而且那时经过改进的"斐迪南"也已经改称为"象"式了。

德军高层虽然对普拉加接近地的战况不满且担心，但并无改变这一局面的手段。当战斗在 9 月 13 日 10 时恢复时，苏军和波兰军队的进展布局已经非常深远，以至于现在战斗简直已经是普拉加的街头巷战了。由比祖克将军指挥的号称"西部平原英雄"的第 1 坦克旅，现在也加入了战斗[①]。经过与第 19 装甲师战斗群一整天的战斗，第 175 步兵师成功地控制了普拉加区南部几处城区，这促使德国人炸毁了连接着普拉加和华沙旧城区的波尼亚托夫斯基大桥，并且过早地摧毁了一座铁路桥。

波兰第 1 师的部队控制了普拉加南部的塔格维克区，进一步攻取了维尔诺火车站，并开始朝维斯瓦河上的克贝齐亚大桥发起进攻。为了阻止波兰人的这一企图，第 19 装甲师调集部分兵力在塔格维克区和扎西什兹区（Zacisze）之间实施了激烈地阻击。德国人的反击一度得手，这让卡尔纳将军觉得自己的反击甚至还有包抄苏

---

① 从旅部发布的指令看，到上午 11 时，该旅的第 2 坦克营和装备苏 –85 自行火炮的第 13 炮兵团第 1 和第 2 连已投入战斗。

▲ 率部在普拉加区同苏军进行了激烈争夺的德军第19装甲师师长汉斯·卡尔纳将军

▲ 这张有趣的照片摄于1944年9月的普拉加近郊，苏军使用清一色的德制"豹"式坦克

军第125军侧翼的可能，但这种前景只是昙花一现，德军的反击很快就被苏军的优势兵力所压倒，大队苏军步兵在近卫第8坦克军的坦克支援下得以巩固既得的阵地。

很显然，仅仅指望用一个装甲师来保卫普拉加城区是不现实的。这个师的实力原本就有限，与之配合实施阵地战的步兵数量又不足，尽管陆续投入了一些野战警察单位、训练营和第47自行反坦克炮营，这些部队的规模仍然是非常有限的。无奈的沃曼将军向中央集团军群司令部通报了普拉加的危局，9月13日，他获准把尚在城区中心地带的部队撤往普拉加北郊。

莱因哈特将军指示第19装甲师、第73步兵师的余部以及匈牙利第1骑兵师在退至普拉加以北后与第4SS装甲军会合，后者正在布鲁德诺（Brudno）至马尔基一线上构筑新的防线。同时，一个由奥斯卡·奥德尔施（Oskar Audörsch）上校指挥的第25装甲师战斗群也将投入此地，努力消除苏联或波兰部队越过维斯瓦河进入华沙旧城区的努力，而为了完成这个作战目的，还将把"赫尔曼·戈林"师的第2装甲掷弹兵团从马格努塞夫调回到华沙来。

一进一退之下，普拉加的大部分城区在9月14日获得了解放。撤退的德国人炸毁了在3座华沙维斯瓦河大桥中位置最靠北的城堡大桥，这意味着华沙旧城区和普拉加区之间的陆路交通完全被切断了。当天晚上，城区中仍有零星而不失激烈的战斗发生，特别是在华沙动物园和城堡大桥附近。波兰第1步兵师突入普拉加是一个历史性时刻，在那一刻，波兰战士实现了在维斯瓦河两岸同时打击德国人，华沙旧城中心城区由波兰国民军占领的小块区域，交火声和普拉加的枪炮声混杂在一起，在波兰人听来十分美妙动人。

德国人完全失去了对普拉加区的控制权，同时在这片城区东北面的战况也对德军不利，随着苏军加大了斯卢普诺的攻击力度①，吉尔中将觉得是时候让苦战的"髑髅"师撤出了。于是这个师主动放弃了之前与苏军第114军反复争夺的森林地带，向西全面撤退。

当9月15日的黎明到来时，普拉加区及周边接近地已不再有德国军队存在。攻取普拉加自然成为莫斯科宣称苏军有力支援了华沙起义的一个重要证明，而且相当重要的一点是，正是波兰部队亲手解放了波兰首都的普拉加区。

白俄罗斯第1方面军特别发布了9月10—15日期间波兰第1步兵师的损失情况：353人阵亡，1406人受伤，109人失踪。同时，方面军列出了这支波兰部队给敌人造成的打击：打死8名军官、41名士官和564名士兵，俘虏1名军官、25名士官和59名士兵，击毁16挺轻机枪、18挺机枪、7门迫击炮、16门火炮、19辆坦克、4辆装甲车和16辆其他车辆，缴获200多支步枪、15挺冲锋枪、5挺轻机枪、1门迫击炮、25门火炮②、1辆摩托车和1部电台。

在波兰第1步兵师师长罗拉-泽米斯基（Rola-Żymierski）将军发布于15日的一份训令中，有如下的内容："士兵们！塔德乌什科希切斯克步兵师的红军兄弟们和我们一起，在9月14日清晨，通过猛攻解放了我们首都的整个新区——普拉加。在维斯瓦河的另一边，在血腥的火焰中，首都的整个旧城区在燃烧着。在华沙，每个人都在苦苦挣扎……他们战斗着，同时大声诅咒伦敦政府发起的这场为时过早的起义。"

明知本军中有许多士兵是来自波兰国民军的罗拉-泽米斯基将军一定仔细衡量了他的措辞。他还补充道："华沙的废墟和路障与波兰人的战斗精神始终统一——在这里，投身波兰抵抗运动的勇士们和敌人进行了忘我的斗争和前所未有的努力，他们在为首都重生而进行的斗争中付出了巨大的牺牲，他们是波兰军队不可分割的一部分。"

罗科索夫斯基元帅亦高度评价了麾下的波兰部队："和我们的步兵、坦克兵、

<hr>

① 投入了第47集团军的第129军。
② 主要是105毫米榴弹炮。

炮兵、飞行员并肩战斗的波兰第 1 集团军的战士们作战都非常勇敢。"他还对华沙起义再度表达了自己的观点："这才是波兰首都举行起义的最合适时机！如果我们方面军的部队在东边突击，而起义者从华沙内部突击，在夺取桥梁开始时，把这两个拳头加在一起，那就可能一下子解放华沙并守住它。"从理论上说，元帅的这番话没有错。

华沙旧城，可望而不可即

趁着攻取了普拉加的余威，白俄罗斯第 1 方面军整合步兵和炮兵部队，以第 47 集团军和第 70 集团军的大部分兵力自 9 月 16 日 15 时起采取新的攻击行动，打击目标指向普拉加以北的莱吉昂诺沃（Legionowo）。这一新的攻势立即遭遇了第 4SS 装甲军的有序防御，苏军第 114 军的步兵在坦克的支援下进取伦贝尔斯琴兹纳

▲ 武装党卫队的掷弹兵和坦克构成了华沙城下德军的主力

▼ 这是 9 月的普拉加争夺战期间，苏军士兵和波兰士兵建立了战地友谊

（Rembelszczyzna）附近的克洛雷夫斯基运河（Królewski Canal），然而当苏军部队从南方接近这个村庄时，却暴露在致命的机枪火力之下。在村落以及附近的林地中，"髑髅"师坦克和掷弹兵突然开火，令第 114 军的攻击陷入困顿，在整整一天的时间里都无法改善自己的处境。

在更南面的比亚洛雷卡（Białołęka）附近，第 47 集团军的 3 个步兵师和近卫第 8 坦克军的 1 个坦克旅协同进攻。这次进攻的初期相当顺利，苏军占领了托马斯佐夫（Tomaszów）村，但等到苏军的先头部队来到普卢迪镇（Płudy）附近时，遇到了德军第 19 装甲师的阻击，确切地说，是受到了用于平射的德军高射炮的打击，在多辆坦克被摧毁后，苏

军的推进随之停顿。

取得初步成功的第 19 装甲师还发动了反击，兵力包括德军的坦克和装甲掷弹兵，以及匈牙利骑兵部队。苏军部队对这个战斗群的反击感到惊讶，无法在新赢得的地区实施有效防御。当天晚上，第 19 装甲师已经把当面之敌逐退到了他们的初始阵地上，师部发出的战报称，当天和 40 辆苏联坦克发生了战斗，击毁了其中的 26 辆。正是在"髑髅"师和第 19 装甲师的合力下，第 4SS 装甲军的战线在 9 月 16 日经受住了考验。

随后的两天中，第 70 和第 47 集团军的步兵师虽然在战线上的多点继续进攻，但每场进攻的兵力规模都不超过一个步兵团。实际上，白俄罗斯第 1 方面军自开始突击普拉加以来不曾休息，缺乏休整的各部人马已然实力大减。第 47 集团军司令波波夫中将报告称"各步兵师中士兵的状况令人担忧地恶化"，而近卫第 8 坦克军的坦克装甲车辆更是受损严重亟待补充。

或许是觉察到当面之敌战斗力的下降，第 4SS 装甲军军长吉尔中将于 9 月 17 日用手头可用的部队开始了一场沿着维斯瓦河河岸的反击。德国人取得了部分的成功，战至 19 日，双方的交火线陷入了一种僵持状态，哪一方都无力更进一步。

意识到自己部队的疲惫状态，罗科索夫斯基元帅在 9 月 20 日发布了一项命令，实际上要求各部转入暂时性的防御状态。一天后，罗科索夫斯基再做调整，他指示消耗很大的近卫第 8 坦克军从一线撤出，以便重新整顿和补充实力。朱可夫原指望白俄罗斯第 1 方面军能够消灭维斯瓦河和纳累夫河交汇地区的所有敌军，但很明显，这超出了那时第 47、第 70 集团军和近卫第 8 坦克军的能力范围。

失去普拉加在德军中引发了强烈反应，德国人正尽可能向华沙旧城区调派力量，以防止苏军从普拉加区越过维斯瓦河攻击波兰旧城。9 月 16 日那天，"赫尔曼·戈林"师的汉斯·冯·内克尔（Hans von Necker）上校[1]带领着他的第 2 装甲掷弹兵团赶到华沙布防，任务是阻止起义者与正在普拉加的波兰第 1 步兵师取得联系，据称两者已经有了小规模接触。隶属于第 25 装甲师的第 25 装甲侦察营和第 87 装甲工兵营也从北面赶来华沙，直接开进华沙旧城另一边的佐利伯兹区（Zoliborz），一经抵达便立即投入到打击波兰国民军的行动中。

---

① 将在 9 月 24 日指挥整个"赫尔曼·戈林"师。

▲ 这是1944年9月的普拉加区，波兰第1步兵师的战士正在苏联坦克支援下进攻城区

▼ 指挥着第4SS装甲军的吉尔中将在8—9月的战事中承受了巨大压力

这些开进华沙城区的部队让党卫队上将巴赫非常高兴，因为按照权属界限，这些新抵达的部队都将归其指挥。然而鉴于这位党卫队将军显而易见缺乏领导前线部队的能力，中央集团军群司令部下令，由第46装甲军军长冯·吕特维茨（von Lüttwitz）接管华沙城区维斯瓦河这一区域的部队。具体的分工是：巴赫所管辖的部队要尽快结束华沙起义，而第46装甲军将捍卫维斯瓦河的西岸地区。

在吕特维茨接受新任务的同时，第9集团军向中央集团军群司令部发出了一份直白的报告，内陈在华沙地区的德军部队正处于非常不利的境地中。沃曼将军写道："唯一在战斗力方面称得上令人满意的就只有'赫尔曼·戈林'师，在过去几个星期的战斗中，经过严格考验的党卫队"髑髅"师和"维京"师以及整个第9集团军的状况变得相当脆弱，以至于在目前这个时刻，这两个曾经精锐的部队加起来只相当于一支平庸的战斗部队。"这份报告总结出，当前在第9集团军的6个步兵师和4个装甲师中，一共只有30335名士兵，配备有341辆坦克或突击炮，全部148个炮兵连装备着602门火炮。

在阅读这份令人头痛的报告时，莱因哈特将军对沃曼的处境表示了同情，但当这位中央集团军群司令读到报告的结尾部分时，他的情绪就发生了转变。沃曼在结束段落中写道："即使华沙起义能够迅速得到控制，整个地区的德军也已面临无望的境地。"莱因哈特据此认为冯·沃曼将军已经无法履行作为一名集团军司令官的职责。他随后给沃曼打电话进一步了解情况，在这次交谈中进一步确定了自己对沃曼"软弱性格"的判断。

当天晚些时候，莱因哈特向希特勒建议解除沃曼的指挥权。9月20日，正忙着部署第46装甲军的吕特维茨将军惊讶地得知，他现在得把第46装甲军的指挥权

▲ 武装党卫队和德国陆军的战地指挥员正在讨论战情

▼ 在几个战场上来回调动党卫队装甲师，是德军在1944年华沙之战中的一个战术要招

交给瓦尔特·弗里斯（Walter Fries）将军，为什么？因为从现在起他是新的第9集团军司令了。沃曼被去职有些不走运，第9集团军的这次人事更迭正发生在一个颇具偶然性的时间节点上：苏军对华沙的攻势已经大幅度减弱，而在此后的战事中，华沙将只是一条虚弱的副线。

9月中下旬，苏军第47和第70集团军在普拉加北部进行了徒劳无功的战斗，而与此同时，在华沙也进行着另一场战事，而且比普拉加以北的战事更具戏剧性。简而言之，成功进占普拉加区的波兰部队，面临着另一项严峻考验：进取华沙旧城区。

在经过激战解放了普拉加区之后，筋疲力尽的波兰第1步兵师除开炮兵团外的兵力，都已经奉命退出普拉加而回到第47集团军预备队的位置上。同时，贝林格中将的波兰第1集团军的其他部队已经开上来，到9月15日晚上，名为"亨里克·达布罗夫斯基"（Henryk Dąbrowski）的波兰第2步兵师已开进至华沙动物园周边地区，其东面是名为"罗穆阿德·特洛古特"（Romuald Traugutt）的波兰第3步兵师，当时他们的任务是肃清残敌巩固普拉加区，不过下一步行动已经明确了。

在此之前，斯大林和罗科索夫斯基通了一次电话，最高统帅询问后者是否有可能采取进一步的行动以解放华沙。罗科索夫斯基称无法发动全局性的战役，不过可以尽力帮助起义者，以减轻他们的困难。具体而言，"决定利用漂浮器材往（维斯瓦河）对岸、往华沙（旧城）派出强大的登陆部队。"而这次登陆作战，就将交由波兰第1集团军来执行。

❯ 武装党卫队部队在华沙城下疲于奔命，东西支绌

罗科索夫斯基找到了贝林格中将，在罗科索夫斯基眼里，波兰将军贝林格"是一位仪表堂堂、表情严肃、衣着整洁的指挥官。从他的外貌可以感觉到，这是一位老军人，懂得什么叫服兵役，什么叫战斗"。用波兰部队进击华沙旧城能够进一步提升苏联在西方同盟国面前的形象，而把这项艰苦的任务交给曾在1939年抗击德军入侵的波兰军官，是令人放心的选择。在听取了方面军司令的陈述后，贝林格当即表态，他和他的同志们本来就不希望在第二梯队待得太久，他的士兵们已经做好战斗准备，强烈希望尽快与奴役他们祖国的敌人一决雌雄。

▲ 战斗在华沙瓦砾间的波兰国民军战士，光看武器和服装，很容易误认为是德国人

　　被选中执行渡河作战的就是波兰第 2 步兵师和第 3 步兵师，没有更多苏军兵力参与——由于罗科索夫斯基明确表示方面军因为其他地段的战斗而无法提供坦克或火炮方面的有力支援，这次进攻的兵力规模不可能过大。贝林格告诉指挥着波兰第 3 步兵师的加利奇（Galicki）少将，这次渡河作战成功的可能性很大，"你要做的是进攻，与国民军的部队会师，解放华沙。"根据苏军提供的情报，预计和渡河波军对抗的敌人将是第 500 突击营、第 1 警察营和第 501 工兵突击营，这些部队合计约有 120 挺机枪、15 门迫击炮、4 门火箭炮、12 门 75 毫米火炮以及大约 30 门突击炮。

　　9 月 16 日上午，根据波兰第 1 集团军下达的正式命令，波兰第 3 步兵师的第 9 步兵团率先展开渡河行动，准备进占华沙旧城的车尼亚科夫区（Czerniaków）。不幸的是，渡过维斯瓦河的难度比预想的大，波军准备的渡河工具的有效性则比预想的小，于是全团的渡河作业变成了一个乱糟糟的过程，整个白天里只有一个营按计划渡过了维斯瓦河，另外两个营不得不利用黑暗的掩护，分别在 9 月 16 日和 17 日夜里才进抵车尼亚科夫区。

　　这个波兰步兵团与一位化名拉多斯拉夫的波兰国民军中校取得了联系，但后者表示无法提供太多帮助，实际上国民军正等着普拉加的友军来解救自己。渡河的第

9 步兵团只有数量很少的弹药，加之他们缺乏城市战的训练，结果在短暂的战斗中遭受了严重的损失。几天后，这个波兰步兵团被巴赫战斗群和德军第 25 装甲师第 146 装甲掷弹兵团完全打垮了，当天晚上只有几十名幸存者游泳逃到了普拉加。

在第 9 步兵团过河之后，波兰第 3 步兵师的第 8 步兵团也于 19 日展开行动，当天 16 时，该团的第 1 营在被炸毁的波尼亚托夫斯基大桥附近渡河，由于有烟幕和炮兵的掩护和支援，这个步兵营的渡河作业相对成功。但是为其提供掩护的苏军炮兵部队随后奉命离场，这导致第 8 团的下一个营不得不在没有任何保护的情况下过河，事实证明这是一出悲剧。

就在第 2 营预计上岸的地域，德军的炮火劈头盖脸地打来，"赫尔曼·戈林"师第 2 装甲掷弹兵团的一批装有 20 毫米速射炮的履带式装甲车不停开火，把第 2 营的大部分人打倒在地或者打入水中，同时驱赶了试图前来帮忙的第 1 营。在这近乎屠杀的时刻，从普拉加打来的几发 76.2 毫米炮弹挽救了第 2 营的部分士兵，德军装甲车开始从河岸撤退，结果有大约 150 人活了下来，这些幸存者游泳退到了普拉加。夜色更深时，孤立无援的第 1 营完全被包围，在进行了一番抵抗后放下了武器。第 8 步兵团的两个营在 19 日的行动中牺牲了 370 名战士，还有超过 300 人被俘。

在华沙旧城坚持得最久的是波兰第 2 步兵师第 6 团的两个营。9 月 17 日晚上，第 2 营的一个连在完全没有伤亡的情况下悄然成功渡河，连里有一位名叫沃伊切赫·雅鲁泽尔斯基（Wojciech Jaruzelski）的中尉，后来将在 1981 年成为波兰的最高领导人。第二天晚上，第 2 营的其余部队也加入了这个尚未被敌人发现的步兵连，士兵们藏身于灌木丛中，德军在此地恰巧也没有任何部队。稍晚些时候，第 6 团第 3 营的一个连也越过了维斯瓦河。

这些部队的任务是进入佐利波茨区，与那里的波兰国民军会合。19 日晚上，起义者和波兰红军第一次并肩作战，德军方面的战报指出当时的战斗是整个华沙起义期间最为激烈的。一般来说，军团级的作战日志是不太会涉及发生在一幢房屋周边战斗的详细情况的，然而那一天德军第 9 集团军的日志里写道："在维斯瓦河附近，多次进攻叛乱者占据的最后一座房屋，那里的大火已经燃烧了好几个小时。"

到了 20 日，不断增兵的德国人切断了第 2 营和第 3 营的退路。吕特维茨将军已经发出了尽快消灭敌军桥头堡的严令，这使得第 25 装甲师投入了相当多的兵力。波军第 6 团的两个营进行了顽强抵抗，但他们后继无援，甚至得不到任何重武器的支援。21 日上午，在河对岸的普拉加，指挥着波兰第 2 步兵师的扬·罗切维茨（Jan

▲ 战斗在华沙近郊的德军20毫米自行高射炮半履带车

Rotkiewicz）将军痛苦地观察到"上午 11 时，第 6 团第 2 营的战斗声音平息了，所有联络全部中断了"。除了被德军俘虏的 218 人外，两个营的战士全部阵亡。

波兰第 1 集团军乃至白俄罗斯第 1 方面军对华沙起义的支持到此画上了句号。渡河作战让波兰部队损失很大，共有 1987 人阵亡或失踪，撤出来的人数为 627 人，其中 289 人负伤，这些损失数字超过了波兰第 1 步兵师在普拉加的损失。在收到登陆作战失败的消息后，罗科索夫斯基元帅把很大一部分原因归咎于起义者，"起义的领导者们不仅不给登陆部队任何帮助，甚至都不想与他们联络……在决心实施登陆战役时，波兰官兵们是在自觉地做自我牺牲，极力想拯救自己的同胞于水深火热之中。但他们被那些把有产阶级的政权看得高于祖国利益的人出卖了。"

缺乏足够后援的波兰部队在华沙旧城实际上执行着不可能完成的任务。在此之前，加入苏军的波兰部队普遍被认为是由在 1939 年秋季被苏军抓住的波兰战俘、没有任何军事素养的农民、带有波兰姓氏的俄国人甚至是犯人所组成的乌合之众，这些部队既没有受过良好的训练，也没有良好的装备。然而在强渡维斯瓦河的孤军行动中，苏联红军中的波兰步兵师虽然没能成功，却用英勇的表现表明了自己到底是一支什么样的部队。

︿ 挺进波兰的苏军部队和一路波兰武装力量会师

﹀ 这幅画作表现的是"维京"师的半履带车和通信摩托

维斯瓦河无战事

从华沙的新城区越过维斯瓦河突击华沙旧城区的行动就此结束了，罗科索夫斯基既没有扩大桥头堡，也没有投入新的部队。9月22日，就在德军重新完全控制华沙旧城的局势之际，同盟国的电台在宣称"伟大的华沙战役"已经进入"决定性阶段"，对"斯大林大元帅给予受困波军的援助"给予了高度评价。很少有人注意到这样一个细节：指挥着波兰第1志愿集团军的贝林格中将被召回莫斯科，随后被解除了职务。

实际上，就算罗科索夫斯基向华沙旧城投入波兰第1集团军之外更多的兵力，维斯瓦河渡河作战的前景也很难预料。德国人的神经在9月底已经高度紧绷，第9集团军完全高估了苏军夺取华沙的可能性和准备为此投入的兵力，可以说达到了"严重高估"的程度，其结果是德国国防军多支装备精良的部队在普拉加失守之后纷纷向维斯瓦河西岸的华沙城区集中，包括第25装甲师的第9装甲团、第147装甲掷弹兵团、"戈林"师的第2装甲掷弹兵团等在内，正是这些部队摧毁了波兰第1集团军的渡河行动，同时使得在旧城区苦苦支撑的波兰国民军受到了进一步的打击。根据第25装甲师的战报，这个师的工兵和侦察部队在抵达华沙城区的48小时之内，就造成起义军方面110人死亡和220人受伤。

9月21—23日，第9集团军的新任指挥官对其指挥下的部队进行了一系列调整。他要求在维斯瓦河西岸重组第46装甲军和第19装甲师，同时把匈牙利第1骑兵师和第73步兵师的残余部队撤到后方休整。普拉加以北，第4SS装甲军中的"髑髅"师和"维京"师虽然仍占据着合适的阵地，但已十分疲惫和虚弱。为了补强其实力，第9集团军下令把"赫尔曼·戈林"装甲师[1]划入第4SS装甲军的战区。这次调动由于苏军的空袭而发生了延迟，不过到10月初，这支德国空军的精英地面部队已经抵达普拉加以北，开始加强疲惫的武装党卫队。

做出上述调整的同时，德军还在9月底组织了一场旨在打击华沙以西的坎皮诺斯保留地（Kampinos-reservation）的波兰游击队的"流星行动"，参与这次后方清剿的不仅有警察单位和守备部队，甚至还有"髑髅"师和"维京"师的部分兵力。

---

[1] 除第2装甲掷弹兵团之外。

第 9 集团军向中央集团军群报告称，这次部队重组和清剿行动发生在"当面之敌相对平静并且其所采取的行动没有超过普通战斗行动水平的时期"，从这份报告的措辞来看，那时德国人对于华沙之战的前景已经有了相当乐观的评估。

事实确实如此，普拉加的战事进入了一个相对平稳的对峙期，而华沙旧城的起义已经进入了最后阶段。9 月 28 日，再也坚持不下去了的起义军就投降事宜开始与德军举行谈判。1944 年 10 月的第二天，"博尔将军"塔德科莫罗夫斯基与党卫队上将巴赫会面，并签署了投降书。在这样做之前，博尔将军给伦敦的波兰流亡政府发去了最后的电讯："我们的斗争正处在最后的痛苦挣扎阶段……我将被迫投降了。"这天 18 时 15 分，起义者的投降协议生效。华沙起义于 10 月 2 日结束了，不过直到第二天下午，华沙中心城区的最后一批抵抗者才接到了投降的书面命令。因此，与历史学界的普遍观点相反，华沙起义在波兰人心目中的概念是"64 天战斗"。

这时的华沙战场，暂时平静。罗科索夫斯基元帅总结道："华沙近郊的战斗行动停止了。只在莫德林方向上我们还在进行艰苦而毫无成效的战斗。"在完全采取防御姿态之前，罗科索夫斯基希望摧毁敌人在维斯瓦河和纳累夫河交汇区的阵地，这一波进攻由第 47 和第 70 集团军执行，行动时间定于 10 月 6 日。

不过在这个行动日期的前两天，德国人抢先采取了削弱这两个集团军的行动。10 月 4 日，第 2 集团军此前一直在败退的第 20 军突然对苏军在纳累夫河的桥头堡发动了大规模反击，参战兵力包括第 25 装甲师、第 3 装甲师、第 104 装甲、4 个突击炮旅，以及来自第 505 重战车营的"虎王"式重型坦克。

"进攻的准备阶段很紧张。东面是滚滚烟尘，黄褐色的云层在空中呈现出奇怪的蘑菇状。侦察机飞行员送来了侦察报告，每一片树木繁茂的地区都充斥着坦克、步兵和辎重车队。榴弹炮在道路上一门接一门地排列着等待行进，各种各样的军车装满了炮弹、子弹和军需……

"预备队上阵了——'虎'式坦克、突击炮、掷弹兵，把大股敌人分割成一小块，再一个个吃掉。攻击加剧，战斗升级，步兵对步兵，坦克对坦克。行动取得了成功，但突击部队的规模也缩小了，一个被称作'师'的部队，往往不超过 1000 人。在敌人持续的压力下，我们没有新的策略，当务之急是找到应对俄国人大规模攻击战术的办法，不能让这个问题变成无解的灾难。"

在德军打击下，苏军度过了好几天艰难的日子，在此期间还上演了"虎王"和 IS-2 两种重型坦克对决的场面，随后苏军便重新控制了局势，几天后终于把德国

▲ 华沙起义的著名一景：国民军领袖"博尔将军"与党卫队上将巴赫会面并签署了投降书

▼ 这张示意图展现的是波兰抵抗运动的结构，居于首脑位置的是在伦敦的波兰流亡政府

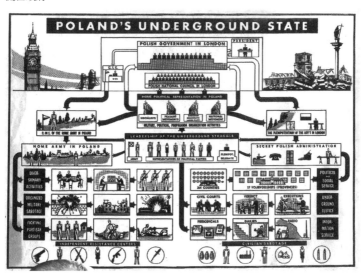

人赶回到原来的位置上。在那之后，到了 10 月 10 日上午 9 时，经过 100 分钟的炮火准备，苏军的步兵部队开始突击整个第 4SS 装甲军的防御正面，提供支援的坦克数量并不太多，而且主要是"谢尔曼"中型坦克。苏军步兵表现出了极大的勇气，但他们的力量显然不足以实现突破。

那时的第 4SS 装甲军正处在过渡时期，吉尔中将在几天前刚刚被告知，他将失去新近抵达的"赫尔曼·戈林"师,这支部队将向西退到因斯腾堡(Instensburg),加入到正在那里组建的一个新的装甲军,这个装甲军同样以帝国元帅命名:"赫尔曼·戈林"。这对吉尔而言无疑是一颗苦涩的药丸,但他必须吞下去。为了加以弥补,第9集团军把第19装甲师纳入第4SS装甲军的序列,但这已经是一支非常弱的部队。

尽管德军的兵力远远少于攻击方,但攻击者的力量并不像以往那么强大,吉尔为了遏制住苏军的进攻投入了自己全部的机动部队。装在半履带式装甲车上的四联装20毫米火炮向战地倾泻了猛烈的火力,对苏军步兵造成了重大杀伤。战斗开始时,"维京"师刚刚走马换将,经验丰富的装甲战将缪伦坎普另有任用,卡尔·乌尔里希火线履新,这位新任师长的第一项任务是寻找合适的临时指挥部,因为"维京"师原来的师部刚刚在苏军的炮火准备中被摧毁。

在初期行动陷入僵局后,波波夫将军和古谢夫将军在10月12日投入了能用的所有师,这些力量还得到了"老搭档"近卫第8坦克军的支援。经历了整整一天的艰苦战斗后,波波夫将军的部队逼退了"维京"师,并进占扎格罗波夫(Zagrobow)以南的公路和铁路交叉口,在那里,苏军前锋受到了德军反坦克阵地的有力阻击。第47集团军攻占了罗佐波勒(Różopole),但因为隐藏在附近树林中的德国坦克的反击而停止了前进。

第二天,"维京"师的数十辆坦克在装甲掷弹兵的配合下对第70集团军占据的扎格罗波夫路口发动了反击,为数多达18次,但全部被击退。10月14日,第70集团军的步兵在数十辆"谢尔曼"坦克掩护下冲到了尼波尔特森林,并在夺取森林后出其不意地端掉了"韦斯特兰"装甲掷弹兵团的一处医疗站。这个掷弹兵团此后死守了两天,才把阵地恢复到战斗开始前的状态。为了挽救该地的危局,"维京"师师长乌尔里希把师部的文职人员、厨师和卡车司令全部投入战斗,这是完全必要的,因为"韦斯特兰"掷弹兵团的营级兵力已降到了百人以下。

疲惫的第47和第70集团军在10月16日停止了对武装党卫队部队的攻击,他们并不清楚这些德国师已经战斗到了最后的残余力量。为了弥补人力方面的重大损失,德军开始调用有限的人力储备,其中包括来自德国空军非战斗单位的人员。但是令吉尔中将恼火的是,吕特维茨将军在10月17日下令第27装甲团立即赶往马格努塞夫,因为情报显示苏军即将在那里采取新的行动,后来的情况表明这一情报不实。

10月19日,第4SS装甲军所在的战区已趋于平静。根据第9集团军的部署,"髑髅"师和"维京"师在苏军持续的炮击和空袭中逐步后退，并在 27 日于布罗诺夫斯基运河（Bródnowski Canal）的另一侧建立了新的防御阵地。几天后，苏军第 47 集团军发动紧随德军步伐的进攻，战役目标是迫使第 4SS 装甲军退到维斯瓦河的另一边。傍晚时分，"维京"师发动的以突击炮为主力的反击令苏军在白天的努力成果化为乌有。

德国人已经用尽了最后的预备队，但他们在 10 月 31 日获悉，苏军在前一天这场失败的袭击也耗尽了他们的力量。11 月 1 日，第 47 集团军奉命转入防御姿态，第 70 集团军的进攻行动也随即停止。这样一来，在华沙城外持续燃烧了 3 个多月的战火终于要熄灭了，波兰首都的接近地进入了一个相对平静的时期，除了交战双方的炮击之外，沿着维斯瓦河的苏德前线实际上将保持"休眠"状态，而且历时 2 个月以上。

▲ 苏军中的波兰士兵战斗在普拉加以北的莱吉昂诺沃地区，照片摄于1944年10月

▼ 先是指挥"维京"师，后来指挥 1 个装甲军的奥托·吉尔中将

从白俄罗斯第 1 方面军以第 2 坦克集团军为主力突击普拉加，到德军装甲部队在华沙城下发起反击，此间经历了华沙起义，再到苏军恢复进击普拉加，作为二战东线战场上运行得最复杂的战役之一的 1944 年华沙之战结束了。疮痍满目的华沙城区已经变成了一个万人冢，而华沙接近地同样是处处埋骨。

据苏联的官方统计，仅在 1944 年 8 月 1—15 日，战斗在华沙方向上的白俄罗斯第 1 方面军就有 166808 人阵亡或负伤。为了解放华沙而做出最后努力的波兰第 1 志愿集团军有 13272 人阵亡、负伤和失踪。

差不多在此期间，德军第 2 和第 9

▲ 一队苏军自行火炮开入波兰某边城，当地民众列队欢迎

集团军的兵员损失为 91595 人阵亡、负伤和失踪，其中第 9 集团军损失了 36373 名士兵，包括前线作战损失的 27422 人以及在华沙城区平叛行动中损失的 8951 人。德军的伤亡统计数字还不包括 7 月份、9 月下半月和 10 月在普拉加近郊战斗中的损失。

双方的武器装备同样损失严重，不过缺乏足够精确的统计数据。根据德军第 9 集团军的战报，该部仅在 8 月 18—22 日的 5 天时间里就击毁了 249 辆苏联坦克；第 5SS "维京" 装甲师在 9 月 4—5 日的战报中声称击毁了 151 辆坦克和 32 辆自行火炮……类似的统计在德军各部中并不鲜见。

1944 年的华沙之战非常漫长，非常残酷。虽然在士兵数量、坦克和空中实力等方面均占优势，但白俄罗斯第 1 方面军的数个集团军在此期间所取得的进展和其战斗损失是不正比例的。相对来说，德国军队在华沙城下的抵抗展现了较高的战地技巧，几位指挥官通过频繁调动规模较小但机动性较强的精锐部队，化解了几处战线上不断出现的危机。当然，这也和苏军在战略层面上的作战决心有关，从一开始，一鼓作气解放波兰首都就不是进入波兰境内苏军部队的首要任务，甚至也不是远期目标，就某种意义而言，卢布林的重要性从一开始就超越了华沙。

不过在尘埃早就落定之际，我们仍不妨来做一番假设。在这种假设的语境下，就算德军中央集团军群的指挥官有更高明的技巧，就算几个德军装甲师有更雄厚的实力，如果苏军从一开始就全力以解放华沙为目标的话，德国人的回旋余地也将会变得相当有限。或许在莫斯科的严令和各种作战资源调配到位的情况下，罗科索夫斯基的部队是能够在 8 月的第一周就拿下普拉加的，并继而对华沙旧城区展开全面攻击，而那时正值华沙起义的高潮期。在这种假设下，整个华沙战役或许会以令人满意的态势顺利结束，波兰首都的残酷巷战应该还会持续一阵，但是包括华沙街道上的波兰起义者在内的反法西斯力量在较短的时期内就成为华沙拯救者的机会将大大增加。

∨ 苏军解放华沙，要到1945年年初的冬日里才会实现

天河流星
Me 163 火箭战斗机技战史

作者
王轩

1944 年夏季，随着远程护航战斗机的普及和战略轰炸机部队的扩建，对德国本土及占领区的战略轰炸行动日益频繁，与之形成鲜明对比的是德国空军战斗机部队的应对乏力。有鉴于交战双方综合实力的巨大差距，德国空军加紧了新式武器装备研发、生产，以及相关作战单位的人员训练和部队组建工作。

早在 1944 年年初，战斗机部队总监阿道夫·加兰德将军就下达了组建 Me 163 作战单位的指示，同年 3 月，第一支 Me 163 作战中队成立。经过多次扩建与改编，1944 年 11 月正式成立了 JG 400 联队。它最令人瞩目之处莫过于装备着世界上迄今为止唯一一型参加过实战的火箭动力飞机，不同于那些还在试飞阶段就迎来战争结束，或是仅仅浮于纸面的"绝密武器"，Me 163 展现出的是一幅更加真实鲜活的画卷。一架惊世骇俗的飞机，一种迥然于时代的设计理念，如何在舳舻千里的轰炸机群中找到自己的位置，我们或许可以从 JG 400 的作战里程中寻觅一二。

Me 163 的研发与生产情况

在 Me 163 截击机的发展过程中，飞机设计师、空气动力学家亚历山大·利皮施（Alexander Lippisch）扮演了重要角色，同事们这样描述他：

利皮施是个非常坚定的人，他有自己的想法，尝试做的事决不允许无疾而终。他与自己的团队关系良好，但是与他工作并不总是一帆风顺。他还是一个艺术爱好者——对音乐、美术这类的东西非常感兴趣，他对这些东西非常热忱……他对于一个项目或某一领域的工作所做出的整体效益改变并不总是容易让人信服，但是我们所有人与他的关系都非常非常好。

1937 年成为利皮施事业生涯的转折点，他所在的德意志滑翔机研究所（Deutsche Forschungsanstalt fur Segelflug，以下简称 DFS）被划入帝国航空部（Reichsluftfahrtministerium，以下简称 RLM）的研发部门，主管是阿道夫·博伊姆克博士（Adolf Baeumker），他负责组织方面的助手赫尔曼·洛伦兹博士（Hermann Lorenz）很快与利皮施起了冲突，后者总是做一些日程之外的事，这在秩序井然的研发部门明显不受欢迎。

这年秋天，洛伦兹博士来到达姆施塔特视察 DFS 194 和 DFS 39 滑翔机的研发工作，在此期间利皮施被问及两种机型的优劣，他向洛伦兹推荐了后者，然后又被

▲ 沉思中的亚历山大·利皮施，第一次世界大战中他曾在东线从事航空侦查相片的解读和绘图工作。1925年，他被指任为勒恩-罗西腾协会（Rhon-RossittenGesellschaft，简称RRG）技术部门的负责人，生产制造施托希（Storch）和德尔塔（Delta）系列滑翔机、带动力滑翔机和轻型飞机。1933年，RRG研究所被并入位于达姆施塔特的DFS，在那里利皮施继续发展德尔塔系列滑翔机，包括Me 163的前身——DFS 194

问到是否能在 DFS 39 的基础上重新设计机身，以便安装新型发动机，精明的利皮施立即就猜到了所谓的"新型发动机"就是火箭发动机，他的猜想随后在洛伦兹的办公室得以证实并获得了一份高速喷气推进验证机的合约。在这个保密级别为"绝密"的 X 计划里，未来的 Me 163 开始初露端倪。

按照合同要求，DFS 设计该机的气动外形并在本单位的车间中制造机翼，机身和发动机交由海因克尔的一个特殊部门根据 DFS 提供图纸制造，安普尔基金（Ample）为该项目提供资金。出于保密需要，项目开始后利皮施被送往柏林，DFS 划出了一个专门绘图室供他使用，该房间安装了类似于银行保险柜的安全门，唯有输入密码方能打开。除了利皮施本人，约瑟夫·胡伯特（Josef Hubert）和弗里茨·克拉默（Fritz Kramer）也都宣誓保守该秘密。

1938 年 5 月至 7 月，X 项目的风洞测试在小城哥廷根（Gottingen）进行，接受测试的模型还保留着 DFS 39 下垂的翼尖，但机身的气动外形更加简练。测试表明该机的偏航和滚转稳定性都不好，为此设计师们移除了下垂的翼尖，取消了机翼的上反角，机身下加装了腹鳍以解决这一问题。

由于组织不力，在秘密工作室进行设计工作进展异常缓慢，此外海因克尔公司的主要兴趣集中在瓦尔特·京特（Walter Gunter）设计的 He 176 上，所以 X 项目没有取得什么实质性的进展。与此同时，瓦尔特·格奥尔格（Walter Georgii）和利皮施的姐夫弗里茨·施塔默教授（Fritz Stamer）已经起草了一个将 DFS 从达姆施塔特移往布伦瑞克（Braunschweig）的计划，在这份计划中，与无尾翼设计相关的研发部门将被解散，利皮施的人马也将被调至其他部门。利皮施得知此事后，在震

▲ 从1937年5月至1938年7月，DFS 194的模型在哥廷根进行了风洞实验。该模型由一台电机驱动，外形类似于DFS 39

▼ 1938年5月至7月在AVA风洞接受测试的两种变型——一架有下垂的翼尖没有垂直安定面，类似DFS 39，另一架没有下垂的翼尖并且有垂直安定面

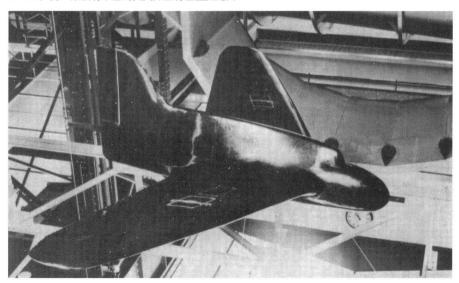

惊之余，也意识到在 DFS 的工作恐怕不会有太多前途，他决定和几个志同道合的同事另寻他路。他先后与海因克尔、梅塞施密特进行了接洽，最终于1939年1月2日，利皮施和团队中的 13 人离开 DFS，加入位于奥格斯堡 – 豪恩施泰滕（Augsburg–

Haunstetten）的梅塞施密特公司，格奥尔格教授同意将尚未完成的 DFS 39 和 DFS 194 也一并转让给梅塞施密特。

新增设的 L 部门（"L"代表利皮施）在工作中享有不少特权，利皮施的助理约哈希姆·施梅德曼（Joachim Schmedemann）对于他们正在设计的东西也了然于心。他提议在那些提供给特殊车间的零件图纸上使用已有的编号，以掩饰项目的真实身份。最终第一架原型机被命名为 Me 163 AV4，这一编号原是与菲施勒·施托希公司（Fieseler Storch）竞标的 Bf 163 联络机，已经研制了 3 个子型号，其中只有一种据信已经制造了样机，但还是不能满足性能要求，因此 163A 会被误认为是这种飞机的改进版。

163A 的研制工作进行得并不顺利，由于设计推力从 400 千克提升至 750 千克，原来的设计不得不废弃，新的原型机除发动机外均由梅塞施密特制造，火箭发动机由位于基尔的赫尔穆特·瓦尔特公司提供。利皮施此时最担心的是火箭发动机的表现尚不可知，至于它将如何影响飞机的气动特性就更无从谈起了。为了收集必要的数据，他提议在 DFS 194 的模型上安装火箭发动机，然后在佩内明德进行测试。

战争爆发后，由于 Me 163A 在战时缺乏优先权，L 部门及其项目步履维艰。直至 1941 年 3 月 13 日，才由海宁·迪特马尔（Heini Dittmar）驾驶 Me 163A V4 在奥格斯堡上空进行了首次牵引飞行，雪上加霜的是瓦尔特公司又未能及时交付发动机，致使第一次带动力飞行延期至当年 8 月。一切就绪后，L 部门的试飞组前往佩内明德，在那里瓦尔特的工作人员将发动机装进了 Me 163 AV4。试飞大获成功，离地后飞机紧贴着地面加速飞行，然后仅用 55 秒便爬升至 4000 米的高空，如此出色的表现给现场的德国空军兵器生产总监乌德特大将及最高统帅部代表留下了深刻的印象。

∨ 1937年1月9日，海因里希·迪特马尔在格里斯海姆（Griesheim）驾驶Delta IVc（DFS 39）进行了首飞，直到1941年8月24日为止，迪特马尔驾驶该机进行了230次起降，该机不仅接受测试，也被用来运送人员

▲ 两架火箭动力的DFS 194原型机之一，在被移交给位于佩内明德的德国空军试飞中心（*Erprobungsstelle der Luftwaffe*）之前在奥格斯堡进行组装，1939年7月28日，迪特马尔驾驶该机进行首次牵引飞行

▼ 1925至1929年间，海因里希"海尼"迪特马尔（Heinrich "Heini" Dittmar）获得了A、B滑翔机证书，并在赢得了多项滑翔机比赛的同时创造了世界高度和距离纪录。1936年，迪特马尔成为德意志滑翔机研究所（*Deutsches Forschungsinstitut fur Segelflug*）试飞员，次年他在瓦赛库伯举行的第一届国际滑翔机锦标赛中获得冠军。1939年作为梅塞施密特公司的试飞员加入L部门，进行了DFS 194和Me 163A的第一次试飞。在1941年测试Me 163A V4期间，迪特马尔成为第一个时速超过每小时1000公里的飞行员，为此他被晋升为上尉并获得奖励航空研究成果的"李林塔尔"奖。1942年迪特马尔在试飞Me 163A V12期间受重伤，1944年才完全康复

在该机进行的第四次试飞中，试飞员迪特马尔完成了一次里程碑式的突破，飞机不断加速，直到剧烈的颤振导致流过机翼的气流突然分离，由此带来的升力损失致使机鼻不受控制地下沉，仪表显示加速度已经变成了负 11 米 / 平方秒，海宁迅速收油门减速，这才渐渐地恢复了对飞机的控制。经过几个小时的紧张核算，最后确认在此次试飞中最高时速达每小时 1003 公里！这个未经官方正式确认的纪录直到 1944 年才被 Me 262 所打破。不料随后乌德特冻结了该项目，并下令在第二名飞行员加入试飞工作之前禁止再进行任何飞行活动。他清醒地认识到，迪特马尔是梅塞施密特仅有的驾驶过这种无尾翼飞机的试飞员，如果他发生什么闪失，宝贵的经验就付之东流了。

Me 163B 的研制工作开始于 1941 年 9 月 1 日，当月晚些时候，梅塞施密特得到了 70 架的订单，包括 4 架原型机（V1—V4）和 1 个用来在奥格斯堡进行结构强度测试的机身，其余 66 架飞机的零部件在雷根斯堡（Regensburg）生产，然后运至上特劳布林格（Obertraubling）装配。生产计划要求生产工作在 10 月 1 日开始，随后又修订为第一架量产型应该在生产开始后 7 个月内飞上天空。梅塞施密特公司认为这一计划脱离现实，表明至少在 17 个月内都无法交付 15 架样机，而且所有飞机都应被视为预生产型。

实际上，由于 RLM 组织的制图员组迟到，直到 1941 年 12 月生产准备工作都未能开始。风洞模型交付的延误和空气动力学专家的匮乏同样造成了延误，甚至原材料也得不到保证，由于以上种种原因，飞机的生产制造工作延期至 1942 年 3 月才开始。接着缺乏瓦尔特（HWK）和宝马（BMW）发动机及其配套设备的信息又成为一个棘手的难题，因为这两种发动机需要不同的燃料箱配套，为此不得不对机身进行修正。不幸的是，为 Me 163B 量身定做的瓦尔特 RII 209 发动机又胎死腹中，取而代之的 RII211 发动机需要不同的推进剂燃料箱，于是工程师们只好对设计再次进行修改。然而就算是 RII 211 发动机也不能立即交付，无奈之下，Me 163B V1 装备了瓦尔特 RII 203 发动机。

瓦尔特 RII 203（RLM 编号 109–509A）发动机装备了除 AV12、AV13、BV4、BV6 和 BV8 以外的所有 Me 163A 原型机，使用 T 燃料（过氧化氢）和 Z 燃料。除 BV10 到 BV14 以外的所有 Me 163B 原型机则使用瓦尔特 RII 211（RLM 编号 109–509B）发动机，该发动机使用的则是 C 燃料（肼 / 甲烷水合物）和 T 燃料，而 BV 10 到 BV 14 装备的是 BMW 的发动机。

▲ 从这张拍摄于1944年1月的照片上可以对Me 163A型和B型进行直观地比较，由于更换了火箭发动机，后者机身明显增大

生产计划在1942年被再次更改，奥格斯堡承担BV1到BV6的生产制造和组装工作，这几架飞机后来被改装为增压座舱并安装了升级版的瓦尔特发动机（RLM编号109–509B–1），后者加装了一种被叫作"行军炉"（Marschofen）的辅助燃烧室来提升Me 163在巡航速度下的续航性。其余的飞机以及用来进行结构测试的机身由雷根斯堡的梅塞施密特公司完成。1943年春末，生产计划被再次更改，首先是被试飞进度缓慢所累，其次，强加在梅塞施密特头上的Me 163和Me 262两种新式飞机的研制工作使得公司人力奇缺，如此下去生产计划恐怕还要进一步延期。

有鉴于此，RLM要求克莱姆公司利用在伯布林根的剩余产能来生产Me 163，此外克莱姆还应当提供人员去协助梅塞施密特的总装工作，于是两公司之间达成正式协议，克莱姆承诺从BV23开始所有的Me 163B都在利希菲尔德完成总装。这在一定程度上缓解了产能不足的困境，但在最初一段时间里，月产30架飞机的目标受到了机身设计修改的影响，尤其是从 BV45 之后加装了 MK 108 机炮。其他变动还包括在座舱的周围加装装甲、无线电导航设备、一个在飞机加速时保证燃料供给的缓冲箱、尾轮锁定系统和可抛式起落架紧急抛投系统，锥型机鼻变得更加粗大，借以平衡发动机增加的重量，襟翼得到了加强，还增设了为地面设备准备的起吊点。

1942 年 6 月 26 日，迪特马尔驾驶 Me 163B 原型机 BV 1（编号 KE+SX）在奥格斯堡进行了首次牵引飞行，比原定时间晚了大概一个月。虽然之前有过相应地计划，但是该机实际上从未安装过发动机。在 1943 年年底正式交付给驻扎在巴德茨维什安的第 16 试验指挥部（Erprobungskommando 缩写为 EK 16）之前，该机还被用来进行减速伞、尾轮和襟翼测试，入役后长期作训练之用。1944 年 7 月，BV 1 随同 JG 400 的训练中队转移至布朗迪斯，随后又伴随该单位转场至波兰的乌特菲尔德（Udetfeld）。最后幸存至战争结束，随同另外几架 Me 163 被运至美国。

1943 年 3 月 26 日，梅塞施密特的董事长弗雷德里希·席勒（Friedrich Seiler）告知利皮施: RLM 的帝国空军技术部 GL/C–E 发展部门负责人格奥尔格·中尉（Georg Pasewaldt）已经于 3 月 20 日下令将 L 部门完全吸收进梅塞施密特的组织架构中。失去了自己的部门后，利皮施递交了辞呈，4 月 28 日离开公司后前往维也纳任教，但他仍然是梅塞施密特公司的顾问，咨询费是每年 5000 帝国马克。

❯ 位于佩内明德机场的Me 163 AV4，注意该机蒙皮被打磨得非常光滑，机翼上清晰可见后机身上的铁十字标记

▲ 迪特马尔驾驶Me 163 AV4最初是由鲁道夫·奥皮茨驾驶的Bf 110进行牵引飞行的，直到1941年8月初，该机仍然未安装火箭发动机

1944年4月至5月，克莱姆生产的飞机在交付给JG 400第1中队之前，均由其首席试飞员卡尔·沃伊（Karl Voy）在维特蒙德（Wittmundhafen）进行试飞。同年6月，总装和测试工作转移至约绍（Jesau），8月又转移至奥拉宁堡（Oranienburg）。此后直到年底克莱姆继续向容克斯交付机身，后者从1944年9月1日开始担负起Me 163的生产职责，总装在布兰登堡–布里斯特（Brandenburg–Briest）进行，试飞在奥拉宁堡进行，容克斯专门为这些供应部件的生产厂赋予了代号以避免混淆，按照这套规则，工厂名字的后缀表示其实际距离。举例来说：安东尼登霍夫公司（Antonienhof）在勃兰登堡–布里斯特中心，而威明内霍夫公司（Wilheminenhof）在奥拉宁堡。

EK 16

1942年4月20日，沃尔夫冈·施派特中尉（Wolfgang Spate）奉命组建第16试验指挥部来测试Me 163，测试不仅包括飞机本身（机身、火箭发动机、辅助设备和武器），还包括维持和准备作战所用的地面设备，此外该单位还承担着飞行员和地勤的换装训练任务，以及研发拦截敌机所使用的地面控制技术。

试飞工作原计划于1943年7月底开始，施派特考虑过安身于利希菲尔德机场，但直到次年3月为止该机场都无法做好承接Me 163的准备。佩内明德也曾是备选项，不过1943年8月17日至18日夜间597架英国皇家空军轰炸机发起的空袭打消了这个念头。8月18日，EK 16将其大部分飞机（7架Me 163A、1架Me 163B、3架滑翔机和5架牵引/联络机）、地面设备和人员送往安克拉姆（Anklam），然而该机场状况实在难以恭维，Me 163飞行所需的地面设备也异常匮乏。无奈之下

EK 16只得立即向巴德茨维什安（Bad Zwischenahn）转场，这显然也不是施派特心中的理想之地，在8月3日递交的报告中他这样写道：

"几乎可以肯定该机场会遭受攻击，宝贵的飞机将会损失。建议命令利希菲尔德机场立即做好接纳Me 163作战的准备。利希菲尔德可以在数星期内做好准备，因为只需建造燃料库和加油车车库。由于距离奥格斯堡更近，比起佩内明德来，利希菲尔德更方便中队进行试飞"。

EK 16于8月27日通过铁路前往巴德茨维什安的空军基地后，发现所需的特殊设备完全没有到位，并且在机场建筑施工中使用了外国，尤其是丹麦劳工，保密性根本无从谈起，因此训练与试飞工作在10月之前无法展开。由于EK 16所需的21名飞行员已经于9月15日前来报到，在征得德国空军训练部门负责人的同意后，滑翔机训练转移至位于法兰克福以东35公里格尔恩豪森的滑翔机学校进行。滑翔机训练后是7天的换装训练，接下来是牵引飞行训练，每名飞行员在乘坐双座滑翔机的教官指导下平均进行三到四次飞行，在这一过程中飞行员们暴露出来的"坏习惯"将立即被纠正，总而言之Me 163适应起来并不困难。

▲ 保罗·鲁道夫"鲁迪"奥皮茨（Paul Rudolf "Rudi" Opitz）早年间曾是一名木匠，在接受专门培训后从事木制飞机的制造。从1935年至第二次世界大战爆发，他先后在RRG和帝国牵引式滑翔机学校（Reichs-Schlepp-und Kunstflugschule）任滑翔机教练，在DFS任教练和试飞员。1939年9月，奥皮茨应征入伍，在科赫突击队（Sturmabteilung Koch）服役，1940年5月10日，他乘坐DFS 230滑翔机参加了对荷兰一比利时边界的埃本·埃马尔要塞和阿尔伯特运河上桥梁的攻击。因这次行动的出色表现获得了一级铁十字勋章并被晋升为上士，此后奥皮茨被分配到位于希尔德斯海姆（Hildesheim）的滑翔机学校任教。1941年8月他以中尉军衔加入梅塞施密特公司L部门，随后前往佩内明德加入Me 163的试飞活动。1942年5月，他在佩内明德加入了EK 16并随该单位迁移至巴德茨维什安。奥托·布讷上尉在维特蒙德港的一起事故中受伤后，奥皮茨接替他成为JG 400第1中队长并随该单位转移至布朗迪斯，1944年10月施派特少校因病入院后临时接管JG 400第1大队，1944年11月施派特归队后被任命为JG 400第2大队的指挥官，并随该大队从布朗迪斯迁移至斯塔加德，最后在胡苏姆迎来了战争的结束

9月29日，RLM补给部门负责人霍普夫纳博士（Hopfner）带来一个坏消息：

▲ 1943年夏天，Me 163 AV6、AV8和AV10正在佩内明德做飞行准备

由于既没有运输也没有储存设施，C 燃料要等三到四星期后才能交付。实际上这一时期的燃料产量是如此低下，以至于霍尔格里斯克鲁斯电气化工厂（Hollriegelskruth）通知梅塞施密特说，迄今为止所生产的燃料只够满足在瓦尔特在基尔进行的发动机测试所需。

在位于慕尼黑的军事医学研究所的指示下，18 名具有前线作战经验并且从 9 月底就开始接受滑翔机训练的飞行员在楚格峰（Zugspitze）接受高空适应性训练，

11 月下旬训练结束，完成了滑翔机训练的飞行员驾驶 Me 163A 在 Bf 110 的牵引下完成起飞训练，最终有 16 名飞行员完成了换装。

截止 1943 年 12 月，为 Me 163 准备的机场建设进度各不相同，总的来说，航空军区（Luftgau）管辖下的机场设施完成度高于帝国本土的机场，位于芬洛（Venlo）和迪莱（Deelen）的机场除了 C 燃料库还没有交付以外，其他都已经准备就绪，工期不过 6 周，而 EK 16 投诉说同样的工作在巴德茨维什安恐怕 7 个月也完不成！胡苏姆、布兰登堡 - 布里斯特、维特蒙德和奥拉宁堡的机场几乎也已经完成了，那里已经有许多配套建筑可以使用。位于特文特（Twente）的机场预计在 1944 年 3 月底可以投入使用，而阿赫默（Achmer）、北霍尔茨（Nordholz）和帕尔希姆（Parchim）机场建设工作的负责人也保证能在同一时间完工。

虽然 Me 163 的设计在当时看来相当前卫，但是其安全性并没有传说中的那样不堪，实际上，拜出色的气动外形所赐，该机在无动力滑翔状态下操控性能非常出色，绝大部分事故发生在起飞阶段，这要归咎于可靠性不佳的火箭发动机。EK 16 成立后的第一起事故发生于 11 月 30 日，阿洛伊斯·沃恩军士长（Alois Worndl）驾驶的 Me 163 AV6 机毁人亡，施派特后来将这次事故归咎于飞行员"完全无视飞行条例"。

1943 年年底 EK 16 发生了第二起事故，尤施·普斯中尉（Joschi Pohs）驾驶 Me 163A V8CD+IM 刚一离地发动机就停止了运转。此时飞机还没有达到足够的高度跳伞，普斯也没有尝试这样做，而是急转弯调头返回机场，遗憾的是，他未能避开地面无线电站的天线，飞机削掉了天线塔，在翼尖切入地面后翻滚起来，紧接着这场悲剧以剧烈的爆炸而告终。事后，调查人员找到了该机的可抛式起落架，它被抛掉后反弹的高度异乎寻常，结果击中机腹并切断了一条 T 燃料供应管线，泄露触发了减小燃料流量的保险装置，致使发动机停止了工作。

进入冬季后训练饱受恶劣天气的困扰，而天气转好时空中又布满敌机。截止 1944 年 2 月，飞行员们已经驾驶 Me 163A 进行了 86 次飞行，驾驶 Me 163B 进行了 82 次飞行。3 月初，EK 16 已经拥有 9 架 Me 163B，其中只有 1 架适合飞行。3 月期间除 1 架飞机严重受损后被修复外，另外又接收了 5 架飞机。1944 年春，又有 2 名飞行员——罗伯特·欧莱伊尼克上尉（Robert Olejnik）和鲁道夫·奥皮茨中尉（Rudolf Opitz）被配属给了施派特少校，到了 1944 年 5 月，已经有 33 名飞行员完成了起飞训练，另有 12 名飞行员负责进行牵引飞行训练。

1944 年 5 月中旬，EK 16 开始进行作战出击，由于这一时期地面引导和控制技术尚不成熟，滞空时间极短的 Me 163 未能记录值得一提的战绩。5 月 14 日，施派特少校驾驶 BV41 首次出击，在信号官的引导下，他轻松地锁定了敌机并向其靠拢，却忽视了急速转动的空速表指针，直到空气压缩效应开始凸显时，施派特才意识到自己速度太快了。在同日进行的第二次出击中，BV41 号机的罗盘和气压高度出了错误的读数，发动机启动也遇到了问题，结果施派特赶到时目标已经飞远，当敌机距离机场超过 60 公里后，地面控制中心将他召回。

5 月 19 日维尔纳·内尔特军士长（Werner Nelte）驾驶 BV 40 升空，由于经验不足，他未能准确地跟随信号官提供的航线找到目标。5 月 22 日，雷达探测到了正在 2000 米高度飞行的敌机，当天 1500 到 2000 米高空的云层覆盖率达到了 80%，因此目标很有可能隐藏在云雾中，于是奥皮茨中尉驾驶 BV33 进行了第四次出击，在徒劳地搜索了一通后，奥皮茨在完全无法看到地面的情况下安全返回了巴德茨维什安。5 月 28 日，赫伯特·朗格中尉（Herbert Langer）驾驶 BV41 出击，这次目标发现得太晚了，Me 163 起飞得也太晚了，尽管飞机在信号官的正确引导下发现了敌机，却一时难以跟上，最后在 Me 163 飞离机场超过 50 公里之后朗格奉命停止追击。

> ﹀EK 16的信号官古斯塔夫·科尔夫少尉致力于雷达和无线电导航截击战术的发展，他身后是在德国空军中服役的女性辅助人员

施派特调往 JG 54 第 4 大队后，塔勒尔（Thaler）上尉接替他成为 EK 16 的指挥官。5 月 29 日，奥皮茨中尉驾驶 BV40 出击，由于设备失灵，这次出击是在没有地面引导的情况下进行的。当时目标飞行在 12500 米的高空，距离约 30 公里，正在剧烈俯冲逃离机场。由于奥皮茨攻击占位过于靠后，未能拦截到敌机。在同一天进行的第二次出击中，奥皮茨中尉已经接近到他的猎物——英国皇家空军第 542 中队的克拉卡索普中尉（G. R. Crakanthorp）驾驶的喷火 PR XI MB791 两公里范围内，最后还是眼看着这架喷火带着 500 张照片安全返回

了皇家空军的基地。不过克拉卡索普的好运气也很快用光了，1944 年 11 月 27 日，他被 JG 7 第 3 大队的霍斯特·伦纳茨军士长（Horst Lennartz）驾驶的 Me 262 在斯图加特附近击落，跳伞后被俘。

5 月 30 日上午 10 时 40 分，巴德茨维什安遭到 80 架美军轰炸机的轰炸，轰炸机群巧妙地从三个方向来袭，使得地面上的德军来不及拉响防空警报并转移飞机，所幸重要的地面设备和零备件已经事先疏散。在这次空袭中 EK 16 损失了两个人，6 架 Me 163 及 23 架其他型号的飞机在空袭中受损或被毁：

BV33 Wk-Nr.16310042（100%）

BV14 Wk-Nr.16310023（10%）

BV12 Wk-Nr.10021（30%）

BV21 Wk-Nr.10030（25%）

BV45 Wk-Nr.10054（15%）

BV47 Wk-Nr.10056（15%）

空袭后近两周内，巴德茨维什安的机场水电齐断，基本处于瘫痪状态。于是 OKL 下令将基础训练活动暂时转移至布里格（Brieg）进行。不过该地已经被帝国航空队的战术侦察大队所占据，这个忙碌的单位所使用的 Ar 56、Fw 56、Bv 131 和 Bf 109 每月要进行 10000 至 12000 次起降，此外，Me 163 起飞时抛下的起落架也会危害到正常飞行作业的进行。6 月 10 日，训练单位抵达布里格，拆解的飞机和零备件储存在一栋小建筑中，由于既没有机库也没有车间可用，重新组装飞机也就无从谈起。尽管 EK 16 一再要求，情况依然如故，因此 Me 163 实际上没有在该地进行任何飞行活动。

6 月 15 日，巴德茨维什安机场恢复了生机，两架原型机进行了 11 次有动力飞行和 7 次牵引起飞。同月 19 日，在进行拖曳飞行期间，牵引飞机的一具发动机突然罢工，内尔特军士长不得不驾驶 BV38 在茨维什安湖（Zwischenahn）上进行迫降。当时飞机高度为 50 米，速度为每小时 220 公里，风速达每小时 40 公里，飞机在水面上跳跃两次后翻了个筋斗，座舱盖粉碎，飞行员爬上机翼逃生。

1944 年 7 月，一个训练中队配属给了弗朗茨·梅迪库斯中尉（Franz Medicus）筹建中的 JG 400，该中队包含 6 架飞机，分别是 AV10、AVI1、AV13、BV1、BV4 和 BV8。除了 AV10 以外，其他飞机都没有安装火箭发动机，因此该中队很可能还有 2 架牵引飞机，也许是 Fw 56 或 Fw 44。该附属中队只负责训练 JG 400 联

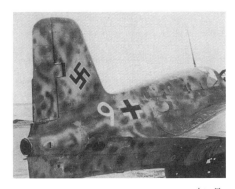

▲ Me 163B V53 Wk-Nr.16310062，1944年8月4
日由席尔贝勒下士驾驶进行了一次12分钟的试
飞，注意字母X后面似乎没有生产编号

▲ 1944年夏季，瓦尔特·诺沃提尼少校参观了
驻扎在巴德茨维什安的EK 16，照片上从左至
右分别为：诺沃提尼、弗朗茨·罗斯勒和库尔
特·席尔贝勒，诺沃提尼的着装似乎非常随便

队的飞行员，1944 年 7 月调往布朗迪斯。

　　1944 年 8 月 15 日，巴德茨维什安再次遭到 120 架至 140 架轰炸机的空袭，此
后从 8 月 16 日至 23 日，EK 16 被全体动员去填平停机坪和 2 号跑道上的弹坑，技
术人员则被派去修复机场损坏的地面设备。飞行活动预计于 9 月 4 日重新开始，
不过 8 月 23 日就有飞行员在风向不利的情况下从约 1000 米长的跑道上成功起
飞，就在同一天 EK 16 又发生一起严重事故——莱因哈特·卢卡斯上士（Reinhard
Lukas）在驾驶 Me163 BV28 着陆时身亡，飞机残骸后来被移送给位于法斯贝格
（Fassberg）的航校去查明事故原因。

　　空袭导致巴德茨维什安机场停飞了 23 天，在 2 号跑道完成修复后，飞行训练
活动重新开始，5 月 30 日和 8 月 15 日两次空袭导致 EK 16 的可用飞机数从 15 架
下降至 6 架或更少，尽管获取修复飞机所需的零备件非常困难，9 月期间还是进行
了 33 次飞行。月初战斗机部队总监阿道夫·加兰德少将视察了 EK 16，然后通知
指挥官塔勒上尉该单位即将被解散，后者严肃地指出，在 Me 163B 开始作战行动
之前就解散这支部队实在荒谬，加兰德又提出将 EK 16 的规模缩减至 40 人并合并
到布朗迪斯的试验部队，对此塔勒上尉同样不能苟同，他提出对于新型飞机——尤
其是 Me 163 而言，大量的试飞和地面设备的相关测试是绝对必不可少的，在有限
时间内，不可能沿用仅有的 6 架还在修复改改的飞机进行卓有成效的试飞，更别提
这些飞机还很难获得零备件。塔勒尔还辩称，针对巴德茨维什安的两次空袭表明，
盟军已经决心限制 Me 163 的数量。而根据以往的经验，在空袭来临时将所有飞机

▲ 1944年8月，EK 16残余的Me 163重新涂装，格式为C1+两位数编号。转移至布朗迪斯后EK 16拥有的Me 163包括BV30、BV40、BV45、BV??（C1+08）以及克莱姆制造的Me 163B-0、BV14和BV35

和特殊装备都疏散到安全地区是一项非常困难的工作，换而言之，EK 16 的人手丝毫不充裕。

尽管如此，EK 16 还是于 9 月 21 日收到了调往布朗迪斯的命令，塔勒对此深感诧异，他知道饱受空袭威胁的布朗迪斯的机场已经装满了 KG 1 第 2 大队和一个试验大队的 He 177 轰炸机，此外还有容克斯的试飞部门——第 700 营。现在 JG 400 联队也打算将所有试飞、武器测试和训练活动都集中到该地，如此一来，盟军只需派遣 150 架轰炸机进行的一次普普通通地空袭，几分钟内就能将所有的 Me 163 一网打尽，该机型的试飞、训练和作战活动将完全停滞或至少向后推移 6 个月。有鉴于此，塔勒立即向战斗机部队总监戈登·格卢布上校表达了他对于这次调动的保留意见，对此后者欣然接受并下令推迟调动。不过，当 9 月 30 日 EK 16 再次接到相同的命令时，塔勒立即就服从了，3 架 Bf 110 牵引着 2 架 Me 163 飞往了布朗迪斯。

10 月 8 日傍晚，EK 16 抵达了布朗迪斯，结果发现那里既没有车间也没有机库可用，在塔勒上尉的抗议下，JG 400 训练中队被赶到了上西里西亚的德菲尔德。

▲ 1944年9月底或10月初，戈登·格卢布上校正在视察JG 400，陪同人员有恩斯特·希伯特中尉（Ernst Siebert）和伯恩哈德-格拉芙·冯·施魏尼茨上尉（Bernhard Graf von Schweinitz），在这次视察期间格卢布曾试飞Me 163A和B两种型号

此后EK 16得以接管一些车间来对飞机进行临时维修，但是分配给他们的机库在5月28日对机场的空袭中严重损毁，没有供暖，门也关不上。不屈不挠的塔勒上尉继续给格卢布上校写抗议信，结果容克斯的发动机测试部门接到命令和EK 16交换驻地，并与容克的试飞部门分享一个供暖完备的机库。与此同时，缩减实验部队规模的提议已经得到通过，EK 16的总兵力被限制为147人，冗余人员被充实到JG 400第1大队的第4个中队以及JG 400训练中队。

1945年2月14日，OKL颁布命令解散EK 16和EK 26（Ju 388和Do 335的测试单位），所有的空勤人员被交由德国空军各部门支配，地勤人员要么被调往埃施韦格（Eschwege）的补充营，要么调往德国空军团或德国陆军空降团和步兵团。飞机被移交给德国空军军需处支配，有待EK 16完成的测试由JG 400联队继续完成。尽管解散的命令已经下达，试飞工作还是继续进行了一段时间，有记录表明哈拉尔德·库恩下士（Harald Kuhn）曾在1945年3月和4月驾驶过BV 40，4月8日，他驾驶Me 163B V45进行了最后一次飞行。

JG 400第1、2中队的组建

虽然相关计划早已成型，不过第一支Me 163作战中队的组建命令可能迟至1943年年底才下达，1944年1月4日至8日，该中队及EK 16的地勤开始抵达巴德茨维什安，在接下来4星期内，他们将在此接受关于Me 163的各方面实用指导。1月31日，帝国航空队的命令中首次提及了Me 163作战中队的存在，该单位随后被改编为JG 1第20中队。根据官方文件的描述，该中队从1944年3月18日至1944年7月24日一直以维特蒙德为基地，但这些情况与当事人的说法大相径庭。建成期间，JG 1第20中队与NJG 3第2中队、NJG 1和KG 54第2大队的部分单

位一同驻扎在维特蒙德，在更早之前的
3 月，KG 54 第 1 和第 3 大队也曾使用
该机场，直到 6 月初，JG 400 第 1 中队
才扮演起机场占有者的角色。

与此同时，相配套的无线电导航设
备也相继到位。从 1944 年 1 月 1 日开始，
位于维特蒙德的 Y 地面站开始执勤，超
短波爱德考克无线电信标也已经投入使
用。由于难以获得所需的通信设备，同
样位于该地的指挥部暂时还无法投入使
用。2 月，安装在维特蒙德的维尔茨堡 –
弗里森（Wurzburg–Riese）雷达的操作

∧ JG 400 第 1 中队队徽

员陆续到位，然而 EK 16 发现这些人只接受过两个小时的操作的训练，在此期间雷
达甚至从未开机！ 更加令人恼火的是，他们在之前的单位大多担任勤务工作，明显
缺乏操作复杂电子设备的资质。为此 EK 16 的信号官古斯塔夫·科尔夫少尉（Gustav
Korff）向德国空军信号和通信部发出强烈抗议，EK 16 也在月进度报告中抱怨道："很
难相信要委托这些人操作维尔茨堡 – 弗里森 – 古斯塔夫（Wiirzburg–Riese–Gustav）
设备，还有他们成够成为自己工作中有价值的部分。"

最后这些士兵被丢给了莱斯腾下士（Leisten），为雷达设备的使用做些准备工作。

1944 年 2 月 20 日，战斗机部队总监加兰德将军在接见罗伯特·欧莱伊尼克上
尉时正式下令组建首个 Me 163 作战中队，从 EK 16 抽调的飞行员和地勤名单已经
拟好，中队将以迪莱为基地。根据德国空军总司令部颁布的命令，自 3 月 1 日起，
该中队将从 JG 1 独立出来，同时为调往新机场做准备，不过战斗机部队总监办公
室之后又发来密电，下令将中队转往维特蒙德，欧莱伊尼克只好重新安排转场事宜，
已经出发前往迪莱的部分也被召回，不久之后，该办公室又发来另外一封密电，正
式确认了 JG 400 第 1 中队的诞生。

在维特蒙德机场指挥官梅韦斯少校（Mewes）的帮助下，这次转场在数天之内
得以完成，所有 Me 163 都由 Bf 110 牵引着离开巴德茨维什安，从而免去了拆卸组
装之劳。按计划，4 月 10 日之前将交付第一批 5 架飞机中的 3 架，剩下的 2 架在 4
月 20 日之前交付。实际交付情况不明，但是可以确定 BV9、BV16、BV20、BV29

和 BV34 是最早抵达的飞机，BV 16 交付于 3 月 29 日。

3 月 7 日，第一支 Me 163 作战中队宣告成立，成员包括：

罗伯特·欧莱伊尼克上尉、格尔哈德·埃贝勒中尉（Gerhard Eberle）和弗朗茨·罗斯勒中尉（Franz Rosle），汉斯·博特少尉，弗里茨·胡塞尔军士长（Fritz Husser）和齐格弗里德·舒伯特军士长（Siegfried Schubert），汉斯·维德曼上士（Hans Wiedemann）和弗雷德里希·欧特金上士（Friedrich Oeltjen）和库尔特·席贝尔勒下士（Kurt Schiebeler）和鲁道夫·齐默尔曼下士（Rudolf Zimmermann）。之后加入该中队的还有哈特穆特·拉尔少尉（Hartmut Ryll）、赫伯特·斯特拉齐尼基上士（Herbert Straznicky）、安东·施泰德尔下士（Anton Steidl）和沙梅茨下士（Schametz）。

3 月 10 日，奥皮茨中尉进行了首次出击，不过由于缺水，正常的飞行活动一时还无法展开，Me 163 使用的燃料具有强烈的腐蚀性，每次飞行后都需要大量清水来冲洗燃料箱、稀释溅出或漏到地面上的燃料，对此机场的储水箱不过是杯水车薪，中队只好自行打井取水，然而水井深度达 100 米后仍无法汲取到足够的水，最后打出的井深竟达 142 米。

3 月 12 日，加兰德下令禁止 JG 400 第 1 中队进行作战出击，只允许在日常训练中进行射击练习，以避免引起盟军对于这种新式武器的注意。两种经过实战检验的武器——20 毫米 MG 151 机炮和 30 毫米 MK 108 机炮装上 Me 163 之后，飞行员们每天都要满载或携带一半弹药升空两到三次，他们将云层缝隙或尖端当作目标，尤其注重高空或高速转弯时的射击训练。武器系统在直线水平飞行时表现得还算可靠，但在时速 800 公里或急转弯时开火弹药带就会破裂，这些长长的弹药带将炮弹从位于机身的弹药箱中拖出，然后送进击发位置。

进入 4 月之后，盟军侦察机的活动强度明显增加，几乎每日都有两到三架高空飞行的"蚊"式飞越机场侦查拍照，每当敌机的航迹出现时，官兵们就接到命令将 Me 163 隐蔽起来，人员也奉命在机场外的散兵坑、地堡或树林中隐蔽，如此一来不仅飞行活动和维修保养工作倍受影响，官兵们的士气也降到了谷底。

这一时期，火箭发动机的缺陷也开始暴露出来，Me 163 在起飞阶段发生了几起严重事故。4 月 21 日，穿着飞行保护服的欧莱伊尼克上尉一如既往地坐进了 BV 16 的座舱，此前他已经进行了 15 次射击训练，就在飞机准备起飞时，无线电中传来了敌机正在接近的消息，地勤匆忙将满载燃料和弹药的飞机隐藏起来。大概 90 分钟后，耳机中才传来"解除警报！"的报告，欧莱伊尼克再次准备起飞。

就在飞机离开地面、抛投起落架时，发动机推力开始下降并渐渐失去平衡，接着推力下降得更加迅速，欧莱伊尼克立即关掉发动机并放掉了剩下的燃料，在勉强避过一座高射炮后，他以 340 公里的时速借助可伸缩的滑橇着陆，最后在潮湿的草地上滑行了 600 米后停了下来。离开飞机后，欧莱伊尼克注意到发动机正在燃烧，尽管血流满面且背部极度不适，他还是挣扎着跑开了几米，几秒钟后飞机就变成了一团火球。高炮手们很快就出现在事故现场，他们手足无措地绕着飞机跑来跑去，发现躺在草地上的飞行员后立刻围过来试图帮忙，不过欧莱伊尼克明智地决定原地等待救护车和护士的到来。不幸的是，刚刚上任的中队医官对于 Me 163 事故造成的伤害毫无经验，因此他又被送往桑德比施（Sanderbusch）的海军医院，在那里接受了头部损伤和脊椎压缩的治疗，直至重返部队时仍打着石膏。事故原因后查明为 T 燃料流量调节器存在缺陷，燃料通过一个人造橡胶密封圈向外泄漏。

欧莱伊尼克上尉受伤后，埃贝勒中尉暂时接管了 JG 400 第 1 中队，直到 5 月初奥托·布讷上尉（Otto Boehner）上任，非常讽刺的是，布讷自己也在 5 月 28 日驾驶 BV57 迫降时头部受伤，当时飞机一侧襟翼的连接部发生断裂，他来不及收起另一侧襟翼，只得顺势在光滑的麦地中迫降。在此期间，更多飞机被交付部队，其中大部分来自伯布林根的克莱姆工厂，在被送往维特蒙德之前，克莱姆的首席试飞员沃伊会对其逐一进行试飞。这一时期交付的飞机包括 BV 43、BV 44、BV 46、BV 50、BV 52、BV 54、BV 57 和 BV 59。其中 BV 43 在 7 月 14 日被送往利希菲尔德进行修改，结果在 5 天后的空袭中灰飞烟灭。出于未知的原因 BV 57 和 BV 59 被分别调往约绍和奥拉宁堡。5 月中旬后，生产型飞机开始抵达维特蒙德，首架生产型 Me 163B-0 于 5 月 26 日由沃伊进行试飞，该月底，克莱姆的验收试飞转移至约绍的德国空军试飞中心（Erprobungsstelle der Luftwaffe）进行。

不久之后，EK 16 在试飞中心指挥官彼得森上校（Petersen）的要求下，于 6 月 12 日至 13 日在雷赫林（Rechlin）举办了一次展出，帝国元帅戈林、空军元帅米尔希以及日本和意大利的代表参观了展览，他们对 Me 163 表现出了浓厚的兴趣。不过，当时 EK 16 根本无机可用，展出的 3 架 Me 163 实际上是由 JG 400 第 1 中队提供的，其中 2 架飞机，BV29 和 BV54 从维特蒙德牵引至雷赫林，1 架在 6 月 11 日由席贝尔勒下士驾驶，另一架在 6 月 13 日由齐默尔曼上士飞来。第三架飞机可能在早些时候已经交付给雷赫林，该机仅做了静态展示。EK 16 方面派出了两名飞行员——鲁道夫·奥皮茨上尉和赫伯特·朗格中尉。

6月12日，奥皮茨驾驶BV29进行了单机飞行表演，爬升至2000米后发动机熄火，在几次试图重启发动机未果后，他放掉剩下的燃料后安全着陆。调查发现基尔交付的C燃料非常浑浊，堵塞了安装在压力控制阀上的过滤器。在对所有燃料进行了仔细检查和处理后，奥皮茨和朗格于次日成功完成了飞行表演，不料在着陆期间再次发生事故——为了避开同时着陆的一架Me 262，奥皮茨决定在机场外降落，滑橇扎进松软的土地后犁出一条80米长的沟壑，最后飞机粗暴地翻了个跟头。从机身燃料箱漏出T燃料流入了驾驶舱，根据EK 16的报告，飞行员左手遭到二级烧伤，奥皮茨的回忆与之稍有出入：

为了避让同样在当天进行飞行表演的喷气式飞机，我选择在跑道旁边着陆。我们这些进行飞行表演的飞行员对于一件事毫不知情，那就是机场的高射炮手们挖掘了一条从高射炮阵地一直延伸到跑道的交通壕，这样他们在紧急情况下前往跑道时就能得到一些掩护。所以飞机几乎就立刻就停了下来，那条沟就在我面前！没人警告过我。飞机向前倾然后竖了起来，犹豫着到底是向后倒还是向前倒，最后还是向前倒了下去，座舱盖被压碎。谢天谢地，所有的这一切都是慢慢发生的，我也没有受伤。我抓住降落伞背带，等着士兵们赶来把我弄出去——他们就在附近。士兵们尽可能快地挖开地面，这样我就能够从损毁的座舱盖中滑出来，就在我开始滑出时，一团火焰突然闯入了座舱。

我不得不解开肩带，让自己落入座舱盖下方的地面上，但我不知道一些过氧化氢已经进入了座舱。所以，当然了，我急忙离开了，但是我身上燃着火——我的手烧着了，液体穿过了手套面料，接触到了皮肤然后一下子燃烧起来。面料已经凝结成块，你不能把它取下来。幸运的是，无论如何救援人员就在那里，他们的马拉的消防车立即赶来。在我的飞行服下面穿着我最好的制服，过氧化氢已经漏到了我的整个背上——事实上我并不害怕。当然了，我的制服是有机织物，当他们最终将飞行服从我身上脱下来时，发现制服的胳膊和背部已经烧掉，但是燃料没有触及我的内衣。含水量意味着我的皮肤没有受伤。但是我着实吓了一跳。

飞行员席贝尔勒也参加了救援，他在座舱下挖洞，打碎了座舱盖，然后边将奥皮茨从座舱中拉出来边评论道："上尉先生，你是幸运的！"此时奥皮茨的飞行服还燃着火，席贝尔勒迅速将其从头到脚浇了个透。奥皮茨随后入住维斯马（Wismar）的德国空军医院，在那里见到了半个月前同样在事故中受伤住院的布讷。

禁止出击的命令于1944年7月被取消，现在盟军飞机不能再无忧无虑地飞跃维特蒙德港上空了。7月6日，盟军侦察机拍摄到7架Me 163，同一天齐默尔曼驾驶BV59进行了一次失败的拦截，次日席贝尔勒驾驶BV55进行的两次作战出击也

⌄ 在芬洛机场，奥托·布讷驾驶Wk-Nr.440014号机准备起飞，这一批次的飞机被分配了BQ+UD到BQ+UW的呼号，Wk-Nr.44001 4对应的呼号是BQ+UQ，但是这一呼号从未被喷涂到这架飞机上。1937年4月，奥托·布讷以少尉军衔加入驻扎在曼海姆（Mannheim）的JG 334第4中队（JG 53的前身）并随该单位参加了法国战役，宣称获得3个战果。1940年10月，布讷被任命为JG 53第6中队中队长，在不列颠空战中执行护航任务。1942年3月后作为技术官随JG 53转战北非，1943年8月加入EK 16，1944年1月，尤施·普斯中尉死于事故后布讷成为EK 16的技术军官，4月21日欧莱伊尼克发生事故后接手JG 400第1中队，7月出任JG 400第2中队长

均未成功，以上是 Me 163 在维特蒙德港进行的最后几次出击。

与此同时，第二支 Me 163 作战中队也开始成型，按照一份官方文件的说法，JG 400 第 2 中队早在 1944 年 3 月 27 日就成立了，另一份由德国空军军需处（Generalquartiermeister der Luftwaffe）处长汉斯-格奥尔格·冯·赛德尔（Hans-Georg von Seidel）签署的文件显示成立时间为 1944 年 4 月 6 日，帝国航空队的相关记录表明，截止 4 月 10 日该中队共有 12 架 Me 163，但无一可出动。以上均未得到任何中队飞行员的印证，倒是首任中队长布讷上尉 7 月初才走马上任，所以在之前的 3 个月中，JG 400 第 2 中队至多在奥拉宁堡进行了地勤人员的召集和培训工作。

7 月初，该中队转场至芬洛，中队成员包括约哈希姆·比亚卢赫中尉（Joachim Bialucha），京特·安德里亚斯少尉（Gunter Andreas）、罗尔夫·施勒格尔少尉（Rolf Schlegel）、海因茨·舒伯特少尉（Heinz Schubert）、雅各布·博拉斯军士长（Jakob Bollenrath）、弗里茨·胡塞尔军士长（来自第 1 中队）、弗里茨·凯尔博军士长（Fritz Kelb）、霍斯特·罗伊利上士（Horst Roily）、曼弗雷德·埃森曼下士（Manfred Eisenmann）、罗尔夫·格罗格纳下士（Rolf Glogner）、恩斯特·舍尔佩尔下士（Ernst Schelper）和信号官多赛尔少尉（Dorsel）。由于布讷上尉旧伤未愈，舒伯特少尉曾短暂代理 JG 400 第 2 中队长一职，直到 7 月底布讷归队。

JG 400 第 1 中队向布朗迪斯转场的行动大概开始于 7 月 10 日，持续了一星期左右。离开维特蒙德港的飞机包括 BV 48、BV 50、BV 52、BV 55、BV 56 和 BV 62 等。这些飞机在 Bf 110 牵引下前往布朗迪斯，每架牵引飞机都为 Me 163 携带一个备用的可抛式起落架以备不时之需。事实证明此举绝非多余，在转场的最后阶段，由于天气恶化和夜幕降临，一对飞机被迫在柏林以南的博尔克海德（Borkheide）机场着陆，该机场跑道仅有 800 米宽、1000 米长，幸而 2 架飞机均安全着陆。随后在乘 Bf 110 一同转场的工程师帮助下，两机于第二天清晨成功起飞，作为此次访问的纪念品，Me 163 的可抛式起落架留在了博尔克海德机场。

与此同时，新成立的 JG 400 训练中队在梅迪库斯少尉的指挥下从巴德茨维什安转往布朗迪斯，埃贝勒中尉带领少量人手留在了维特蒙德港以完成转场后的扫尾工作。有趣的是，盟军在 8 月 15 日的侦查中仍在维特蒙德发现了 1 架 Me 163，这表明并非所有的飞机都完成了转场。

布朗迪斯机场的正式名称是沃尔德波伦茨机场（Waldpolenz），坐落于波伦茨（Polenz）和莱利茨（Leulitz）两座小镇之间，建于 1934 到 1935 年，美军称之为波伦茨机场。战前及战争期间，该机场代号为"蓝莓"，最初是德国空军进行盲飞和导航训练的第一盲飞学校（Blindflugschule 1）所在地，1937年秋，导航训练转移至德国北部的安克拉姆，盲飞训练依然在布朗迪斯进行。从1943年年初开始，作战部队也进驻该机场，当年10月15日，该学校被重整为第31飞行指挥官学校（Flugzeugfiihrerschule 31），由上校保罗·奥厄（Paul Aue）指挥，作为第一次世界大战的老兵，他在JG 1第10中队（即里"红男爵"希特霍芬所在的"飞行马戏团"）服役时有过出色的表现。从1944年至战争结束，它被德绍（Dessau）的容克斯飞机制造股份公司作为试飞中心。值得一提的是，布朗迪斯还是德国最安全的机场之一，这倒不是因为当地的防空有多么严密——如果盟军真的决心减少或排除Me 163带来的威胁，差不多可以随时轰炸布朗迪斯，然而他们仅于1944年5月28日空袭过机场。这其中Me 163究竟产生了何种性质以及程度的影响，目前还难以下定论，但是位于梅泽堡-洛伊纳（Merseburg–Leuna）、卢茨肯多夫（Lutzkendorf）、波伦（Bohlen）和罗西茨（Rositz）等地的炼油厂肯定是优先级更高的目标。

JG 400第1中队共进行了6次较大规模的截击行动，第一次发生于1944年7月28日，美国陆军航空队的第1和第3轰炸机联队的766架B-17轰炸了梅泽堡-洛伊纳和莱比锡-陶哈（Leipzig-Taucha），14个大队的P-38"闪电"和P-51"野马"为其护航。美国陆军航空队的作战总结中写道：

"最有趣的变化莫过于Me 163喷气机的出现，但是它们既没有攻击轰炸机也没有攻击战斗机。初步观察表明6到8架这样的飞机位于目标地域……机组乘员们报告说，这些飞机从轰炸机编队中间俯冲而过，但并没有发起攻击，它们机动性不错但是安定性不佳，尤其是在陡峭的爬升过程中，要快于追击它们的P-51。"

由56架P-51组成的第359大队在9时46分击到了5架Me 163，指挥官阿韦林·塔康上校（Avelin Tacon）在报告中这样写道：

"1944年7月28日，我在梅泽堡上空遭遇2架Me 163战斗机，我所在的八机分队（eight ship section）给一个刚刚轰炸了梅泽堡的B-17编队提供近距离支援。轰炸机群在24000英尺的高空向南飞行，我们在其东面约1000英尺处、25000英尺的高空与之平行飞行。某人叫到6点钟方向出现航迹。我向后望去，看见5英里外、约32000英尺的高空有两条航迹。我立即叫他们与喷气式飞机战斗，毫无疑问那就是它们的尾迹，雪白、像积云一样稠密，除了更加细长之外别无二致。我看见的两条尾迹大约有四分之三英里长。"

护航战斗机立即做180度转弯扑向入侵者，与此同时抛掉副油箱并给机枪上膛。飞行员们将机头指向这些 Me 163 的前方做前置跟踪，准备切入它们的攻击航线。德机飞行员发现护航战斗机来袭后，向左滚转从进攻中脱离，由于速度极快，美军飞行员根本来不及将其套入瞄准具。这些 Me 163 迎头穿过护航战斗机群后，或是以45度角继续俯冲，或是拉起后向太阳角方向逃去，用塔康上校的话来说：两名飞行员显然非常有经验，但不是很好斗。

1944年7月31日，JG 400 第1中队上报的兵力为16架 Me 163，但可出动的只有4架。8月16日，第八航空队的11个轰炸机大队（425架 B-17）和6个战斗机大队（48架 P-47 "雷霆" 和241架 P-51）轰炸了德利奇（Delitzsch）、哈雷（Halle）、波棱（Bohlen）和施科伊迪茨（Schkeuditz），其中后3个目标在 Me 163 的作战半径之内。美军飞行员在出击之前已经接到有关 Me 163 的情报，B-17 "泰坦巨人" 号（Towering Titan）驾驶员唐纳德·华尔兹（Donald M Waltz）回忆道：

"我们轰炸机大队在10天前已经得到简报说，可能会遭到一种新式德国'喷气'式战斗机的攻击——Me 163。在8月16日清晨的简报会上，我们的大队情报官再一次描述了 Me 163。他说这种飞机刚开始生产——投入作战的不多，所以我们'在这次轰炸莱比锡的任务中不太可能见到 Me 163'。

"他进一步指出，如果我们遭遇 Me 163，肯定能辨别出来这种飞机，'它将是我们见过的最快的飞机'。我记得这次任务是漫长而又艰苦的。在1944年秋季，德国的工业已经能够生产更多这样的飞机，对于美国陆军航空队和皇家空军来说，欧洲上空的空战将会更加残酷。"

10时50分，一架在轰炸哈雷时掉队的 B-17 在科腾（Kothen）以西大约5英里处遭到一架 Me 163 的攻击，但成功逃脱。9分钟后，轰炸波棱的机群在从目标转弯脱离后遭到两拨共6架 Me 163 的攻击，它们从高11点钟方向滑翔着扑向目标，进入射程后用机翼上的机炮开火，一直接近到180米后才开启动力扬长而去。保罗·戴维森少尉（Paul Davidson）是 "泰坦巨人" 上的导航员，他在日记中这样写道：

"德国上空都是黑压压的飞机，可以看到整个德国东南部的大火绵延数英里。IP（拦截点 Intercept Point）与目标之间高射炮火非常猛烈而精准。我们的飞机被打出7个洞，其中一个距离发动机只有2英尺，那可能是致命的。10时56分，一架喷气推进的 Me 163 从高6点对我们的飞机进行了一次掠袭。我们的机尾炮塔机

▲ B-17"屋外老鼠"号

枪手霍华德·凯森参谋军士（Howard Kaysen，我们叫他雷德'Red'），沿着它来袭的路径打了一个长点射。'雷德'是我们最棒的机枪手。这架 Me 163 接近到 50 码以内，然后雷德摆平了它。"

被击落的 Me 163 飞行员斯特拉齐尼基上士最初被判定为阵亡，实际上是负伤后跳伞逃生。不过好运气未能一直眷顾他，在 10 月 7 日的战斗中，斯特拉齐尼基在哈雷与莱比锡之间的空域失踪。搜索行动在机场周边 40 公里范围内持续了 10 天，最后在距机场 30 公里远的德利奇附近发现了他的尸体。

在之前的战斗中，第 91 轰炸机大队的 B-17"屋外老鼠"号已经被 JG 3 第 4（突击）大队的 Fw 190 击伤。该机两具增压器受损，机组乘员负伤。10 时 45 分，赫尔穆特·拉尔少尉试图将其结果，然而就在他扣下扳机时，B-17 驾驶员沃克·马林斯中尉（W Reese Walker Mullins）开始做规避机动，"我们开始来回滑动"，副驾驶福瑞斯特·德鲁里少尉（Forrest P Drewery）后来向一家美国报纸这样描述道。拉尔少尉未能在这架剧烈摇摆中的轰炸机上取得任何命中，随后被第 359 战斗机大队第 370 战斗机中队的约翰·墨菲中校（John B Murphy）击落身亡，后者在作战报告中这样写道：

……我注意到右边有一架挣扎着飞行的 B-17，正在 25000 英尺的高度上独自向莱比锡东北飞行，我将机头指向它，觉得它可能会遭受攻击。喷气机尾迹在距离这架轰炸机约 500 码的地方消失了，从此处开始，我就像对待其他飞机那样让它保持在瞄准具中。Me 163 穿过轰炸机群，然后下降到这架正在挣扎的 B-17 那里，它在我之前赶到了，但我就跟在后面不远处而且正在赶上。

它在袭击完这架 B-17 后改平，我靠近后在大约 1000 英尺处持续开火，直到发生超越射击才停止，在其机身左侧达成数次命中……我的僚机琼斯少尉（Jones）报告说该机随后做半滚转将机腹翻转过来，当它这样做时，他对其座舱盖达成了足够的命中。

克莱姆在 7 月底向第 2 中队交付的首架 Me 163 在着陆时就报销了，驾驶员布讷上尉回忆道：

"机场轻微地（向东）抬升，当一架飞机尝试从通常的方向，也就是自西向东

∧ 在1944年8月16日的战斗中，第305轰炸机大队编号为XK-B的B-17返回北安普敦后拍摄的照片，一般认为攻击者是赫尔穆特·拉尔少尉，不过该机所受的损伤与齐格弗里德·舒伯特上士座机的摄像枪中拍摄的内容（56-58）更加吻合

降落时，沙丘那里将会吹来的向上的气流将飞机托起，跑道突然间变得如此之短。这种情况就发生在我身上。飞机冲出了跑道。之后没再发生什么，飞机完全损毁，但我安然无恙。"

JG 400 第 2 中队与 NJG 1 第 1 大队部、KG 3 第 3 大队和第 410 实验指挥部共享芬洛机场。其中，KG 3 第 3 大队装备的是可以携带 V1 导弹的 He 111 轰炸机，夜间战斗机的地面控制中心也坐落于此。聚集了如此多高价值的目标，该机场遭受空袭也就是早晚的事了。1944 年 8 月 15 日，美国陆军航空队第 390 大队的 B-17 针对该机场进行了首次大规模空袭，将1000 多枚 100 磅航空炸弹倾泻到了机场上。

8 月 17 或 18 日，第 2 中队进行了第一次出击，安德里亚斯、博拉斯、舍尔佩尔、凯尔博和舒伯特紧急升空，但未能取得任何战果。9 月 2 日，机场指挥官告知布讷上尉，盟军轰炸机已经上路，次日机场就将遭受灭顶之灾，考虑到 Me 163 航程有限，不可能简单地飞走了事，布讷下令让飞机经陆路转移至威塞尔（Wesel），昼间行军，夜间官兵们就在林中宿营，直到 3 天后该中队才在格卢布上校的命令下转乘火车前往布朗迪斯，在他们身后，芬洛机场已经化为一片废墟。美军第 35 步兵师于 1945 年 3 月 1 日占领该机场后，阿尔隆·哈森上校（Arlong Hazen）指挥的第 852 航空工兵营进行修复工作时还在机库的碎石瓦砾下发现了数架 Me 163。

值得一提的是，在混乱的转场过程中成堆的物资被仓促遗弃，布讷上尉指使下属"重新派送"了这些原属于 NJG 1 的军需物资，其中还有大量的白兰地、利口酒和葡萄酒，储存这些佳酿的房间很快就成了全中队的圣地。

JG 400 第 1 大队——与第八航空队的战斗

JG 400 第 1 大队 1944 年 8 月成立于布朗迪斯，此时已经有 4 支 Me 163 作战中队已经或正在组建：

JG 400 第 1 大队部正在布朗迪斯组建，人员已经到位。

JG 400 第 1 中队组建完成，所有人员已经到位，有 15 架飞机可用，驻扎在布朗迪斯。

JG 400 第 2 中队组建完成，所有人员已经到位，有 8 架飞机可用，驻扎在芬洛（9月初转移至布朗迪斯）。

JG 400 第 3 中队仍在组建中，部分人员到位，还没有可用飞机，9 月将从奥格斯堡的生产线接收飞机，驻扎在斯塔加德。

JG 400 第 4 中队正在申请组建，人员已经到位，正在接受训练。（1944 年 9 月 4 日，OKL 正式下令组建 JG 400 第 4 中队，分配了 12 架 Me 163B 并增补了 4 架 Bf 110 及机组成员执行牵引任务）

JG 400 训练中队组建完毕，全部人员到位，按计划该中队每月将训练 35 名 Me 163 飞行员。

JG 400 牵引中队已经申请组建，Bf 110 正在克莱达（Kolleda）为牵引用途进行改装。

这一时期，由于飞机存在的技术缺陷和飞行员操作不当，事故和意外依然层出不穷，JG 400 第 1 中队罗斯勒中尉后来向战友们这样描述他遭遇的一次险情：

"那是一个美丽的夏日傍晚，在夜幕降临前的半个小时，博特少尉和我站在飞机旁边为起飞做准备，尽管我们并不真的认为当晚会有任务。突然从耳机中传来消息称，一架敌侦察机正在 8000—9000 米的高度上接近。我们兴奋地爬上飞机。几秒钟之后，我们看见了面前的航迹。我们都不觉得起飞过程本身可能会有什么危险，紧急起飞的命令传来了。

"我立即发动了涡轮驱动的燃料泵，等待压力逐渐升高然后将节流阀推至最大。飞机在滑跑了 1500 米之后以每小时 350 公里的速度离地。我的眼睛盯着航迹，然后抛弃了可抛式起落架。接着我拉杆让 Me 163 以 60 到 70 度角、每秒 100 到 150 米的速度机头指向目标爬升。几秒钟以后，我已经抵达了 8000 米的高空，改平后我看见一架'蚊'式就在面前。我扣下了机炮上膛按钮，可以从瞄准具中清晰地看到这架'蚊'式，距离只有 3 公里，这时，我的飞机猛然直立起来，操纵杆脱手而出，我瞥了一眼时速表，发现飞机正以每小时 1050 公里的速度飞行！片刻之后，飞机倒下来进入了俯冲，我才得以恢复控制。

"没过多久，我意识到自己在兴奋中忘了降低发动机的动力，后来我发现同样的事也发生在了博特少尉身上，两机时速双双超过 1000 公里每小时，而且当我们接近音速时已经体验了空气压缩效应的影响……"

虽然盟军几乎是在昼夜不停地对德国本土进行战略轰炸，但只有当雷达确认轰炸机正在前往梅泽堡一带，且距离目标不超过 50 公里时 Me 163 才会起飞拦截。1944 年 8 月 24 日，第 8 航空队轰炸了梅泽堡、克莱达和魏玛，其中 185 架 B-17 袭击了位于梅泽堡的燃油提炼厂，10 架 B-17 袭击了位于莱比锡附近的第二目标。此时 JG 400 第 1 中队共有 8 架 Me 163 和 7 名飞行员可以出动，博特少尉后来这样回忆当天的战斗：

……我们突然发现右下方出现一支飞行在约 9000 米高空的 B-17 轰炸机编队。我进入无动力俯冲——改平时我已经关掉了发动机——为了能飞在敌机后面，但是在完成俯冲之后，我才意识到它们已经无影无踪。降落后我感到一种难以名状的愤怒从心底涌出。在着陆过程中，我看见了第 8 架飞机，随后我告诉司机把它带来。我认出这架飞机是之前飞过的那架，因为它是仅有的一架装备着两门 MG 151 机炮的 Me 163。

我几乎用尽跑道的全长来起飞，燃烧室的压力过低，只有 22 个大气压……还在爬升过程中，我就遭遇一个编队的轰炸机并向编队左侧的一架飞机开火。就在我用自己的 MG 151 机炮开火的时候其中一门卡壳但是另外一门继续开火，我看见炮弹击中了这架飞机。我用最后一点燃料爬升到 9000 米，然后高速俯冲下来，我在空中只待了 7 分钟。

一个高炮连后来证实博特攻击的 B-17 已经坠落，为此他获得了二级铁十字勋章。这次战斗之后 JG 400 第 1 中队向 OKL 递交了以下报告：

1944 年 8 月 24 日，8 架 Me 163 起飞执行截击敌轰炸机编队的任务。中队分成 3 队双机 2 架单机起飞，其中 3 架飞机接敌，3 架目击到敌机，2 架未与敌机发生目视接触。

第一队起飞的双机直到即将着陆时才发现敌机。

第二队双机爬升至 10000 至 11000 米，随后关闭发动机，在发现一个飞行在

6500 米高空的敌轰炸机编队之前，两架飞机已滑翔至 6000 米。长机舒伯特上士立即启动发动机攻击该编队的领机，在其左翼达成命中。在对另外一架四发轰炸机的第二次攻击中，在其右翼达成命中，该机陷入俯冲，燃烧后右翼翻转着陷入螺旋。

这对双机中的第二架 Me 163 的发动机重启几秒钟后便熄火，再次启动发动机的尝试也未成功，燃料耗尽后中止作战。

第三队双机在 3000 米的高空发现敌机。第一次攻击是迎头发动的，但是燃料气体进入座舱阻碍了视野。在尝试从上方发起攻击的时候燃料攻击耗尽，因此不再可能进行有效的开火。

接下来起飞的单架飞机注定失败，在 3000 米的高空放弃了任务。

最后起飞的单架飞机从开始起就完全看到了敌机，在 7000 米的高空接敌。飞行员少尉博特用小推力两次接近并击中左翼。在攻击完敌机之后他的发动机熄火。没有推力进行第三次攻击，没有再观测到命中，观测到 3 名机组成员跳伞。

因此证明 Me 163 不仅可以拦截并摧毁单架飞机，还正如之前所设想的那样可以有效地摧毁轰炸机编队。1944 年 8 月 16 日起飞的 5 架飞机取得了 2 个战果，1944 年 8 月 24 日起飞的 8 架飞机取得了 3 个战果。

1944 年 9 月 6 日，布讷上尉的 JG 400 第 2 中队抵达布朗迪斯。两天后，沃尔夫冈·施派特少校被正式任命为 JG 400 第 1 大队的大队长，同一天，战斗机部队总监阿道夫·加兰德宣布 Me 163 已经做好了作战准备，并决定将各中队的飞机数量及飞行员数量提高至 20 架 / 名。宣传部门还拍摄了关于 Me 163 的影片，两名摄影师交替搭乘 Bf 110 进行拍摄，该机后部的双联机枪被移除以便给摄影机腾出足够的空间。不料在影片拍摄期间，摄制组又意外地记录下一起事故，莱因哈特·奥皮茨回忆道：

"……在驾驶 Bf 110 着陆时，我注意到一架 Me 163 已经滑跑到跑道末端，我看见它的爬升角度异乎寻常的陡峭。机身下面吐出的烟圈显示该飞机陷入了麻烦，看起来飞机似乎在起飞后不久发动机就熄火了。该机在 100 到 150 米的空中失速。与此同时，飞行员抛掉了座舱盖跳伞。我没有注意到降落伞打开，因为就在这个方向上，这架 Me 163 撞击地面爆炸后腾起了一股黑烟。飞行员成功在机场东北角找到一个碎石坑，深度刚好满足打开降落伞和减小下落速度所需，他的名字叫凯尔博。

"利特尔教授（Ritter）和他的摄制组成员拍摄到了事故全过程，几天后我们大笑着观看了这卷胶片。"

▲ 1944年8月21日至9月9日，摄制组在布朗迪斯制作了一部以Me 163为题材的影片，拍摄这一组镜头时似乎刚刚下过雨，停机坪上的Me 163覆盖着防水布，地面上的水洼尚未干涸

　　凯尔博逃生后，原定在他后面起飞胡塞尔军士长和格罗格纳下士也险些遭难，后者这样回忆事故之后的情形：

　　"……布讷上尉询问我们是否仍然想飞行，我们很自然地给予了肯定的答复。我们启动发动机，就在此时，一辆疾驰的小汽车拖着尘土穿过机场向我们奔来，一名机师爬出来叫我们关闭发动机。2架飞机被带回去吊出发动机检查，机师们在2架飞机上都发现了材料缺陷导致的燃料管线断裂，当晚我庆祝了自己的生日（脚下注：德国空军的习俗，当飞行员死里逃生后就要为自己庆祝生日）。"

　　1944年9月11日，第八航空队10个轰炸机大队的384架B-17轰炸机在275架P-51战斗机的护航下，空袭了鲁兰（Ruhland）、波棱和开姆尼茨（Chemnitz）等地。11时49分空袭开始，13时59分，完成任务的轰炸机群陆续抵达目标地域以西的集结点。大部分飞机接下来将飞经布兰迪斯以南，只有第486大队的一架受损的B-17挣扎着飞往更北方的鲁兰方向，如此一来就进入了JG 400第1中队的作战半径，12时36分，席勒贝尔下士起飞截击，他后来回忆道：

　　"……我驾驶'白2'号机起飞，一些轰炸机正向德累斯顿飞去，一架B-17独自飞行在机场上空。我过快地奔向这架轰炸机，首次射击打偏了。我进行了第二次滑翔攻击，还是未能达成任何命中。在第三次滑翔攻击中，炮弹击中了飞机右侧，内侧发动机和右机身开始冒烟。在第四次滑翔攻击中我击中了右发动机和机身。两名机组成员跳伞，主起落架也放了下来（脚下注：机翼内部管线损坏后会导致起落架放下）。指挥部叫道：'返回，飞机已经开始坠落了。'（罗伯特·欧莱伊尼克）上尉让我以90度航线飞过机场上空并摇摆机翼。"

　　这架B-17坠落于布朗迪斯西北大约5公里处的博尔斯多夫（Borsdorf）附近

▲ 在1944年9月11日的战斗中席尔贝勒下士击落了一架B-17，该机坠毁在机场以西8公里的地方

并爆炸。3名幸存的机组人员被带到机场，在那里他们见到了席勒贝尔及其座机——一架装备着 MG 151 机炮的 Me 163B。

9月13日，JG 400 第1中队再次发生严重事故，罗斯勒中尉在给赫尔曼·齐格勒（Hermann Ziegler）的一封信中写道：

"我紧急升空拦截敌军轰炸机，不幸的是，正如经常发生的那样，发动机在起飞的过程中熄火了。在 600 米的空中，我拉动燃料泵手柄，以便在进场着陆之前尽可能快地抛掉所有的 C 燃料和 T 燃料。一切都按照计划进行着，我借助展开的滑橇着陆、滑过草地，然后意外发生了——这该死的东西爆炸了！脸上的剧痛简直让我发疯，我脑海里只有一个想法：整架飞机随时都有可能爆炸，我必须快点离开这个板条箱。幸运的是，消防队很快就赶到了，我大叫着要水。我的脸立即被一股清水浸透了，之后只感到火辣辣地灼烧感。

"这里只有一名机场的军官，他关照了我，我被转移到为指挥作战行动而被设在机场外的指挥所休息。不幸的是，我们的医生和救护车出于安全起见也已经撤离到安全地域。我被带到了塔台的地下室，从哪里打电话叫来一名医生过来。当我进入地下室时，两个女性电话接线员尖叫着从房间里跑出来——我看起来肯定挺不错。这一情况让救护车的到达延误了差不多20分钟，这段时间我再也不想经历一遍。在医院里接受治疗之后，我戴了3个月的面具……"

罗斯勒拉动燃料紧急抛投手柄后，少量泻出的燃料聚集在滑橇的整流罩上，最后在着陆过程中被摩擦产生的高温引燃。格罗格纳下士回忆道：受伤后罗斯勒不得不对着镜子吃饭，因为他的脑袋被裹得太严实了！

1944 年 9 月 28 日，第八航空队的 301 架 B-17 轰炸了梅泽堡 – 洛伊纳的石油化工厂，在目标上空遭到 1 到 2 架 Me 163 的零星袭击，美军宣称可能击落一架，

^ 正在等待起飞的Me 163，右边这架在滑跑时发生爆炸，该事故据信发生于1944年9月的某一天，但是在人员或飞机损失中没有找到相关记录

但未能得到德军方面的验证。当天，倒霉的罗斯勒中尉再次受重伤，座机 Me 163B V49 损伤程度达 60%，他回忆道：

　　"我驾机起飞，发动机再一次熄火，但是这次是在 300 到 400 米的危险高度。

我转回机场并拉动手柄抛弃燃料。我知道延迟的危险，现在需要的是迅速反应，但是已经没有时间进行一次常规降落了。接着发生了爆炸，我的头部感到惊人的灼热。我不得不跳伞，高度只有250米，我解开我的座椅背带，然后拉下了座舱盖紧急抛投手柄。什么也没有发生，我顿时紧张起来，该怎么办？我尝试用双手向上推座舱盖，没想到它掉到了一边，但并没有飞走。至少逃生通道打开了，我从侧后方跳出座舱。

此时这架 Me 163 翻滚着，座舱盖又关上了，我被挂在飞机外面，脚仍卡在座舱盖和座舱中间，身体挂在机身一侧。幸运的是，我穿着毛皮里衬的飞行靴，得以把一只脚上的靴子脱下，用另一只脚将自己推离飞机，据目测跳伞高度不超过100到120米。我立即拉开降落伞的开伞索并感到了降落伞打开时的振动，这时才意识到下降速度太快了。我撞到了地面，然后晕了过去。

随后在医院进行的 X 射线照射表明我的一节腰椎受伤，在接下来9个月里我一直打着石膏。"

1944 年 11 月，负责 Me 163 飞行员的训练工作的 EJG 2 第 4 大队成立，JG 400 训练中队被重新命名为 EJG 2 第 13 中队，驻扎在德菲尔德的德国空军测试中心，赫尔曼·齐格勒少尉的 EJG 2 第 14 中队和埃尔温·斯特姆上尉（Erwin Sturm）的第 15 中队驻扎在波兰什普罗塔瓦（Szprotawa）的机场。1944 年 12 月，罗伯特·欧莱伊尼克上尉出任 EJG 2 第 4 大队指挥官。

1944 年 10 月 7 日，第八航空队轰炸了波棱、卢茨肯多夫、梅泽堡、洛伊纳、乌尔岑（Wurzen）和罗西茨（Rositz），美国陆军航空队在作战报告中称：

▼ *EJG 2 第4大队队徽*

"从 12 时 01 分至 12 时 09 分，在莱比锡西南地域遭到大约 40 到 50 架敌机攻击。大多是 Fw 190，还有少量 Me 109、Me 410 和 2 架 Me 163……敌机飞行员们非常好斗，只有 Me 163 的例外，他们似乎缺乏经验。攻击持续了至少 8 分钟，尽管支援的战斗机就在附近并对敌机发动了攻击，但他们未能够在这场饱和攻击中阻止 12 架 B-17 的损失。"

报告中所描述的情况，部分要归结于 JG 400 第 1 中队起飞时又发生一起严重的事故，胡塞尔军士长记述道：

第一波起飞的是舒伯特上士和博特中尉——舒伯特在博特前方约 50 米，突然

▲ 在这张摆拍的照片中，正在打电话的是舒伯特上士，这部野战电话是飞行员在起飞期间与指挥中心保持联系用的

∨ 胡塞尔军士长，曾先后服役于 JG 400 第 1 和第 2 中队的他目击和经历过多起事故，右图为 10 月 7 日驾机迫降后的情形

他的 Me 163 BV61 冒出火焰：火箭的燃烧室已经起火。当时他的速度大概是每小时60公里。由于重心太高（他的飞机装满了燃料），飞机滚到草地上翻起了跟头。

埃森曼下士和我奉命下一波起飞，但是我们没有与敌机发生接触，当时它们已经完成了轰炸，此时还看不到下一个编队的轰炸机。就在我们开始进行进场着陆时，敌机出现了，而且看起来这些轰炸机即将轰炸机场。与此同时风向发生改变，现在吹的顺风让我感觉着陆襟翼并没有正常运作。

这时我最强烈的愿望，就是在弹如雨下之前尽快着陆，为此我进行了一次相当粗暴的降落，飞机弹向200米高的空中，然后滑过机场栅栏，最终在一个沙坑里落地，这架 Me 163 在那里翻了个底朝天。一个士兵向我喊道："快出来，它要爆炸了！"我血流满面，动弹不得。听见的身后的火箭发动机仍然在隆隆作响。我最终被来自瓦尔特公司的哈拉尔德·库恩下士所救，他打碎了树脂座舱盖，把我拉出了座舱。

虽然一只手臂脱臼、鼻子被撞折还有脑震荡，飞机受损度达65%，胡塞尔依然是相当幸运的，格罗格纳下士这样回忆随后埃森曼进行的迫降：

接着埃森曼到了，他的高度过高，速度过快，飞机发生了侧滑，机翼击中了地面。之后飞机解体，仍被绑在座椅上的埃森曼被抛出了出去，落在我面前100米处的地面上死去了，斯特拉齐尼基上士也在那天的战斗中阵亡。

与此同时，维力式信号枪（Very pistol）发出的烟雾信号表明一个轰炸机编队正在接近机场。我爬出自己的飞机，像醉汉一样穿着全套飞行装备跌跌撞撞地跑

ˇ*JG 400第2中队的曼弗雷德·埃森曼下士，照片可能摄于巴德茨维什安湖畔。1944年10月7日，他驾驶Wk-Nr.440013号机返回时机毁人亡*

向一条壕沟去寻找掩护。轰炸机朝莱比锡飞去，警报解除后，我蹒跚着返回了自己的飞机。然后得到了起飞许可，当我沿着跑道加速时经过了两名死亡的同伴。不要问我感觉如何，尤其是因为地面控制员已经关闭了雷达未能追击到敌人时——这帮白痴。

席尔贝勒下士宣称重创一架 B-17 并迫使其脱离飞行编队（Herausschuss，字面意思为"击出"），可以获得 2 个积分的奖励，而击落一架四发轰炸机可以赢得 3 个积分的奖励。与此同时，第 364 战斗机大队第 385 战斗机中队的埃尔默·泰勒中尉（Elmer A Taylor）和威拉德·埃卡普中尉（Willard G Erfkamp）正在莱比锡附近追击齐默尔曼下士的 Me 163，泰勒回忆道：

"……我进行了一个小坡度转弯，从后面接近他。我比他高出约 2000 英尺，因此可以迅速靠近目标。我在 1500 码的距离上开始射击，希望能将其击伤并阻止他再次袭击轰炸机。显然，当我以 30 英寸水银柱（的进气压力）、2400 转迅速接近他时，他也开启着动力。我仍然带着 2 个副油箱，所以感觉自己根本没有机会追上它。我迅速接近至 100 码，收油门并开火，在尾部、机身和两翼达成多次命中。这架喷气机翻滚过去然后直线俯冲，喷射出白色烟尾。我和僚机跟着它一起俯冲，以约 500 英里的时速跟住它。最后敌机在一片牧场中机腹着陆，我们对它进行扫射，致使其爆炸并燃烧，飞行员未能逃出飞机。"

虽然埃卡普有意阻止德机飞行员逃离，在第 65 战斗机联队起草的报告中也提道："埃卡普和僚机法雷尔（Farrell）扫射敌机至起火，据信身处烈火中的飞行员已经被杀死。"但实际上齐默尔曼在最后一刻逃出生天了。

1944 年 10 月 14 日，施派特因伤病入院治疗，奥皮茨上尉临时接过 JG 400 第 1 大队的指挥权。1944 年 11 月 2 日，为截击轰炸梅泽堡的第八航空队，JG 400 第 1 大队进行了最后一次大规模出击。至少 15 架的 Me 163 和 4 架 Me 109 袭击了轰炸机群，美军护航战斗机宣称在战斗中击落 2 架 Me 163 和 2 架 Me 109。第 65 战斗机联队记录道：

一架 Me 163 爬升穿过高射炮火和目标上空的轰炸机编队，停止喷气，接着作 180 度转弯向东飞行。第 336 中队的弗雷德·格洛韦尔上尉（Fred N Glover）悄悄地靠近到它后面，当它转弯时，在 400 码的距离上打了一个两秒钟的点射，立即就命中了这架 Me 163。它的机腹发生了爆炸，火焰吞没了机身。敌机如同落叶般坠落，飞行员在 8000 英尺的高空跳伞。

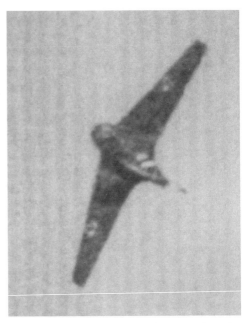

▲ 美军战斗机摄像枪中鲁道夫·齐默尔曼上士的座机，他的飞行生涯始于1937年，1940到1943年5月间，他先后在法国、柯尼斯堡、德波林的多个战斗机飞行员学校接受训练，在此期间驾驶多种型号的飞机进行了609次飞行，1943年5月，他被派往驻扎在希腊卡拉马基（Kalamaki）的JG 27第10中队，不过在60次飞行中从未参加战斗，1944年5月加入JG 400第1中队

这架 Me 163 的飞行员是 JG 400 第 2 中队的京特·安德里亚斯中尉，他这样回忆到逃生的过程：

我在向莱比锡上空爬升的过程中发现了航迹，地面控制中心告诉我说可以按照航线飞行，无需进一步引导。不久之后，我发现几个大队的轰炸机飞行在 6000 米的高空，爬升到它们上方大概 10000 米处后，我将发动机调节至怠速来节约燃料，以便遇到紧急情况时使用。在这个高度上，我锁定了从后方对一架飞行在主编队稍向一侧的 B-17 的攻击航线。进入射程后，我几乎是立即就受到了来自机尾机枪手的还击火力，几发子弹击中了座舱，机炮陷入了沉默，座舱也被打破。我注意到面前的防弹玻璃板被子弹打出了 3 个凹坑，除了右眼被一小块来自座舱的碎片割伤以外，我没有受到任何伤害。

我立即中断进攻并设法抛弃座舱盖，以便在飞机开始燃烧前跳伞。在每小时 600 公里的速度下座舱盖无法挪动分毫——它也可能是被敌机的还击火力打坏了。我设法将速度降低至每小时 250 公里，然后尝试用右胳膊来释放座舱盖。就在座舱盖飞离时，我被笼罩在了敌军战斗机火力下，由于速度过慢，飞机机头下沉进入俯冲。我尝试改出俯冲，但随后意识到控制索肯定在遭受攻击时切断了，因为我可以毫不费力地将操纵杆向各个方向移动。我决定跳伞，但是前三次尝试都不成功，因为 Me 163 已经开始更加陡峭的俯冲，阻力太大了。在飞机速度增加并自行脱离俯冲后，我最终在 5000 到 6000 米的高空跳伞。

当天被击落的第二架 Me 163 是 JG 400 第 1 中队博拉斯军士长的座机，他在接近机场时被尾随而至的第 335 中队的路易斯·诺利上尉（Louis N Norley）击落，飞机坠落于跑道末端以东的 Zeititz 村附近。不久之后，JG 400 第 2 中队的罗伊利军士长在一次起飞期间也遭遇了发动机熄火，他的跳伞高度仅有 100 米，高度甚至不足以让新型的卷筒式降落伞开伞。坠地后罗伊利依然有呼吸，但直到死之前也未能恢复知觉。由于单次任务的损失率居高不下，虽然成立了更高级别的 JG 400 联队，但是从 1944 年 11 月以后第 1 大队就中止了大规模出击，只是偶尔拦截形单影只的盟军侦察机。

JG400 第 1 大队——1944 年 10 月至 1945 年 4 月

11 月 12 日，JG 400 进行了大规模重组，原 JG 400 第 3 中队被重编为 JG 400 第 5 中队，JG 400 第 4 中队被重编为 JG 400 第 6 中队。与此同时又组建了新的中队，包括 JG 400 第 2 大队部、JG 400 第 3 中队和 JG 400 第 7 中队。JG 400 第 2 大队部、第 5、6 和第 7 中队被调往斯塔加德。新的第 3 中队以布朗迪斯为基地，新的第 4 中队还没有组建。变戏法似的改编后来制造了极大的混乱，即便是德国空军人事记录也不敢使用新的中队编号。

1944 年 12 月 27 日，施派特少校被指任为 JG 400 联队长，鲁道夫·奥皮茨上尉接手斯塔加德的 JG 400 第 2 大队。威廉·富尔达上尉（Wilhelm Fulda）被晋升为 JG 400 第 1 大队的指挥官，艾伯特·法尔德鲍姆上尉（Albert Falderbaum）成为 JG 400 第 1 中队中队长。1945 年 1 月，由于苏军不断迫近，EJG 2 联队第 14 中队被迫离开位于什普罗塔瓦的机场，该中队通过不同途径转往图林根的埃斯佩思特（Esperstedt）机场。1945 年 2 月 28 日，EJG 2 联队部调往石勒苏益格—荷尔施泰因，留下的人员加入了埃斯佩思特附近的陆军部队。尼迈尔中尉的 EJG 2 第 13 中队后来加入了舍尔纳的部队，3月中旬后被送往捷克斯洛伐克参加战斗。

尽管已经大大减少了出击频率，事故和战斗造成的伤亡依然时有发生，1945年2月10日，JG 400第1大队的格尔哈德·莫尔上士（Gerhard Mohr）在驾驶 Me 163B-0出击时死于迫降。3月15日，又有一架 Me 163成为第359战斗机大队第370战斗机中队的雷·韦特莫尔上尉（Ray S Wetmore）的猎物，后者在报告中写道：

我正带领红小队在柏林西南为轰炸机护航，看见2架 Me 163在大约20000英尺高、20英里远的维滕贝格（Wittenberg）附近盘旋。我在25000英尺的高空向它们飞去，开始追赶高度略低于我的那架。当我接近到3000码以内时，敌机察觉到了危险，启动发动机以70度角爬升。在大约26000英尺的高度，它停止了喷气开始俯冲逃跑，我与它一起进入俯冲，下降至20000英尺时在它的6点钟方向改平，俯冲期间我的表速在550至600英里之间。随后我在200码的距离上开火，敌机上脱落的碎片四处飞舞，它立即向右作急转弯，我又打了一个短点射，它的半个机翼飞走了，机身淹没在烈火中。飞行员跳伞逃生，我亲眼看到敌机坠毁在地面上。

3月16日，皇家空军第544中队的一架"蚊"式在对哥达（Gotha）和卢茨肯多夫进行了照相侦察之后遭到3架 Me 163的攻击。当时该机正飞行在莱比锡上空30000英尺的高空中，飞行员看见两架 Me 163几乎是从地面上垂直爬升后，立即做90度转弯并将油门一推到底。3到5分钟内，Me 163就已经爬升至30000英尺，然后开始无动力滑翔，一左一右从后上方同时对这架"蚊"式发起攻击。后者立即做半滚然后进入垂直俯冲，表速达到每小时480英里，在12000英尺改出后，飞行员看见3架 Me 163正尾随追击，左右各有一架在500码的距离上开火，第三架在同样的距离上尾随，于是英军飞行员水平向右做了一次大角度俯冲转弯。改平后这架"蚊"式的右发动机已经失去了动力，飞行员将发动机顺桨后爬升至2000英尺，此时德机已经渺无踪影。由于右轮胎被机炮打破，该机触地着陆时猛烈地向右打转，左右两侧起落架都被折断。检查发现一发炮弹穿过了右发动机机舱，另一发穿过右发动机损坏了乙二醇储存箱。格罗格纳中士宣称击落了这架"蚊"式侦察机，他回忆道：

"1945年3月16日我击落了一架'蚊'式，在这种情况下，戈林本应授予我一枚勋章并给予晋升和特别假期。取而代之的是，我收到了在东线获得战果的认证。因为，直至那时，我只被授予过金质（Frontflug-Spange fur Jdger），在晋升为上士后不久我被授予过一枚二级铁十字勋章。"

1945 年 3 月初，虽然 JG 400 第 1 大队仍然担负着保护布朗迪斯附近的石油化工厂和训练新飞行员的任务，上级还是从中抽调了部分飞行员来充实第 2 大队，与此同时 EJG 2 第 4 大队也被解散。4 月初，施派特少校调离了 JG 400，出任 JG 7 第 3 大队指挥官，无人接替他的职务，当月 JG400 第 1 大队的所有中队被全部解散。实际上，从 1944 年 11 月 RLM 明令禁止 Me 163 截击轰炸机时起，这支队伍就已经名存实亡，在布朗迪斯，大约 90 架飞机被分散或隐藏在机场周围的树林和野地中，飞行员们变得死气沉沉，不再有志愿者满腔热情地进行试飞。

1945 年 3 月至 4 月期间，"野猪联队"的创始人赫尔曼上校着手建立"易北河特别指挥部"，召集年轻飞行员进行撞击作战，对于 4 月 6 日至 8 日发生的事件，博特这样回忆道：

"随着一通从布朗迪斯招募志愿者迎战轰炸机的电话打来，这种情况明显改变了。富尔达上尉和另外 9 名飞行员，包括勒舍尔少尉（Hans Ludwig Loscher）和我回应了这个电话，从布朗迪斯挑出了 5 个人送往施滕达尔，在那里他们加入了来自其他中队的飞行员，另外 250 名报道的志愿者接受赫尔曼上校的指挥。我们聚集在阅兵场上，被告知要驾驶飞机撞击敌轰炸机编队。我们驾驶被剥光的 Me 109 组成四机编队飞行在 11000 米的高空，在那里等待轰炸机的到来。希望我们出其不意的攻击能够成功，并给战争末期德国和盟军之间进行的谈判带来有益的影响，那看起来将会是不可避免的。我们得到了'专家'在撞击技术方面的指导，但不是非常令人信服。

"6 名飞行员被从施滕达尔送往其他 3 个机场，我被和另外 3 名来自布朗迪斯的飞行员被送到了加尔德莱根（Gardelegen）。15 个飞行小队已经在此组建，我被给予了第 11 小队的指挥权。1945 年 4 月 7 日，在没有任何预警的情况下我们接到命令紧急升空。只有 40 架 Me 109 可用。崭新的 Me 109G-14 刚交付了半个小时我们就接到命令投入战斗，而且还不允许在它着陆后立即再进行一次试飞。当天下午，我驾驶这架飞机前往施滕达尔向赫尔曼上校报道。他告诉我正在计划类似的行动以对付飞跃在巴伐利亚上空的轰炸机，我应该将这架 Me 109 飞到哪里。我准备起飞，但是最后没有被允许这样做，飞机留在了施滕达尔并被炸毁。"

出于某种原因，博特并未参加当天的撞击行动，他随后请求赫尔曼上校允许来自 JG 400 的飞行员返回布朗迪斯，那里还储存着几架 Me 163，或许可以继续进行作战出击。得到许可后，7 架飞机为作战出击进行准备，就在准备工作即将完成时，

JG 400 联队接到命令就地解散，人员加入德国陆军，布朗迪斯机场也收到命令炸毁残存的飞机。

JG 400 第 1 中队进行的最后一次作战出击是 4 月 10 日迎击空袭默克（Mockau）和恩格斯多夫（Engelsdorf）的英军轰炸机，英军宣称击落了一架 Me 163，第 433中队和第 415 中队各损失一架轰炸机。在当天的战斗中，Jagerfaust 在莱比锡上空首次投入使用。一架装备了这种"垂直武器"的 Me 163 在未被注意的情况下来到一架兰开斯特轰炸机下方，炮弹立即倾泻而出，该机像燃烧的火把一样从空中坠落，机组乘员无一幸免，这也是 Me 163 在战争中取得的最后一个战果。汉斯·赫韦尔上士（Hans Hoever）这样描述当时的情景：

4 月 10 日，我看见凯尔博攻击了一个约 150 架兰开斯特组成的，正在轰炸莱比锡及其城郊的轰炸机编队。我刚值完班，正站在紧挨着"维尔茨堡"雷达的战斗机控制指挥所的瞭望台上，这时当我听见喇叭里播放着凯尔博中尉即将驾驶他的座机起飞。我听见了火箭发动机的声音，看见凯尔博在我站的地方以南的树林中驾机从跑道末端攀升。在远程高射炮望远镜的帮助下我目送着他向飞行在 8000 米高空的轰炸机编队领机飞去。我以为他想要撞击敌机，但是就在那一刻他从这架飞机下面约 100 米处飞过，轰炸机在一团烟雾和火焰中爆炸。我之前从未见过有哪架轰炸机如同凯尔博中尉攻击的这架一样，如此轻易地就被摧毁了。

非常具有讽刺意味的是，此次空袭摧毁了胡戈·施耐德公司的工厂，因此这也成为 Jagerfaust 第一次，同时也是最后一次在实战中运用。

4 月 12 日，施派特来到布朗迪斯，要求 6 名飞行员前往布拉格驾驶 Me 262。次日清晨，凯尔博、格罗格纳、博特和奥古斯特·穆勒军士长（August Muller）驾机起飞。而格奥尔格·内尔（Georg Neher）与克里斯托夫·库尔茨军士长（Kristoph Kurz）驾驶一架 Ard 234 飞往布拉格，尽管他们此前从未接受该机的飞行训练。席尔贝勒及其僚机维德曼在起飞后遭到 3 架 P–47 的攻击，维德曼被击落身亡，席尔贝勒返回了布朗迪斯，稍后他驾驶一架 Bf 110 再次起飞，35 分钟后在布拉格着陆。在这几名飞行员中只有凯尔博留在了布拉格，内尔与库尔茨驾驶一架 Bf 108 飞往普拉特林格（Plattling），其他人则接到命令调往菲尔斯腾费尔德布鲁克（Furstenfeldbruck）。

4 月 14 日，留在布朗迪斯的飞机被机场人员自毁。富尔达上尉带领 JG 400 第1 大队残存的飞行员和地勤加入德国陆军，他们前往匈牙利的埃格尔（Eger）附近，

▲ 在美军占领布朗迪斯的机场期间，Me 163的残骸成为许多士兵的拍照的背景，图中是第273步兵团3营营部连反坦克排的马文·弗里曼一等兵（Marvin L Freeman）

然后在德国—捷克斯洛伐克边境的波希米亚森林里建立了防御阵地。在那里战至弹尽粮绝，损失惨重。大部分人在席尔恩丁（Schirnding）附近的山区中阵亡，只有约30到40人幸存，4月26日，大部分人被俘。5月8日16时整，在捷克卡尔斯巴德（Karlsbad）以东25公里的（Duppau）的JG 400第1大队接收到了解散文件，销毁武器后，幸存的官兵们乘坐残存的车辆返回德国。

4月16日，肯尼斯·柯林斯中校（Kenneth W Collins）指挥的"柯林斯特遣队"（美国陆军第9装甲师A战斗指挥部第60装甲步兵营）占领了布朗迪斯机场后，只发现了2架完好无损的飞机——编号"VD+EV"的Me 163B V13和霍顿IX VI（Ho 229），它们被拆解后存放在机库中。此前BV 13正在被修改为Me 163D型，而霍顿IX VI于1945年3月被送往布朗迪斯，当地的其余300架飞机均已化为残骸，其中包括约40架Me 163。

JG 400 第 2 大队

1944 年 9 月底，JG 400 第 2 大队的首个中队——第 3 中队成立于布朗迪斯，皮特·格斯少尉（Peter Gerth）出任指挥官，虽然缺乏熟悉 Me 163 的技术人员，但该中队有来自瓦尔特公司的发动机专家可用。与此同时，弗朗茨·沃伊迪希中尉被任命为 JG 400 第 4 中队长，次月，JG 400 第 3 和第 4 中指挥官互换了位置。11 月 12 日，JG 400 第 3 中队和第 4 中队被重新命名为 JG 400 第 5 和第 6 中队，同时在什切青成立了第 7 中队。

10 月初，第 3 中队转场至斯塔加德，一座崭新的机场已经在那里建好，相关设备和人员正在从各地赶来，这些设备包括一个完备的可移动车间，可容纳 T 燃料和 C 燃料的储存箱以及专用的无线电导航设备。不过斯塔加德同时也是德军鱼雷机部队的重要基地，其机库已经被改装用以生产和储存鱼雷，因此不能被用来维修和储存 Me 163，此外宿地也还没有准备就绪，所以无论是人员还是装备都缺乏容身之处。

虽然面临种种困难，第 3 中队还是在 10 月底完成了首次牵引飞行，还对已经安装到飞机上的发动机进行了地面测试。之后莱因哈特·奥皮茨少尉接到命令在什切青建立 JG 400 第 7 中队，他面临的条件要艰苦得多，由于什切青的机场太小，奥皮茨曾考虑在机场附近冰冻的奥德河和泄湖上进行起飞。不过这个想法没能实现，因为分配给该中队的燃料久久不见踪影，甚至连发动机地面测试用的燃料都不敷使用。

JG 400 第 2 大队在斯塔加德只进行了 3 次战斗，其中一次发生于 1944 年 11 月，格斯少尉升空拦截一架"蚊"式侦察机，他从后方发起攻击并将其击落，其中一名驾驶员跳伞被俘，另一名则逃脱了追捕。格斯不无理由地推测这架"蚊"式的目标是位于伯利兹（Politz）的合成燃料工厂，据他回忆这次战斗发生一到两天后伯利兹就遭到轰炸，他与一名下士紧急升空，爬升到 10000 米的高度，然后对 4000 米高空中的轰炸机发起攻击，格斯摄像枪显示他的炮弹命中了一架轰炸机的机翼并有碎片脱落，不过高射炮部队宣称当天击落的 4 架飞机都是它们的战果。

虽然德军飞行员言之凿凿，但美国陆军航空队并没有记录表明 1944 年 11 月间曾对伯利兹发动过空袭，英国皇家空军也只在 1944 年 12 月 21/22 日和 1945 年 1 月 13/14 日夜间进行过空袭，加拿大皇家空军直到 1945 年 2 月 8 日才空袭了该地。

▲ 一架Me 163在跑道末端准备起飞

▼ 容克斯制造的Me 163B Wk-Nr. 191454，摄于北霍尔茨

有趣的是，第八航空队倒是在 1944 年 10 月 7 日对伯利兹的空袭中被防空火力击落了 4 架 B-17G，还有一架被击伤后在返航途中坠入英吉利海峡，但那时位于斯塔加德的 Me 163 部队还远未形成战斗力。

1945 年 2 月，第 2 大队被告知斯塔加德将被放弃，在德军离开之前一切都将被摧毁，2 月 20 日，苏军已经推进到斯塔加德以南约 10 公里的地方。不过转往德国西北部的机场（巴德茨维什安、维特蒙德或北霍尔茨）的命令直到 3 月 1 日才正式下达，这是典型的官僚主义作风赶不上实际情况发展的例子。事实上各中队早就已经撤离了，JG 400 第 6 中队在 1 月底转场至巴德茨维什安，JG 400 第 5 中队经由萨尔茨维德尔转移至维特蒙德，2 月初，JG 400 第 7 中队的人员装备也搭乘最后一列火车离开了什切青，因此 3 月初的斯塔加德机场只剩下包括大队部在内的少量单位了。

萨尔茨维德尔的机场并不适合 Me 163 作战，跑道太短也非混凝土材质，在接

▲ Me 163着陆后使用一种铲车式拖车（Scheuch-Schlepper）进行回收

▼ 世界上最快的飞机在以最慢的方式移动，照片可能摄于萨尔茨维德尔，但是这样的情景在其他 Me 163驻扎的机场同样很常见

下来几星期里各种战斗机中队来来去去致使机场异常繁忙，美军轰炸机也是这里的常客。由于一时无法离开，Me 163就被隐藏在附近农场的谷仓中，这一时期已经很难保证汽油供应，不过和其他所有的德国机场一样，萨尔茨维德尔有园艺工负责剪草以保持机场草坪齐整，出于同样的目的那里也允许放牧，于是在牵引车缺乏汽油的窘境下，用公牛牵引 Me 163 到起飞位置的想法也就应运而生了。

在萨尔茨维德尔的日子异常难熬，昼间常常被不期而至的空袭警报打断，飞机和设备被疏散到相距数公里的储藏点，官兵们每日需进行逐一检查。因此当3月初JG 400第7中队接到调往巴德茨维什安的命令后，大家终于松了一口气，并看到了一点恢复作战行动的希望。在正式启程之前，中队长莱茵哈特·奥皮茨少尉和JG 400第2大队的赫伯特·弗罗莫特上尉（Herbert Fromert）驾机起飞前往巴德茨维什安探路，他们发现机场还处于空袭后的混乱中，在那里很难找到一片足够大的场地降落，甚至连菲施勒联络机都无处落脚（该机只需50米的距离降落）。因此第7中队又接到命令调往北霍尔茨，这处靠近库克斯港（Cuxhaven）的旧机场在第一次世界大战期间就被齐柏林飞艇使用过，完全可以支持Me 163的作战出击行动。

接下来一段时间官兵们忙于发动机地面测试和牵引飞行，但是准备工作一再被低空飞行的盟军战斗机所打断，与此同时，大量德国空军单位涌入该机场，他们被正向北推进的盟军赶出了自己的基地，很快北霍尔茨也难以立足了，第7中队奉命于4月10日至15日转移至胡苏姆。它们的飞机之前准备由Bf 110牵引至胡苏姆，不过天空中的盟军战斗机实在太多了。由于上级对于此次转场未下达任何具体指示，莱因哈特·奥皮茨少尉便利用与德国海军仓库人员之间良好的关系弄来一艘海岸货船，8到10架卸掉机翼的Me 163被系在卡车的后面，从北霍尔茨运往库克斯港，莱因哈特·奥皮茨后来回忆道：

我让自己的Me 163在北霍尔茨的混凝土跑道末端保持在起飞状态，直到所有的飞机都已经装载到船上。我们中队的机械师催促我清空飞机的燃料箱，可我犹豫着到底是这样做还是驾机直接飞往胡苏姆。

4月12日，傍晚的天空中明显没有英军战斗机，我驾驶带有中队标识"黄1"的Me 163起飞，然后爬升至约13000米的高空，从那里足以将易北河口尽收眼底。到胡苏姆的距离大概是95到100公里，显然可以从这个高度高速滑翔至胡苏姆。我通过北海海岸特有的海湾，尤其是位于胡苏姆附近，通过一条堤道与大陆相连的北斯特兰岛（Nordstrand）导航。我仍然记得那深蓝的、傍晚的天空和我飞行员生涯中高度最高的一次飞行。

从3000米的高空中找到了胡苏姆机场后，我通过在跑道上空几米的高度进行高速通场飞行让该机场吃了一惊。他们已经习惯于Me 163着陆并料想还有经常牵引它们的Bf 110。我相信这是Me 163进行过的少数几次通场飞行之一。飞行日志记载18时20分我从北霍尔茨起飞，18时29分在胡苏姆降落。

▲ 地勤和技术人员有时会在机库里测试火箭发动机，如这张照片所示，注意T燃料和C燃料加注漏斗还放在注入的位置上，即便是在地面上的火箭发动机也并不安全，这样的测试曾发生过爆炸事故

∨ 弗雷德里希·费迪南德·赫尔穆特·雷考夫军士长（Friedrich Ferdinand Helmut Reukauf），1912年1月24日出生于图林根州的格伦巴赫（Grumbach），1945年3月15日在驾驶Me 163时死亡，根据官方记录，事故是由于一处技术缺陷引起的

　　毫无疑问，我们向胡苏姆的转场必定被视为奇迹，它是在战争的最后几天里准确且没有遭遇任何真正的困难就完成的。每个人都意识到战争将很快结束，但是没人知道究竟是何时。因此我们重新组装了自己的飞机，继续进行发动机测试和试飞。

　　在这次转场中，之前服役于JG 400第1大队的内尔特军士长阵亡，他驾驶Bf

110 牵引着 Me 163 从北霍尔茨起飞，在接近胡苏姆机场时，被悄悄靠近的皇家空军第 125 大队第 41 中队指挥官约翰·谢泼德（John B Shepherd）击落，而他牵引的那架 Me 163 成功迫降在松树林中的一小块空地上。

1945 年 4 月 20 日 JG 400 第 2 大队正式解散，命令立即付诸执行，到 5 月 1 日为止已经确认完成，在此期间莱因哈特·奥皮茨最后一次升空作战，他回忆道：

"战争结束前的最后几天，大概是 4 月底，我们透过云层的缝隙发现航迹正从一架向西飞行的飞机后冒出。这种航迹只有可能出自一架正在高空飞行的英国侦察机，两架 Me 163 奉命起飞截击。其中一架由格斯少尉驾驶（在他的单位于巴德茨维什安投降之前他已经被调回胡苏姆）。两架飞机起飞并正常爬升，我们可以从航迹看出他们正在急速接近目标，也看到了出现在大海上空的炮口闪光，但是随后飞机从视野中消失，我们只好等待他们返回听听到底发生了什么。

"来自格斯的报告是关于 Me 163 技术现状的典型，他是最有经验的 Me 163 飞行员和战斗机飞行员之一，在驾驶 Me 109 时已经确认了很多战果。他报告说自己在开火之前已经接近到高速飞行的'蚊'式后下方 200 米处，Me 163 的每门 MK 108 机炮在卡壳之前都只射出一发炮弹。事实证明这架'蚊'式的飞行员被是非常机敏的，他知道如果在海面上低空飞行，这两架 Me 163 就不得不放弃追击，因为它们将缺乏足够的高度返回基地。第二天我们将格斯的 Me 163 带到靶场检查机炮，它们的功能是没有问题的，这似乎再次验证了，飞机作机动时的受力立即导致弹药

❯ 胡苏姆机场的Me 163B，右侧的飞机被三脚架支起，似乎正在进行检修

带堵塞在了供弹斜槽中。"

这架"蚊"式 XVI RG131 的飞行员是第 544 中队丹尼尔斯少尉（J M Daniels）和阿莫斯准尉（J Amos），他们的任务是寻找隐藏在恺撒运河中的"吕佐夫"号袖珍战列舰，丹尼尔斯这样回忆道：

看见两道机炮的火光出现在下方和右翼尖前方后，我一边大喊着警告导航员，一边向左急转，与此同时将转速提高至 2850 转并将节流阀调至最大。导航员警告我说在后方 500 码处有一架敌机，似乎是一架 Fw 190，正在转入另一次攻击。我又向右急转，然后观察到敌机是一架 Me 163，接着我进行了几次 180 度急转弯，将航向改变了 270 度，以便将敌机带向更远的海洋深处。这个行动持续了大约 7 分钟，在此期间敌机又两次开火，两次都在右侧，我们观察到敌机没有使用它的火箭弹。

之后敌机改变了战术，向下俯冲，拉起后从下面攻击。导航员在 Me 163 攻击之前发出警告，我推杆让飞机进入剧烈的俯冲。敌机紧跟上并连续开火，炮弹从我头顶穿过，在我前方 100 码处爆炸。我继续向前推杆直到（高度降至）13000 英尺，敌机中断了攻击转向北方飞去。指示速度 480 英里每小时，飞机正在剧烈地抖动。延绵不断的航迹从机翼两端冒了出来，从翼根向翼尖蔓延。我只通过配平让飞机回到水平直线飞行中，当敌机从视野中消失后，继续以 2850 的转速，12 磅/平方英寸的进气压力飞了 5 分钟。发动机仪表显示正常，俯冲唯一明显的结果是增压器进气密封部件错位了（port boost capsule giving way）。

4 月 25 日，前 JG 400 第 2 大队指挥官鲁道夫·奥皮茨上尉最后一次驾机起飞，这可能也是 Me 163 发生的最后一起事故，莱因哈特·奥皮茨回忆道：

包括奥皮茨上尉在内来自其他中队的飞行员于 4 月底在胡苏姆加入了我们，他们的飞机已经丢在了维特蒙德和耶弗尔。奥皮茨希望再飞一次 Me 163，为此我从 JG 400 第 7 中队分派了一架飞机给他，当天早晨该机顺利完成了一次发动机地面测试。随后该机正常起飞，在爬升过程中机身下面开始冒烟。我们将此事告知奥皮茨上尉，但是我们永远也不能确切地知道他为何既没有回复也未从着火的飞机中跳伞。

他在大约 3000 到 4000 米的高度中断飞行折回机场，此时烈焰和浓烟已经清晰可见，但他仍有足够的时间跳伞。飞机绕场一周来降低速度，然后在着陆之前飞离机场以进行转弯。在转弯的最后阶段，这架 Me 163 明显失去控制，接下来我们看见黑烟从山丘后面升起。无人认为他能够从这场事故中幸存，但是我们发现他就躺在距燃烧的残骸不远处的一条壕沟中。显然他设法抛掉了座舱盖和座椅背带，结果

∧ Me 163B Wk-Nr.190598，拍摄于投降后的胡苏姆机场

机腹着陆时被扔出了座舱。在胡苏姆的一所医院中他得到了精心的照料，7月底，在有点危险的环境下我们用卡车把他拉到了奥格斯堡。对残骸进行的调查表明他当时根本无法跳伞，因为降落伞已经被泄露的 T 燃料烧毁了。

　　停火协议于 1945 年 5 月 8 日早上生效，大量飞机在黎明时分起飞，飞行员们驾机前往家乡附近的其他机场或地区，气象探测中队的 Ju 88 返回后报告说英军先头部队已经抵达了基尔运河。两天后，一辆装甲侦察车在午饭期间停在了食堂门前，从车上走下的英军彬彬有礼地请求获准进入机场。就这样，原 JG 400 第 2 大队、几支战斗机中队和一个 He 162 单位正式投降，邓尼茨政府下令不要摧毁任何飞机和装备，等待进一步指示，大约 14 架处于战备状态和 12 到 15 架处于拆解状态的 Me 163 落入英军手里。

小结

　　Me 163 的研发为航空航天领域留下了丰富的遗产，例如高挥发性的液态火箭燃料的处理和储存技术、飞行员的特殊保护服和无线电导航技术等。但是以作战武器的标准来衡量，该机无疑又是极为失败的，其作战效能不仅无法与常规飞机相提并论，与 Me 262 相比也有着不小差距。这首先是因为火箭动力飞机存在着航程短、安全性低和部署困难的先天缺陷，火箭发动机在最大推力时可以工作 4 分钟，航程只有 35 公里，通常情况下，只有敌机接近至机场 50 公里以内时才允许出击，而追击时不能远离机场 60 公里以上。显然德国空军需要部署更多飞机以弥补作战半径的不足。

在 1944 年 4 月至 1945 年 2 月不到一年的时间里，Me 163 各型产量总计不超过 350 架，其部署和出动还要受到天气状况、机场条件、燃料供应和飞行员数量等条件的制约，1944 年 3 月 JG 400 第 1 中队成立时仅有 5 架飞机可用，同年 8 月成立的第 1 大队也只接收了 29 架飞机，此后在出击的高峰时期 JG 400 的飞机数量也基本维持在这个水平上。因此 Me 163 大多是零星投入战斗，单次升空数量一般不超过 10 架，更谈不上与其他单位联合作战。

Me 163 满载升空时携带的 1686 公斤 T 燃料和 468 公里 C 燃料也令其在很多机场"水土不服"，前者作为强氧化剂对金属和有机物都有很强的腐蚀作用，后者挥发出来的肼则有剧烈的毒性。运输和储存这些高危燃料需要专门对机场进行改建，喷气式飞机要求在混凝土跑道起飞，更令机场指挥官们头痛的是，Me 163 起飞过程中抛投的起落架会对机场的其他单位造成严重威胁，所以很难广泛地部署这些单

❯ 停放在跑道末端的Me 163，从草坪上修剪下来的青草沿跑道边堆放，据称草堆的作用是挡住Me 163起飞时抛投的起落架，背景处那架巨大的飞机是Ju 287前掠翼轰炸机的原型机

▲ 正在被牵引至跑道的"白14"，机库里面隐约可见"白11"，该机涂着与众不同的浅绿色斑点迷彩

位。战争末期，德国空军将所有的火箭截击机部队全部收拢至设施相对完善的布朗迪斯机场，这种将所有鸡蛋放在同一个篮子里的做法虽然有一定风险，在当时条件下却也不失为务实之举。

投入时间过晚也是制约 Me 163 表现的重要因素。战前技术尚不成熟的火箭发动机不断拖累飞机的整体设计，由于手头上没有现成的型号可以参照，设计师们只好依据在研发动机的变化对机身修修改改。战争中前期，德国本土几乎不受战略轰炸的威胁，而先天腿短的 Me 163 又很难胜任截击机以外的角色，这就注定了该项目缺乏优先级。以至于 1941 年春季原型机在试飞中展示了出色的性能后，研发及预生产工作仍迟迟未能步入正轨。与此同时，火箭发动机及其配套设施建设、燃料生产等工作也严重滞后。由于梅塞施密特缺乏剩余产能，生产工作先后转移至克莱姆和容克斯进行，又耽搁了更多时间。

实验和作战部队的建立同样非常迟缓，对于 Me 163 这种全新的飞机而言，成立于 1942 年 4 月的 EK 16 不仅规模很小，还缺乏展开试飞活动所需的各项条件，虽然后来成立 JG 400 联队接过了部分测试任务，但各类测试一直持续到战争结束。1944 年，随着盟军战略轰炸力度不断加强，德国空军战斗机部队应对乏力，Me

163的生产装备进度才明显加快，在不到10个月的时间里JG 400从中队扩建为联队，还建立了相配套的训练大队，这种亡羊补牢的做法显然不可能产生明显的效果。

最后，配套设施的匮乏也是一个重要原因，Me 163的作战极度依赖地面引导，德国北部的雷达网在1945年年初已经建立起来，但是出于种种原因，直到当年4月仍无法投入使用。由于缺乏可靠的引导，在战争末期的最后几次战斗中，飞行员甚至完全依靠目视接触升空拦截敌机，这标志着Me 163已经彻底失去了实施有效拦截行动的条件。

战后，JG 400第6中队指挥官格斯少尉离开位于艾德施泰特（Eiderstedt）的战俘营回到胡苏姆，在那里他驾驶Me 163向英国人进行了两次展示飞行。第7中队指挥官莱因哈特·奥皮茨少尉从第6中队征用了20人将数架Me 163及其零备件装箱起运。在一种友好的氛围下，双方军官和技术人员进行了充分的交流。当终战的钟声响起，正如Me 163的绰号"彗星"那样，JG 400联队在德意志的天空一闪而逝，融进了茫茫夜色中……

附录

附录1：单位组织和人员架构
JG 400 联队
联队长：少校沃尔夫冈·施派特（1944年11月—1945年4月）

JG 400 第1大队
1944年8月组建于布朗迪斯，1945年4月在布朗迪斯解散

大队长：沃尔夫冈·施派特（1944年8月—10月）

代理大队长：鲁道夫·奥皮茨上尉（1944年10月—11月）

大队长：威廉·富尔达上尉（1944年12月—1945年2月）

大队长：艾伯特·法尔德鲍姆上尉（1945年2月—4月）

JG 400 第1中队
1944年2月组建于维特蒙德，前身为JG 1第20中队，1944年7月调往布朗迪斯，

1945 年 4 月在布朗迪斯解散。

　　中队长：罗伯特·欧莱伊尼克上尉（1944 年 3 月—4 月）

　　代理中队长：奥托·布讷上尉（1944 年 4 月—5 月）

　　中队长：鲁道夫·奥皮茨少尉（1944 年 5 月—7 月）

　　中队长：罗伯特·欧莱伊尼克上尉（1944 年 8 月—11 月）

　　代理中队长：艾伯特·法尔德鲍姆上尉（1944 年 12 月—1945 年 2 月）

　　中队长：艾伯特·法尔德鲍姆上尉（1945 年 2 月）

JG 400 第 2 中队

　　1944 年 3 月组建于奥拉宁堡，1944 年 7 月转场至芬洛，1944 年 9 月转移至布朗迪斯，1945 年 4 月在布朗迪斯解散。

　　中队长：奥托·布讷上尉（1944 年 7 月—1945 年 2 月）

　　代理中队长：约翰尼斯·波尔岑上尉（Johannes Polzin）（1945 年 2 月—4 月）

JG 400 第 3 中队

　　1944 年 8 月作为 JG 400 第 3 中队在布朗迪斯组建，但是 1944 年 11 月被重编为第 5 中队。1944 年 11 月，新的 JG 400 第 3 中队在布朗迪斯组建，1945 年 4 月在布朗迪斯解散。

　　代理中队长：弗朗茨·罗斯勒少尉（1944 年 11 月—1945 年 2 月）

　　中队长：弗朗茨·罗斯勒少尉（1945 年 2 月—4 月）

JG 400 第 4 中队

　　1944 年 8 月在布朗迪斯组建，组建命令于 9 月下达，但是该命令直到 1944 年 11 月才生效。

　　代理中队长：海因里希·斯特姆上尉（Heinrich Sturm）（1944 年 9 月—11 月）

JG 400 第 2 大队

　　1944 年 8 月组建于布朗迪斯，1944 年 11 月转移至斯塔加德，1945 年 2 月中队部转移至耶弗尔（Jever），1945 年 4 月中队部转移至胡苏姆，1945 年 5 月在胡苏姆解散。

大队长：鲁道夫·奥皮茨上尉（1944年11月—1945年5月）

JG 400 第 5 中队

1944年8月作为JG 400第3中队组建于布朗迪斯，1944年11月重编为JG 400第5中队。1944年10月转移至斯塔加德，1945年1月经由施滕达尔转移至巴德茨维什安，1945年4月在巴德茨维什安投降。

中队长：约亨·郎根上尉（Jochen Langen）（1944年9月—10月）

中队长 弗朗茨·沃伊迪希少尉（Franz Woidich）（1944年10月—1945年4月）

JG 400 第 6 中队

最初作为JG 400第4中队组1944年8月建于布朗迪斯。1944年11月重编为JG 400第6中队。1944年10月转移至斯塔加德，1945年1月经由萨尔茨维德尔转移至维特蒙德港，1945年4月在维特蒙德港投降。

代理中队长：少尉弗朗茨·沃伊迪希（1944年9月—10月）

代理中队长 / 中队长：皮特·格斯少尉（1944年10月—1945年4月）

JG 400 第 7 中队

1944年11月组建于什切青，1945年2月转移至萨尔茨维德尔，1945年3月转移至北霍尔茨，1945年4月转移至胡苏姆，1945年5月在胡苏姆投降。

代理中队长 / 中队长：少尉莱因哈特·奥皮茨（1944年10月—1945年5月）

JG 400 联队训练中队

1944年7月组建于巴德茨维什安，1944年7月转移至布朗迪斯，1944年10月转移至德菲尔德， 1944年11月合并到EJG 2第4大队，被重编为EJG 2第13中队。

代理中队长：弗朗茨·梅迪库斯少尉（1944年7月—8月）

中队长：汉斯·内尔上尉（Hans Nocher）（1944年9月—10月）

EJG 2 第 4 大队

1944年11月组建于布朗迪斯，1944年12月转移至什普罗塔瓦，1945年2月转移至埃斯佩思特，1945 年 3 月转移至石勒苏益格 – 荷尔施泰因。

大队长：罗伯特·欧莱伊尼克上尉（1944 年 12 月—1945 年 3 月）

EJG 2 第 13 中队

1944 年 10 月至 1945 年 1 月前身作为 JG 400 联队训练中队在德菲尔德组建，1945 年 2 月转移至埃斯佩思特，1945 年 2 月转移至布朗迪斯。

中队长：阿道夫·尼迈尔少尉（1944 年 11 月—1945 年 3 月）

EJG 2 第 14 中队

1944 年 11 月组建于布朗迪斯，1944 年 12 月转移至什普罗塔瓦，1945 年 2 月转移至埃斯佩思特，1945 年 2 月转移至布朗迪斯。

中队长：赫尔曼·齐格勒少尉（1944 年 11 月—1945 年 3 月）

EJG 2 第 15 中队

1944 年 11 月组建于布朗迪斯，1944 年 12 月转移至什普罗塔瓦，1945 年 2 月转移至埃斯佩。

中队长：埃尔温·斯特姆上尉（1944 年 11 月—1945 年 1 月）

附录 2：JG 400 联队及 EJG 2 第 4 大队阵亡、负伤和失踪飞行员名单
附录 3：1944 年 8 月至 10 月遭到 Me 163 攻击的美军轰炸机统计

JG 400 第 1 中队	罗伯特·欧莱伊尼克上尉	1944 年 4 月 11 日	受伤	事故
	海因茨·唐尼克中尉（Heinz Donnicke）	1945 年 1 月 13 日	死亡	事故
	舒尔茨中尉（Schulz）	1944 年 9 月 13 日	死亡	事故
	汉斯·博特少尉	1944 年 10 月 11 日	负伤	作战
	赫尔穆特·罗尔少尉	1944 年 8 月 16 日	死亡	作战
	维尔纳·内尔特军士长	1945 年 4 月 14 日	死亡	作战
	赫尔穆特·雷考夫军士长	1944 年 9 月 13 日	死亡	事故
	赫伯特·斯特拉齐尼基军士长	1944 年 11 月 2 日	死亡	作战
	齐格弗里德·舒伯特上士	1944 年 10 月 7 日	死亡	事故
	汉斯·维德曼上士	1945 年 4 月 13 日	死亡	作战

JG 400 第 2 中队	约哈希姆・比亚卢赫中尉	1944 年 8 月 12 日	死亡	事故
	雅科布・博拉斯军士长	1944 年 11 月 2 日	死亡	作战
	弗雷德里希－彼得・胡塞尔军士长	1944 年 10 月 7 日	负伤	作战
	霍斯特・罗伊利军士长	1944 年 11 月 2 日	死亡	事故
	曼弗雷德・埃森曼下士	1944 年 10 月 7 日	死亡	事故
EJG 2 第 13 中队	赫尔曼・吉赛尔一等兵（Hermann Giesel）	1944 年 12 月 17 日	死亡	作战
不明单位	弗莱施曼上士（Fleischmann）	1945 年 3 月 15 日	死亡	事故
	路德维格・施魏格尔下士（Ludwig Schweiger）	1945 年? 月? 日	失踪	不明
	汉斯・德拉曼一等兵（Hans Dehramann）	1945 年 1 月 21 日	死亡	事故

附录 4：Me 163 的武器装备

日期	单位	美军飞机	
8 月 16 日	第 91 轰炸机大队	B–17 OR–N 42–31636 "屋外老鼠"号	遭到拉尔少尉的袭击
8 月 16 日	第 305 轰炸机大队	B–17 XK–B	遭到拉尔少尉的攻击，飞机严重受损，两名炮手阵亡
8 月 16 日	第 305 轰炸机大队	B–17 XK–D	
8 月 16 日	第 305 轰炸机大队	B–17 XK–G	
8 月 16 日	第 305 轰炸机大队	B–17 XK–H "泰坦巨人"号	遭到斯特拉齐尼基军士长的攻击
8 月 24 日	第 92 轰炸机大队	驾驶员凯勒少尉（Koehler）	遭到舒伯特上士的攻击，飞机严重受损，在返回英格兰的路上飞机坠毁
8 月 24 日	第 92 轰炸机大队	驾驶员罗伯特・斯威夫特中尉（Robert Swift）	
8 月 24 日	第 92 轰炸机大队	驾驶员哈罗德・贝尔德中尉（Harold H Baird）	
8 月 24 日	第 92 轰炸机大队	B–17 JW–N	
8 月 24 日	第 92 轰炸机大队	B–17 PY–R	被博特少尉击落
8 月 24 日	第 305 轰炸机大队	驾驶员哈里斯少尉（Harris）	
8 月 24 日	第 305 轰炸机大队	B–17 KY–A	被击落
8 月 24 日	第 305 轰炸机大队	B–17 WF–B	
8 月 24 日	第 305 轰炸机大队	B–17 WF–D	
8 月 24 日	第 305 轰炸机大队	B–17 WF–L	
8 月 24 日	第 305 轰炸机大队	B–17 WF–P	

8月24日	第305轰炸机大队	B-17 WF-S	
8月24日	第457轰炸机大队	B-17 42-97571	可能被舒伯特上士击落
10月7日	第95轰炸机大队	B-17 ET-B	遭到舒伯特上士的攻击
10月7日	第95轰炸机大队	B-17 ET-Q	遭到胡塞尔军士长的攻击
10月7日	第95轰炸机大队	B-17 QW-E	
10月7日	第95轰炸机大队	B-17 QW-F	
10月7日	第95轰炸机大队	B-17 QW-T	
10月7日	第95轰炸机大队	B-17 QW-Y	
10月7日	第95轰炸机大队	B-17 42-102560	可能被博特少尉击落
10月7日	第95轰炸机大队	不明	被舒伯特上士击落， 6名机组乘员跳伞
10月7日	第95轰炸机大队	驾驶员李斯特纳少尉 （P E Ristine）	
10月7日	第381轰炸机大队	驾驶员约翰·康纳中尉 （John T O'Conne）	
10月14日	第91轰炸机大队	B-17 LL-N	
10月14日	第91轰炸机大队	B-17 LL-O	
10月14日	第91轰炸机大队	驾驶员威廉·特伦特中尉 （William H Trent）	

MG 151/20

Me 163B最初安装的武器是翼根处的两门MG 151/20机炮，1942年10至11月，Me 163B V2在利希菲尔德进行了地面和空中试射，之后该机被移交给EK 16进行进一步测试。在BV46之前的Me 163B中，除BV6、BV10、BV16和BV45以外均安装了MG 151/20。1942年12月，EK 16在巴德茨维什安进行了翼下挂载MG 151机炮吊舱的射击测试，最后证明该方案不可行。

MG 151/20：口径20毫米；射速720发/分；炮口初速695–785米/秒；携弹量80发/门；制造商：毛瑟公司。

MK 108

1944年4月，MK 108的测试分别由巴德茨维什安的EK 16和维特蒙德的JG 400第1中队进行，BV46之后的所有Me 163都安装了MK 108，BV45也接受了相应地改装。

MK108：口径30毫米；射速600发/分；炮口初速525米/秒；携弹量60发/门；制造商：莱茵金属公司。

SG 500 Jagerfaust

SG 500 Jagerfaust 是一种从线膛炮管垂直发射炮弹的无后坐力武器，炮管向下喷射气体来抵消发射炮弹产生的后坐力，炮管在飞行过程中用安全销锁住，当开火时再打开。当 Me 163 从目标下方 100 至 150 米飞过时，通过安装在 Moran radio 前面的光电管感知到目标投影后触发武器。按设计机翼上纵向排列安装 5 根炮管，但实际安装的往往要少于 5 根。

1944 年秋，胡戈·施耐德公司（Hugo Schneider HASAG）向布朗迪斯交付了 32 套 Jagerfaust。1944 年 11 月，海克特少尉驾驶装备此种武器的 BV45 进行了两次试飞，结果表明该武器的安装没有对飞行性能产生任何影响。

由于 Me 163 的燃料极为匮乏，测试单位只好使用一架 Fw 190 继续测试 Jagerfaust，它从一架静止的 Me 163 上面飞过，而 Jagerfaust 就放在旁边 20 米远的地方，为了更加贴近实际情况，在布朗迪斯机场的跑道末端附近放置了两根约 25 米长的标杆，中间挂着 40 米长、1 米宽的条带，要求 Fw 190 飞行员从中穿过，在预备性的试飞中，经验丰富的飞行员出色地完成了该动作，但在真正进行测试的时

ˇ *Me 163 BV45的残骸，该机安装了Jagerfaust，在1944年圣诞节的实验中严重受损，后面可以看见在布朗迪斯容克斯进行发动机测试的Hs 130A的残骸*

ˇ *Jagerfaust的安装图解*

候，炮管在后坐力的作用下击中地面后弹回到空中，高度几乎与飞机同等，之后由于此类测试过于危险而告终。

▲（左图）布朗迪斯的Me 163残骸，左翼上的3个洞就是Jagerfaust安装的位置，不过在铁十字涂装的影响下看起来有些模糊；（右图）布朗迪斯的Me 163残骸，机翼上的4个洞就是Jagerfaust安装的位置

我自横刀向天啸

美国驱逐舰"约翰斯顿"号萨马岛纪事

作者
爱澜

谨以本文，献给离开我们两年之久的挚友章骞。

本文在创作期间，得到好友顾剑先生、朱墨青先生、郑幸鲲先生、海东云先生，沙洲月女士的无私帮助，在此表示最诚挚的谢意。

序幕

1944 年 10 月 25 日清晨，在萨马岛以东大约 60 海里的海面上，美国海军 TU77.4.3 编队正在游弋。这是一支负责莱特岛登陆作战近距航空支援的小型舰队，包括 6 艘护航航空母舰，3 艘驱逐舰和 4 艘护航驱逐舰（序列见表 1），由克利夫顿·斯普拉格少将（Clifton A. F. Sprague）指挥。在破晓之前，这支编队正离开夜晚活动的安全水域，缓缓接近萨马岛。随后，护航航母们转向东北，开始迎风放出飞机，组成当天第一波防空巡逻队和反潜巡逻队。

在航行与进行飞机起飞作业时，驱逐舰和护航驱逐舰一直在护航航母四周保驾护航。这些薄皮高速的家伙被水兵们戏称为"罐头盒"（Tin Can），主要任务是反潜。"约翰斯顿"号驱逐舰（DD-557 Johnston）是其中一员，跟另两艘驱逐舰"霍尔"号（DD-533 Hoel）、"希尔曼"号（DD-532Heermann）一样，同属弗莱彻级，是编队的中坚力量。按照预定的编组，"约翰斯顿"号居于编队末尾右侧，与左侧的护航驱逐舰"塞缪尔·B·罗伯茨"号（DE-413 Samuel B. Roberts）共同守护正后方水域。对于驱逐舰官兵而言，这个早晨是平静而轻松的——海上波涛不兴，6—8 节的东北微风吹拂着，远处有些游移的雨云，但并不让人担心。航空作业完成之后，斯普拉格很快下令全舰队解除全员战备状态，转为三级戒备。各舰接到这道命令的数分钟内，晨曦射破黑暗，洒在无垠的海面。在曙光的映衬下，一批官兵开始回舱休息，在岗的人员也稍稍放松精神，翘首企盼香气扑鼻的早餐。

"约翰斯顿"号上，皮肤黝黑、矮壮结实的舰长厄内斯特·埃文斯中校（Ernest

表 1: 美军塔菲 3 编队序列		
TU77.4.3	航母群	护航航母"方肖湾"号、"圣洛"号、"白平原"号、"卡里宁湾"号、"基特昆湾"号、"甘比尔湾"号
	护航群	驱逐舰"霍尔"号、"希尔曼"号、"约翰斯顿"号 护航驱逐舰"丹尼斯"号、"约翰·C·巴特勒"号、"雷蒙德"号、"塞缪尔·B·罗伯茨"号

▲ 1943年3月25日，"约翰斯顿"号举行下水仪式

▲ 1943年10月27日，在"约翰斯顿"号入役仪式上的埃文斯舰长（前右）

∨ 克利夫顿·斯普拉格中将，本照片拍摄于战后时期

E. Evans）刚离开了他的岗位。这位有着四分之三印第安血统的斗士，被他的舰员称为"军舰的心脏与灵魂"。但值了一整夜班，"心脏与灵魂"也会疲惫，他匆匆钻进舰桥后方的休息舱打盹。炮术长罗伯特·哈根预备役上尉（Robert C. Hagen）还在火控站里值守，只是肚子咕咕叫起来，他要求一名外表乱糟糟的水兵赶紧去厨房拿一份煎鸡蛋三明治和一些咖啡。在瞭望哨位上，一头黑发的高个子军官埃尔斯沃思·韦尔奇上尉（Ellsworth Welch）有些走神。他倚靠着栏杆，一边观察海面，一边探头探脑嗅着厨房里飘出来的香味。19 岁的一等水兵哈罗德·罗兹（Harold D. Rhodes）正从厨房里出来，端着吱吱作响的热松饼和培根片从梯子上爬下了军士舱。12 名军士正欣喜地坐在那儿期待他的到来……

就在大家都松懈下来之时，突然舰桥 TBS（舰间通信无线电）传来一阵嘈杂声，紧接着是斯普拉格将军令人震惊的言语："我们正被一支日本主力舰队追踪……转航向 180 度，然后航向 90 度……全速航行！"韦尔奇意识到，应该立即唤醒舰长。他离开倚靠栏杆，冲进了舰桥……此时，航海室的时钟正指向 6 时 50 分。

直面强敌

在舰长休息舱内，韦尔奇轻松地就叫醒了刚睡下没多久的埃文斯。就在不到 8 小时之前，这位没有官架子的舰长还在跟哈根吐槽："还有不到 3 天就是我们上舰一周年了，这可真是平淡无事的一年。"哈根也俏皮地回复："是的，我不介意发生点小意外。"好了，现在不只是"小意外"，而是"大麻烦"临头了。在 10 秒钟之内，他从"舒适"的被窝弹起，冲回舰桥，接过了指挥权。一夜的疲惫从他圆圆的脸上和深棕色的眼里退潮，现在满满地充盈着战意。

这时，各种信息显示，在 345 度方位 34000 码之外，一支由战列舰、巡洋舰和驱逐舰混合编组的日本舰队正以 22—25 节的航速接近中。埃文斯当即用西部野牛般粗犷的声音下达一串命令："全体人员进入战斗岗位。这不是演习！我们将迎战日本舰队的主力！全速前进！开始制造烟幕！准备鱼雷攻击！左满舵！"

随着命令的下达，全员战备警报声立刻响彻全舰。自从服役伊始，舰长埃文斯就用高标准严要求训练舰员，所以"约翰斯顿"号模拟了无数次临时全员战备，以至于它得到了一个绰号"全员战备的小约翰（GQ Johnny）"①。所以，当真正临战之时，一切的转换就是那么行云流水，毫无挂碍——大家都愿意跟着这位斗志满满的舰长赴汤蹈火！

在锅炉舱，轮机兵们向锅炉内加注额外的重油，于是，燃烧不完全形成的浓重黑烟从烟囱里喷涌而出。在舰尾平台，化学发烟器里喷薄而出的是白色浓烟。一黑一白两种烟流混合，仿佛斑马纹的烟幕横隔在护航航母与日本舰队之间。令人赞叹的是，在护航的 7 艘军舰里，

▼ 萨马海战日军指挥官栗田健男中将

---

① GQ 为全员战备缩写，Johnny 是 Johnston 的昵称。

▲ 1933—1934年，经过改装的"金刚"号战列舰

"约翰斯顿"号是第一艘开始施放烟幕的军舰，可见从决策到操作的反应之快。

尽管"约翰斯顿"号处置得当，但它和友舰们还是处于前所未有的危机之中。它们的对手是实力出奇强大的日本海军联合舰队第1游击部队。这支日本舰队有4艘战列舰、6艘重巡洋舰、2艘轻巡洋舰和11艘驱逐舰（参见表2）。根据日方指挥官栗田健男中将的安排，第5、7战队的6艘重巡洋舰高速直接追杀美军航母，第3战队的"金刚"号战列舰从东面迂回包夹、第1战队的慢速战列舰、第3战队战列舰"榛名"号（推进轴故障）与水雷战队（含轻巡洋舰与驱逐舰）尾随支援。

表2：萨马海战日本舰队序列		
第1游击部队	第1战队	战列舰"大和"号、"长门"号
	第3战队	战列舰"金刚"号、"榛名"号
	第5战队	重巡洋舰"妙高"号、"羽黑"号
	第7战队	重巡洋舰"熊野"号、"铃谷"号、"利根"号、"筑摩"号
	第10战队	轻巡洋舰"矢矧"号 驱逐舰"野分"号
		第17驱逐队 ／ 驱逐舰"浦风"号、"矶风"号、"雪风"号
	第2水雷战队	轻巡洋舰"能代"号 驱逐舰"岛风"号
		第2驱逐队 ／ 驱逐舰"早霜"号、"秋霜"号
		第31驱逐队 ／ 驱逐舰"岸波"号、"冲波"号
		第32驱逐队 ／ 驱逐舰"藤波"号、"滨波"号

也就是说，美军面对的是日本战列舰重炮的远程火力和重巡洋舰的近距火力，至少包括9门460毫米、8门410毫米、16门356毫米、54门203毫米和52门127毫米炮，而美方7艘护航军舰总共只有23门127毫米火炮而已。

自TBS接令后不久，日本人的炮弹就开始落在编队四周了。在两支舰队之间Z字机动，不断施放烟幕的"约翰斯顿"号也遭到了炮击。无数的炮弹落在了它的两舷侧和舰尾附近。为了躲避炮弹，埃文斯聪明地采取了追逐弹着点战术。即每当日军炮弹落下掀起水柱，"约翰斯顿"号就朝水柱处航行，因为理论上前后两发炮弹不会命中同一个点。埃文斯的抉择是对的，在很长一段时间里，他的座舰都没有被命中。此外，日军为了校射和观测，在炮弹中装填了染色剂。这些染色剂不仅让弹着水柱染色，还在水柱平息后，就地形成鲜艳的水带。由于"约翰斯顿"号追逐弹着点航行，很快舰体四周就被各种颜色的水带包围，颇为壮观。

当前的"约翰斯顿"号还没有还击的能力。它的主要武器是5门38倍径Mk12单装127毫米速射炮。火炮被封装在全封闭的Mk30炮塔内，可实现火炮仰俯角负15度—85度，旋回角328.5度。火炮可使用多种弹药，其中高爆榴弹重25千克，装药3.3千克；穿甲弹重24.5千克，装药0.9—1.2千克。但即使是使用射程最远的高爆榴弹，也只能够到18000码的距离而已。

因为火炮射程不足，"约翰斯顿"号的官兵没有多少心情去欣赏彩色水带，他们默默忍受敌人的射击，等待反击的机会。特别是火炮部门的人员，在全员战备警报之后，他们就像平时训练一样，迅速完成了射击准备——每一座炮塔内，炮弹和药包筒都已经推入了炮膛，并予以关闭，只待一声令下，便可射击。火控站的人员则急切地关注着日本军舰与己方的距离，等待其接近到18000码，即"以牙还牙，以眼还眼"。

在令人窒息的等待中，勇敢机智的埃文斯有了新的决定。他判断，让日本重巡高速逼近再反击，对己方不利，必须前出予以阻拦，破坏敌人的机动。日军重巡开火仅仅1分钟之后，7时04分，埃文斯在没有上级命令的情况下，自行决断掉头，单舰直接冲向日军6艘重巡组成的强大编队。一边仿佛是扑向羊群

❥ *刚服役的"约翰斯顿"号，摄于1943年10月27日*

▲ 高速航行的"约翰斯顿"号

▲ 莱特湾战役前，"约翰斯顿"号正在接收燃油补给

的 6 条恶狼，一边仿佛是一只护卫羊群的幼小牧羊犬，不相称的双方以 60 节的相对速度疾速接近。美国水兵感觉冲锋中的"约翰斯顿"号就像一个"手中没有弹弓的大卫"，可是没有人畏缩，大家都信守上舰时的抉择——那天，埃文斯对他们说："这是一艘战斗的军舰。我要带你们一起面对危险，经历生死，对此有任何畏缩的人，可以选择马上离开。这是我的'战'舰，面对敌人的舰队，我永远不会选择撤退！"话音落地，全体人员站立如林，纹丝不动。当时没有人选择离开，现在自然也不会有"逃兵"。

炮击雷攻

"约翰斯顿"号的单舰冲锋，引起了日本重巡编队的注意，并发炮拦截。各种炮弹如雨般落下。1 发 203 毫米炮弹落在舰首附近，巨大高耸的水柱被红色染色剂染得猩红，又一下拍落在舰桥顶的火控站，站内的哈根上尉当即成了"血人"。他毫不介意，向同伴们丢下一句"看起来有人在生我们的气"，继续紧紧盯着自己的目标——重巡编队中的首舰。

当时美国人并不知道，他们对准的是第 7 战队的旗舰"熊野"号重巡洋舰。7 时 10 分，"熊野"号接近到了 18000 码以内。哈根和火控站所有人员迅速通过 Mk4 火控雷达测定了坐标和距离，并将数据输入 Mk1A 型机械计算器，完成射击诸元的解算。依据计算器输出的数据，在电机驱动下，舰上全部 5 座炮塔自动完成了瞄准。随着哈根扣下扳机，5 门火炮喷射出烟焰，5 发炮弹脱膛而出，凌空划出弧线，直奔"熊野"号而去。

炮弹射出之后，炮塔内的炮手们立即忙碌起来。此时，后座的炮身归位，空弹筒从炮膛内退出，落至后方斜道。戴着热防护手套的人立刻伸出一个弯管工具，将空弹筒击落。之后，一股压缩空气吹进炮膛，将残余在炮膛壁上的炸药残渣吹离。其间，升弹机已经将一发新的炮弹从弹药库提升到炮室内。炮手立即取下炮弹，完成再装填。由于哈根和舰长一样，在平时就高强度训练炮手们的装填速度，还在各个炮塔搞比武竞赛，看 5 分钟内哪个炮塔完成发射的次数多，冠军得主每人奖赏一包香烟，因此遇上实战，装填工作也完成得又快又好。

随着计算机指令的变化，电机驱动炮塔稍稍旋转，炮身仰角缩小，"约翰斯顿"号连续不断地打出了多次齐射。从第三次齐射开始，美国水兵看到"熊野"号上爆发出了火焰，他们确信，那是命中了。

尽管命中敌舰是令人兴奋的事，但是埃文斯依然保持头脑冷静。显然，"约翰斯顿"号不能指望自己的 127 毫米炮弹能对庞大的万吨重巡造成致命伤害，而且它也正遭到对方的跨射，这意味着敌舰命中它只是个时间问题了，所以他需要更为有力的武器。埃文斯对周围人说："我们不能带着鱼雷去海底"，然后坚定地下达命令："准备右舷鱼雷攻击！"同时，他还要求鱼雷设定为低速（26.5 节），以确保目标在鱼雷射程之内——这给敌舰机动回避留出了空间，但在当时无法两全其美了。

在"约翰斯顿"号的舰体中部，有 2 座 5 联装 533 毫米鱼雷发射管，可发射标准的舰用 Mk15 型鱼雷。这种鱼雷长 7.3 米，重 1744 千克，战斗部装药 375 千克，最大航速 45 节，射程 5500 米（45 节）/13700 米（26.5 节）。虽然美军的鱼雷在威力和射程上不及日本的九三式氧气鱼雷，但它对军舰的杀伤能力比 127 毫米炮弹大多了。要知道，在 13800 码以上的距离，127 毫米炮即使使用穿甲弹，也射不穿日本重巡洋舰最薄处的 25 毫米装甲。

负责指挥鱼雷发射的是鱼雷长杰克·贝克德尔预备役中尉（Jack Bechdel），其岗位就在舰桥后部的鱼雷火控站。当他接到命令后，马上从观瞄设备中很快获取了敌舰数据——距离 1 万码，航速 25 节，目标方位角 40 度。他根据计算器解算的射击诸元，下令 1 号发射装置瞄准右舷 110 度角，陀螺角右 35 度；2 号发射装置瞄准右舷 125 度角，陀螺角右 25 度；鱼雷定深 1.83 米，以 3 秒为间隔发射。

此时，鱼雷发射装置都已经装填了鱼雷，旋回操作员转动曲柄，操作发射装置旋转到规定位置。当听到通信设备内埃文斯舰长的怒吼——"鱼雷发射！"发射操作员按照3秒间隔的要求扳动机关，依次将10条鱼雷发射出去。近2吨的鱼雷越过甲板，像海豚般灵活地跃入大海。一旦着水，支柱叶片减缓了下沉速度，在空气中就已经启动的螺旋桨掀起白色的浪花，推动雷体疾速前窜。舰上的人看到，10条鱼雷展开一个带弧度的扇形面，向目标狠狠冲去。贝克德尔高兴地汇报："鱼雷跑得又快又直，表现正常。"

鱼雷发射之后，包括贝克德尔在内的许多人开始读秒。当他们数到鱼雷预计抵达目标的时刻，"熊野"号忽然消失在了烟雾之中。不久，远方传来了两声或是三声爆炸，但由于看不清楚目标的情况，无法确定鱼雷是否命中。这下大家陷入沉默，心头仿佛压上了大石。大约一分钟之后，"熊野"号突然又从烟雾中冒了出来，美国人注意到它的舰尾附近满是火焰。"熊野"号的战斗详报部分证实了这一战果。

▲ 被"约翰斯顿"号发射的鱼雷击伤的"熊野"号重巡洋舰

据其记载，"熊野"号在右舷舰首方向发现了3条鱼雷航迹，机动回避2条，被剩下的1条直接命中舰首10号肋骨附近。由于整个舰首被爆炸切断，阻力陡增，航速仅剩14节。从这份报告可以看出，因为战场烟幕的干扰，美国新

▽7时10分态势图（原作者Robert Jon Cox）

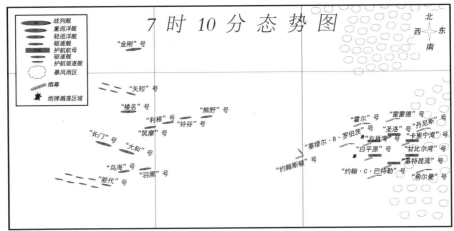

兵们误判"熊野"号舰尾中雷。另外，值得一提的是，虽然这次未能给"熊野"号致命一击，但严重的损害让它无法返回新加坡，被迫进入马尼拉进行临时抢修。其后，它在归国的途中迭遭拦截，最终被美军飞机击沉于菲律宾圣费尔南多港内。"熊野"号沉没的功劳里，有"约翰斯顿"号不可抹灭的一份。

第一滴血

在发动鱼雷攻击的同时，"约翰斯顿"号继续保持火炮射击。据甲板上的人员观察，至少有 40 发 127 毫米炮弹命中了这艘重巡。由于日方资料缺乏，这一点无法得到证实，从可知的含糊报告看，"熊野"号除了中雷之外，受创轻微。不过，舰首和航速的损失给它带来很大的困扰，第 7 战队司令白石万隆少将被迫率战队司令部移旗"铃谷"号重巡，安排"熊野"号提前退出战斗。

为了取得这样的战果，"约翰斯顿"号也付出了不小的代价。就在美国水兵们看到烟火乱窜的"熊野"号后不久，3 发巨弹从天而降，击中了该舰的左舷后部。紧接着，又有 3 发中口径炮弹命中了舰桥。根据当时的记载，美国水兵判断前 3 发是金刚级战列舰的 356 毫米主炮炮弹，后 3 发是战列舰副炮的 152 毫米炮弹。然而，事后美国海军研究认为，这些更可能是重巡洋舰主副炮发射的 203 毫米与 127 毫米炮弹。[①]

不管"约翰斯顿"号遭受的是何种口径的炮弹，舰体的创伤却是毫无争议，令人胆寒。哈根形容这艘可怜的驱逐舰就像"小狗被大卡车撞飞了一般"。

前 3 发中的第一发命中 6 号深水炸弹投掷器之下，C202 与 C203 隔舱之间（第156 号肋骨处）。它引爆了投掷器上的一枚深水炸弹，在主甲板上形成了 0.9 米×1.8 米的洞。在穿透主甲板时，炮弹自身切断了主甲板附近来自舰首的主排水管和其他管道，随后击中 2 号轮机舱边沿的工作台，在坚固的钢制隔壁上撕开直径 1.2米的洞，直到撞上左轮机主减速齿轮才爆炸。中弹时，舰体发出巨大的震颤，前桅和上层建筑剧烈抖动，桅顶的 SC 雷达天线和舰桥顶的火控雷达竟然都倒伏了下来。

① 参见 .navsource.org 的《1944 年 10 月 25 日约翰斯顿在萨马岛战役中的行动报告》（Report of the Johnston's actions during the battle of Samar on October 25 1944）。

火控站也受到很大冲击，火控仪表板停机，哈根直接摔了出去，钢盔、电话和望远镜都飞离，还伤到了膝盖。

第2发命中了第2、4号深水炸弹投掷器之间（第144号肋骨处），在主甲板上穿透0.3米见方的孔，落入2号轮机舱，切断了巡航蒸汽轮机的主蒸汽管和附近通向舰尾的全部电线，又切断了高压蒸汽轮机的两根主蒸汽管之一，最后命中主蒸汽轮机（左轮机）爆炸。

第3发直接穿透了主甲板与通风井垂直隔壁的连接处（第127-128号肋骨处），切断了通风井内的辅助蒸汽管线，射入4号锅炉内，将锅炉整个炸毁。

这3枚命中弹的破坏，引发了一系列严重的后果。首先是左轮机系统被摧毁，左推进轴完全失去作用，军舰损失了一半的动力，航速掉到17节。对于依赖航速作为防御手段的驱逐舰来说，真是一个悲剧。

其次，轮机舱与锅炉舱内的爆炸，蒸汽管线的破裂，导致高温蒸汽喷涌而出，造成许多人员伤亡。战时担任20毫米机关炮手的罗兹目睹了惊魂一幕——2号轮机舱里一位水兵刚逃上甲板，就倒在了罗兹跟前，因为他全身都被蒸汽蒸熟了。喷出的蒸汽还透过舱门泄漏进了3号炮塔的供弹室，弹药手因不堪忍受而逃离，使得炮塔供弹中断。

其三是主排水管端口海水阀箱破裂，海水与主甲板的多个破口进浪一起涌进相关舱室。虽然进水速度不快，但逐渐积累的效果也很可观。比如2号锅炉舱进水达到0.9米，3号炮塔弹药库进水深至1.8米。

其四，整个舰体后部都丧失了动力。这样一来，3、4、5号炮塔无法自动旋转、仰俯和提升弹药，舵机也失效了。

最后是SC、SG雷达和火控雷达都停止了工作，使得"约翰斯顿"号变成一艘"瞎子"军舰。

接下来的第4发炮弹命中2号烟囱左侧中部，40毫米火控平台下部，烟囱被炸毁，平台倾斜状挂着。

第5、6发则以极近的时间和距离间隔，击中舰桥左侧。1发在舰桥内爆炸，1发直接穿透舰桥而过。舰桥内顿时面目全非，仿佛人间地狱——舰桥内外都是烟火；舰桥主罗盘，一个极难破坏的装置，其支架竟然裂成两半；仪表板上满是窟窿；甲板上血流漂杵，一个军官的头颅不翼而飞；贝克德尔躺在血湖里大声哀号胳膊疼，其实他的左腿自膝盖以下下落不明……舰长埃文斯幸免于难，但他的钢盔掉了，衬衫烧得七零八落，只剩下一些焦布片勉强蔽体，还有两个指头也被削去了，血流如注。舰上的军医罗伯特·布朗预备役中尉（Robert T. Browne）勇敢地冲过来，想要先救治他，却被他摇着手一口拒绝："不要管我，先去帮助那些受伤的人！"埃文斯自己掏出一块手帕，包住了只剩三指的手掌，继续站在修罗舰桥。他绝不会放弃战斗！

暂时撤退

冷静的埃文斯没有蛮干，面对强大的日本重巡编队和昔日的仇敌[①]，他选择了暂时撤退。幸运的是，"约翰斯顿"号附近正有一片暴风雨区，它立即一头扎入，在日本舰队面前消失了。这一举动为其争取了宝贵的喘息时间。

从挨第一发炮弹起，"约翰斯顿"号的损管人员就和其他舰员一起积极抢修军舰，救治伤员。由于2号锅炉舱和2号轮机舱都失去了作用，因此军舰立即转入动力装置分离运行状态，1号轮机舱以后的所有管线都被关闭。同时，损管人员开始疏散2号锅炉舱和2号轮机舱内的人员。由于高温蒸汽的阻挠，疏散工作推迟了大约10分钟才开始。损管人员穿着厚厚的石棉外套且佩戴着呼吸器进入上述舱室，将伤员全部转移。转移完成仅10分钟后，两舱室开始爆发出电火花。损管人员立即拖来15磅重的压缩二氧化碳钢瓶，喷射灭火。随后半个小时里，电火花时而出现，又及时被灭。

其实，这些电火花与抢修工作有关。前文已述，该舰中弹后，后部动力丧失，因此在应急动力启动之后，损管人员一直试图从1号轮机舱的配电板接通后部电路，实现对后部供电。然而，他们屡试屡败，还引起多次电火灾，这才不得不放弃。现在，后部火炮和舵机便只能依赖人工操作了。在火炮内，人工转动手轮完成火炮旋转与仰俯。弹药的提升本来也可以靠这个完成，但因为剧烈震动导致升弹机内部故障，4、5号火炮都改成人工传递弹药。另一些水兵聚在舰尾附近，从上面打开了

---

① 此处指"羽黑"号重巡洋舰。该舰参加1942年2月27—28日的泗水海战，而与之作战的盟军舰队中就有埃文斯乘坐的"奥尔登"号驱逐舰。

舵机室的舱门，离开20毫米机关炮位的罗兹和另一名水兵沿着梯子上爬了下去。罗兹找到舱壁上预留的0.9米长的钢臂，插进舵机轴的连接端，依靠人力转动钢臂控制舵机。舵令则从舰桥那里通过舰内电话传递过来。人力操舵不是个轻松的活，无论多强壮的小伙子很快就手臂酸痛，满身大汗。为此，聚集在舰尾的水兵编成班组，每15分钟下舵机室轮换。替换下来的班组，则爬上甲板，暂做休息。

进水问题也是一道难关。中弹后不久，损管人员开始用木头破布填塞海水阀箱和舰体上的破口。在封堵动力舱室一处水下破口时，来自华盛顿州布雷默顿的准尉机械师马利·波尔克（Marley O. Polk）不幸被震落的动力设备压住。眼看救援无望，他勇敢地让救援自己的伙伴赶紧撤离，自己独自面对死亡。堵口的失利只是一个开始，接下来的抽水也遇到了困难，虽然损管人员在2号锅炉舱配置了1台水下抽水泵，可始终接不上电。进水不仅影响到舰体的稳性，还拖慢了该舰的脚步。

舰桥的清理就要顺利得多。在2号锅炉舱和2号轮机舱得到疏散之前，医务人员和水兵们就冲进了舰桥，将死伤人员抬出来。一个水兵背起断了腿的贝克德尔，直接跑到了军官餐厅。现在餐桌被当成了手术床，布朗医生就在这里给受伤人员实施紧急处理。比如贝克德尔，在简单清创消毒后，对断腿实施了包扎止血。

当舰桥上的清理刚结束，一轮暴雨就劈头盖脸浇在"约翰斯顿"号上，雨水将舰桥和舰体表面其他地方的烟火尽数浇灭。真是勇者自有天助，得来不费功夫！

好消息远不止此。火控与指挥设备的损失也没有想象中的那么大。火控站内的火控仪表板在停机2分钟后就恢复了正常。损管人员对火控雷达的检查显示，它的固定元件剪切销损坏，导致雷达低垂下来，但本身功能元件尚可工作。于是，他们采用人工支撑的方式，使雷达天线保持水平，直到战斗尾声。SG雷达根本无须维修，在重新通电后就回到工作状态。唯一不幸的是SC雷达，因为天线折断，彻底无法使用。

雷达与火控的恢复，让躲在暴风雨区的"约翰斯顿"号重拾反击能力。他们没有丝毫迟延，就地投入战斗——火控雷达获得的一系列目标数据输入了火控计算器，随后解算出的射击诸元传递到工作正常的第1、2号炮塔，两门火炮立即修正弹道，疾速开火。一串串炮弹从雨云烟幕中横空而出，向追击的日本重巡编队内的两个目标砸去。其他炮塔则做好了射击准备，等待军舰冲出雨区，与敌人再次接战的一刻。

陪伴攻击

在"约翰斯顿"号躲入暴风雨区之前，一直都是孤军奋战，甚至有人称之为"单舰特混舰队"（one-ship task force）。话说回来，这倒不是斯普拉格和其他军官见死不救，因为护航力量过于薄弱，剩余的驱逐舰和护航驱逐舰必须严格守卫在航母们身边，确保这些 VIP 的安全，情势不允许大家都离开岗位去一搏生死。

不过，情势也在不断变化，日本舰队离航母编队越来越近，需要护航军舰采取更积极的干涉措施，阻挠敌人。7 时 50 分，TBS 里传来斯普拉格少将的声音："全体'小家伙'们冲锋，实施鱼雷攻击！"所谓"小家伙"，指的就是他的驱逐舰与护航驱逐舰。

此时，"约翰斯顿"号的鱼雷已经发射完了，又丧失了高速冲击能力，完全可以躲在暴风雨区和烟幕掩护里继续舔舐伤口。然而，那样就不是埃文斯的风格了。他略做思考（应该是评估各渠道传来的军舰各部分状态），旋即坚定果决地下达命令："我舰返回战场，提供火力支援！"于是，一艘只剩一半动力，没有鱼雷，伤痕累累又满是伤员的孤胆军舰高扬着星条旗蹒跚地冲出烟雨帷幕，再一次向强大的日本舰队冲去。

在听到舰长下达的命令之后，哈根自我调侃："亲爱的上帝，看来今天我得游泳了。"——他和其他舰员都做好了跟随舰长一起下地狱的准备。然而，在真正下

▼ 与"约翰斯顿"号共同奋战的"塞缪尔·B·罗伯茨"号护航驱逐舰

与"约翰斯顿"号共同奋战的"霍尔"号驱逐舰

地狱之前,惊吓总是必不可少的。正当"约翰斯顿"号重现阳光之下,该舰右舷几百码外的烟幕中,也突然冒出了一艘友军驱逐舰,并高速笔直地冲向它。此刻,罗兹刚从人工操舵的岗位上替换下来,走到甲板上站着休息,清晰地看见了这一幕。

"约翰斯顿"号的舰桥也发现了这一情况,埃文斯果断地大喊:"所有轮机全速倒车!"——可是,它只有一台轮机了,即便倒车也不能尽快停下来。他马上补充命令:"左满舵!"

正冲向"约翰斯顿"号的是它的姐妹舰"希尔曼"号。后者的舰长阿摩司·海瑟薇中校(Amos T. Hathaway)也下令立即倒车。巨大的惯性仍然控制着两艘军舰向前,并且越来越近。最后,或许是上帝想满足埃文斯的战斗欲望,在"约翰斯顿"号向左缓慢转向的过程中,两舰擦身而过。据说最近的时候,两舰之间只有3米左右的距离。罗兹回忆那一刻,他几乎可以用手触摸到"希尔曼"号。目睹灾消难解,两舰甲板上的官兵都松了一口气,尽情欢呼"万岁!"

"约翰斯顿"号的悲壮出场,好似被这一场迫在眉睫的事故冲淡了。接下来,"霍尔"号、"希尔曼"号冲锋在前,"塞缪尔·B.罗伯茨"号在后,高速向日本舰队冲去。"约翰斯顿"号则远远地落在三舰后面,缓步恢复到17节,遥遥跟随。就在此时,埃文斯告诉哈根,不得向未经目视确定的目标开火——他不想误击友舰。这个命令注定该舰不能寻求雨云烟幕的庇护,生存的风险陡然增大。

哈根只能依赖目力选择目标了,但是他没想到,第一眼就看到的是一艘金刚级战列舰。这条十余倍于"约翰斯顿"号的庞然大物,突然从左舷正横方向的烟幕中冒出来,距离大约7000码。他顿时感觉自己看到的不是军舰,而是地狱。

恐惧归恐惧,火炮仍然按照程序射击。在极短的时间里,"约翰斯顿"号疾速射出约40发127毫米炮弹[1],据甲板左侧水兵们观察,有数发命中了对方的塔式桅。随后,大家观察到战列舰的巨炮炮口喷射火焰,都以为它是在回敬自己,匆忙跑向

---

[1] 此处根据《1944年10月25日,萨马岛的表面接触行动报告,第一版》(Action Report-surface engagement of Samar, P.I., 25October 1944),哈根的事后陈述称在40秒内发射30发。

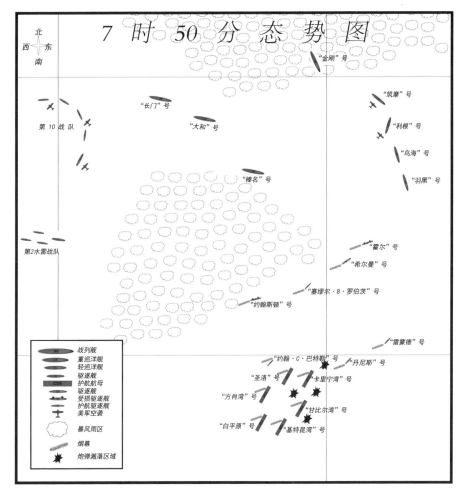

7 时 50 分 态 势 图

北
西 东
南

"金刚"号

"筑摩"号

"长门"号
第 10 战队
"大和"号

"利根"号

"鸟海"号

"羽黑"号

"榛名"号

第2水雷战队

"霍尔"号

"希尔曼"号

"塞缪尔·B·罗伯茨"号

"约翰斯顿"号

"雷蒙德"号

	战列舰
BB	重巡洋舰
CA	轻巡洋舰
CL	驱逐舰
CVE	护航航母
	驱逐舰
	受损驱逐舰
	护航驱逐舰
	美军空袭
	暴风雨区
	烟幕
	炮弹溅落区域

"约翰·C·巴特勒"号
"丹尼斯"号
"圣洛"号
"卡里宁湾"号
"方肖湾"号
"甘比尔湾"号
"白平原"号
"基特昆湾"号

▲ 7时50分态势图（原作者Robert Jon Cox）

甲板右侧躲避。但是，很快他们发现，这些巨弹落到了更远的护航航母群中。这艘战列舰根本就没有拿"约翰斯顿"号当作对手，而是一直死咬住护航航母不放。令人遗憾的事不止这一桩，事实上，从战后的日本战报来看，现场的 2 艘金刚级，无论是"金刚"号还是"榛名"号，都没有明确的中炮受创记载。

确认自己没有吸引敌人的注意力，又不具备和对方硬拼的实力，埃文斯再次选择了暂时撤退，回到烟幕掩护之中。旋即，"约翰斯顿"号的火炮也停止射击，以免误射。在转向西南时，舰员们脑海中映入一幅终生难忘的图像：日本的驱逐舰队在右舷舰尾方向追踪，战列舰与重巡洋舰队在左舷舰尾方向迂回。特别是那艘被自己射击过的金刚级战列舰，就像一头饥饿的老虎，淌着臭涎，在护航航母编队后方数英里紧紧尾随。

生死决战

"约翰斯顿"号的第二次暂退更为短暂。8时26分，TBS里再度响起斯普拉格的命令"在我（护航航母）右舷舰尾的'小家伙'们拦截左舷舰尾接近中的（敌方）重巡洋舰。"其实，在接到命令之前，埃文斯就已经指挥军舰转到了东南航向，又一次勇猛地冲出了烟幕。

很快，重返战场的"约翰斯顿"号注意到有一艘日本重巡洋舰（"筑摩"号）贴近"甘比尔湾"号护航航母，用203毫米主炮实施近距离直射。埃文斯没有犹豫，下令"哈根，射击那艘巡洋舰，把它的火力从'甘比尔湾'号身上引开……"哈根高声答应，但私下里嘀咕了一句"您在开玩笑吧？"

吐槽归吐槽，哈根还是指挥火炮面对目视可见的敌人，3、4、5号炮塔也投入了射击。他们都是人工手动传递炮弹，其中3号炮塔因弹药手的死伤，不得不先征用了20毫米机关炮的人员。5号炮塔的炮长三级火炮军士威廉·卡特（William C. Carter）惊异于小伙子们的供弹速度。作为一个"得克萨斯红脖子"，他一点不"挑食"，凡是送上来的炮弹，无论是穿甲弹、高爆弹还是照明弹，一律射向日本人。炮击持续了大约10分钟，根据判定，美国人认为有5发127毫米炮弹命中了敌人。可惜，"筑摩"号后来被美军飞机击沉，没留下可信服的材料，所以难以判断驱逐舰炮击的效果。

就在"约翰斯顿"号与日本重巡洋舰交战时，埃文斯继续观察着整个战场。他发现，在美军编队右舷舰尾的日本驱逐舰队展开队形，逼近护航航母们。这是敌人发起鱼雷攻击的前兆，必须予以破坏。他立即放弃了射击"筑摩"号，掉头向西迎击，并下令以敌方编队首舰为射击目标。

埃文斯的对手是日方第10战队（序列参见前文表2），以旗舰"矢矧"号轻巡洋舰领头，后面跟随着4艘驱逐舰。"矢矧"号的排水量达7700吨，有6门四一式152毫米主炮，单发炮弹重量45千克。与之相比，"约翰斯顿"号的劣势并不明显，因为127毫米炮的射速优势压倒了152毫米炮弹的重量优势，而近距离的肉搏，轻巡洋舰的装甲同样扛不住127毫米炮弹。

令人欣喜的是，"约翰斯顿"号的搏命冲锋，出乎日方第10战队司令木村进少将的意外。在慌乱中，木村一面还击，一面下令急转弯，以避免遭到鱼雷攻击——他误判这艘美国军舰如此生猛，是要发动鱼雷攻击。仓促之间，该舰来不及动用主炮，就近使用76毫米高射炮开火。其后的驱逐舰也纷纷开炮，企图拯救旗舰，吸引开美军的炮火。在极近的距离上，双方都取得了命中弹。

"矢矧"号被1发127毫米炮弹击中军官舱（美军声称命中了10—15发），但是没有起火。"约翰斯顿"号则挨了3发炮弹（第7、8、9号命中弹），分别命中供应室、应急无线电室和3号炮塔之前。但这些皮毛小伤不足以影响两艘军舰继

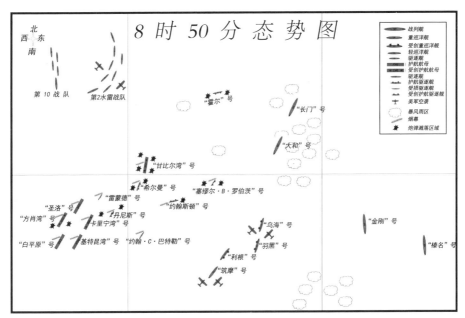

▲ 8时50分态势图（原作者Robert Jon Cox）

↘ 很可能给予"约翰斯顿"号致命一击的"矢矧"号轻巡洋舰

续作战。特别是对美军官兵而言，目睹 "矢矧" 号中炮和急转向回避，以为重创了对手，士气大为振奋。他们继续射击日军编队第 2 艘军舰——"浦风"号驱逐舰。在 5 号炮塔内，矮壮的卡特杀得起兴，大声吼道："更多的弹药！更多的弹药！"他团队里的一个炮手咕哝着："我很庆幸我们之中没有来自得克萨斯的日本人。"

埃文斯没有被情绪左右自己，他目睹日军长长的驱逐舰列，清楚地意识到舷侧对战对自己不利，因此努力去抢占 T 字头，这样"约翰斯顿"号就只需面对驱逐舰列首舰的首部火力。当他开始行动时，日本驱逐舰队突然右舵 90 度离开——美国水兵们以为日本舰队撤离了，更加兴奋。实际上，这只是第 17 驱逐队发射鱼雷前的准备而已。

此后，"约翰斯顿"号继续与日本水雷战队周旋到 9 时 10 分左右。然而，天道有常，不为尧存，不为桀亡。好运终有耗尽的时刻。几乎在一瞬间，3 发 127 或152 毫米炮弹命中了这艘勇敢的军舰（第 10、11、12 号命中弹）。

第 1 发炮弹在 65 号肋骨位置的上层甲板的译电室内爆炸，炸毁了这一层的全部舱室，包括无线电中心、40 毫米弹药整备室和通道。这些舱室内的人员非死即伤。同时，一场大火在 40 毫米弹药整备室与无线电中心肆虐开来，前者储备的 40 毫米高射弹药当场殉爆，大量弹片喷射到甲板上，躲藏在 40 毫米炮位平台下的人员死伤惨重。

第 2 发炮弹在 2 号炮塔的炮座爆炸，引发了上部弹药操作室的火灾，片刻之前还在努力奋战的水兵们，横七竖八地躺卧着，一动不动。

第 3 发则击中 1 号炮塔炮座前方，前部弹药库开始进水。

中弹后，最大的问题还是火灾。前两发炮弹引起的大火共同炙烤着舰桥，大量喷涌的浓烟包裹灌入舰桥，与外界的通讯也完全断绝了……再留在这里指挥毫无意义了，于是埃文斯带着舰桥人员撤离。他一直走到舰尾附近，趴在一扇舱门上（用舱门作为掩体），直接向后部舵机室喊话，下达命令。就是在这种操作状态下，"约翰斯顿"号避开了日本人从极远距离上发射来的鱼雷，还看到了日本舰队主力的舰影开始向北转移，逐渐暗淡。埃文斯在后甲板上昂首阔步，笑着说："现在他们黔驴技穷了！"[①]

[①] 原话 "Now I've seen everything!" 根据上下文意，判断为埃文斯看到日本人的怯懦无能，故作此译。

被迫弃舰

尽管"约翰斯顿"号迭遭重创，但是舵机还能操作，舰内通讯保持良好（除舰桥和部分火炮之外），火控设备仍在运行，弹药库的小伙子们站在水里坚持搬运炮弹，各门火炮继续维持射击——依然是一副战斗的模样。此后，它也以这副模样又坚持了近半个小时。在这段时间里，"霍尔"号已经完全沉没，"甘比尔湾"号、"塞缪尔·B·罗伯茨"号也弃舰了，其他"小家伙"都跟上南撤的护航航母编队，一起远离。"约翰斯顿"号又一次成了孤家寡人，在日本水雷战队面前独力支撑。

9 时 40 分，顽强的"约翰斯顿"号迎来了致命一击——1 发 127 毫米或 152 毫米炮弹（第 13 号命中弹，且后者可能性更大），直接贯穿水线下舰体，进入 1 号锅炉舱爆炸。海水迅速涌入一片狼藉的锅炉舱，而"约翰斯顿"号也丧失了仅剩的动力，缓缓停在了群狼环伺的海面。

"约翰斯顿"号已经倾尽全力，战斗到底，是时候放弃以保存有生力量了。埃文斯看着甲板上满面汗水尘烟的部下，沉着地下达命令："全体弃舰！"听到舰长准确无误的命令，韦尔奇立即走向舰体前部，边走边喊："全体弃舰！全体弃舰！"

韦尔奇离开之后，埃文斯也开始朝前巡视。他来到了 4 号炮塔，把头伸进去下达弃舰命令。之后，他又走到尸积如山的 40 毫米高炮平台下面，招呼水兵一起翻找幸存者——很可惜，那些全是尸体。

弃舰逃生的过程同样充满着风险。看到舷侧"557"字样的美国驱逐舰丧失动力，木村少将指挥"矢矧"号离开了作战海域，只留下驱逐舰们收拾残局。最近的驱逐舰一直逼近到约 1000 码开外，用炮轰击"约翰斯顿"号的残躯。为了求生，"约翰斯顿"号上剩余的官兵，无论是毫发无损，还是受伤严重，都竭尽所能离开军舰。他们冒着日本人的炮击，从储藏柜里取出救生衣穿上，跃入海中。还有人，拿了舰上的救生筏或浮筒救生网，作为逃生工具。

罗兹和同伴从后部舵机室离开，沿着梯子爬上甲板来。罗兹选择去扯浮筒救生网，但一个人办不到。这时，一等水兵劳埃德·坎贝尔（Lloyd C. Campell）过来帮忙，一起将浮网投进了大海。他们起初担心海底太浅，跳下去会撞到水底，后来才知道，这种担心是多余的，因为这里的海水约有 6000 米深。

弃舰时，伤员总是面对更多困难。舷侧原先起保护作用的栏杆，竟成了他们难以逾越的障碍。韦尔奇在传达完命令后，帮助一名伤兵穿上救生衣，翻越栏杆，使之平安落入海中。随后，他也脱去鞋子，跃进水里。但不是每个善良的人都那么幸运。左腿残废的鱼雷长贝克德尔一度无法翻越栏杆，另一名军官看见了，先来帮助他。可是，就在贝克德尔成功翻越之时，一颗日本人的炮弹落在了这名军官背后，将他抛到约10米高的空中，摔落大海气绝身亡。还有，可怜的军医布朗，他将一名伤员送到甲板后，又返回军官餐厅——他的临时手术室。没人知道为什么，或许那还有一位伤员，又或者他是去取药。总之，在他进入餐厅之后，一发炮弹正好打进这里——再也没人见到布朗的身影。

相对而言，军舰前部的水兵走运一些。在他们弃舰时，因为前部舱室进水，舰首已经与水面齐平，他们只需要走入海中即可离开。从此处离开的人包括炮术长哈根一行人。当时他和5名部下【一等火控兵卡尔顿·汤普森（Carleton T. Thompson），二等火控兵乔治·希姆莱特（George T. Himelright）、安东尼·格林格里（Anthony R. Gringeri）、詹姆斯·布兹比（James Buzbee），二等文书兵查尔斯·鲍威尔（Charles D. Powell）】待在封闭的火控站内，根本没听到弃舰的命令。等他看到火控站下面没有活人走动，这才意识到发生了什么。他立即对手下说："我

▼ "约翰斯顿"号在萨马海战中受创剖析图

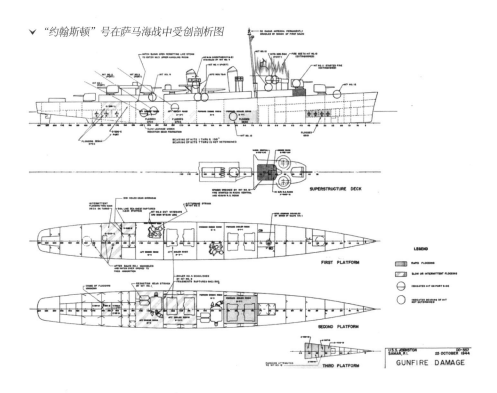

们还待在这个地狱干啥，让我们弃舰吧！"他们沿着梯子下去，如同做梦一般。起初，哈根想走到舰尾，但半路成堆扭曲的金属和尸体挡住了去路，因此只能走回舰首。到水里后，哈根目睹了布朗的惨剧。他哭泣了一阵子，随后才控制了情绪。他觉得自己必须赶紧离开下沉的军舰，避免被带入旋涡。

最后一个弃舰的人很可能是三等动力机械军士罗伯特·索霍（Robert J. Sochor）。在弃舰时，他和一堆人挤到左舷，一发炮弹落入人堆，他也昏死了过去。等醒来时，索霍注意到四周全是尸体。他觉得舰上应该只有他一个了，赶紧去找救生衣。当他走向舰尾时，遇到了埃文斯。两人茫然地对视，都没有说话——这也是最后一次有人看见这位英雄舰长。最后，索霍未能找到救生衣，匆匆跳水。他在海里遇到另一个穿救生衣的幸存者，就拽住了后者。对方紧张地说："（你这样抓住我，让）我无法游泳了，这件救生衣也不能同时让两个人保持漂浮。"索霍淡淡地说："不要担心，我只需要休息一会儿。"然后，他回头望着逐渐沉没的军舰残躯，无限眷恋地嘟囔着"看'约翰斯顿'最后一眼吧。"——在弃舰开始大约10分钟之后，已经左倾的"约翰斯顿"号开始翻转。10时10分左右，这艘浴血奋战、满身伤痕的年轻军舰终于消失在海面。

希望幻影

在"约翰斯顿"号彻底沉没之前，一艘日本驱逐舰逼近了水中挣扎的美国官兵。按照经验判断，日本人是毫无人性的，他们嗜好屠杀无抵抗能力的人。因此，许多刚才勇猛无畏的人，现在都体会到一种深深的恐惧。尽管这艘驱逐舰停止了射击，但日本士兵聚集在栏杆边大声谈论，不知他们在说什么。军舰上还用灯光打出"1"字样，也不知道他们想表达什么。有人看到日本士兵正在摇动机关炮曲柄——真要射击人群了吗？当然，杀人手法可远不止于此，投放深水炸弹也可以直接把人震死。在恐惧笼罩之下，美国官兵纷纷做好了最坏的打算，也有人深深吸气，随时准备潜水。

过了一会儿，一个日本军官出现了，他对着机关炮举手示意——正在摇动的曲柄停了下来。随后，最不可思议的一幕发生了——又一名军官站在了驱逐舰舰桥，对着水中的人清晰无误地敬了一个礼。在这艘舰离开之前，舰尾处一名日本人还把一个东西投进了人群。一开始，有人惊呼"手榴弹！"但是，它却没有爆炸。离这东西最近的是 5 号炮塔炮长卡特。好奇的他游过去抓起来，竟然发现这是一个罐头。他仔细阅读标签，然后大喊："这不是手榴弹，是番茄罐头！"标签显示，这个罐头是 3 年前在阿肯色州包装生产的，当时战争还没有爆发。

其实，这艘驱逐舰就是著名的祥瑞舰"雪风"号，而敬礼的军官是 39 岁的舰长寺内正道中佐。前者是埃文斯和哈根的老对手了。在 1942 年 2 月底的泗水海战中，"雪风"号和其他驱逐舰一起对着盟军舰队发动鱼雷突袭。"奥尔登"号（DD-211 Alden）驱逐舰上的埃文斯曾目睹日军的鱼雷击沉了附近的荷兰驱逐舰"科顿纳尔"号（Kortenaer）。8 个多月后的瓜岛以北海战，"雪风"号所在编队和美国驱逐舰"艾伦·沃德"号（DD-483 Aaron Ward）混战一团，当时哈根正是"艾伦·沃德"号上的助理通讯官。可是，在那样的战斗中，很少有人能看清或记得对手的模样。至于寺内，是日本海军军官中的异类。他身形肥硕，在军校时成绩不佳，却以豪爽磊落、精于计算燃料、高水平操舵和酒量好闻名军中，表现优异。不仅如此，他还是个具有人性光辉的军人，在后来的 1945 年"大和特攻"时，他明确反对这种自杀式的行动。因此，他在萨马海战中做出那样的举动完全合情合理。

"雪风"号离开之后，海面彻底平静下来。此刻，日本舰队的主力早已集结北返，不能再威胁到这些美国人。看着日本塔式桅彻底消失在远方水平线，劫后余生的欣喜充斥大家的心头，他们开始积极团结自救。哈根与罗兹想办法集拢了两只橡皮筏子和两张浮筒救生网，用绳子系在了一起。重伤病员优先被安排到筏子上休息，其他一些伤病员和相对健康者抓住浮筒救生网，或将网缠在手臂，保持在波浪中的

❯ *"约翰斯顿"号的炮术长哈根预备役上尉*

漂浮状态。

从表面上看，一切都在朝好的方向发展。日本人离开不久，一架海军的 TBF 飞机掠过他们的头顶，然后上下摇摆机翼——这意味着他们已经被发现了，飞行员很快会把他们的位置上报，然后救援的军舰就会赶来。大家都认为，在黄昏之前，他们一定会得救。因此，他们将储藏在橡皮筏供应罐之中的小份口粮全部拿出来分发。每个人分到两口饮用水，一小块 Spam 午餐肉和一小片松饼。本来饮用水可以有更多的，但因为一年没有更换，一些桶装水变质了。当然还有香烟，哈根点燃了几根，传递开去。每个人吸两三口再给下一个人。由于海浪涌动，很快烟就弄湿了。有人撕开湿透的烟卷，把烟叶抹在脸上，仿佛咀嚼烟草一般。

还有人遭遇了鲨鱼。但是，大家立即想起新兵训练营的弃舰演习，当时教官用一种轻松的语气告诉大家："假如水里有鲨鱼，用踢和砍对付它们。这会令它们惊恐远离。"接下来他们努力拍打海水，踢打鲨鱼，并高喊着："滚远点！"这些举动似乎起了效果，鲨鱼莫名消失了。

然而，没有人知道，这些渺小希望只是漫长痛苦前的一点麻醉而已，因为他们暂时还得不到救援。这是怎么一回事呢？原来，那架 TBF 飞行员报告的位置，比幸存者实际所处的位置整整偏北了 20 英里。雪上加霜的是，萨马岛东部水域的海流是从东北流向西南。也就是说，他们每时每刻都在远离飞行员报告的位置。在这种情况下，除非发生奇迹（比如救援军舰跑偏），否则根本就不可能找到这批幸存者。

海上挣扎

现实中的奇迹总是稀罕之物。直到夜幕低垂，期待中的救援也没有出现，各种厄运却纠集而来。由于战斗在早饭开饭前发生，"约翰斯顿"号的大部分幸存者一整天都没有吃什么像样的东西，早已饥肠辘辘。而且白天是毒辣的太阳，晒得人头昏眼花，口干舌焦，晚上又是低于 27 摄氏度的水温（与人体的温差整整 10 摄氏度以上），让又饥又渴又累的人感觉寒冷。特别是那些泡在海水中的伤病员，疲劳、紧张、脱水、失血和低温逐渐耗尽了他们的体力，有人开始处于弥留状态。面对同袍的痛苦，一等药剂军士克莱顿·施穆夫（Clayton R. Schmuff）尽力挽救他们。弃舰时，他没有拿其他东西，而是抱了一箱子药出来。每当看到谁撑不住了，施穆夫就游过去给他打一针吗啡。可药总是有限的。腿部受伤的一等水兵爱德华·豪布里希（Edward U. Haubrich）突然回光返照，他叫着罗兹的名字，索要一块三明治，罗兹曾经给值班的他送过饭。为了能让他坚持下去，罗兹撒谎答应了，直到豪布里希闭上双眼，三明治也没能出现。大家给他举行了简单的告别仪式，随后施穆夫取下他的识别牌；罗兹脱下他的救生衣，交给没有救生衣的人；尸体就这样被轻轻推进了大海。

在夜幕之中丧命的又何止豪布里希一个。白天消失的鲨鱼，在夜晚明月的照耀下，成群结队涌来了。在新兵训练营学习的方法失效了，大批鲨鱼开始撕咬幸存的人。一个炮手的大腿被咬，骨头都被咬碎了，他尖叫着，在同伴的无奈中咽了气。尸体激发了更多鲨鱼的撕咬和攻击。无力阻止这一幕的同伴说："好的，我猜我们正在喂鲨鱼。"罗兹在恐惧中默默祈祷："上帝，让我活下去，我发誓我一定会做个好人。"

人群中也有命运的宠儿。比如卡特被咬中了背部，眼疾手快的同伴迅速将他推上橡皮筏，使他逃出生天。还有帮助罗兹扯浮筒救生网的坎贝尔，鲨鱼咬穿了他的小腿肌肉，但立即松口离开。他看着泛着血花的腿自嘲："我想，对它来说我太咸了。这就是在海里待得太久的缘故。"

除了鲨鱼，各种诱因的暂时性精神错乱也十分凶险。一个失血过多的水兵突然放开浮筒救生网向大海深处游去，嘴里高喊着："让我们去那个角落，喝杯鸡尾酒。"幻觉将他带入了家乡的酒吧，也带入了绝境。大家眼睁睁看着他消失，再也没有出现。一等水兵克拉伦斯·特雷德（Clarence W. Trader）也出现了幻听，感觉有人召唤他，就在迷迷糊糊中滑离了漂浮物。这次有人及时发现，游泳追赶，并大声喊着"特雷德，该死的，回来！"虽然事后特雷德想不起来喊话的人是谁，但这个人将特雷德拽了回来，系在了漂浮物上。这可真是救了他一命。为了保持清醒和体温，水中的人们更紧地聚集在漂浮物四周，一个接一个报出自己的序列号码。

期间，他们也曾听到舰艇发动机声，看到一个黑影逐渐靠近，以为是救援军舰来了，昂起头大声呼救。但是眼尖的人很快发现，这个黑影有着日本风格的舰桥，就极力低声劝大家安静。其实，来的正是日本驱逐舰"野分"号，负责搜索"筑摩"号重巡洋舰的幸存者。所有人屏声静气，直到探照灯光和舰影远去。

几个小时后，太阳照常升起了。有人十分确定地说自己看见了美国军舰，当然那又是幻觉。面对焦灼的阳光和更严重的干渴，坎贝尔和另外 5 个人决定游向附近

岛屿,寻找机会。他们不知道的是,眼前唯一能看见的岛屿也在80千米开外,他们只有一个信念:寻找生的机会。尽管坎贝尔的小腿上鲨鱼咬痕仍在,尽管太阳将他们裸露的皮肤晒伤,他们继续抱着木板,奋力前进。

坎贝尔等人终究没能抵达小岛。在几个小时后,他们发现了一只属于"约翰斯顿"号的橡皮筏子,里面还有两个同伴。这两人比他们早几个小时发现了这只筏子。筏子里有个维生罐头盒,里面装着松饼、香烟和火柴。正当兴奋的他们开始分发香烟时,一个浪头打进来,火柴全湿了。欲哭无泪的七个人只得一起划筏子返回。黄昏时分,他们与原先那群人汇合了。

这时,大家开始绝望。他们怀疑海战的胜利者是不是日本人,假如美国人赢了,为什么到现在还不来找他们。绝望让一些人开始放纵,他们不顾药剂士施穆夫的一再劝阻,大口大口喝起海水。随后,又是<u>鲨鱼</u>……筋疲力尽的人们不得不轮流投入防御,在鲨鱼极度接近时才踢打。

夜幕降临之前,一场暴风雨临头,这给了他们一线生机。人们用手和帽子收集雨水饮用,勉强有了些精神。但是,随着夜幕降临,水温降低,他们再度紧挨在一起取暖。到第三天的阳光照到众人脸上时,已经有35人离开了人世,剩下的所有人不再动弹,只是默默等待生命的终点。

救援来了

上帝不可能抛弃英雄,军人不可能抛弃同伴。就在"约翰斯顿"号的幸存者们彻底绝望之时,水平线上出现了一艘舰影。起初,大家都以为又是幻觉,但罗兹喊起来"那是艘船!"更多的人抬头,包括刚才还在做梦喝冰水的哈根。他们发现,那艘逐渐接近的船上有一面红白条纹,角上有蓝色色块的旗帜——那是美国军舰,真是令人激动的一幕!

表 3：萨马海战搜救编队序列	
TG78.12	PC-623、1119
	LCI-34、71、337、340、341

▲ 1945年7月，已经晋升中将的丹尼尔·巴比

是的，他们没有看错，来者确实是一艘美国海军的步兵登陆艇。它来自第7舰队，此时隶属 TG78.12。这个两栖救援大队是专门用于搜救萨马岛海战幸存者的。在25日下午，美军第7舰队两栖部队（第78特混舰队）司令官丹尼尔·巴比少将（Daniel E. Barbey）接到了搜救命令。他将任务交给其参谋部的突击计划小组组长查尔斯·阿代尔上校（Charles L. Adair）负责。此人曾带领3名军官和18名水兵，乘坐27米长的纵帆船，从菲律宾科雷吉多尔岛撤退，越洋8千公里转移到澳大利亚，是海军内一位传奇人物。阿代尔立即着手收集资料，于15时向巴比汇报，有飞机发现了海上的幸存者，建议派出两栖船艇予以救援。他特别推荐步兵登陆艇（LCI），因为艇首有斜坡道，利于救捞。巴比同意了该方案，兵加急上报第7舰队司令部。与此同时，阿代尔迅速挑选了2艘驱潜艇和5艘步兵登陆艇（参见表3），组成 TG78.12，由 PC-623 号驱潜艇艇长詹姆斯·巴克斯特预备役少校（James A. Baxter）负责指挥。各艇上还配备了必要的军医和救援物资。可是，直到16时编队正式组成，第7舰队司令部也没有批准他们行动。心急火燎的巴比立即派遣一名上校军官带着文件乘交通艇前往第7舰队旗舰。这一次，顺利得到了批复。

自26日清晨4时许，TG78.12 抵达了飞机报告的位置，开始搜寻幸存人员。26日16时45分，LCI-340 号首先发现幸存者，不过是日本人。此后，他们扩大了搜索范围，全力寻找。自深夜22时以后，各种幸存者才逐渐多了起来。次日8时49分，搜救舰队旗舰 PC-623 号打捞起第一批"约翰斯顿"号幸存者。而哈根、罗兹、坎贝尔等人也在9时左右被 LCI-341 号发现。

LCI-341 号艇长沃林·诺尔曼预备役上尉（Wallin Norman）指挥座艇直接向

他们开来，然后缓缓停在一边。此时，常见的剧情上演了，登陆艇上的水兵兴高采烈地站在舷侧，对着下面的人群发问，通常这是只有美国人才知道答案的问题，以便于测试水中幸存者的国籍。"嘿，世界职业棒球大赛的胜利者是谁？"

这次剧情没有按照剧本走，因为幸存者们对迟到的救援牢骚满腹。一个水兵用最后的力气高喊："鬼在乎这个！赶紧把我弄上去！"登陆艇上的官兵一下被骂懵了，也就没有坚持，迅速抛下救生网，覆盖艇体一侧。在他们的协助下，一个个虚脱乏力的幸存者都爬上了登陆艇。

在艇上，每个人分到了一小份汤，补充水分和营养。随后登陆艇人员背着他们下到甲板。在这里，他们遇到了更多的同伴。大家就直接睡在装满蓝色火箭弹的弹药箱之上。哪怕随后遭到日本飞机的扫射，艇上40毫米机关炮射击后的空弹壳滚满甲板，都没有干扰到他们睡觉——他们确实太累了。

9时半，LCI-340号打捞起最后一批"约翰斯顿"号的幸存者，有13人，其中大多是伤员。至此，"约翰斯顿"号总共有141人幸存，舰长埃文斯、鱼雷长贝克德尔等186人不幸罹难。据说，罹难者中只有大约50人是在25日上午的战斗中牺牲的。[1]而令人惊奇的是，哈根和他的5名部下中，只有汤普森未坚持到最后获救。

当天夜晚，TG78.12终止了搜救行动，于次日返回莱特湾内。各艇上的幸存者被转送到坦克登陆舰（LST）改装的医院船上。哈根、罗兹他们在临时医院船上待了没多久，又转移到正规医院船上。很快，他们与其他伤病员被送往霍兰迪亚的医疗基地，并转乘豪华邮轮"勒莱恩"号（S. S. Lurline）回美国。感恩节那天，他们在"勒莱恩"号上享受了一顿令人惊讶的感恩节大餐：火鸡、肉汁、馅饼、惠灵顿牛肉、海龟汤、水果鸡尾酒、奶

∨ "勒莱恩"号邮轮，摄于1941年

---

① 前述数据来自莫里森《1944年6月—1945年1月，第二次世界大战中美国海军行动的历史》（History of United Staes Naval Operations in World War II·Leyte June 1944–January 1945）。另据 ussjohnston-hoel.com 的幸存者名单与死亡者名单，各为144、183人。因资料不足，难以查明原因。有意思的是经核对《1944年10月25日，萨马岛的表面接触行动报告，第一版》（Action Report–surface engagement of Samar, P.I., 25 October 1944）失踪人员名单与前述幸存者名单，明确发现2名失踪人员出现在幸存者名单中，可能是事后又确定幸存的。此外，莫里森的书中将186名死难人员划分成水面战斗死亡大约50人，沉没后死于水中45人，失踪未找到92人。如数据确切，为何不直接写水面战斗死亡49人？恐怕是莫里森本人亦对数据存疑。

▲ LCI-341号步兵登陆艇的军官合影

油蔬菜、蔓越莓酱、色拉、甜点和咖啡。这对于一个月前漂浮在萨马岛外海黑暗水域，尽力不让自己成为鲨鱼大餐的人们来说，这是一顿令人难以置信的饭菜。当"勒莱恩"号缓缓穿越太平洋时，他们有充分的时间去享用丰富的食物，这段旅程长达3个星期之久。

尾声

TG77.4.3在萨马海战中的奋起反抗，奏响了海军史上最瑰丽动人的乐章。而"约翰斯顿"号的英勇无畏和战斗精神，是这一乐章最为重要的组成部分之一。事后，美国海军高度评价这艘军舰以及全体舰员的表现，给予了最高规格的荣誉，同时获得了美国政府和菲律宾政府颁发的最高集体荣誉"总统集体嘉奖"。这还不算完，次年开工的一艘基林级驱逐舰（DD-821）继承了"约翰斯顿"这个舰名。

个人方面，舰长埃文斯最初授予了海军十字勋章，但很快就被更换成美国军人个人最高荣誉——"国会荣誉勋章"。授勋词不吝词汇地颂扬：

在1944年10月25日萨马海战对抗日本舰队主力的行动中，"约翰斯顿"号的舰长表现出大大超越职责要求的勇敢和不惧死的精神。当数量、火力和装甲均占

▲ 埃文斯的遗孀与两个儿子收到埃文斯的国会荣誉勋章

据绝对优势的敌舰队快速接近时，埃文斯中校第一个施放烟幕，并开火还击，将敌人的火力从武备、装甲皆薄弱的航母上吸引开，有效保护了它们，又在敌人的炮火跨射下，发动了鱼雷攻击。他无惧可怕的大火带来的创伤，毫不犹豫地加入团队，为随后友舰的鱼雷攻击提供火力支援，在敌舰队与我方航母之间坚持机动射击。尽管轮机受创，通讯遭到破坏，他转移到舰尾，继续高喊着下达舵令，通过人工操作舵机，顽强战斗，直到"约翰斯顿"号遭受致命一击而瘫痪在海中。在整整3个小时的奋战中，埃文斯受了重伤，但他以不屈的精神和出色的职业技术水准，在千钧一发的关键节点，击退了敌人。他在整个战役中的英勇战斗精神，将一直鼓舞着所有和他一起服役的人。

1955年，美国海军还用埃文斯命名了一艘德利级护航驱逐舰（DE-1023）。

另外，还有二等水兵爱德华·多布罗夫斯基（Edward E. Dobrowolsky）获得了银星勋章，奖励他"在海水已经漫到胸口，弹药库里充满了难以忍受的蒸汽时，仍然坚守自己的岗位，不断传递着炮弹"。

除了荣誉之外，本次海战带给幸存者们一次特别的生存体验，改变了许多人的人生轨迹。比如罗兹。此前，他还是个不知未来为何物的少年，在家乡小镇坐着伙伴开的1937款福特兜风，搭车姑娘卡萝尔（Carol）坐在他的大腿上，漂亮的红发拂过他脸庞，让他痴迷。现在，回到家乡的他仿佛一下明白了许多，开始考虑未来的生活。他拿出全部的存款，去镇上首饰店买了一款戒指。当天他在散步时，单膝跪下，掏出戒指，对她说："卡萝尔，现在我明白，人生短暂，你能嫁给我吗？"答案自然是肯定的。在生活中，罗兹不是一个人了，他的伙伴们，哈根、韦尔奇、卡特、坎贝尔和许多幸存者也不约而同地选择了结婚。战争结束后，回归平静生活的他们依然每年一聚，回忆萨马水域火热的炮弹和凶残的鲨鱼，回忆失去的伙伴，回忆如同家一般存在的"约翰斯顿"号。当然，每年都会少一些人。根据

▲ 第2艘用"约翰斯顿"命名的驱逐舰，属基林级

▲ 用"约翰斯顿"号舰长埃文斯命名的一艘德利级护航驱逐舰

ussjohnston-hoel.com 的幸存者名单，已经确定有 66 人离开人世，48 人还活着。在前文所述的人里，施穆夫和布兹比早已离开人世；坎贝尔于 2006 年 11 月去世；哈根和韦尔奇分别在 2009 年 5 月和 9 月过世；罗兹、特雷德、索霍分别在 2013 年 7 月、8 月和 12 月离世[①]，卡特、希姆莱特、鲍威尔、格林格里还顽强地活着……老兵不死，只是逐渐凋零。虽然老兵们的生命不断凋零，但他们的故事却得到了永生，在人间代代传颂，永远激励和鼓舞着人们不惧艰险，勇往直前！

---

① ussjohnston-hoel.com 里索霍误写成 2014 年，实际根据其表格位置判定为 2013 年。

"约翰斯顿"号概况

　　"约翰斯顿"号属弗莱彻级驱逐舰，用内战时内河炮艇指挥官约翰·文森特·约翰斯顿（John Vincent Johnston，？－1912）命名，编号DD-557。1942年5月6日，在华盛顿州西雅图市西雅图塔科马舰船建造公司铺设龙骨。1943年3月25日，舰体下水，约翰斯顿的侄（甥）孙女玛丽·克林格（Marie S. Klinger）参加下水仪式。1943年10月27日服役，首任舰长埃文斯。舰长114.8米，宽12.1米，吃水5.4米，满载排水量2700吨。安装4台锅炉，2台蒸汽轮机，双轴推进，最大航速35节，续航力6500海里/15节。武备包括5座单管127毫米高平两用炮、5座双联装40毫米和7座单管20毫米机关炮、2座5联装533号鱼雷发射管、6具深弹投掷器和2条深弹施放导轨。正常编制舰员273人。

　　服役后，该舰开赴太平洋参加对日作战。1944年1月31日—2月1日炮击夸贾林环礁；2月17—22日炮击埃尼威托克环礁；3月28日炮击卡平阿马朗伊环礁；3月31日炮击布干维尔岛；5月16日在布卡岛南方击沉日本潜艇"伊－176"号；7月21—29日炮击关岛；9月6日—10月14日参与炮击西加罗林群岛。同年10月25日，在萨马海战中被日本舰队击沉。一共获得6颗战役之星。

▼ 内战时的海军杰出人物约翰·约翰斯顿，他的姓氏命名了本文主角

埃文斯

　　美国海军军官，萨马海战中的英雄。全名厄内斯特·埃德温·埃文斯（Ernest Edwin Evans），1908年8月13日出生于俄克拉荷马州波尼郡波尼城（Pawnee），具有白人与印第安混血血统。他的父亲是白人与印第安克里克部族的混血儿，他的母亲是印第安切诺基部族人。1926年5月，他加入美国海军。次年进入安纳波利斯海军军官学校学习，毕业后曾在多艘军舰服役。1940年晋升少校。1941年8月，他调任"奥尔登"号副舰长，并在太平洋战争爆发后，参加了保卫荷属东印度的作战。1942年3月14日，升任"奥尔登"号舰长，1943年7月调任"约翰斯顿"号舰长。1944年10月25日，在萨马海战中英勇牺牲，被追授"国会荣誉勋章"。衣冠冢位于菲律宾马尼拉。遗有二子。

　　埃文斯治军严整，有勇有谋。除了萨马海战中之外，他还在先前历次军事行动中，表现出色。比如菲律宾登陆之前，舰队补给之时，有的驱逐舰放空压载水，以承接更多燃料。埃文斯没有这么做，他注意到天气的变化，推测台风接近，就保留了压载水。果然，舰队遭遇台风，因为有足够的压载水，"约翰斯顿"号遭受的苦难要轻微得多。而且，埃文斯总是能激发部下的斗志，引导他们按照他的命令精神去执行，并给予充分自由发挥的空间。为此，他深受部下的拥护和爱戴。哈根这样描述他："我们的军舰是高水平的军舰，因为我们的舰长是高水平的舰长。'约翰斯顿'号是战斗的军舰，而他（埃文斯）是这艘军舰的心脏和灵魂。"

▼ 埃文斯在海军军官学校做学员时的相片

寺内正道

日本海军军官，最终军衔海军中佐。1905 年出生于日本栃木县，1927 年 3 月 28 日毕业于日本海军军官学校第 55 期，毕业成绩在 120 名同学中名列第 119 名。曾担任驱逐舰的航海长、水手长，测量舰的水手长，横须贺航空队教官，扫雷艇艇长等职务。1940 年 11 月 15 日，晋升海军少佐；1941 年 2 月 10 日，出任驱逐舰"栗"号舰长；1942 年 11 月 6 日，调任驱逐舰"电"号舰长；1943 年 12 月 10 日，改任"雪风"号舰长；1944 年 5 月 1 日，晋升海军中佐；1945 年 5 月 10 日，升任防备队司令之职。1978 年 1 月身故。

德国战争
的神话与现实

THE MYTH AND REALITY OF GERMAN WARFARE
Operational Thinking from Moltke the Elder to Heusinger

德国战争
的神话与现实

指文
战略
战术
013

德国战争的
神话与现实
的

GERMAN WARFARE

格哈德·P.格罗斯 著
孙希琨 译
罗伯特·M.奇蒂诺 序

格哈德·P.格罗斯 著

孙希琨 译

莱特湾海战

荣获美国军事历史学会2006年度"杰出图书"奖

HE BATTLE

F

LEYTE GULF

The Last Fleet Action

THE BATTLE
OF
LEYTE GULF

史上最大规模海战
The Last Fleet Action

最后的
巨舰对决

[英] H. P. 威尔莫特—— 著
马哈拉什维利 何国治—— 译

- 史上规模No.1的海战
- 巨舰大炮时代的绝唱
- 航母海空对决的终曲
- 日本海军的垂死一搏

复盘近 **400** 艘舰船、**2000** 架战机的生死角逐

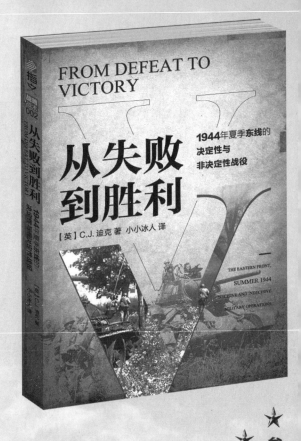

1944年夏季东线的
决定性与非决定性战役

FROM DEFEAT TO VICTORY

从失败到胜利

1944年夏季东线的
决定性与
非决定性战役

[英] C.J. 迪克 著 小小冰人 译

★ 参透伟大卫国战争的制胜之道
★ 领悟大纵深理论的精深奥义
★ 苏军战役法研究匠心之作
★ 戴维·格兰茨倾力推荐

从失败到胜利
FROM DEFEAT
TO VICTORY